Museum Library Archives 02

日本における
フィルムアーカイブ活動史

History of Film Archiving in Japan

Kae Ishihara

石原香絵 著

美学出版

日本におけるフィルムアーカイブ活動史

日本におけるフィルムアーカイブ活動史

目次

［凡例］

・本書を通して〔　〕内の記述は筆者による加筆である。
・引用箇所は旧漢字を新字に改める等、適宜改変を加えた。
・映画作品の引用は、英国大学フィルム＆ビデオカウンシル（ＢＵＦＶＣ）が二〇一三年に公開した視聴覚資料のサイテーションに関するガイドライン（Audiovisual Citation Guideline）を参考にした。
・日本映画の題名表記には日本映画データベース［http://www.jmdb.ne.jp］を、各省庁の設置年には国立公文書館の省庁組織変遷図［http://www.digital.archives.go.jp/hensen/］を使用した。
・人名は原則として敬称を省略した。
・ＵＲＬの最終確認は、二〇一七年一二月二八日である。

序 章

フィルムアーカイブ活動の歴史を問う

History of
Film Archiving
in Japan

序章

フィルムアーカイブ活動の歴史を問う

映画フィルムの収集・保存およびアクセス提供のあらゆる側面を〈フィルムアーカイブ活動 Film Archiving〉と呼ぶとき、日本のそれは国際的にみて大きく立ち遅れている。具体的には、まず日本映画の残存率が極めて厳しい。次に公共フィルムアーカイブの設置根拠となるような、そして、この領域の発展を促すような法律を欠く。その上、専門家（フィルムアーキビスト）も養成されてこなかった。過去に生み出された映画を守り残し、新たに生み出される映画をも確実に次世代に手渡したいと願うとき、このままでは実に心許ない状況である。では、いかにしてフィルムアーカイブ活動の「立ち遅れ」を乗り越えるのか——その答えを探し求め、本書は映画の草創期から現代までを視野に史的な考察を試みる。国際的な動向を意識しながらも焦点はあくまで国内に定め、戦前・戦中からの連続性の中でフィルムアーカイブ活動の現在を捉えることによって、願わくは、日本におけるフィルムアーカイブ活動が進むべき道を見出したい。

序章では、映画フィルムを含む視聴覚アーカイブ活動の理論の体系化の経緯を略述し、アーカイブズ学との差異に注意を払いつつ、本書で使用する用語を整理する。続いて、主に欧米で発展してきた視聴覚アーカイブ、動的映像アーカイブ、フィルムアーカイブの「歴史」に関する先行研究を示す。また、映画保存の意義を確認するとともに、日本におけるフィルムアーカイブ活動の現在を概括する。そして最後に、筆者がこの領域の史的研究に着手した動機を述べることとする。

1　一九九〇年代に体系化された視聴覚アーカイブ活動の理論

一九四六年に設立された国際連合教育科学文化機関（United Nations Educational, Scientific and Cultural Organization 以下「ユネスコ」）は、一九六〇年代からアーカイブズに直結する知識の普及・啓発事業に取り組んできた。ユネスコのドキュメンテーション・ライブラリー・アーカイブズ部門と国際連合の世界科学情報システムの統合によって一九七七年に誕生したのが、「総合情報プログラム」（1）である。日本のアーカイブズ学研究の第一人者・安澤秀一（Shuichi Yasuzawa 1926–）によると、一九七九年、この総合情報プログラムに「記録・アーカイブズ管理プログラム」（Records and Archives Management Programme 以下「ＲＡＭＰ」）が特設されたことこそ、アーカイブズ振興の強化を意味した（2）。

「ＲＡＭＰスタディーズ」とは、一九七〇年代から一九九〇年代にかけて出版された一〇〇件を超える報告書や指針の蓄積を指し、ユネスコのウェブサイトで六二件の全文を閲覧できる。その中に〈視聴覚 Audiovisual〉に関連する情報を探すと、一九九二年の時点で一〇〇〇件以上の視聴覚アーカイブ関連文献を目録化した *Audiovisual Archive Literature: Select Bibliography* と、一九九七年に編纂された四〇〇ページを超える *Audiovisual Archives: A Practical Reader*（視聴覚アーカイブの実用読本）の二編が見つかる。後者（以下「実用読本」）は、評価選別、情報検索、災害対策等、全一三セクションに亘って視聴覚アーキビストが身につけるべき基礎知識の大枠を示した。この「実用読本」で倫理・哲学セクションを執筆したのがオーストラリアの視聴覚アーキビスト、レイ・エドモンドソン（Ray Edmondson 1943–）である。

ユネスコの出版物には、一九九〇年の*Curriculum Development for the Training of Personnel in Moving Image and Recorded Sound Archives*〔動的映像および音声記録アーカイブにおける人材養成のためのカリキュラム開発〕や、翌年の*Legal Questions Facing Audiovisual Archives*〔視聴覚アーカイブが直面する法的問題〕もある。筆者の把握する限り、その多くが日本には紹介されなかったが、こうした成果出版を後押ししたのは、一九八〇年の第二一回ユネスコ総会で採択された「動的映像の保護及び保存に関する勧告」(以下「ユネスコ勧告」)である。ユネスコ勧告は、〈音声記録 Sound Recordings〉と並んで視聴覚資料を構成する〈動的映像 Moving Images〉を「人類全体の遺産の一部」と明記した上で、次のように定義する。なお、文部科学省が使用する(一般的には聞き慣れない)「動的映像」という訳語は、静止画を含むか否か判然としない「映像」、限定的にアニメーションを指すこともある「動画」との混同が回避できることから、本書もこれを使用する。

「動的映像」とは、支持物に記録された映像の連続(記録の方法或いは最初のまたはそれに続く固定に使用されるフィルム、テープ又はレコードのような支持物の性質のいかんを問わない。)であって、音声を伴い又は伴わず、映写されたときに動的印象を与え、かつ、公衆への伝達若しくは頒布の意図をもち、又は記録を目的として製作されるものを意味し、特に、次の範疇に属するものを含むと解釈する。

(i)映画の製作物(長編映画、短編映画、通俗科学映画、ニュース映画及び記録映画、動画及び教育映画等)

(ii)放送事業者により又は放送事業者のために製作されるテレビの製作物

(iii)上記(i)及び(ii)に掲げるもの以外のビデオグラフの製作物(ビデオグラムに収録されるもの)(3)

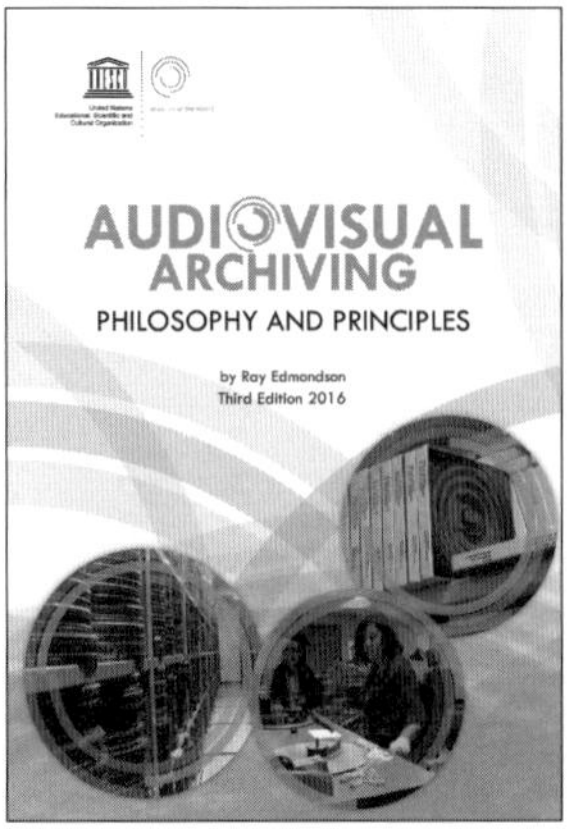

図１『視聴覚アーカイブ活動 ―― その哲学と原則（第３版）』

一九九八年、ユネスコは視聴覚アーカイブ活動の基盤となる知識を体系化すべく、エドモンドソンに *A Philosophy of Audiovisual Archiving*〔視聴覚アーカイブ活動の哲学〕の執筆を委託した。ユネスコ勧告の採択二五周年を記念して、二〇〇四年四月にこの増補改訂版〔第二版〕*Audiovisual Archiving: Philosophy and Principles* が出版されると、欧米の動的映像アーカイブを研究する児玉優子が同年一一月の日本アーカイブズ学会研究集会でいち早くその内容を紹介した。そして二〇〇七年、総務省の委託事業「文化資産としての放送番組アーカイブの利活用促進に関する調査」の一環として、児玉の勤務先の財団法人放送番組センター〔現公益財団法人放送番組センター〕が、日本語版『視聴覚アーカイビング――その哲学と原則』を出版した。筆者はこの監修に携わる機会を得たが、時間の制約から不本意な点も少なからず残された。そこで、二〇〇九年から二〇一一年にかけてエドモンドソンの指導を仰ぎ、児玉との勉強会形式で同文献の日本語改訂版を作成、公開した。その経験を踏まえ、二〇一六年に出版された同文献第三版の加筆修正作業には、筆者も国際レファレンス・グループの一員として関与を許された。時代の変化に応じて微調整を加えながら、視聴覚アーカイブ活動の哲学と原則は現在も深化している。

2　動的映像アーカイブとアーカイブズ機関の関係――善き隣人となるために

視聴覚アーカイブはアーカイブズ機関（公文書館等）から派生したのではなく、実に多様な起源を持ちながら、サウンドアーカイブ、フィルムアーカイブ（4）、テレビアーカイブ等、各々のアイデンティティを獲得し、独自に発展して次第に社会に認知されてきた。歴史が異なれば、それぞれの専門用語も当然異なる。日本のアーカイブズ学の領域では言葉の定義がよく議論され、用語集等も出版されているが、動的映像アーカイブの先行研究によって「保存」や「復元」といった基本的な用語の意味が定まったとは言い難い。そこで筆者は複数の研究者の力を借りて、前出の『視聴覚アーカイブ活動――その哲学と原則』に加え、オーストラリア・アーキビスト協会の『キーピング・アーカイブズ（第三版）』第一七章（音声記録）・第一八章（動的映像）（5）や、全米映画保存基金（ＮＦＰＦ）の『フィルム保存入門――公文書館・図書館・博物館のための基本原則』（6）の和訳を通して用語の整理に努めた。主だった用語は【付録1 用語解説】を参照されたい。また、この領域の特徴の一つとして略称が多いため【付録2 略称一覧】も用意した。なお、本書は映画技術史を専門とするわけではなく、高度な技術習得を求める内容でもない。したがって、技術用語は主に『フィルム保存入門――公文書館・図書館・博物館のための基本原則』を使用して本文の中で適時解説するにとどめる。

本書における用語の使用に関しては、次の二点も特記しておく。まず、英語圏の視聴覚アーカイブの先行研究では、アーカイブズ学の領域で使用される単複同形の〈アーカイブズ Archives〉より単数形（Archive）や現在分詞（Archiving）の使用頻度が高い。そこで、動的映像アーカイブ、フィルムアーカイブ等に単数形を用い、Archiving に「アーカイブ活動」という訳語を当てる。なお、フィルムアーカイブの表記は「フィルム・

アーカイブ」と中黒でつなぐこともあるが、引用箇所を除いてこれを省く。次に、アーカイブズは資料自体も、資料の収集・保存および利用のための機能の何れをも指す語である（わかりやすくするため、後者を「アーカイブズ機関」と表記する）。一方で、動的映像アーカイブ、フィルムアーカイブ等は後者、つまり「資料の収集・保存および利用のための機能」のみを指すと考える。

動的映像アーカイブとアーカイブズ機関の取得対象の不一致を指摘する『キーピング・アーカイブズ（第三版）』の考え方にしたがえば、動的映像アーカイブは〈産業製作物 Industry Productions〉を、そしてアーカイブズ機関は、催事の記録、教育映画、広報ビデオ等の〈情報系動的映像 Informational Moving Images〉を主に扱うことになる。同文献がさらに指摘するには、動的映像アーカイブは（アーカイブズ機関とは異なり）、作品をオリジナルの形態に限りなく近づけて提示することに重きを置く。また、タイミングの見極めの難しさを断りつつも、「唯一無二の作品で、明らかに高い価値があるのなら、専門家（動的映像アーキビスト）の助けを求めること、そしてオリジナルの資料を（動的映像アーカイブに）移管すること」を現実的な解決策とする。つまり、動的映像アーカイブは映画フィルムの移管先として期待を受けているのである。

作成時の種別によって取得対象を限定したところで、時の経過とともに情報系動的映像が営利目的で使用されることもあれば、その逆――芸術性や娯楽性によって評価されてきた産業製作物が歴史的、記録的価値を獲得し、情報系動的映像に転じること――も起こり得る。米国の著名なフィルムアーキビスト、アイリーン・バウザー（Eileen Bowser 1928–）は、厳しく選別された「パーマネント・コレクション」のみならず、現代の視点では真価を問うことのできない包括的な「スタディ・コレクション」も収集・保存する方針を掲げ、先入観にとらわれた拙速な判断を戒めた(7)。実際のところ動的映像アーカイブの多くは、産業製作物だけでなく情報系動的映像も扱っているし、何れにも分類できない資料も中には存在する。昨今では、アマチュア撮影の映画フィルムやビデオテープも取得対象として注目を集めている。

動的映像アーカイブとアーカイブズ機関の方針の違いにもう少し踏み込んでみたい。動的映像アーカイブは、〈コンテンツ Content ＝内容、中身〉、〈キャリア Carrier ＝素材、モノ〉、〈コンテクスト Context ＝文脈、環境〉を三位一体で収集・保存して、利用に供することを重視する。日本を代表するフィルムアーキビストの岡島尚志（Hisashi Okajima 1956–）は、これを「3C原則」と名づけて国内で繰り返し訴えてきた(8)。記録の構成要素として紙以外の〈キャリア〉を知ることは、動的映像アーカイブを理解する重要な鍵となろう。岡島は〈キャリア〉を次のように定義する。

〔キャリアとは〕何かを運ぶ、あるいは載せておくモノのことで、大まかにいえば、これに素材という日本語を当てることができる。〔略〕キャリアはそこにモノとして存在し、重力に支配され、有形可蝕である。映画でいえばフィルム、写真でいえば印画紙等がこれにあたる。(9)

ユネスコ〈世界の記憶〉のガイドラインも、「記録」は「二つのコンポーネント、つまり情報コンテンツとそれが帰属するキャリアから成り立つ」とし、何れも「等しく重要」であると説くが(10)、映画フィルムと紙の物理的特性は大きく異なる。また、アーカイブズ学において尊重される「原秩序」や「出所原則」は、必ずしも動的映像に適合しない。さらに、アクセス提供に際して複雑な権利処理や高額なコストを伴う動的映像に対して、アーカイブズ機関に浸透している無償提供は現実味が薄い。

だからこそ先駆者たるレイ・エドモンドソンやサム・クーラ（Sam Kula 1932–2010）は、アーカイブズ学だけでなく図書館学や博物館学等を参考にしつつも、あくまで視聴覚あるいは動的映像領域の理論構築に腐心した。それればかりか、クーラは一九九〇年の動的映像アーキビスト協会（AMIA）の、そしてエドモンドソンは一九九六年の東南アジア太平洋地域視聴覚アーカイブ連合（SEAPAVAA）の設立にも尽くした。ただし、視聴覚アーカイブや動的映像アーカイブの自律性の高まりは、アーカイブズ機関との親密な関係構築を妨げるものではない。児玉優子が動的映像アーカイブとアーカイブズ機関を「近くて遠い隣人」(11)に喩えたように、両者は互いの存在意義を認め合うことによって、まさに善き隣人として協働できるのではないか。

3　欧米を中心とするフィルムアーカイブ活動史の研究

ここで視聴覚アーカイブの「歴史」に根差した先行研究に触れながら、本書の扱う領域をより明確にしていく。エドモンドソンは『視聴覚アーカイブ活動――その哲学と原則』第二章（第二版、第三版共通）に、視聴覚アーキビストの「基本装備」と考えられる広範な知識として全一〇項目を列挙する（傍線筆者）。

- 視聴覚メディアの歴史
- 視聴覚アーカイブ活動の歴史
- 現代史の理解
- 多様な視聴覚メディアの記録技術の知識

● メディアに関連のある物理と化学の基礎
● デジタルの概念とテクノロジーの基本的理解
● 保存とアクセスのためのテクノロジーの基礎
● コレクション管理の戦略と方針
● 知的財産の法的／概念的理解
● アドボカシー（権利主張）と倫理の理解

視聴覚アーキビストたるもの、視聴覚メディア（媒体）および視聴覚アーカイブ活動の歴史を学ぶべし。しかしその歴史は国や地域ごとに異なるため、エドモンドソン自身、オーストラリアの国立視聴覚アーカイブ（オーストラリア国立フィルム＆サウンドアーカイブ）の歴史研究を博士論文として提出し(12)、クーラは対象を動的映像に限定した上で、欧米におけるその胎動期を論じた(13)。動的映像の中でも「映画」に焦点を絞って日本の事例を扱う本書の対象は、ユネスコ勧告の定義に立ち返れば、「（ⅰ）映画の製作物（長編映画、短編映画、通俗科学映画、ニュース映画及び記録映画、動画及び教育映画等）」である。前述の『キーピング・アーカイブズ（第三版）』は、動的映像を（1）映画フィルム、（2）磁気テープ、（3）光学ディスク、（4）データファイルに四分類するが、キャリアを「（1）映画フィルム」としてフィルムアーカイブの「3C原則」を再び確認すると、コンテクストは「撮影・現像・映写機材、上映施設、映画史等」、コンテンツは「写っている内容（被写体）」となる。さらに『視聴覚アーカイブ活動――その哲学と原則』第三章を援用すると、〈フィルムアーカイブ活動〉とは、「映画フィルムおよび映画フィルムに写っている内容を、撮影・現像・映写機材、上映施設、映画史等とともに保護、検索、収蔵する場所の管理と、こうした機能を担う組織のあらゆる側面」を指す。

ちなみに昨今の傾向として、映画のコンテンツだけを抽出するようなデジタルアーカイブ事業が増加しているが、現物の映画フィルムの収集・保存を前提としない場合、それらは本書の意味するフィルムアーカイブ活動には当たらない。また、本書では映画フィルムを優先事項とするが、フィルムアーカイブは通常、映画の製作・配給・上映のサイクルの中で生み出される脚本、衣装、大道具、小道具、進行表、関係者の日記や証言、撮影機材、現像所の諸記録、ポスター・チラシ・スチル写真等の宣伝材料、劇場で販売されるパンフレットやチケットの半券、批評記事、関連書籍といった多岐に亘る紙資料やモノ資料——総じて「ノンフィルム資料」と呼ばれる——も収集・保存、そしてアクセス提供の対象とする(14)。こうしたノンフィルム資料の存在もまた、フィルムアーカイブをしてアーカイブズ機関、図書館、博物館等の善き隣人たらしめている。

再度ユネスコ「実用読本」の各セクションを確認すると、基礎研究の多くを国際フィルムアーカイブ連盟(Fédération Internationale des Archives du Film / International Federation of Film Archives 以下「FIAF」)加盟機関の職員が担ってきたことがわかる。例えば、「目録作業」はFIAF目録規則(第一版)を編纂したハリエット・W・ハリソン(米国議会図書館)、「技術」はFIAF元会長のエヴァ・オルバンツ(Eva Orbanz 1942–)、そして「教育や養成」はやはりFIAF元会長のヴォルフガング・クラウエ(Wolfgang Klaue 1935–)が執筆した。先述のバウザー同様、オルバンツもクラウエもFIAF名誉会員である。

FIAFは映画を芸術として、あるいは歴史資料として守り残すため、あらゆる国と地域におけるフィルムアーカイブの設立、加盟フィルムアーカイブ間の協力や所蔵資料へのアクセス提供の向上、そして映画史研究の発展促進を目指す。二〇一七年の時点で、七五カ国の一六四機関(正会員八九、準会員七五)が加盟するが、

図2　Paolo Cherchi Usai. *Silent Cinema*, 3rd Edition. Palgrave BFI, 2018 (With the permission of Palgrave Macmillan)

一九三八年の創設時から「非営利」に限定されるこれら加盟機関は、所蔵資料の延命と即時活用のどちらを優先するかというジレンマの中で——要するに映画フィルムの「保存」か「上映」かを巡って——分裂した時期もあった。しかしその後、「保存」なくして「上映」は成立せず、かつ「上映」なくして「保存」する意味はないという双方選択の考え方が主流となり、現在に至る。

視聴覚アーカイブ活動の理論が一九九八年に体系化されたことは既に述べたが、米国ジョージ・イーストマン博物館（GEM）の映画部門ディレクター、パオロ・ケルキ・ウザイ（Paolo Cherchi Usai 1957–）は、一九九四年に *Burning Passions: An Introduction to the Study of Silent Cinema* を出版し、フィルムアーカイブの理論構築に努めた。無声映画研究者向けの入門書のような体裁を保ちつつ、フィルムアーカイブの機能を解説しながら読み手を巧みに映画保存の世界へと誘う同書は、二〇〇〇年に *Silent Cinema: An Introduction* として増補改定され、その第四章（Raiders of the Lost Nitrate）でＦＩＡＦを軸にフィルムアーカイブの「歴史」が扱われた(15)。なお、二〇一八年夏に同書第三版の出版が予定されている。

このほか「歴史」に関しては、アンソニー・スライドの *Nitrate Won't Wait* やペネロペ・ヒューストンの *Keepers of the Frame*(16)が長く読まれてきた。前者は、米国に主眼を置いて一九八八年の「米国映画保存法」制定までの経緯を辿り、後者は、ヨーロッパのＦＩＡＦ加盟フィルムアーカイブを中心にこの領域の発展過程を論じている。FIAFが二〇〇二年に出版した研究書 *This Film is Dangerous*（17）に収録された複数の論考もまた、フィルムアーカイブ活動の始まりを取り上げている。こうした研究成果は、フィルムアーキビスト養成の教科書としての役割を果たしてきた。

本格的なフィルムアーキビスト養成は、一九九三年に英国のイースト・アングリア大学大学院で始まった。一九九七年にはGEMがL・ジェフリー・セルズニック映画保存学校を開校。やや遅れてカリフォルニア大学ロサンゼルス校（UCLA）のMIAS（Moving Image Archive Studies）やニューヨーク大学（NYU）のMIAP（Moving Image Archiving & Preservation）といった修士課程の開設が続いた。こうして養成された人材を会員として取り込み、飛躍的に発展したのが、米国に本部を置く動的映像アーキビスト協会（AMIA）である。AMIAはシルバーライト賞（Silver Light Award）はじめ各賞を授与して、引退した、あるいは現役の動的映像アーキビストの活躍を顕彰しているが、同時に、複数の財団から資金提供を受けて、動的映像アーキビストを目指す学生に奨学金を支給してもいる。

フィルムアーキビスト養成に連動して、フィルムアーカイブ活動にまつわる数々の論文や書籍が英語圏を中心に増加した。比較的新しい文献では、二〇一一年に出版されたキャロライン・フリックの博士論文に基づく *Saving Cinema*（18）が、米国を中心とする映画保存運動の歴史を論じている。ちなみに現在テキサス大学教授のフリックは、イースト・アングリア大学大学院で専門教育を受けた第一世代として、二〇〇二年にテキサス動的映像アーカイブを創設し、二〇一一年からAMIA会長を勤めた。この領域の主要な学術雑誌、FIAFの *Journal of Film Preservation* とAMIAの *The Moving Image* のバックナンバーにも、世界の国や地域のフィルムアーカイブ活動の歴史をテーマに据えた論文が散見される。しかしながら、日本のフィルムアーカイブ活動の通史が取り上げられることはなかった。

4　フィルムアーカイブ活動の史的考察——日本の場合

アーカイブズ学に根差してフィルムアーカイブ活動を研究する者にとって、一九八五年の出版から三十余年の時を経てもなお最良の入門書は、安澤秀一の『史料館・文書館学への道——記録・文書をどう残すか』（吉川弘文館）である。安澤が滞在した一九六〇年代の英国には、公共フィルムアーカイブが中央と地方にバランスよく配置されていた。これらが集まって一九八七年に結成したフィルムアーカイブの国内団体(19)には、現在二〇機関もが加盟している。また、同書はロシアの国立フィルムアーカイブ「ゴスフィルモフォンド」のソ連時代にも触れている。安澤の研究の中では、フィルムアーカイブの存在がアーカイブズ学にごく自然に溶け込んでいるが、それは日本においては例外的なことであった。

日本のアーカイブズ学研究が文字以外の記録や紙以外のメディアに目を向けようとしなかったことは、一九八〇年代から指摘されていた。例えばフランク・B・エヴァンズ（元米国アーキビスト協会会長）は、一九八三年にユネスコ総合情報プログラムの視察目的で来日した際、「今日のアーカイブズにとって重要な四つの問題」を論じ、取り組むべき課題の一つに「非伝統的媒体による非印刷情報」があると指摘した(20)。そして一九八六年に国際公文書館会議（ICA）の使節として来日したマイケル・ローパー（元英国国立公文書館館長）も、日本のアーキビストが「専門知識や専門技術を拡大」すべき点として「文字形態記録以外の記録類（すなわち視聴覚記録や機械可読記録）の作成、選択、保存に関するあらゆる問題」を挙げた(21)。

アーカイブズは本来あらゆる記録を包摂するはずが、日本のアーカイブズ機関は古文書や行政文書等の文字資料を中心に扱ってきた経緯があり、一九七一年に開館した国立公文書館（National Archives of Japan）にも視聴覚部門は設けられなかった。国立公文書館は「収集の対象とする記録の種類」を定義していないが、海外と比較して「紙媒体のものが大半で、映像・音声資料等紙以外の媒体の資料はごくわずかしかない」(22)ことが認識されている。そのような中でも、前述の児玉優子、そして中央大学の李東真のように、一部の研究者が動的映像の収集・保存およびアクセス提供の諸問題を国際的な視点から論じてきた。ただし、「歴史」的な側面については未だ概論にとどまっている。

本書が狭義の「映画」に着目する理由には、筆者自身の能力の限界に加え、国立視聴覚アーカイブを持たず、アーカイブズ機関の視聴覚部門が未成熟な日本の現実もある。しかし「映画」を専門とするフィルムアーカイブは確かに存在する。日本における国立唯一の映画専門の収集・保存機関は、文化庁管轄の「独立行政法人国立美術館」の五館の一つ、東京国立近代美術館（The National Museum of Modern Art, Tokyo 以下「東近美」）(23)を母体とするフィルムセンターである。二〇一八年春、このフィルムセンターが独立し、六館目の国立美術館「国立映画アーカイブ」（National Film Archive of Japan 以下「ＮＦＡＪ」）が設置される。本書は東近美の機関誌（一九五四年から発行されている『現代の眼』）や研究紀要と並んで、フィルムセンターの機関誌（一九七一年から一九九三年まで発行された上映作品解説書『ＦＣ』および一九九五年発刊の『ＮＦＣニューズレター』）を重要な情報源として成り立っている。とりわけ二〇一〇年のフィルムセンター創設四〇周年並びに二〇一二年の東近美開館六〇周年という節目は、館史が回顧される好機となった。ただし、外部からの検証事例は未だ不十分に思われる。

5　なぜ映画フィルムを保存するのか

「バッハやベートーヴェンの作品を聴くことができなかった音楽家の卵や、図書館で過去の小説を読むことができなかった作家を想像できようか」(24)という言の通り、フランスのエリック・ロメールは、フィルムアーカイブ（シネマテーク・フランセーズ）での豊富な映画体験を生かして映画評論家としても映画作家としても活躍した。ＦＩＡＦも映画史研究の促進を目標の一つに掲げるが、映画フィルムを保存する目的はそれだけではない。未来の歴史学者が二〇世紀の日本を振り返るとき、何らかの方法で動的映像にアクセスが可能であれば、数多の歴史的事象――例えば、広島・長崎への原子爆弾の投下、原子力発電所の建設、東京オリンピック、高度経済成長、公害訴訟、安保闘争、バブル経済とその崩壊、阪神淡路大震災――に翻弄されながら、人々がいかに抵抗し、そして何に希望を見出して時代を生き抜いてきたのかを、文書からは読み取れない叫びや囁き、眼差しや仕草に至るまで感得できる。

実際に、関東大震災を報じるニュース映画から火災の広がりや人々の避難行動が、そして公共事業の記録映画から建設技術の確立過程が分析されている。あるいは、ごく平凡な日々の記録がいつの間にか日本の原風景となってノスタルジーを喚起することもある。家庭に眠るホームムービーを文化資源と捉えて地域史研究と結びつけ、日常の暮らしとそれを取り囲む社会を探究する試みも始まっている。このように、所蔵資料を多方面の利用者に提供し、そこから新たな成果が生まれることは、フィルムアーキビストにとって何より大きな喜びに違いない。

映画フィルムに記録されたコンテンツは、テレビの普及によってブラウン管を通じてお茶の間に届くようになり、続いて磁気テープや光学ディスクに変換され、ビデオソフト等のパッケージ系出版物として消費者の手に渡るようになった。劇場のスクリーンのみならず、パソコンやタブレットのディスプレイからわたしたちが日々享受している映画は、もはやキャリアを必要とせず、コンテンツはインターネットから容易に再生できる。しかし映画の資料的価値はコンテンツだけにあるのではない。わたしたちは映画フィルムを映写機にセットし、高速で走行させ、光源の力を借りて暗闇に拡大投射することによって動的映像を眼前にしてきた。映画が作成された時代における意味を洞察するとき、作成時に使用された技術や作成者の動機といったコンテクストからコンテンツを切り離すことはできない。そのためにはオリジナルのキャリア、つまり〈映画フィルム〉を守り残す必要がある。

「FIAF七〇周年記念マニフェスト　映画フィルムを捨てないで！」は、映画フィルムの秀逸性として、次の四項目を挙げている。映画フィルムは（1）手で触れることができ、目視できる〔その意味で、機械可読式ではない〕。（2）動的映像資料のための記録メディアの中では最も寿命が長く、安定性が高い。（3）高度に標準化され国際化されているため、旧式化することがない。（4）容易に改変できないことから、真正性が担保される[25]。一方、比較的新しい磁気テープ、光学ディスク、データファイル等は再生機器に依存する。パイオニアが国内で一九八一年に販売開始したレーザーディスクプレーヤーの生産を二〇〇九年に、そしてソニーが一九八五年に販売開始した八ミリビデオカセッ

図3　FIAF70周年記念マニフェストのちらし (With the permission of FIAF)

トレコーダの出荷を二〇一一年に終えたように、視聴覚機器は瞬く間に時代遅れになって旧式化してしまう。データファイルは改変が容易で真正性が担保されず、ファイル形式の変化が目まぐるしい――この点については、現代に生きるわたしたちの多くが体験的に学んできたに違いない。

6　日本のフィルムアーカイブ活動の現在地

では、日本の〈映画フィルム〉はどこに保管されているのか。常温で放置しても残存する可能性のある紙資料とは異なり、映画フィルムには温度と湿度が低く一定に保たれた環境が欠かせない。日本の国立公文書館も国立国会図書館も映画フィルム専用の収蔵庫を備えていないため、映画フィルムを適切に長期保存できる公共機関は、専門性の高い〈フィルムアーカイブ〉にほぼ限定される。

国立唯一の映画の収集・保存機関がフィルムセンター（二〇一八年度よりＮＦＡＪ）であることは先に述べたが、フィルムセンターが東近美に設置された一九七〇年、京都府も「京都府立映像会館」設置構想を掲げて映画フィルムの収集に着手していた。ただし、この構想は財政難から実現に至らず、一九八二年に開館した「広島市映像文化ライブラリー」が国内初の地方自治体の公共フィルムアーカイブとなった。一九八八年には京都府フィルム・ライブラリーの資料を引き継ぐ「京都文化博物館」、そしてフィルムアーカイブ機能を含む複合施設「川崎市市民ミュージアム」、さらに一九九六年に「福岡市総合図書館」の開館が続いた。映画フィルムのコレクションを有し、映画フィルムの保存に適した収蔵庫を備え、かつ映画フィルムを映写機にセットして上映できる環境が内部に整っていることをフィルムアーカイブの成立条件とするなら、日本の公共フィルムアーカイブの地図は、中央のフィルムセンターとこれら四つの地域フィルムアーカイブによって描かれる。

そもそも映画フィルムは国内にどれだけ残っているのか。フィルムセンターは圧倒的に規模が大きく、二〇一六年度末の時点で約八万本を所蔵。内、約七万本を日本映画が占める。ここでの「本」とは、一つの作品に対し、世代（ポジ、ネガ）、形状（三五ミリ、一六ミリ等）、バージョン（ディレクターズカット版、ダイジェスト版、活弁トーキー版、短縮版、外国語字幕版等のバリエーション）、完全度の異なるフィルムを一つずつ数えた場合の単位である。本数、缶数、巻数、作品数等、何れに換算するかで値は異なり、テレビアーカイブ等では所蔵作品の総上映時間でコレクション規模を表すこともある。日本映画の種別には、劇映画、テレビ番組、ニュース映画、アニメーション、文化・記録映画があり、一九一〇年から二〇一五年までに約三万七〇〇〇作品が公開されたとされる「日本劇映画」の内、フィルムセンターには七〇七五作品（本数換算で約一万二〇〇〇本）が所蔵されている。何らかのかたちでフィルムセンターに所蔵されている状態を「残存」と見なすとき、製作年の判明している六七二八本の残存率はわずか一八・一％（一九一〇年代＝〇・二％、一九二〇年代＝四・一％、一九三〇年代＝一一・七％、一九四〇年代＝三三％、一九五〇年代＝三二・五％、一九六〇年代＝二九・五％、一九七〇年代＝二〇・三％、一九八〇年代＝三三・七％、一九九〇年代＝二一％、二〇〇〇年代＝八・三％）に過ぎない(26)。

失われた映画史の空白を埋めるため、フィルムアーカイブは「キープオール」（残せるものはすべて残す）という理想を掲げる。アーカイブズ学では到底受け入れられない考え方かもしれないが、これは決して、資料の取得方針の明示や評価選別論を否定、または軽視するものではない。むしろ「キープオール」という言葉に映画保存の厳しい現実が如実に表れている。

なぜ日本映画はここまで残っていないのか。初期映画の残存率は残念なことに、資本主義圏の多くの映画生産国で軒並み低い。米国でも無声劇映画の残存率は三〇%程度(27)――日本ほど悪い数字ではないが、それでも大部分は失われてしまった。当初は使い捨ての娯楽ソフトに過ぎなかった映画フィルムにとって、人々の無関心こそ消滅の第一の要因であったろう。第二の要因に自然災害や戦渦がある。多くの映画会社が本拠を構えた東京は、関東大震災や太平洋戦争末期の空襲で破壊され、人命のみならず数多の文化遺産が灰燼に帰した。どうにか生き延びた映画フィルムも保管環境や取り扱い方を誤れば、物理的な損傷に加え、化学的に劣化する。つまり第三の要因としては、経年劣化が考えられる。常温に放置すれば、映画フィルムは遅かれ早かれ腐食してしまう。だが、高温多湿の日本で劣化の進行を遅らせるために必要な映画フィルム専用の収蔵環境は、公共フィルムアーカイブや民間の倉庫会社の提供するサービスを除いてほとんど整っていないのが実情である。

適切な収蔵環境の整備は今後の課題であるが、映画関連企業、収集・保存施設、教育研究機関もまた、映画フィルムの主な所在である。一九八〇年代以降、映画フィルム以外のメディアによる商品化の可能性が増し、旧作の価値が見直されるようになった。著作権者(映画会社)の権利が保護される七〇年はあまりに長く、保護期間はさらに延長される可能性もある。劇場公開用映画がフィルムアーカイブに届けられるとすれば、作品の商業的価値が失われたとき、権利を保持したまま物理的な管理のみ託されるとき、あるいは会社倒産のときになろうか。全国の自治体に五〇〇機関近くが存続する視聴覚センターや視聴覚ライブラリーは、社会教育振興を目的に購入した非劇場公開用一六ミリフィルムを貸出している(あるいは貸出していた)。二〇万本以上の一六ミリフィルムを所蔵するこうした視聴覚センター/ライブラリーに対して(28)、ようやく二〇一二年、全国視聴覚教育連盟事務局への「移管届」や「廃棄届」送付の呼びかけが始まった(29)。原版ではないにせよ、中には唯一無二の作品もあるかもしれない。二〇一四年から二〇一五年にかけて実施された一般社団法人記録映画保存センターによる「記録映画のデジタル保存・活用調査研究」は、視聴覚センター／ライブラリー以外にも国内四八一施設に約六・四万本（内、公文書館等二七施設に六二四六本）の映画フィルムが存在することを確認した(30)。そのほか、映画フィルムは収集家の手元や一般家庭にも多数眠っている。そして民間所有の、あるいは著作権者不明の映画フィルム（オーファンフィルム）の今後の残存は、所有者の自発的な努力に多くを負っている。

後世に残すべき文化資源としての価値を正しく評価されないまま、長期保存に適しているとはいえない条件下で劣化の危機に晒されている映画フィルムは決して少なくない。米国では、適切な保存環境に置かれていない映画フィルムを、その価値が最も有効に生かされるフィルムアーカイブに寄贈や寄託を仲介する専門家も活躍するという(31)。日本でも、映画フィルム専用収蔵庫を持たない所有者は移管を検討すべきであろう。しかしフィルムアーカイブ側の受け入れ体制が不十分であれば、本来は歓迎すべき寄贈の申し出や研究者からの利用請求さえ、職員の重い負担になってしまう。

7　改善策を過去に求めて

フィルムセンターは二〇〇七年、韓国映像資料院（Korean Film Archive, KOFA）が二〇〇二年にホストとなって以来、東アジアで二度目のＦＩＡＦ会議を成功裏に終えた。映画の学術会議として国内最大規模となったＦＩＡＦ東京会議は、幅広い領域の研究者にフィルムアーカイブの存在意義を知らしめた。

図4　FIAF東京会議プログラム

東京藝術大学の研究者を中心とするＮＰＯ法人映像メディア創造機構（二〇一四年解散）は、二〇〇八年一一月、カナダ国立映画制作庁の革新・技術リソースセクション、韓国映像資料院のデジタル情報マネージメント・チーム、そしてフランス国立視聴覚研究所（ＩＮＡ）の国際マーケティング＆セールス部門の実務者を招いてシンポジウム「映像アーカイブの未来」を開催し、法定納入制度に支えられたコレクション構築や、潤沢な予算を投入してコレクションをデジタル化した上で閲覧に供するプロジェクトの実例を示した[32]。東京文化財研究所保存修復科学センター近代文化遺産研究室による二〇一一年一月の研究会「音声・映像記録メディアの保存と修復」では、ベルリン技術経済大学保存修復学科の関係者がドイツの視聴覚アーキビスト養成を紹介した[33]。東京大学と先述の記録映画保存センターによる記録映画アーカイブ・プロジェクトのワークショップ（二〇〇九年二月から二〇一四年三月までの全二二回）も盛会を極め、芸術・文化法や著作権法等を専門とする弁護士を招いた第九回では、映画保存推進のための法整備の必要性も検討された。

以上のように、ＦＩＡＦ東京会議以降、危機的な状況にある映画フィルムをどうにか救済しようと、国内でも議論の場が度々設けられてきた。先進的な海外事例との比較によって、深刻な問題――日本の公共フィルムアーカイブの人員規模があまりに小さく、映画保存を担保するような法律が制定されないまま専門家の養成も進まず、結果的に所蔵資料が利用しづらいこと――も認識されるようになった。しかし克服すべき課題が浮かび上がっても、映画史の厚みを世界に誇る日本においてフィルムアーカイブ活動がなぜここまで低迷したのか、その問いに対する答えが出たわけではなかった。

筆者が大学院（アーカイブズ学専攻）の博士前期課程に入学した二〇〇九年、議員立法による「公文書等の管理に関する法律」（通称「公文書管理法」）が成立し、二年後の施行直前に東日本大震災が起こった。この時期、多くのアーカイブズ学徒が従来の研究や業務を継続しつつ何らかのかたちで被災資料の救済に携わる中で、「アーカイブズ」という言葉は着実に社会に浸透していった。日本アーカイブズ学会は二〇一二年度よりアーキビストの資格認定を開始し、大学院の講義でも、日本で最初の公文書館とされる「山口県文書館」の事例等、アーカイブズ機関の設立経緯や、その発展に尽くした人々の存在が語られた。こうして、筆者の関心は次第に「映画フィルム」というモノからその周辺の「人」へ、そしてフィルムアーカイブ活動の現在から「過去」へと移っていった。このことがフィルムアーカイブ活動史を研究する動機へとつながった。

二〇一二年の映画界は急激なデジタル・シフトを経験してもいた。ついに国内の商業映画館のデジタル上映のスクリーン数がフィルム上映のスクリーン数を上回ったのである。公共フィルムアーカイブは主に旧作映画を扱うが、それでも新作映画を取り巻く環境の変化と無縁ではいられない。まず、デジタル映画を収集・保存対象とするか否かの決断が迫られる。映画フィルムの種類は、原版（画ネガ、音ネガ等）、マスターポジ、デュープネガ、上映用プリント（版違いも含む）、ラッシュ、NG、カット尻と幅広く、唯一無二の素材もあれば、複製物もある。この内、オリジナル原版、もしくは最も原版に近い世代の映画フィルムが長期保存用と見なされ、復元の際の元素材となる。しかしデジタル映画の場合、保存用原版という概念自体がそもそも当てはまらず、製作、配給、上映の段階のどのデータをどのような方法で保存するのか、選択肢はあれど解決策は定まりそうにない。何れにしても、デジタル映画の収集・保存およびアクセス提供の方法論は、これまでと大きく異なる。次に、映画フィルムのストックや現像・焼付技術がこれまで通り入手できるという確証が持てなくなる。新作の主流がデジタル映画に切り替わったことで需要が激減した映画フィルムの製造業や現像業が、旧作の復元・上映のためだけに継続されるとは考え難い。公共フィルムアーカイブは現像所と連携して映画フィルム文化の存続を訴え、映画フィルムを使った復元や上映環境を維持する姿勢を貫いてきたが、事態は以前とは比較にならないほど逼迫している。

要するにわたしたちのフィルムアーカイブ活動は、長らく抱えていた深刻な課題を克服しつつ、デジタル化にも迅速に対応せねばならない渦中にある。

□　□　□　□

映画が日本に伝来して人気を博し、産業として発達するに連れ、その歴史、理論、製作技術等が研究され、成果が蓄積されるとともに、研究拠点の裾野も広がってきた。現在の映画学(フィルムスタディーズ)からは、従来の作家論や作品論にとどまらない多様な議論が生み出されている。そして、文字以外の記録や紙以外のメディアまで幅広く網羅するアーカイブズ学が日本に浸透することによって、映画フィルムを含む視聴覚資料研究の進展にも期待が寄せられている。欧米では一九九〇年代以降、映画学とアーカイブズ学を横断するフィルムアーカイブ学が一領域を形成するに至った。日本におけるフィルムアーカイブ活動の史的考察もまた、基礎研究の重要な一部であり、もっと早期に着手されていてもおかしくなかったテーマである。

本書の第一章では、映画フィルム、フィルムアーカイブ、そしてフィルムアーカイブの国際的な連携の始まりを確認する。第二章では、日本のフィルムアーカイブ活動の原点を戦前に求め、第三章では法定納入制度を中心に、映画フィルムの置かれた敗戦直後の状況を理解する。第四章では、戦後日本の〈映画保存運動〉を取り上げる。そして第五章では、デジタル時代にこそ高まる文化遺産としての映画フィルムの価値を検討する。以上のことから、歴史を貫く行為として日本のフィルムアーカイブ活動を把握し、現状を問い直してみたい。なお、全体を通して本書の基盤となる先行文献はこれまでのところで紹介したが、テーマの限定される文献は各章ごとに示すこととする。

註

（1）総合情報プログラム（General Information Programme）は文献によって「総合情報企画部」「総合情報計画部」等の表記揺れがある。

（2）高山正也・壷坂龍哉・安澤秀一・芝勝徳・関根俊一「シンポジウム 記録管理学教育と専門職養成」『レコード・マネジメント』三五号、記録管理学会、一九九七年、一〇—三七頁（特集一九九七年大会）。安澤秀一「文化情報学を考える」『文化情報学——人類の共同記憶を伝える』北樹出版、二〇〇二年、二五—二七頁（六 日本におけるアーカイヴズ施設と国際環境）。

（3）「動的映像の保護及び保存に関する勧告（仮訳）」文部科学省 http://www.mext.go.jp/unesco/009/004/026.pdf

（4）「フィルムアーカイブ」という用語に関しては次の文献に詳しい。岡島尚志「世界の映画保存事情とフィルム・アーカイヴ」『情報の科学と技術』四九号、情報科学技術協会、一九九九年、一〇六—一一二頁。

（5）勉誠出版のウェブサイト［http://bensei.jp/］に「第一六章 図面、写真、モノ資料」「第一七章 音声記録」「第一八章 動的映像」の和訳が掲載されている。

（6）http://filmpres.org/preservation/translation03/

（7）アイリーン・バウザーが語る「専門職としてのフィルムアーカイブ活動」http://filmpres.org/preservation/interview02/

（8）岡島尚志が「３Ｃ原則」を紹介した論考には次のようなものがある。「ディジタル時代の映画アーキビストが理解すべき〝３つのC〃という原則」『学習情報研究』一九一号、学習ソフトウェア情報研究センター、二〇〇六年、五七―六〇頁。「デジタル保存の〃3C原則〃デジタルvs.フィルム（二〇〇八年版）」同二〇七号、二〇〇九年、五二―五九頁。「基調講演「映像アーカイブ――過去から未来へ」」『映像アーカイブのノート』映像メディア創造機構、二〇〇九年、六二―七五頁。「フィルム・アーカイブの活動と倫理的問題について その最前線」『立命館大学映像学部現代GP「映像文化の創造を担う実践的教育プログラム」報告書二〇〇八年度 映像文化の創造と倫理』立命館大学映像学部、二〇〇九年、一三―二〇頁。「映画文化財の長期保存――問題点の整理とフィルム・アーカイブの役割」『書物と映像の未来――グーグル化する世界の知の課題とは』岩波書店、二〇一〇年、七八―八〇頁（映画のメディア論的位置づけ）。

（9）前掲註（8）「ディジタル時代の映画アーキビストが理解すべき〃3つのC〃という原則」五七―五八頁。

（10）*Memory of the World, General Guidelines to Safeguard Documentary Heritage*. UNESCO, 2002. p. 8. 和訳は筆者による。

（11）児玉優子「アーカイブズと動的映像アーカイブ――近くて遠い隣人？」『アーカイブズ学研究』一一号、日本アーカイブズ学会、二〇〇九年、七三―八九頁。

（12）Edmondson, Ray. *National Film and Sound Archive: The Quest for Identity: Factors Shaping the Uneven Development of a Cultural Institution*. University of Canberra, 2011.

（13）Kula, Sam. "History of Moving Image Archives". *Appraising Moving Images: Assessing the Archival and Monetary Value of Film and Video Records*. The Scarecrow Press, 2003. pp. 9–22. Id. *The Archival Appraisal of Moving Images: A RAMP Study with Guidelines*. UNESCO, 1983. これが「実用読本」の Section II に採録された。

（14）二〇一五年版『全国映画資料館録』（東京国立近代美術館フィルムセンター、二〇一六年）にはノンフィルム資料を収集・保存する五〇機関が掲載されている。

（15）Cherchi Usai, Paolo. *Silent Cinema: An Introduction*. BFI, 2000.

（16）Slide, Anthony. *Nitrate Won't Wait: A History of Film Preservation in the United States*. McFarland, 1992. Houston, Penelope. *Keepers of the Frame: The Film Archives*. BFI, 1994.

（17）*This Film is Dangerous: A Celebration of Nitrate Film*. FIAF, 2002, (Smither, Roger. ed.).

(18) Frick, Caroline. *Saving Cinema: The Politics of Preservation*. Oxford University Press, 2011.

(19) 名称は「フィルムアーカイブ・フォーラム」。現「フィルム・アーカイブズUK」の前身である。

(20) 安澤秀一「ユネスコ本部文書館専門官エヴァンズ博士を案内して」『史料館報』三九号、国文学研究資料館史料館、一九八三年、六―八頁。

(21) 『第一回文書館振興国際会議 報告集――記録管理と文書館』全国歴史資料保存利用機関連絡協議会、一九八七年、五三―五四頁。

(22) 『諸外国における公文書等の管理・保存・利用等にかかる実態調査報告書』歴史資料として重要な公文書等の適切な保存・利用等のための研究会、二〇〇三年、一七―一九頁(Ⅱ 公文書館が収集対象とする記録)。

(23) 「国立近代美術館」として設立され、一九六三年の京都国立近代美術館(当初は京都分館)設立後に「東京国立近代美術館」となった。フィルムセンターは当初「フィルム・センター」と表記されることもあったが、一九七二年頃「フィルムセンター」に統一された。本論では引用個所を除き「東京国立近代美術館(東近美)」および「フィルムセンター」を使用する。

(24) リチャード・ラウド『映画愛――アンリ・ラングロワとシネマテーク・フランセーズ』(村川英訳)、リブロポート、一九八五年、一〇四頁。

(25) 「FIAF七〇周年記念マニフェスト 映画フィルムをすてないで!」『NFCニューズレター』八三号、東京国立近代美術館フィルムセンター、二〇〇九年、一四―一五頁。

(26) 大傍正規(口頭発表)「フィルムセンターにおけるデジタル化の取り組み――信頼性の高い映画フィルム保存・復元との共存」映画におけるデジタル保存と活用のためのシンポジウム、東京国立近代美術館フィルムセンター、二〇一七年一月二六日。

(27) Pierce, David. *The Survival of American Silent Feature Films: 1912–1929*. Library of Congress, 2013.

(28) 『視聴覚センター・ライブラリー一覧平成二八年度版』一般財団法人日本視聴覚協会、二〇一六年。

(29) 拙稿「視聴覚ライブラリー所蔵一六ミリフィルムのこれから」『学研 映像カタログ』二一号、学研、二〇一二年、一〇四―一〇七頁。

(30) 『日本の文化施設に映画フィルムは何本あるのか――平成二六・二七年度文化庁文化芸術振興費補助事業「記録映画のデジタル保存・活用調査研究」』記録映画保存センター、二〇一六年。

（31）Verrier, Richard. "A Painstaking Effort to Reunite Forgotten Films with their Owners". *Los Angeles Times*, 2015-02-05.
（32）前掲註（8）『映像アーカイブのノート』に詳しい。
（33）『音声・映像記録メディアの保存と修復』（未来につなぐ人類の技 一二）、国立文化財機構東京文化財研究所、二〇一二年。

第一章

フィルムアーカイブ活動の原点を求めて

History of
Film Archiving
in Japan

第一章
フィルムアーカイブ活動の原点を求めて

起源を探れば遥か四万年前の洞窟壁画に辿り着くほど、人類と動的映像の関係は深遠である。しかし動的映像を捉え、時を超えて伝達する手段、つまり〈映画フィルム〉は、一八九〇年前後にようやく登場する。古代から長命な素材（例えば石、粘土、羊皮、木簡）に恵まれた「文字」は、正倉院に伝わる文書《もんじょ》のように、一三〇〇年という時の流れに耐え得る〈紙〉を主な記録メディアとするが(1)、文字と比較して短命な素材に記録される動的映像の存在は、長期保存という観点からは実に悩ましい。それでも一二〇年残存することが実証され、適切な環境に保管すれば五〇〇年以上保つという説もある映画フィルムは、動的映像用の記録メディアの中では寿命が最も長い。

本章では、フィルムアーカイブの「原形保存の原則」を念頭に、フィルムアーカイブ活動の基盤となる〈映画フィルム〉の誕生、映画フィルムを収集・保存して利用に供する〈フィルムアーカイブ〉という概念の発想、最古のフィルムアーカイブの創設、そして戦前のフィルムアーカイブの国際的なネットワーク構築を確認することによって、第二章以降で日本のフィルムアーカイブ活動史を訪ねる準備を整える。

1　映画フィルム――一九世紀末の開発から二〇世紀初頭の規格統一まで

起源の映画に採用されたキャリア

日本アーカイブズ学会の「登録アーキビストに関する規程」を見ると、「アーカイブズ学に関する専門科目の履修要件」として「アーカイブズ資源研究に関する分野」に全四項目が例示され、視聴覚資料もその対象となっている。ちなみにここでの資源研究とは、「記録やアーカイブズを実際に研究することを通して、その性質や特徴を探究し、アーカイブズ管理上の諸課題や利用者の多様な要求に応えること」を目的とする。

アーカイブズ資源研究に関する分野

- 記録を生み出す組織・個人と記録の存在に関する探究
- 記録（群）の内容、構成、他の記録や記録群との関係性
- 公文書、電子記録、古文書、オーラルヒストリー、視聴覚アーカイブズ等のメディアの性質、取り扱い方法および解釈方法〔傍線筆者〕
- アーカイブズ事業への多様なフィードバックのあり方

「フィルムアーカイブ」は「映画」を専門的に扱うが、広義のアーキビストでさえ雇用が限定的な日本で、フィルムアーキビスト、テレビアーキビスト、サウンドアーキビストといった職種の成立は即時には期待できない。それゆえ、アーキビスト（もしくはそれに類する職種）には、電子文書や視聴覚資料の性質や特徴を含む広範な知識が求められる。

序章でも触れた『キーピング・アーカイブズ（第三版）』は、〈映画フィルム〉を含む視聴覚資料を指して「珍しい」（unusual）、「馴染みがない」（unfamiliar）といった言葉を繰り返す。しかし何らかの視聴覚資料を保持する、あるいは保持する可能性のある機関に勤めるアーキビストにとって、それがいつまでも異質な存在であり続けるのは好ましくない。〈紙〉の起源や基本構造、製紙技術等を学ぶのと同様に、取得対象となり得る主に四種（映画フィルム、磁気テープ、光学ディスク、データファイル）の動的映像についても、やはり基本的な知識を身につけ、慣れ親しむ必要がある。そこで、まず映画フィルムの起源を探ってみたい。

一八九四年四月一四日、ニューヨークのブロードウェイにトーマス・A・エジソン（Thomas Alva Edison 1847–1931）のキネトスコープ・パーラーが開設された。しかし一般的に映画の誕生は、リュミエール兄弟（兄オーギュスト：Auguste Marie Nicolas Lumière 1862–1954／弟ルイ：Louis Jean Lumière 1864–1948）の発明したシネマトグラフの初興行がパリで成功した一八九五年一二月二八日とされる。覗き窓から動的映像を個人鑑賞するキネトスコープに対して、シネマトグラフは暗闇に投射された動的映像を複数の観客が同時に鑑賞する。もっとも、投射された動的映像を複数の観客が同時に鑑賞する興行形態には、エミール・レイノーによる「テアトル・オプティーク」の先行事例があったが、レイノーが使用したプラキシノスコープは、キャリアとしてガラス板を採用していた(2)。ここで、東京国立近代美術館フィルムセンターの岡島尚志【表1-2】による「映画」の定義を確認しよう。

細長く薄いフィルム上に、大量に一定間隔で連続して撮影され固定された、わずかずつ図柄の異なる、光を透過する小写真群が、定速で間歇《かんけつ》運動しながら流れていく過程で、前方の白く大きな矩形《くけい》幕に明る

い光源とレンズによって拡大投射されるもの。(3)

この定義からわかるように、「映画」とそのキャリアたるフィルムは分かち難く結びついている。複製芸術としての映画は記録メディアに束縛されないという考え方もあろうが、少なくとも国際フィルムアーカイブ連盟(FIAF)に加盟するフィルムアーカイブは、オリジナルのキャリアの維持と延命を重視し、そのための努力を怠らない。そして映画の上映段階でも、公開当時の形態にできる限り近づけようとする——つまり映画フィルムを「拡大投射」する。こうしたオリジナル尊重の考え方は、動的映像アーキビスト協会(AMIA)の倫理規程でも強調されている。

キネトスコープもシネマトグラフも、キャリアとしてはフィルムを採用した。つまり一般公開の前提としてフィルムは既に製造され、撮影も現像も完了していたことになる。では、どのようなフィルムが採用されたのか。映画が一九世紀までに発達した機械工学、化学、芸術等の粋を集めて成立したように、映画のキャリアとしてのフィルムもまた、様々な技術の集積の上に完成した。中でも映画とは切っても切れない関係にある写真史の重要事項を、雑駁ながらここで確認しておく(4)。

一八二〇年代にフランスのジョセフ・ニセフォール・ニエプスが世界初の写真技法とされる「ヘリオグラフィ」を開発し、この技法を継いで、一八三九年にルイ・ジャック・マンデ・ダゲールの「ダゲレオタイプ」が現れた。銀メッキを施した銅板等の〈金属〉をベース(支持体)とするダゲレオタイプは、「ベースに感光材料(光の作用で化学変化を起こす素材)を塗布する」という写真光学的な記録メディアの原初の姿をしている。複製可能な「ネガ・ポジ方式」は、英国のウィリアム・ヘンリー・フォックス・タルボットが一八四一年に発明した「カロタイプ」

に始まる（ネガには白黒の明暗関係やカラーの色調が逆に記録されている）。一八五一年に発明された「湿板」も、一八七〇年代末に登場する初期「乾板」も、ベースには〈ガラス〉を使用したが、その後ベースは〈紙〉へと、そして〈紙〉以上の強度を持つ合成樹脂、つまり〈プラスチック〉へと置き換わった。これによってフィルムが誕生し、写真技術は一八九〇年代に大衆化した。当初、映画フィルムは写真フィルムの転用に過ぎなかったが、次第に枝分かれして、ネガもポジも映画用途に適した商品へと改良されていった。

〈映画フィルム〉の基本構造

既に述べた通り、写真光学的な記録メディアはベース上に感光材料が塗布されているのが特徴である。ベース素材としての〈プラスチック〉は、セルロイド製のナイトレートに始まる(5)。

米国のビリヤード製品業社(6)が企画した象牙の代替品発明コンテストをきっかけに、一八六五年、ジョン・ウェズリー・ハイアットがビリヤードの球としてセルロイドの特許を取得し（米国特許：第50359号）(7)、その後も改良を続け、一八八四年にはセルロイドを「シート状にする」方法で特許（米国特許：第301995号）を取得した。べっ甲や珊瑚といった高価な天然素材の代替品として重宝されたセルロイドは、日本でも石けん箱、下敷き、靴べら、洋服のボタン、歯ブラシの柄といった日用品に加工された。酸（汗）への耐性に優れることから、二〇一四年頃まで卓球の公式球に、そして現在でもギターのピック等に使用されている。主な原料は、ニトロセルロース（硝化綿）、アルコール、そして全体の二五％を占める可塑剤の「樟脳」である。医薬品、防虫剤、防腐剤等、樟脳には幅広い用途があり、阿片や塩と同様に台湾総督府が一八九九年から専売としてプランテーションで量産した。一〇年もすると、日本は樟脳市場のシェアで世界一位（八〇―九〇％）となり、一九三〇年代にはセルロイド生産額の世界記録を作るまでになった。

セルロイド製のナイトレートのベースに薄く塗布される感光乳剤（エマルション）には、画の情報が記録される。硝化銀が光の作用で黒化することは一八世紀から知られていたが、感光材料としてのハロゲン化銀の微粒子をゼラチン液中に分散させた「乳剤」は、英国のリチャード・リーチ・マドックスの一八七一年の発明に由来する。ゼラチンは牛の骨や皮に含まれる純度の高い蛋白質コラーゲンを転化したもので、食用ゼリー、医療用カプセル等にも使用される。

ところで、ニトロセルロースは火薬の原料でもあるだけに極めて燃えやすい。セルロイドは日常的な素材でありながら、「戦前の消防戦術書には、特殊火災として必ずセルロイド火災が載っており、学校火災や神社火災と並んで、火災の一分類となっていた」(8)。一例として、増産第一主義で安全性の配慮を欠いていたとされる大日本セルロイドの一九三九年の爆発火災の死傷者は、三〇〇名近くに及んだ。セルロイド製のナイトレートフィルムもやはり危険物であり、一旦燃えはじめると、たとえ外気を封じても自ら酸素を発生させて燃え続ける。イメージ・パーマネンス・インスティチュート（Image Permanence Institute, IPI）によると、自然発火温度（摂氏約一五〇度）は経年劣化の進行に連れて下がり、密封状態にあれば爆発も起こり得る（後のフィルムアーカイブ活動に多大な影響を及ぼすことになるこの性質については、第三章で再び考察する）。

始まりの一八八九年――コダックによるロール式ナイトレートフィルムの商品化

様々な技術を結集して製造可能になった映画フィルムを量産し、普及させたのは、米国のイーストマン社（Eastman Company）である。一八八〇年にジョージ・イーストマン（George Eastman 1854–1932）が米国ニューヨーク州ロチェスターに起業した写真乾板の製造・販売会社が、一八九二年に商品名を取り入れて「Eastman Kodak Company」と改称し、これが現在の社名の由来となるが、以下、本書では社名の変遷にかかわらず「コダック」と表記する(9)。写真工業の分野では後発ながら、一定の品質維持、使い勝手の良さの徹底追究、そして広報戦略が功を奏し、コダックはほどなく世界市場のトップに躍り出た。

フィルムの製造・販売を軌道に乗せるには、まず長尺のフィルムをロール状にすること、次にベースの強度を高めること——主にこの二つのハードルを乗り越えねばならなかった。そこでコダックは一八八八年、乳剤を塗布した「ロール状」の紙フィルムを組み込んだ撮影機(米国特許：248179号)の発明者、ピーター・ヒューストンとライセンス契約を結んだ。こうしてロール式カメラが商品化され、「シャッターボタンを押して写真を撮る」という撮影技師の特権行為が急速に大衆化した。そして同年、化学者ヘンリー・ライヘンバッハを雇い、それまでより薄く(約〇・一ミリ)、透明度が高く、柔軟性に長けたセルロイドのベースを開発させた。これら二つの新技術を組み合わせた「ロール状ナイトレートフィルム」の製造方法に関する特許申請によって(米国特許：479305号)、一八八九年四月、動く映像の発明に役立つフィルムの商品化が実現した。

商品化は成ったが、急増した需要に薬品の仕入れが追いつかず、コダックは一八九二年から翌年にかけてフィルムの出荷停止を余儀なくされた。その間、ライバル会社ブレア・カメラの売上げが伸長。ピンチはそれだけに終わらなかった。同種の特許が一八八七年に申請されていたことが判明し、長期的な裁判の末、礼拝に視聴覚機器を活用していたニューアークの牧師ハンニバル・グッドウィンが優位に立ったのである。しかし性能で上回っていたコダックは体制を整えて製造を再開、一八九九年にブレア・カメラを買収して巻き返した。グッドウィンはフィルム製造業を本格化する直前の一九〇〇年に事故で命を落とし、その特許はライバル会社アンスコに売却された。アンスコとの裁判に敗訴したコダックは賠償金五〇〇万ドルを支払ったが、既に商品化されていたロール式ナイトレートフィルムは市場をほぼ独占しており、コダックの成功が揺らぐことはなかった。一九〇四年にコダックの工場を見学した吉澤商店の社員は、その規模の大きさから自社の資本では映画フィルムの国産化はとても手に負えないと諦めたという(10)。

一九二〇年に来日したイーストマンは、小西屋六兵衛店（後の小西六写真工業、現コニカミノルタ）が京都の料亭・左阿彌で催した歓迎会で、「皆さん方がコダックの製品をたくさん買ってくださるのはまことに有り難い。だが、私のほうも毎年日本に対しては支払い勘定だ。それは、フイルム原料の樟脳を日本から買っているからだ」と述べた(11)。日本が輸出した台湾産の樟脳は、初期映画に少なからぬ貢献を果たしたことになる。

エジソンの映画と著作権登録

現在、エジソン国立歴史公園として一般公開されているニュージャージー州ウェストオレンジの広大なエジソンの研究所は、最盛期には一万人以上を雇用したという。一九世紀末、いち早くコダックのロール式ナイトレートフィルムを入手したこの研究所では、エジソンの助手ウィリアム・K・L・ディクソン（William Kennedy-Laurie Dickson 1860-1935）が撮影機材のキネトグラフおよび再生機材のキネトスコープの開発を進めていた。ちなみに「キネマ」の語源「kinein」はギリシャ語で「動くこと」を意味する。

当時のコダックのフィルムは幅七〇ミリまたは九〇ミリ、長さ二五フィートに裁断されていた（米国では映画フィルムの幅はメトリック、長さはフッテージで表すことが多い）。ディクソンは、七〇ミリ幅のシートを縦に二分割してつなぎ、幅三五ミリ、長さ五〇フィート（約一五・二四メートル）のループ状にしてキネトスコープに採用した(12)。フィルムに配置されたフレームの画面比率は四対三、フレームは当初は水平に配置され、パーフォレーション(送り穴)も一列のみ配置されたが、試行錯誤の末、一八九一年には垂直に配置したフレームの両サイドに四つずつパーフォレーションを穿孔《せんこう》するようになる。こうして完成した「エジソンのキネトスコープ」は、一八九三年五月にブルックリン芸術科学協会で披露された。

研究段階を終えたキネトスコープを商品として売り出す際に、ディクソンは「〔キネトスコープによってもたらされる〕学生や歴史家のアドバンテージは計り知れない。これによって、わたしたちのアーカイブズはきっと豊かさを増すことになる」(13)と予言した。当時ディクソンが映画を歴史資料と捉えた点は特筆に値しよう。その後、エジソンの元を去ったディクソンが〈紙〉を使ってパラパラ漫画の原理を生かした「ミュートスコープ」を発明し、競合する別会社(アメリカン・ミュートスコープ社)の設立に関与すると、エジソンは対抗して動的映像をスクリーンに投射する技術を別の発明家から買い取り、「ヴァイタスコープ」と名づけて世に出した。投射型としてはフランスのシネマトグラフに先を越されたが、一九一八年まで二五年ものあいだ映画製作を続けたエジソンの研究所およびエジソン社の映画は計四〇〇〇本以上になる。そして、そのコンテンツの多くが現在も閲覧可能となっている。

例えば、ディクソンが監督したキネトスコープ用の *Blacksmithing Scene*〔鍛冶屋の場面〕(一八九三)のナイトレート・プリントは、米国のヘンリー・フォード博物館で発見され、ニューヨーク近代美術館(MoMA)映画部門が全米映画保存基金(NFPF)の助成を受けて復元した。一分に満たないこの作品に登場する三人の鍛冶屋の一人を演じるのは、やはりエジソンの助手フレッド・オットである。彼の豪快なくしゃみの記録、*Record of a Sneeze*〔フレッド・オットのくしゃみ〕(一八九四)は、一八九七年、米国議会図書館(以下「議会図書館」)

に著作権登録された。ただし提出されたのは映画フィルム自体ではなく「ベタ焼き」（カード状の印画紙にプリントしたもの）、つまり紙の複製であった。このカードに記録されていた四五フレームに、一八九四年のハーパーズウィークリー誌に掲載された三六フレームを加えた計八一フレーム分が、二〇一三年に三五ミリフィルムに復元され(14)、二〇一五年、同作品は米国のナショナル・フィルム・レジストリーに登録された（ナショナル・フィルム・レジストリーについては第五章に詳しい）。

映画フィルムをパーフォレーションごとロール状の紙焼きにして議会図書館に提出した「ペーパープリント」と呼ばれる著作権登録用の複製のおかげで、一九一五年頃までに製作された三〇〇〇作品以上の初期米国映画のコンテンツが残存する。ペーパープリントの復元事例は、マイク・マション研究員によるアテネフランセ文化センターでの講演と上映を通して、日本にも二〇〇一年に紹介された（特集 アメリカ映画の創世 記念シンポジウム「映画の保存と復元 アメリカ議会図書館の取り組み」）。

映画誕生――シネマトグラフ・リュミエール

キネトスコープの存在を既に知っていたリュミエール兄弟は、ブレア・カメラからフィルムを仕入れて自社製造に着手した。フィルム幅は三五ミリでも、正円のパーフォレーションを両サイドに一つずつ穿孔したところがディクソンの規格とは異なる。「キネマ」にギリシャ語で「書く／記録する」という意味を持つ「graphein」を足して命名された「シネマトグラフ」は、一八九五年三月にフランスの国立産業振興会館でも上映されたが、同年一二月二八日、パリのグランカフェ、インドの間（席数約一〇〇）では、入場料を観客から徴収して――つまり有料で――上映された。後のインタビューによるとリュミエール兄弟はその場に居合わせなかったが、観客の中には「劇映画の始祖」となるジョルジュ・メリエス（Georges Méliès 1861–1938）の姿があった。コダックによるロール式ナイトレートフィルムの販売開始から六年、いよいよ映画の時代の幕が開けた。

リュミエール社の映画の残存状況も確認しておきたい。遺族によって一九八二年にフランスのリヨンに設立されたリュミエール協会（Institut Lumière）は、映画フィルム八〇〇〇本を所蔵する映画博物館でもある。リュミエール社が製作したと考えられる一四二五本の映画（一作品の長さは約五〇秒）の内、同協会が所蔵していた一四〇五本のオリジナルはフランス国立映画・映像センター（CNC）に寄贈され(15)、二〇〇五年にユネスコ〈世界の記憶〉に登録された【付録5 ユネスコ〈世界の記憶〉に登録された映画フィルム一覧⑤】。現在では一四二二本の残存が確認され、デジタル復元も進められている(16)。

映画一〇〇年に合わせ、一九九五年に出版された『リュミエール元年――ガブリエル・ヴェールと映画の歴史』（筑摩書房）および『光の生誕リュミエール！』（朝日新聞社）によると、一八九六年に特許を取得したシネマトグラフは、次々現れる模倣品との差別化のため、商標を「シネマトグラフ・リュミエール」として世界各地で上映された。リュミエール社の映画といってもリュミエール兄弟が自ら撮影したのは全体の一割にも満たない。というのも、リュミエール社は各国の物珍しい風俗習慣や王室行事等の撮影に五〇名前後の技師を雇ったからである。シネマトグラフ・リュミエールを携えた撮影技師は日本も訪れた。まず一八九七年一月にコンスタン・ジレルが来日し、同年一〇月に離日。遅れて一八九八年一〇月から翌年二月までガブリエル・ヴェールが滞在した。リュミエール社が明治時代の日本を記録した映画の複製は、一九六〇年二月二九日にフランスの初代文化大臣アンドレ・マルロー（在任機関一九六〇―一九六九）から日本の文部省に贈られ(17)、明治の日本シリーズとしてテレビ番組の制作等にも二次使用されてきた。

エジソン社のジェームズ・ホワイトとフレデリック・ブレチンデンも、一八九七年夏から出立した撮影旅行の二年目に日本を訪れた(18)。ＳＰレコードの「出張録音」も含め、営利目的または研究目的の撮影や録音は欧米以外の地域でも盛んで、「地球映像資料館」で知られるフランスのアルベール・カーン（Albert Kahn 1860–1940）のように、こうした行いを民族間の相互理解と世界平和の願いへと昇華させた者もあった。

〈映画フィルム〉の国際的な規格統一

一九〇九年、パリで国際映画製作者会議（Congrès International des Éditeurs du Film / International Congress of Film Manufacturers）が催された。ジョルジュ・サドゥール（Georges Sadoul 1904–1967）の『世界映画全史』によると、七カ国（米国、英国、フランス、ドイツ、イタリア、デンマーク、ロシア）の三〇社から二〇〇名――議長を務めたメリエスのほか、現存する最古の映画会社とされるフランスのゴーモン社の創業者レオン・ゴーモン、パテ社の創業者シャルル・パテ、米国のイーストマン、英国のワーウィック社やアーバン社の創業者チャールズ・アーバン、映画監督セシル・ヘップワース等――が参加したこの会議では、映画フィルムの「買い取り制」に代わる「貸出制」が採択された。映画の興行期間は四カ月間となり、それを過ぎた映画フィルムは、原則として著作権者に戻されることになった。パオロ・ケルキ・ウザイは、製作・配給・上映から成る映画産業の基盤が整ったこの会議より前、つまり一九〇八年までの映画は、ほぼすべてオーファンフィルムと考えて間違いないとする(19)。映画フィルムの消費量を増やそうと目論んでイーストマンが廃棄処分を促したように、会議参加者の主たる目的は既得権益の保護にあった(20)。

主要な議題ではなかったにせよ、ディクソンがキネトスコープに採用した「画面比率四対三のフレームの

表1－1　映画フィルムの形状とベース素材

形状／開発年	映画フィルムのベース素材		
	ナイトレート	アセテート	ポリエステル
35mm　／1880年代	○	○	○
16mm　／1920年代	×	○	○
9.5mm　／1920年代	×	○	×
レギュラー8／1932年	×	○	×
シングル8　／1965年	×	×	○
スーパー8　／1965年	×	○	×

両サイドに四つずつパーフォレーションを持つ三五ミリ幅の映画フィルム」の規格は、この会議で国際標準となった。写真にも幻燈にも厳密な規格はなかったことから、映画フィルムは視聴覚資料用の記録メディアとして、おそらく初めて国際規格を得ることになった。前述のプラキシノスコープやミュートスコープのように、初期の動的映像装置が例外なくフィルムを採用したわけではなく、一九〇七年に登場して短命に終わった「スピログラフ（スパイログラフ）」のような〈ガラス〉の円盤の採用例もあったが、一九〇九年を境に、映画のキャリアは映画フィルムとほぼ同義となった。

もっとも、映画技術に関連するあらゆる特許を掌握すべく、エジソンが大手映画会社を集めて設立した映画特許会社（Motion Picture Patents Company）の影響下、三五ミリ幅の映画フィルムは米国内で事実上の標準規格として普及していた。つまり、この会議はそれを追認したに過ぎなかった。国際標準化機構（ＩＳＯ）の前身、万国規格統一協会(21)に一二年も先行して、一九一六年に映画技術者協会（ＳＭＰＥ）(22)が創設されると、フィルムの標準規格はさらに精緻化された。

燃えやすいナイトレートフィルムに代わる燃えにくいフィルムの開発を先取りしてコダックの地位を脅かそうと、二〇世紀初頭には既に熾烈な争いが始まっていた。企業が競い合うことで映画フィルムはトーキー化やカラー化に対応し、感光度や粒状性等、乳剤の品質も向上した。ベース素材も変転し、一九五〇年代に燃えやすいナイトレートから燃えにくいアセテート系（ダイアセテート、トリアセテート）に切り替わった後、上映用プリントには一九九〇年代から強靭なポリエステルが使用され始めた【表1-1】。それでもディクソンが設計した三五ミリ幅の映画フィルムの基本構造は、現代までほとんど変化していない。それどころか、映画フィルムを凌駕して普及するような動的映像用の記録メディアは、その後も現れなかった。

2 ボレスワフ・マトゥシェフスキ――世界初のフィルムアーカイブ論とその先見性

マトゥシェフスキについてわかっている事柄

ディクソンは先述の通りキネトスコープ用のソフトの歴史的価値を指摘したが、シネマトグラフ・リュミエール用のそれはポーランド出身の映画撮影技師ボレスワフ・マトゥシェフスキ（Bolesław Matuszewski 1856–1943/44?）が文書化した。マトゥシェフスキの *Une Nouvelle Source de l'Histoire: Création d'un dépôt de cinématographie historique* (A New Source of History: The Creation of a Depository for Historical (of Historic) Cinematography〔歴史の新しい情報源――歴史的な映画のための保管所の創設〕以下「歴史の新しい情報源」）が発表されたのは、映画誕生から僅か二年三カ月後のことであった。

マトゥシェフスキとはどのような人物であったのか。その生涯は、一八九六年から一九〇八年まで（年齢的には四〇代から五〇代にかけての一三年間）を除いてほとんど何もわかっていない。ここでは、ポーランド国立フィルムアーカイブ（Filmoteka Narodowa）とウッチ映画博物館が二〇一二年に共同制作したドキュメンタリー映画(23)を主な情報源として、その横顔を紹介するとともに、「歴史の新しい情報源」の解題を試みる。

首都ワルシャワから約二〇〇キロ南の街、ピンチュフ出身のマトゥシェフスキは、母国で親族と写真スタジオを共同経営し、いわゆるベルエポックのパリの一等地に写真スタジオ「Benque」を出店した。一八九六年頃にロシア皇帝ニコライ二世をシネマトグラフで撮影し、実際に報酬が支払われたことがロシアの公文書館に残された書簡からわかっている。そして「歴史の新しい情報源」を一八九八年三月二五日付のフランスの日刊新聞フィガロに寄稿し（その手稿もロシアの公文書館で発見されている）、これを全一二頁の冊子としてBenqueの店頭でも配布した。一八九七年から翌年にかけては、医学生向けの教材映画や民俗学的な映画を撮影して上映会を度々催したほか、一八九九年のハーグ万国平和会議を撮影した写真等を携えて一九〇〇年のパリ万博にも参加した。一九〇八年頃にポーランドとフランスの青年交流協会を組織したが、それ以降の消息はつかめず、墓跡も見つかっていない。ドキュメンタリー映画の中ではワルシャワ蜂起（一九四四年）に巻き込まれた可能性も示唆されるが、確固たる証拠があるわけではない。

マトゥシェフスキ自身はロシアだけでなくポーランド、フランス、英国等での撮影経験に触れている。リュミエール社が各国に派遣した撮影技師約五〇名の全体像ははっきりしないが、マトゥシェフスキが関与した可能性がある作品を一九〇七年版の「リュミエール映画総カタログ」(24)から抜き出してみると、主に三つの出来事を記録した計三〇作品が該当する。まず、日本から皇族や政治家も列席したという最後のロシア皇帝ニコライ二世の戴冠式（No.300–306 Couronnement du Czar 七作品、一八九六年）。これはモスクワのクレムリン内にあるウスペンスキー大聖堂で執り行われた。次に、ヴィクトリア女王の即位六〇年祭（No.488–496

Fêtes du Jubilé de la Reine d'Angleterre 九作品、一八九七年）。ブリティッシュ・パテのウェブサイトで閲覧できる同フッテージの再生時間三八秒の内、馬車で通り過ぎる女王の姿が確認できるのは僅か五、六秒と短いが、それでもロンドン市民が熱狂したパレード全体の華やぎは十分に伝わる。最後は、ニコライ二世の戴冠式にも参列したフランス大統領フェリックス・フォールのロシア旅行（No.606–619 Voyage de Monsieur le Président de la République en Russie 一四作品、一八九七年）。シネマトグラフという当時のニューメディアを操り、ロシア皇帝やフランス大統領との謁見のみならず英国女王の祝典にも参列し、それらを上映して各地の観客を驚かせていたとすれば、マトゥシェフスキの高揚感は想像に難くない。

マトゥシェフスキの名はポーランド国内にとどまらず、現代のフィルムアーキビストに広く知られている。その経緯を丹念に辿ったウィリアム・D・ラウトの研究から(25)、ポール・ローサが一九三五年に著した『ドキュメンタリィ映画』やサドゥールの『世界映画全史』にマトゥシェフスキへの言及はないが、一九六三年にフランスの映画研究者ジャック・デランドが「歴史の新しい情報源」を引用し、一九七四年にはジュリア・ブロッホ・フレイによる「歴史の新しい情報源」の英語版がユネスコのジャーナル *Cultures* に掲載されたことがわかる(26)。ラウトが触れていない事例として、一九五五年にワルシャワで開催されたＦＩＡＦの年次会議の参加者（つまりフィルムアーキビストたち）に「歴史の新しい情報源」が配布されたこともあった。序章で紹介したサム・クーラは一九八三年、自著の冒頭でマトゥシェフスキが「評価選別」を重視したことに触れ、そして一九八八年には映画研究者リチャード・エイベルが、「フィルムアーカイブの概念を初めて提唱した」文書として「歴史の新しい情報源」に光を当てた。

一九九〇年代以降は *Keepers of the Frame* がマトゥシェフスキの名を知らしめた。序章でも述べたように、欧米でフィルムアーキビスト教育が本格化する時期に教科書的な役割を果たしたこの文献が、「フィルムアーカイブという発想の源」となるマトゥシェフスキの提言に「興味を示す者はなかった」(27)と断定する一方で、マクレ・ハルトフの『ポーランド映画史』は、「歴史の新しい情報源」こそ「先駆的と言えるもので、世界的な水準にあった」ことは疑いなく、当時フランスの多くの雑誌が好意的に受けとめたとする(28)。

一九八四年、日本語版も発行されていたユネスコの機関誌『クーリエ』が「歴史の新しい情報源」からの抜粋とともに、世界で初めて「映画アーカイブ」(Cinema Archive)の創設を提案した人物としてマトゥシェフスキを紹介した。おそらくこの時、マトゥシェフスキの存在が日本に初めて伝わった。同誌には、サム・クーラやレイ・エドモンドソンに加え、現タイ・フィルムアーカイブ(公共機構)代表のドーム・スックウォン(Dome Sukavong 1951–)や、インド国立フィルムアーカイブ創設者のP・K・ナイル(P. K. Nair 1933–2016)といった著名なフィルムアーキビストも寄稿した(29)。その後、岡島尚志や児玉優子がそれぞれの論考の中で概略的にマトゥシェフスキの存在に触れた(30)。

マトゥシェフスキの提案

ここで「歴史の新しい情報源——歴史的な映画のための保管所の創設」の中身に移る。「歴史の新しい情報源」は、マトゥシェフスキが各国を旅してシネマトグラフを撮影・上映した体験に基づいて映画の歴史的価値を論じる前半と、映画の保管所の創設を提案する後半から構成される(なお、全文の試訳も参照されたい(31))。

論文前半では、まず歴史を記録する機能における映画の「文字」に対する優位を主張し、続いて「写真」に対する優位へと移る。加えて、何かが起こりそうな場所を事前に察知して潜り込み、たとえ戦地でも怖じ気づくことなくレンズを対象に向ける撮影技師の――おそらく彼自身の――資質や、人が感知できない領域まで記録できる撮影機材の性能に言及する。日常の何気ない記録が時を経て歴史資料へと変容すること、つまりアマチュアの撮影した動的映像資料（アマチュアフッテージ）の有する高い価値にも触れる。さらに、異文化交流や相互理解を促すツールとしての映画の活用を推奨する。無論、動的映像が文字を駆逐することはなかったが、ディクソンの予言の通り、文字に動的映像が加わることによってわたしたちのアーカイブズは確かにその豊かさを増した。

証拠性や真正性について、昨今では、容易に改変できるデジタルメディアに比して改変しづらいアナログメディアの優位が語られることが多いが、アナログメディアでも一九世紀の写真館では、実際に肖像写真の修正（レタッチ）が行われていた。しかし現物の映画フィルムのフレーム数は、トーキー化以降の劇場公開用三五ミリフィルムの標準映写速度（毎秒二四フレーム）で計算すると、毎分一四四〇、平均的な劇映画一作品につき一五万から二〇万という膨大な数になる。したがって当時の映画は明らかに写真より改変しづらいメディアであった。

図5　ボレスワフ・マトゥシェフスキ
(Wikimedia Commons)

マトゥシェフスキが指摘したように「歴史の証人」となった動的映像といえば、エイブラハム・ザプルーダーの手持ちの八ミリカメラがケネディ大統領暗殺の瞬間を捉えた事例が思い起こされる。米国国立公文書記録管理局（NARA）に保存されている全四八六フレーム、上映時間僅か二七秒のコダクローム（コダック製のカラーフィルム）の「ザプルーダー・フィルム」は、一九九四年にアマチュアフッテージとして初めて米国のナショナル・フィルム・レジストリーに登録された【表5-4】。マトゥシェフスキの考える動的映像の延長線上には、防犯カメラや衛星カメラの録画や、ドローンを使った空撮等も連想される。

論文後半では、いよいよフィルムアーカイブに相当する映画の保管所の設立を訴える。設立までの流れを三段階にまとめてみよう。第一段階では、博物館・図書館・公文書館等、既存の収集・保存施設に対して映画を取得対象とするよう促す。第二段階では、母体となる収集・保存施設の中で映画に特化した機能を徐々に充実させる。そして第三段階（最終段階）では、その機能を母体から「独立」させる。

前述の米国のペーパープリントは、目的こそ「著作権登録」にあったが、第一段階の事象の一つと考えられる。一八九六年、英国のロバート・ポールは「保存」を目的として自作のキネトスコープ用のフィルムを大英博物館に持ち込んだが、博物館側は、英国皇太子（後の国王エドワード七世）の競走馬を撮影した *The Derby*（一八九五）等数本しか受け取らなかった(32)。とはいえ、これも間違いなく第一段階に当たる。一九〇〇年にパリで開催された人類学の会議では、器物を残すならその使途や機能を伝える動的映像もともに残さなければ意味がないという観点から、人類学博物館にフィルムアーカイブの整備を促すべきとの決議を採択した(33)。二〇世紀に入ると、第一段階から第二段階への移行の実例も見つかる。例えば一九一七年に設立された英国の帝国戦争博物館は、当初から内部にフィルムアーカイブを有し、第一次世界大戦最大の会戦を記録した『ソンムの戦い』（一九一六）を一九二〇年に取得。はやくも一九二一年に、そして一九三一年にも「保存」を目的としてその複製を作成した（ただしオリジナルは経年劣化により一九七〇年代に廃棄処分となった）。同作も後にユネスコ〈世界の記憶〉に登録されることになる【付録5③】。

マトゥシェフスキはまた、「長期保存用原版」としてのネガと、「閲覧用プリント」としてのポジの役割を明確にした。そして、評価選別を重視し、保存年限の決定権等を持つ審議委員会の設置を求めた。「歴史の新しい情報源」が世に出た一八九八年は、「アーキビストの聖書」とも形容される『アーカイブズの整理と記述のためのマニュアル』（通称「ダッチ・マニュアル」）の出版年に重なる。「ヨーロッパのアーカイブズ理論を成文化し、アーカイブズの取扱いの方法論を発表した」(34)とされるダッチ・マニュアルと比較すると、フィルムアーカイブの設立を思い描いたに過ぎないこの文書の実効性は薄かったかもしれないが、フランスに既に国立公文書館が存在していたからこそ生まれた発想ではあったろう。そして最後に、国際都市パリは世界初の映画保管所を創設する場所として最も相応しく、自らそのプロセスに参画する準備があることも書き添えた。マトゥシェフスキがフィルムアーキビストとして雇われた史実はないが、フィルムアーカイブの機能だけでなく、そこで働く人材にまで思いを巡らすこの文書は、フィルムアーキビストの志願書として読むこともできる。では続いて、第二段階から第三段階へと向かう実例を紹介したい。

3　一九一〇年代のヨーロッパに出現したフィルムアーカイブと二つの国際組織

世界最古のフィルムアーカイブ「デンマーク国立映画と声のアーカイブ」

一九一三年四月九日、デンマーク王立図書館を基盤として「デンマーク国立映画と声のアーカイブ」（Den Danske Stats Arkiv for Films og Stemmer）が誕生した(35)。ヨーロッパの大手映画会社の中で初めて長編劇映画を製作したとされる一九〇六年設立のノーディスク社（コペンハーゲン）の製作本数は、前年の一七〇本から三七〇本へと大きく伸張し(36)、映画監督ベンヤミン・クリステンセンが代表作『密書』を公開したこの年、デンマーク映画界は黄金期を迎えていた。世界最古と考えられるこのフィルムアーカイブは、一八九九年から一九一二年にかけて撮影された短編記録映画七〇本を取得した。内訳は、最古のデンマーク映画 ***Kørsel med Grønlandske Hunde***（**Traveling with Greenlandic Dogs**〔グリーンランド犬との旅〕）（一八九七）で知られる王室の撮影技師ピーター・エルフェルトから届いたデンマーク王室の記録映画等二〇本、一九〇九年パリの国際映画製作者会議にも参加したノーディスク社創立者オレ・オルセンから三一本、そして新聞社ポリティカン（**Politiken**）のジャーナリスト、アンカー・キルケビーから一九本。この一九本は記録映画とはいえ、キルケビー自らが画面に登場するといった「演出」も指摘されるが、一〇〇年前の人々が目にしていたものを動的映像として今に伝える資料であることに変わりはない。ノーディスク社とポリティカンはフィルムアーカイブ設立の二年前、一九一一年一二月に契約を結び、国内の著名人のポートレイトの撮影を開始していた。

デンマークは第二次世界大戦の終結までナチス・ドイツに占領されたが、上映時間にして二二五分に相当するこの七〇本のコレクションは、一九四二年に国立博物館へ、続いて国立映画博物館へと移り、最終的には、文化省管轄のデンマーク映画協会（Danish Film Institute 以下「DFI」）に辿り着いた。そして、映画博物館開館六〇周年に当たる二〇〇一年にDFIが *The First Film Archive* と題してDVD化した。

DFIのウェブサイトによると、デンマークでは映画博物館が国営化された一九六二年に映画の法定納入が始まり、二〇〇〇年から未使用の複製物一本の寄託が義務づけられた。二〇〇七年には冷戦期の核シェルタを再利用したナイトレートフィルム専用の収蔵庫も完成し、現在も総計四万作品（一二万本）の映画フィルムを所蔵する。無声映画の時代、音声は映画フィルム自体には記録されていなかったが、名称に「映画と声」

とある通り、「デンマーク国立映画と声のアーカイブ」はサウンドアーカイブも兼ねていた。ちなみに、最古のサウンドアーカイブは一八九九年にオーストリア科学アカデミーがウィーンに設立したフォノグラムアルヒーフとされる(37)。将来、必ずや歴史的価値を持つと見込んでキルケビーが録音したオーラルヒストリー(Anker Kirkeby Collection)は、ユネスコ〈世界の記憶〉にノミネートされたこともある。つまり、「デンマーク国立映画と声のアーカイブ」のコレクションは、動的映像も音声記録も今に残されている。

「オランダ国立中央フィルムアーカイブ」とハーゲフィルム現像所

独立したフィルムアーカイブとしては、一九一九年に設立された「オランダ国立中央フィルムアーカイブ」(Nederlandsch Centraal Filmarchief / Netherlands (Dutch) Central Film Archive)が「デンマーク国立映画と声のアーカイブ」に次いで古い(38)。

オランダに初めて映画を持ち込んだのは、実はエジソンの元を去ったディクソンであった。一八九八年、バイオグラフ社の六八ミリフィルムの大型機材一式を馬車に積んでヨーロッパを巡業中のディクソンが、ウィルヘルミナ女王を撮影したのである(39)。翌年、パリでリュミエール社のシネマトグラフ興行を目にしたミュレンス兄弟は直ちに機材一式を購入し、オランダ初の映画会社アルベール・フレール(アルベール兄弟社)を起業してオランダ国内を巡業した。同社は映画製作にも乗り出し、『ザントフォールトの浜辺でズボンをなくしたフランス紳士の災難』(一九〇五)等を世に出した(40)。

一九一四年に映画会社「ハーゲフィルム」(Haghefilm)を創業した弟のヴィリー・ミュレンスは、あるとき地方自治体の広報映画の製作を請け負うサービスを思いつき、雑誌に広告を出した。その広告を目にした歴

図6　中央の建物がアイ映画博物館（筆者撮影）

史家D・S・ファン・ザイデンは、地方自治体ごとの文化や歴史をテーマに国家予算で映画を製作する仕組みを考案した。各自治体に上映用プリントを成果物として一本提供し、原版を国が保管することによってオランダ各地を動的映像記録として次世代に残そうとするこの構想は、はやくも一九一九年に実現し、ザイデンはフィルムアーカイブの主事に就任した。ダッチ・マニュアルの執筆者の一人で、当時のオランダ国立公文書館館長ロバート・フルーイン（Robert Fruin 1857–1935）もまた、理事の一人となった。アーカイブズを広く定義したフルーインは、一九二〇年代から国への絵画の登録を推進し、その蓄積が一九三二年に創設されたオランダ美術史協会に受け継がれたことでも知られる(41)。

オランダ国立中央フィルムアーカイブのコレクションは、独立系の映画作家やハーゲフィルム以外の映画会社から寄託された原版も加え、最終的に一一〇〇本あまりに成長した。フィルムアーカイブ自体は一九三〇年代に閉鎖されたが、そのコレクションはオランダ王立図書館と合併した国立公文書館へと引き継がれた。

ところで、映画会社として一九五〇年代まで文化・記録映画を製作し続けたハーゲフィルムは、最終的に現像部門だけが残り、一九八〇年代にはその現像部門も業務を停止した。しかし社名を買い取った元社員等が新たに設立した現像所は一九九〇年代以降、映画復元に特化した仕事で国際的に存在感を示すようになった。溝口健二（Kenji Mizoguchi 1898–1956）の『新・平家物語』（大映京都、一九五五）をはじめ、ここで復元された日本映画も少なくない。パオロ・ケルキ・ウザイは、二〇〇九年から二〇一〇年にかけてハーゲフィルム財団の理事長を務め、アムステルダム大学と連携して人材育成に貢献した。ハーゲフィルム現像所とともに映画復元の水準を引き上げてきたオランダ映画博物館(42)は、二〇一二年に移転してアイ映画博物館（EYE Filmmuseum）となり、その個性的な建物はアムステルダムのランドマークの一つとなっている。

国際教育映画協会（IECI）――一九二八年の結成から一九三七年の解散まで

本格的なフィルムアーカイブとして発展する可能性を秘めた非営利の収集・保存施設には、「映画」をキーワードに国境を越えた連携が生まれた。ネットワーク構築の初期に重要な役割を果たしたのが、スイスのジュネーブに本部を置いて一九一九年に設立された国際連盟（League of Nations）である。

一九二三年、スイスのチューリヒを拠点に「International Film Library（国際フィルム・ライブラリー）」という仮称の下、映画資料の収集事業が始まった。これを受けて、国際連盟は国際映画会議（International Film Congress）を催して議論を重ねた。営利を目的とする映画業界からは反発もあったが、映画を文化遺産と捉えた国際連盟は、芸術的、知的、教育的な非「産業製作物」のための国際団体創設を呼びかけた。こうした動向は、「優良な教育映画を世界的に利用せしめる為」の「世界的の交換機関を設けること」(43)として、国際連盟の常任理事国の一つ、日本にもリアルタイムで届いていた。

ところが一九二八年、突如イタリアが「国際教育映画協会」（Istituto Internazionale per la Cinematografia Educativa

／The International Educational Cinematograph Institute, IICE／IECI 以下「ＩＥＣＩ」）の設立を宣言し、九月に国際連盟がそれを承認した。イタリアの先回りに、地道な「国際フィルム・ライブラリー（仮）」設立運動を続けてきたスイスの関係者は落胆した。なぜなら、チューリヒに集められていた映画関連資料が移管されたＩＥＣＩローマ本部は、首相ベニート・ムッソリーニの私邸（現トルローニア公園）に置かれ、誰もがアクセスできる資料には成り得なかったからである(44)。ＩＥＣＩは、ローマ、ハーグ、ウィーン、ベルリン、パリ、プラハ等で年次会議を開いたが、英国映画協会（ＢＦＩ）を代表して一九三四年のＩＥＣＩ会議に出席したＪ・Ｗ・ブラウンは、ファシズムのプロパガンダ的な側面に抵抗感を覚え、以降ＩＥＣＩへの関与を避けた(45)。

ヨーロピアン・フィルム・ゲートウェイ（European Film Gateway）を利用すると、一九二八年の第一回ＩＥＣＩローマ会議を記録した七〇件以上の写真や、ＩＥＣＩの建物を撮影したニュース映画を閲覧できる。これらを所蔵する映画公社 L'Union Cinematografia Educativa（以下「ＬＵＣＥ」、イタリア語で「光」の意）は、「映画による教育宣伝」を目的に一九二四年に設立され、ニュース映画や文化・記録映画を量産した(46)【付録5⑮】。ＬＵＣＥの代表を一九二八年まで務めたルチャーノ・デ・フェオ（Luciano de Feo）はＩＥＣＩの理事長（Director）となり、初代の総裁（President）にはイタリアの法務大臣アルフレード・ロッコが選ばれた。ロッコ以下一一名の理事から成る理事会には、フランスのルイ・リュミエール、米国のカール・ミリケン、日本の新渡戸稲造（Inazo Nitobe 1862–1933）のほか、英国、スイス、ノルウェー、ドイツ、スペイン、インド、チリ等の代表が名を連ねた（国際連盟に加盟していなかった米国も、ＩＥＣＩには参加していた）。

一九二〇年から一九二六年まで国際連盟事務局の事務次長を務めた新渡戸は、一九二二年に国際連盟の理事会の諮問機関、国際知的協力委員会（International Committee on Intellectual Cooperation 以下「ＩＣＩＣ」）の設置に尽くしたが(47)、ＩＥＣＩの創設時は既に拠点を日本に戻して貴族院議員となっており、大阪毎日新聞社および東京日日新聞社の顧問も務めていた(48)。ＩＥＣＩ理事は新渡戸が最晩年に引き受けた数々の役職の一つに過ぎず、一九二八年のローマ会議には代理として倫理学者の友枝高彦（Takahiko Tomoeda 1876–1957）が参加し(49)、一九三一年以降は当時の在イタリア日本大使・吉田茂が理事職を引き継いだ。満洲国建国等を厳しく批判された日本は一九三三年に国際連盟を脱退するも、ＩＥＣＩには引き続き加盟していた。

ＩＥＣＩ自体を新渡戸が直接主導したわけではないが、新渡戸を「日本における（文化）国際主義者の第一人者」と見なす歴史学者の入江昭は、ＩＥＣＩを「戦間期の文化協調の最も成功した」事例の一つと考える。入江によれば、当時、専らエリート層が持っていたグローバルな意識やコスモポリタン的な考えを、国際連盟は「大衆」にも広めようとし、「大衆は、近代テクノロジー、とりわけラジオ、電話、映画の影響に左右されるものだという認識が一般的」な中で、まさに映画に白羽の矢が立った(50)。ファシズム政権下のローマに本部が置かれていたとはいえ、ＩＥＣＩの趣旨は文化の国際主義を謳うＩＣＩＣの考え方に合致していた。戦後ＩＣＩＣの思想を継承したユネスコは、文化遺産としての動的映像の保護を訴えることになる（この点には第五章で再び目を向けたい）。

ＩＥＣＩはデ・フェオを編集責任者に一九二九年、機関誌 *International Review of Educational Cinematography*（以下「ＩＲＥＣ」）を五カ国語（英語、フランス語、イタリア語、スペイン語、ドイツ語）で発刊した(51)。

ＩＲＥＣは映画を技術的、社会的、法的、教育的、そして芸術的に幅広く論じた。劇映画の社会的影響力、宗教的な主題の扱い方、映画関連の法制度（主に検閲や法定納入）、国家による映画製作への関与の度合い、医学や公衆衛生教育における映画の活用、目録規則、映画フィルム廃棄時の届け出制度等、話題は幅広く、

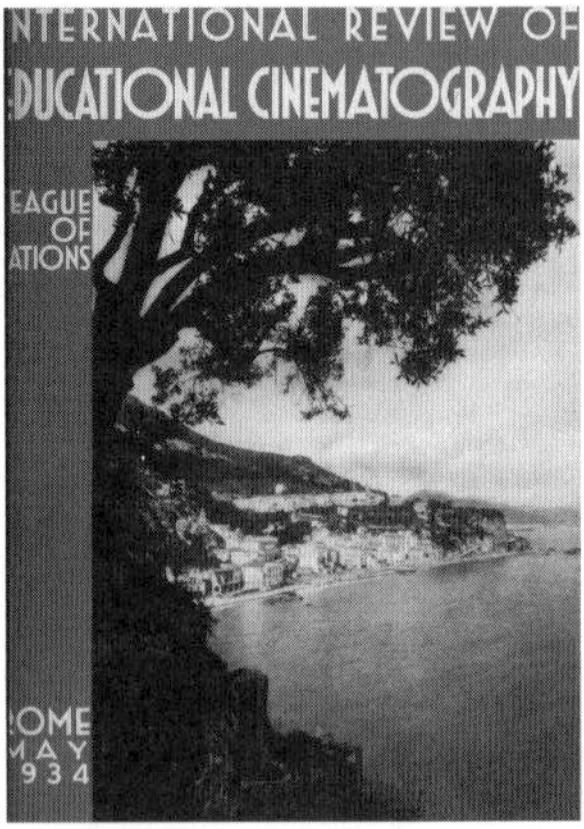

図7　IREC 1931年1月号〈左〉、1934年5月号〈右〉
（Library of Congress Packard Campus for Audio Visual Conservation Media History Digital Library）

既存のフィルム・ライブラリーがフィルムアーカイブになり得るかを問い、国別の映画製作状況の統計を掲載し、映画フィルムを所蔵する各国機関にコレクションの概要把握を呼びかけもした。投稿者はスペイン、ギリシャ、エチオピア、中国、インド、ウルグアイ、ソ連、ブラジルと国際色豊かで、一九三一年には日本からの寄稿も見受けられる。また、記事のいくつかは和訳され、文部省発行の教育映画雑誌に掲載された（詳しくは、第二章で改めて扱うこととする）。

コダックの調査研究結果に基づいて映画フィルムの長期保存方法を解説するIREC創刊号の記事は、「低温度・低湿度」の環境に保管し、現像場で水洗と乾燥を適切に行うこと――とくにハイポ（定着剤）をよく落とすこと――がナイトレートフィルムの延命につながるとする。残留ハイポはアセテート系フィルムの劣化（ビネガーシンドローム）を誘引することでも知られるが、はやくも一九二〇年代にこの点が指摘されていたのである。さらに、映画フィルムを中性紙で包み、金属製ではなく木製のコアに巻き、布製かゴム製のケースに格納して通気を良くすること、そして（米国では家庭用に既に製造販売されていた）冷蔵庫を使った低温保管や、年一度の映画フィルムの定期検査を推奨する(52)。先述のSMPEもやはり一九二〇年代、現像段階で適切な洗浄と乾燥を施したフィルムを摂氏一〇度以下の環境で保管すれば、長期保存が見込めるとしていた(53)。

一九三四年まで発行されたIRECを一九三五年より*Intercine*が、そして一九三六年より*Cinema*が引き継いだ。*Intercine*には、例えばポール・ローサのドキュメンタリー映画論や、マックス・ファクター（マックスファクター社の創業者）による映画用メーキャップ技術に関する手記等も掲載された(54)。

イタリアは一九三四年に映画総局、一九三五年に国立映画実験センターを設置した。この国立映画実験センターからミケランジェロ・アントニオーニ、ピエトロ・ジェルミといった後に巨匠と呼ばれる映画監督が多数輩出される。一九三七年には国立映画撮影所「チネチッタ」も完成した。かくも映画事業に注力し、IECIにも運営資金を提供したイタリアではあったが、一九三七年のエチオピア侵攻を国際社会から非難され、それをきっかけに国際連盟を脱退した。そのため、IECIは設立九年目にして解体の憂き目にあった。しかし、IECIは後の視聴覚センター／ライブラリーの、あるいは映画の学術的研究の嚆矢となっただけでなく、フィルムアーカイブ活動を前進させる力にもなったと考えられる。

国際フィルムアーカイブ連盟（FIAF）誕生

ニューヨーク近代美術館（MoMA）の初代館長アルフレッド・バーは、「絵画と彫刻に加え、コマーシャル・アート、インダストリアル・アート、演劇デザイン、映画、写真といった新しい分野の芸術作品をも進んで収集し、もってMoMAを二〇世紀視覚芸術の中心地にする」（一九二九プラン）との信念を持ち、開館時から収集対象に映画を加えることを検討していた。そして開館六年目、映画誕生から四〇年の節目となる一九三五年、ＭｏＭＡにフィルム・ライブラリー（後の映画部門）が設置された。同年、先述のＢＦＩに国立フィルム・ライブラリーが、そして米国国立公文書記録管理局（ＮＡＲＡ）に映画・録音部（現映画・音声・ビデオ調査室）が設置された。

ＭｏＭＡの初代フィルム・ライブラリアン、アイリス・バリー（Iris Barry 1895–1969）が、後にバリーの夫になるジョン・Ｅ・アボットと連名でバーに提出したフィルム・ライブラリーの企画書を要約すると、次のようになる。「映画には既に四〇年の歴史がある。歴史的・美学的価値は未だ世間一般に浸透しているわけではないが、いま映画を収集・保存し始めなければ、取り返しのつかないことになる。国産映画と外国映画を幅広いジャンル（劇映画、記録映画、スペクタクル、ウエスタン、スラップスティック、コメディ、ミュージカル、アニメーション、教材、ニュース等）に亘って収集対象とし、さらに映画フィルムだけでなく、ノンフィルム資料も視野に入れる」(55)。

フィルム・ライブラリー設立に際してバリーとアボットの二人は、アメリカン・フィルム・インスティチュート（ＡＦＩ）(56)の準備段階にあった米国教育協議会（American Council on Education）やＮＡＲＡとの調整をはかった。また海外事例として、ＢＦＩのような国立または半官半民の組織がオーストリア、イタリア、ドイツ、ベルギー、チェコスロバキア、オランダ、ポーランド、ソ連、そして「日本」にもあることを指摘し、「教材映画、つまり教育現場で活用され得る映画を第一に扱ってきたこれらの組織が、次第に映画の文化的・芸術的側面にも関心を示している。そこで、ローマに本部を置くInternational Institute of Cinematographyとの連携も計画している」とした。代表が「デ・フェオ博士」となっていることから、おそらくこの「International

Institute of Cinematography」はIECIを指す。同企画書には、IECI（と思われる機関）が「教育映画以外の映画にも対象を広げていく」こと、そして「MoMAへの全面的な支持を約束している」ことも書き添えられた。ところが先述の通り、IECIはMoMAフィルム・ライブラリー設立の二年後、一九三七年に解体されてしまう。

IECIは学校教育や社会教育に利用される教材映画だけでなく、「産業製作物」以外のあらゆる映画を──教育的な側面を持っていれば、たとえ娯楽作品でも──教育映画（Educational Cinematography）の範疇とした。IECI消滅に伴って、この領域の国際的な連携は断ち切られたかに見えたが、当初スイスで「国際フィルム・ライブラリー（仮）」の設立を準備していた関係者たちは、国際政治に影響を受けない「中立的な国際映画センター」の新たな設置を願った。実際に国際連合は一九四六年、IECIの後継団体の設立を検討したこともあったが、それを待つまでもなく、IECI解散の半年後、非営利のフィルムアーカイブのための組織、国際フィルムアーカイブ連盟（FIAF）が誕生していた。FIAFはIECIとは異なる文脈から生まれたが、それでもMoMAフィルム・ライブラリーが加盟を検討していたIECIの解散は、数あるFIAF設立のきっかけの一つであったろう。

一九三八年六月一七日付のFIAF設立同意文書には、シネマテーク・フランセーズ（Cinémathèque française）のポール＝オーギュスト・アルレとアンリ・ラングロワ（Henri Langlois 1914–1977）(57)、ライヒス（帝国）フィルムアルヒーフ（Reichsfilmarchiv）のリヒャルト・クヴァースとフランク・ヘンゼル、BFI国立フィルム・ライブラリーの初代会長（chairman）ハリー・プライスとオルウェン・ヴォーン（Olwen Vaughan 1905–1973）、そしてMoMAフィルム・ライブラリーのジョン・ヘイ・ホイットニーとアボットが署名した。当初、事務局はパ

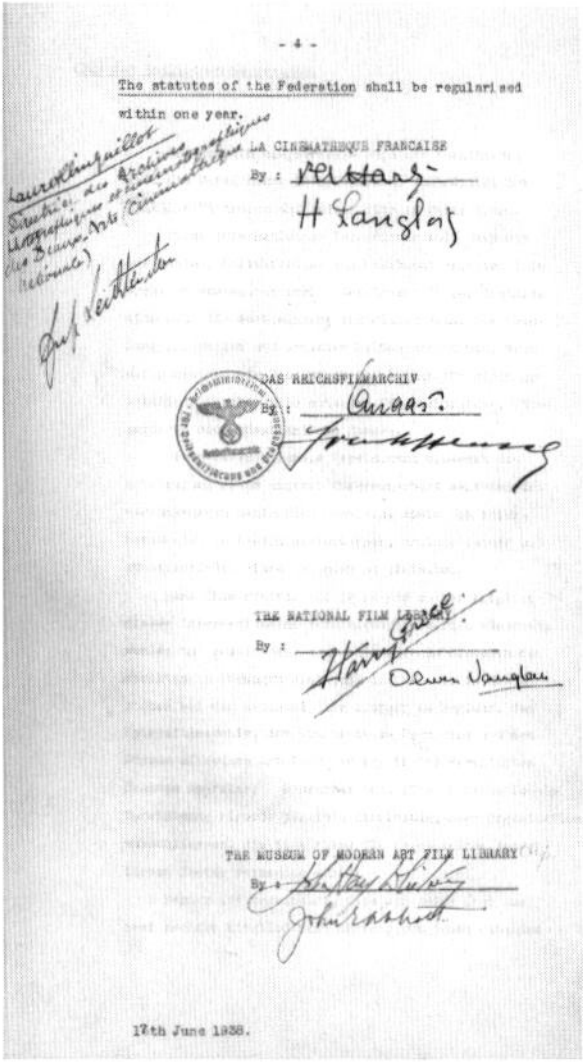
- 4 -

The statutes of the Federation shall be regularised within one year.

LA CINEMATHEQUE FRANCAISE

By :

DAS REICHSFILMARCHIV

By :

THE NATIONAL FILM LIBRARY

By :

THE MUSEUM OF MODERN ART FILM LIBRARY

By :

17th June 1938.

図8　FIAF設立同意文書 p. 4（FIAF事務局所蔵／With the permission of FIAF）

リに置かれた。

創設四団体の設立年はほとんど差がない。また、非営利団体という共通項もある。しかし設立経緯や運営形態はそれぞれ異なる。ＢＦＩ国立フィルム・ライブラリーとＭｏＭＡフィルム・ライブラリーは何れも一九三五年に設置され、シネマテーク・フランセーズは一九三六年にパリに誕生した。国立機関のＢＦＩはこの頃、映画の製作支援や学術研究のかたわら映画フィルムを収集・保存していたに過ぎなかった。ＭｏＭＡは米国を代表する美術館となったが、フィルム・ライブラリーはあくまでその小規模な一部門であった。シネマテーク・フランセーズは創設者ラングロワが集めた映画フィルムの私的コレクションを基盤とした。とりわけ異質なのは、ＦＩＡＦ設立同意文書にハーケンクロイツを押印したライヒスフィルムアルヒーフの存在である。ナチス・ドイツの啓蒙・宣伝大臣パウル・ヨーゼフ・ゲッベルスが映画も含むプロパガンダを指揮したことはよく知られるが、一九三三年にフランスに、そして翌年、米国に亡命したフリッツ・ラング（Fritz Lang 1890–1976）はじめ、黄金期に活躍した多くのユダヤ人が去って、国内映画界の状況が激変する中、皮肉にも映画保存の機能は他国の追随を許さないほど発展した。ライヒスフィルムアルヒーフはナチス・ドイツが一九三四年にベルリンに設立し（開館は一九三五年）、その時点で芸術的・文学的な映画一二〇〇作品を所蔵していたのである。フィルムアーカイブの規模が突出していたことに加え、代表となった――一九二八年以来ナチス党員の――ヘンゼルは英語やフランス語に堪能で、ラングロワ等の信頼を勝ち得ることができた(58)。

マトゥシェフスキが「歴史の新しい情報源」を著した一八九八年は、最古のSF映画とされるメリエスの『月世界旅行』(一九〇二)も、西部劇の元祖とされるE・S・ポーターの『大列車強盗』(一九〇三)も製作されておらず、劇映画の時代はまだ到来していなかった。映画の歴史的価値を見通す視点があったとはいえ、最初期のフィルムアーカイブは主に記録映画を取得対象とした。しかしFIAF設立の頃になると、収集行為には劇映画への愛着が多分に作用するようになった。一九二〇年代後半から一九三〇年代にかけて、映画フィルムにサウンドトラックが記録されるようになり、それまでの映画が「無声映画」と呼ばれ、「発声映画」が映画と同義になると、楽士による生演奏を(日本の場合は弁士の語りも)伴って上映されていた時代遅れの「無声映画」に対する憧憬から収集活動へと向かう者もあった。イタリアでは、収集家マリオ・フェラーリのコレクションが現在のチネテカ・イタリアーナ(ミラノ)の発端となる。FIAFは一九三三年にストックホルムに設立されたスウェーデン映画ソサエティ(Svenska Filmsamfunde / Swedish Film Society)を最古のフィルムアーカイブと認識する。一九六三年設立の現スウェーデン映画協会(Svenska Filminstitutet / Swedish Film Institute)のコレクションのルーツは、このソサエティのコレクションにある。また、ベルギーのブリュッセルには、後にジャック・ルドゥー(Jacques Ledoux 1921–1988)が活躍することになる王立シネマテークが一九三八年に設立された。

一九三九年のニューヨーク、第一回FIAF会議と前田多門

一九三六年頃から協議を重ね、一九三八年に四カ国の四団体が創設したFIAFは、一九三九年七月に記

念すべき第一回FIAF会議を開き(59)、第一回にして既に一二カ国（英国、ドイツ、フランス、イタリア、アルゼンチン、ブラジル、チリ、スウェーデン、スイス、米国、デンマーク、日本）の二〇名がニューヨークに参集した。この第一回FIAF会議に日本を代表して参加したのが、日本文化会館（Japan Institute）の前田多門（Tamon Maeda 1884-1962）と坂部重義である。これによって日本は、アジア初のFIAF会議参加国となった。

文化外交戦略の一環として、国際文化振興会がニューヨークのロックフェラーセンター内に日本文化会館を開館したのは一九三四年、日本が国際連盟を脱退した翌年に当たる。初代館長に任命された前田は、恩師・新渡戸稲造の「日米の橋とならん」との教えを胸に渡米した。現地では日本映画の上映も実施し、中でも日本文化を紹介する一六ミリフィルムのニーズが高かったという（映写回数は延べ二四〇五回）。とはいえ、既に侵略国家として敵対視されていた日本人への風当たりは強かったに違いない。FIAF会議の二年後、日米開戦時には同館の（おそらく映画フィルムも含む）収蔵品は米国側に接収され、前田は収容所暮らしとなった。なお、前田は一九四五年八月一八日より翌年一月まで文部大臣を務め、戦後の文部省解体を防ぐことになる(60)。

FIAF会議に話題を戻そう。FIAF事務局に残る議事録によると(61)、会議では初代会長でホスト国のMoMAフィルム・ライブラリー代表のアボットが口火を切り、FIAFの設立経緯と基本方針を述べ、新たに加盟を希望する国々に発言を促した。トップバッターとなった前田は、この領域の門外漢であることを断った上で、日本では映画保存の取り組みが主に教育的な映画を対象として動き出したばかりであり、そして映画による国際交流に関しては、日本文化会館もしくは上位団体の国際文化振興会が窓口となって積極的に協力する旨を申し出た。前田は国が主に文化・記録映画を製作し、ニュース映画は民間の新聞社による製作が盛んであることには触れたが、日本で数カ月前に公布されたばかりの「映画法」には言及しなかった。

表1-2　FIAF歴代会長

代	氏名	国籍	在任期間
1	ジョン・E・アボット（John E. Abbott）	米国	1938-1939
2	フランク・ヘンゼル（Frank Hensel）	ドイツ	1939-　?
3	イェジー・テプリツ（Jerzy Toeplitz）	ポーランド	1946-1972
4	ヴラジーミル・ポガチッチ（Vladimir Pogacic）	ユーゴスラビア	1972-1979
5	ヴォルフガング・クラウエ（Wolfgang Klaue）	東ドイツ	1979-1985
6	アンナ＝レーナ・ヴィボム（Anna-Lena Wibom）	スウェーデン	1985-1989
7	ロベール・ドードラン（Robert Daudelin）	カナダ	1989-1995
8	ミシェル・オベール（Michelle Aubert）	フランス	1995-1999
9	イバン・トルヒージョ・ボリオ（Iván Trujillo Bollio）	メキシコ	1999-2003
10	エヴァ・オルバンツ（Eva Orbanz）	ドイツ	2003-2009
11	岡島尚志（Hisashi Okajima）	日本	2009-2011
12	エリック・ルロワ（Eric Le Roy）	フランス	2011-2017
13	フレデリック・メール（Frédéric Maire）	スイス	2017-

出典：http://www.fiafnet.org/pages/History/Past-FIAF-Presidents.html

この会議では初の役員選挙が行われ、会長にヘンゼル【表1-2】、事務局長にラングロワ、会計にヴォーンが選出された。第二次世界大戦の戦況悪化のため、一九四〇年にベルリンでの開催が予定されていたＦＩＡＦ会議は中止となり、結局、戦前の会議開催は一度限りであった。それでもフィルムアーカイブの国境を越えた連携は、確実に一歩前進していた。

□　□　□　□

一九三〇年代に入る頃には、エジソンもディクソンも表舞台から姿を消し、イーストマンも一九三二年にロチェスターの邸宅でピストル自殺により永眠した。「劇映画」というジャンルの確立に重要な役割を果たしたメリエスでさえ世間から忘れられ、モンパルナス駅で小売業をして生計を立てていた。このメリエスが一九三一年にフランス政府よりレジオンドヌール勲章を授与された際は、映画誕生の父、そして当時ＩＥＣＩ理事でもあったルイ・リュミエールが贈呈者となった。無声映画の時代の終焉に、こうした過去の見直しがフィルムアーカイブ活動の必要性を呼び起こしたのである。フィルムアーカイブの国際的な連携の嚆矢となったIECIは、記録映画だけでなく、映画の芸術的・娯楽的側面へと次第に接近していった。片や、設立当初は国際性や多面性でIECIにやや劣っていたFIAFは、主に劇映画を収集・保存するフィルムアーカイブが主体となり、お互いのコレクションの交換上映等を動機の一つとしながら、記録映画やアマチュアフッテージへと興味関心を広げていく。

IECIに加盟し、一九三九年の第一回FIAF会議にも参加者を送り込んでいた日本は、欧米のフィルムアーカイブ活動にどうにか追いつこうとしていた。次章からはその日本に焦点を絞りたい。

＊本章の人名記述、生没年、経歴等の確認には *Who's Who of Victorian Cinema*（BFI, 1996）を使用した。特許取得年は米国特許庁特許検索［http://patft.uspto.gov/］による。

註

（1）現存最古の和紙は七〇二年の戸籍『因幡国屯倉計帳断簡（いなばのくにみやけけいちょうだんかん）』とされる。
（2）二〇一五年にユネスコ〈世界の記憶〉に登録された。
（3）序章註（8）「映画文化財の長期保存」七四頁。
（4）写真史については次の文献を参考にした。リーズ・V・ジェンキンズ『フィルムとカメラの世界史——技術革新と企業』（中岡哲郎・高松亨・中岡俊介訳）、平凡社、一九九八年。クエンティン・バジャック『写真の歴史』（伊藤俊治監修・遠藤ゆかり訳）、創元社、二〇〇三年。『世界写真史』（飯沢耕太郎監修）、美術出版社、二〇〇四年。
（5）ナイトレートは半合成樹脂として合成樹脂（プラスチック）と区別される場合もあるが、ここでは区別しない。セルロイドおよび樟脳に関しては次の文献を参考にした。稲垣正浩・中房敏朗「新素材の開発にともなうボール・ゲーム史への影響について――ビリヤードと卓球を中心に」『奈良教育大学紀要』三九巻一号、奈良教育大学体育学教室、一九九〇年、五五―六九頁。竹原あき子『魅せられてプラスチック――文化とデザイン』光人社、一九九四年、四八―五九頁。遠藤徹『プラスチックの文化史――可塑性物質の神話学』水声社、二〇〇〇年、三八―四四頁（六 セルロイドの時代）。笹井明『感光材料の実際知識』東洋経済新報社、一九八〇年、二頁（三―一 セルロイドの登場）。程大學『台日樟脳政策史の研究』大阪市立大学、一九九七年。齋藤尚文『鈴木商店と台湾――樟脳・砂糖をめぐる人と事業』晃洋書房、二〇一七年。Hsu, Tien-ying. "Old Camphor Kingdom Comes Alive: Gigantic Camphor Trees Were the Source of One of Taiwan's Major Exports for Over 50 Years". *Taiwan Today*. 2010-07-02.

（6）社名は文献によって「Phelan and Collander」「Phelan and Collender」「Phelan and Colandar」等の表記揺れがある。日本語表記は前掲註（5）の『魅せられてプラスチック』一四頁に「フエン・アンド・コランダー社」、同一八頁（表3）に「フィラン・コランディア社」、同『プラスチックの文化史』三九頁に「フェオン社」とある。

（7）前掲註（5）「新素材の開発にともなうボール・ゲーム史への影響について」によると、セルロイドは一八六八年に「開発された」。同『魅せられてプラスチック』一四頁はセルロイドの「発明」を一八七〇年、同五〇頁はセルロイドの「特許獲得年」を一八八四年とし、同『プラスチックの文化史』三九―四〇頁によると、一八六八年に「完成」した素材が一八七一年にセルロイドと名づけられた。

（8）『東京の消防一〇〇年の歩み』東京消防庁、一九八〇年、二七一―二七三頁。

（9）一八八一年にEastman Dry Plate Companyとなり、一八八四年にEastman Dry Plate and Film Companyとして株式会社化され、一八八九年にEastman Companyへと改称した。Hammer, Mina Fisher. *History of Kodak: Unrolling the Roll-Film*. The House of Little Books, 1940. Collins, Douglas. *The Story of Kodak*. Harry N. Abrams, 1990. pp. 44–89, (II. You Press the Button, We Do the Rest).

（10）田中純一郎『日本映画発達史Ⅰ 活動写真時代』中央公論社、一九七五年、一一七―一一八頁。

（11）『写真とともに一〇〇年』小西六写真工業、一九七三年、二八一頁。小西屋六兵衛店は一八七三年創業、一八八二年に写真業務に着手し、一九〇二年に乾版や印画紙の工場（六桜社）を建設した。東京都庁前の新宿公園の六桜社跡地には日本の「写真工業発祥の地」の碑がある。

（12）Belton, John. "The Origins of 35mm Films as a Standard". *SMPTE Jorurnal* 99 (8). SMPTE, 1990. pp. 652–661.

（13）Dickson, William Kennedy–Laurie. *A Brief History of the Kinetograph, the Kinetoscope and the Kinetophonograph*. The Museum of Modern Art, New York, 2002. pp. 51–52. 和訳は筆者による。

（14）Streible, Dan. (Lecture) "LoC's Digital Restoration of the Newly–Realized Complete Version of Edison Kinetoscopic Record of a Sneeze (1894)". *Orphan Film Symposium* 9, EYE Film Institute, 2014–04–02.

（15）岡田秀則「フランスの映画保存機関における映画関連資料のアーカイビング及び情報技術の活用」文部科学省、二〇一〇年。なお、リュミエール協会はリュミエール研究所と表記されることもある。

（16）リュミエール！/ Lumiere ! ［documentary, DCP］ Dir. Thierry Fremaux. CNC et sl., France, 2016. 90mins.

（17）田中純一郎『日本映画史発掘』冬樹社、一九八〇年、五一頁。同『活動写真がやってきた』中央公論社、一九八五年、五五頁。

（18）Roan, Jeanette. *Envisioning Asia: On Location, Travel, and the Cinematic Geography of U.S.*. University of Michigan Press, 2010. pp. 69–73.

（19）Cherchi Usai, Paolo. "Are All (Analog) Films 'Orphans': A Predigital Appraisal". *The Moving Image* 9 (1). AMIA, 2009. pp. 1–18.

（20）ジョルジュ・サドゥール『世界映画全史 四 映画の先駆者たち パテの時代 1903–1909』（丸尾定・村山匡一郎・出口丈人・小松弘訳）、国書刊行会、一九九五年、三七五—三九九頁（愚者の会議）。

（21）ISOの起源は一八三五年の「メートル条約」に遡る。一九〇八年に国際電気標準会議、一九二八年に万国規格統一協会が設立され、これが一九四七年にISOとなった。

（22）一九五〇年以降の名称は映画テレビ技術者協会（Society of Motion Picture and Television Engineers, SMPTE）。

（23）Bolesław Matuszewski – Nieznany Pionier Kinematografii / Boleslaw Matuszewski – The Unknown Pioneer of Cinema ［documentary, online］ Dir. Jerzy Bezkowski. Polish Film Institute, Poland, 2012. 40mins.

（24）『光の生誕リュミエール！』朝日新聞社、一九九五年、一四八—一六八頁。

(25) Routt, William D. *A New Source of History: The Creation of a Depository for Historical Cinematography*. La Trobe University, 1997. http://tlweb.latrobe.edu.au/humanities/screeningthepast/classics/clasjul/matintro.html

(26) "Cinema and History: A Document from 1898. Flashback: Films and History". *Cultures* 2 (1). UNESCO, 1974. pp. 217–222, (Métraux, Guy S. ed.). 本書はこの英語版を底本としている。

(27) 序章註（16）『*Keepers of the Frame*』一二頁。

(28) マレク・ハルトフ『ポーランド映画史』（西野常夫・渡辺克義訳）、凱風社、二〇〇六年、四八―四九頁。

(29) ユネスコ国内委員会との契約により旺文社インターナショナルが発行した『クーリエ』（*Courier*）は、一九七四年一一月号で「失われた映画の宝」、一九八四年八月号で「永遠の映画」と題して映画保存を特集した。英語版はユネスコのウェブサイトから閲覧できる。

(30) 岡島尚志「一九九五年のフィルム・アーカイヴ」『シネマの世紀――映画生誕一〇〇年博覧会』川崎市市民ミュージアム、一九九五年、一四五―一四七頁。序章註（11）「アーカイブズと動的映像アーカイブ」。

(31) http://filmpres.org/preservation/matuszewski/

(32) Bottomore, Stephen. "The Collection of Rubbish: Animatographs, Archives and Arguments: London, 1896–97". *Film History* 7 (3). Indiana University Press, 1995. pp. 291–297. Id. "The Sparkling Surface of the Sea of History: Notes on the Origins of Film Preservation". 序章註（17）『*This Film is Dangerous*』八六―九七頁。撮影はバート・エイカーズ。現在はＢＦＩ国立アーカイブが所蔵する。

(33) 序章註（13）「History of Moving Image Archives」。クーラの記述においては人類学と民族学が混在している。

(34) テリー・クック「過去は物語の始まりである――一八九八年以降のアーカイブズ観の歴史と未来へのパラダイム・シフト（上）」『レコード・マネジメント』四八号、記録管理学会、二〇〇四年、六七―六八頁。

(35) デンマーク国立映画と声のアーカイブについては次の文献およびＤＦＩのウェブサイト［http://www.dfi.dk/］を参考にした。Krohn, Esben. *The First Film Archive. Preserve then Show*. Danish Film Institute, 2002. pp. 186–195. Christensen, Thomas C. First Danish Film Archive. The First Film Archive [documentary, DVD] Danish Film Institute, Denmark, 2002. 225mins. pp. 11–15,

(Pamphlet). 英語名称には「The National Archive for Historical Films and Voices」「The Danish State's Archive for Films and Voices」等がある。

（36）Sundholm, John. et al. *Historical Dictionary of Scandinavian Cinema* (Historical Dictionaries of Literature and the Arts). Scarecrow Press, 2012.

（37）レイ・エドモンドソン『視聴覚アーカイブ活動――その哲学と原則（第三版）』ユネスコ、二〇一六年（4．1．4）。

（38）オランダ国立中央フィルムアーカイブについてはアイ映画博物館のウェブサイト［http://www.eyefilm.nl/］を参考にした。

（39）Spehr, Paul. (Lecture) "Mutoscope and Biograph 68mm Films (1897–1902)". *Orphan Film Symposium* 9. Eye Film Institute, 2014–04–02.

（40）プラム・ラインハウト「オランダ無声映画小史」『ＮＦＣニューズレター』三四号、東京国立近代美術館フィルムセンター、二〇〇〇年、三―九頁。

（41）Biographical Dictionary of the Netherlands: 1880–2000. http://resources.huygens.knaw.nl/bwn1880–2000/lemmata/bwn2/fruin

（42）一九四六年設立。設立年を一九五二年とする文献もあるが、ＦＩＡＦのディレクトリによるとＦＩＡＦ加盟年は一九四七年。

（43）「映画教育に関する国際会議」『映画教育』東洋図書、一九二八年、二〇―二二頁（文部省普通学務局社会教育課編）。

（44）ＩＥＣＩについては次の文献やウェブサイトを参考にした。Marston, William Seabury. *Motion Picture Problems: The Cinema and the League of Nations*. Avondale Press, 1929. Nichtenhauser, Adolf. "The Tasks of an International Film Institute". *Hollywood Quarterly*2 (1). University of California Press, 1946. pp. 19–24. Druïck, Zoe. "The International Educational Cinematograph Institute, Reactionary Modernism, and the Formation of Film Studies". *Canadian Journal of Film Studies* 6 (1). Film Studies Association of Canada, 2007. pp. 80–97. "International Educational Cinematographic Institute (IECI)". ICA AtoM UNESCO Archives Access–to–Memory Catalogue. https://atom.archives.unesco.org/international–educational–cinematographic–institute–ieci

（45）英国映画協会については次の文献を参考にした。Butler, Ivan. *To Encourage the Art of the Film: The Story of the British Film Institute*. Robert Hale, 1971. Nowell–Smith, Geoffrey. *The British Film Institute, the Government and Film Culture, 1933–2000*. Manchester University Press, 2012.

（46）ジャン・ピエロ・ブルネッタ『イタリア映画史入門』（川本英明訳）、鳥影社、二〇〇八年、一一〇—一一五頁。

（47）廣部泉「国際連盟知的協力国際委員会の創設と新渡戸稲造」『北海道大学文学研究科紀要』一二一号、北海道大学、二〇〇七年、一—二〇頁。

（48）枝松茂之「新渡戸稲造と毎日新聞」『アジア時報』一二号、アジア調査会、一九八一年、七—九頁。

（49）友枝は「国際映画協会」と表記した。友枝高彦「国民教育映画方策について」『文部省教育映画時報』一六号、文部省社会教育局、一九三七年、八—一一頁。

（50）入江昭『権力政治を超えて——文化国際主義と世界秩序』岩波書店、一九九八年、五一頁。

（51）バックナンバーは五号を除いてインターネット・アーカイブで全文閲覧できるほか、五号も含め早稲田大学図書館で閲覧できる。国立国会図書館にも一六冊所蔵がある。

（52）"Storage and Preservation of Negatives". *International Review of Educational Cinematography* 1 (1). IECI, 1929. pp. 76–77.

（53）Perkins, Fred W. "Preservation of Historical Films". *Transactions of the Society of Motion Picture Engineers* 10 (27). SMPE, 1927. pp. 80–85.

（54）Wehberg, Hilla. "Fate of an International Film Institute". *The Public Opinion Quarterly* 2 (3), 1938. pp. 483–485.

（55）Abbott, John E., Barry, Iris. "An Outline of a Project for Founding the Film Library of the Museum of Modern Art". 前掲註（32）「*Film History* 7 (3)」pp. 325–335. 和訳は筆者による。

（56）一九六七年設立。「米国映画協会」と表記されることもあるが、ここではMotion Picture Association of Americaとの混同を避けるため「アメリカン・フィルム・インスティチュート」と表記する。

（57）ラングロワの人物像については、序章註（24）『映画愛』のほか次のドキュメンタリー映画を参考にした。アンリ・ラングロワ——ファントム・オブ・シネマテーク/Henri Langlois: Phantom of the Cinematheque / Le Fantôme d'Henri Langlois [documentary, DVD] Dir. Jacques Richard. Cinémathèque française, France, 2004. 210mins.

（58）Dupin, Christophe. "First Tango in Paris: The Birth of FIAF, 1936–1938". *Journal of Film Preservation* 88. FIAF, 2013. pp. 43–57.

（59）ＦＩＡＦ会議 1939–2017. http://filmpres.org/fiaf/

(60) 前田多門および日本文化会館については次の文献を参考にした。芝崎厚士「「前田機関」としての紐育日本文化会館」『近代日本と国際文化交流——国際文化振興会の創設と展開』有信堂高文社、一九九九年、一三九—一四四頁。前田多門『その文・その人』前田多門刊行会、一九六三年。

(61) *FIAF1939 Congress Reports 25&26 July*. FIAF, 1939.

第二章

軍国主義時代の映画フィルム

History of
Film Archiving
in Japan

第二章
軍国主義時代の映画フィルム

第一章でその始まりを扱った映画フィルム、映画フィルムを収集・保存して利用に供するフィルムアーカイブ、そしてフィルムアーカイブを結ぶ国際機関にまつわる事象の多くは欧米を舞台としたが、本章以降は日本および日本映画に視点を向ける。「写真」の伝来については、一八六〇年代に国内初の写真館が開業したことが知られるが、「映画」は写真以上に迅速に日本に辿り着いた。

日本映画史を紐解くと、E・H・リネル商会が輸入したキネトスコープを鉄砲火薬商の高橋信治が購入し、一八九六年一一月二五日から一二月一日まで神戸の神港倶楽部で公開。また、一五歳で京都府派遣留学生八名の一人に選ばれて渡仏した稲畑勝太郎が、リヨン留学時代にオーギュスト・リュミエールと同窓だった縁でシネマトグラフを日本に持ち帰り、一八九七年二月一五日に大阪の南地演舞場〔現TOHOシネマズなんば〕で有料上映したとされる。外国映画の上映はこうして関西に始まったが、一八九八年六月一三日には、「日本映画」が東京の本郷中央教会で初めて上映された(1)。

では、映画を収集・保存しようとする動きはいつ頃始まったのか。本章では、戦前・戦中の日本映画の残存に作用したと考えられる三つの要素として、「映画法」制定に至る内務省〔The Home Ministry 1873–1947〕の映画統制、文部省〔Ministry of Education 1871–2001〕の映画振興、そしてフィルムアーカイブ活動の原型ともいえる「大毎フィルム・ライブラリー」に着目し、映画フィルムとその周辺の状況を垣間見る。

1　内務省による映画の取締と「映画法」の制定

残っていない最古の日本映画

ユネスコ「動的映像の保護及び保存に関する勧告」は、「製作者又は少なくとも共同製作者の1が主たる事務所又は常居所を当該国の領域内に有する動的映像」を「内国製作物」と呼び、「内国製作物であるすべての動的映像の保護及び保存」が「最高の目標とみなされるべき」とする。つまり日本では「日本映画」が優先的に「保護及び保存」されることになるが、そもそも「日本映画」とは何を指すのか。文化庁は、映画製作支援の対象となる「日本映画」を、「日本国民、日本に永住を許可された者又は日本の法令により設立された法人により製作された映画（テレビ用アニメーションを除く）」(2)と定義する。

「残存する日本映画」の中では、柴田常吉が撮影した『紅葉狩』が最古とされる【表5-5】。九代目市川団十郎と五代目尾上菊五郎の「団菊コンビ」が被写体となり、団十郎の生存中は公開しないという条件で撮影されたこの映画は、菊五郎が逝去し、団十郎も病で舞台に立てなくなったため、舞台の代用として一九〇三年に初上映された。『紅葉狩』と同じ一八九九年に撮影された『清水定吉（稲妻強盗）』は「日本最古の劇映画」とされるが、これは残存していない。米国にエジソン社の、そしてフランスにリュミエール社の映画が残存することについて第一章で触れたが、「最古の日本映画」は残っていないばかりか、それが何かも明らかになっていないのが現状である。

岡島尚志の研究によると(3)、一九〇九年から一九一一年まで発行された現存する日本最古の映画雑誌『活動写真界』（日本活動社）の中で、既に映画保存の大切さやフィルムアーカイブの必要性が謳われている。例えば一九一〇年八月の一二号の巻頭記事の見出しには「記念物としての活動写真　黄金宝石よりも尊し」とある。本文を一部引用してみよう。

志あるの人は、なんぞ進んでフイルムを撮影し、以て百年の記念物とは為さざるや、活動写真は斯る記念物としては、他に求むべからざる必要にして且つ欠くべからざる人生最大の意義を提供し、之を千百年の後に伝うるものなり（4）

翌年一一月の同誌二六号に掲載された「活動写真の歴史的記録《ヒストリカルレコート》」という見出しの記事の内容は、マトゥシェフスキ文書の前半を彷彿とさせる。また、同年二月の一七号の「世界通信」（The world press）は、デンマークの「万国フイルム博物館」（第一章で紹介した「デンマーク国立映画と声のアーカイブ」と思われる）に触発されたオランダの富豪が、「当代の英傑知名の活歴史を、不朽に伝えようとの目的を以って活動写真博物館を設立すべく、コペンハーゲン中央政府へ出願して許可を得た、而して着々多くのフイルムを選抜蒐集に取り掛かった」と伝えている。これは「オランダ国立中央フィルムアーカイブ」設立案を指すのかもしれない。記事は、「日本にも是非これらの試みがあって欲しい、否是非なくてはならぬと思うのである」（5）と結ばれている。『活動写真界』復刻版の解説によると、本記事はもとより、海外の最新情報の多くは英国の雑誌 *The Bioscope* を情報源としている（6）。

一方、『吾輩はフイルムである』（一九一七）の中で岡村紫峰は、当時の映画フィルムの存在の軽さを次のように伝えている。

こうして凡そ二百回映写した後は全く映写するに堪えなくなって廃物になって了う。人間なら耄碌《もうろく》して眼が霞んで聞えなくなって了うのと同んなしで、有為転変、新陳代謝は仕方がない。寿命が来れば死生命有とあきらめて、一尺幾銭で玩具屋の店頭にブラ下り、凸坊《でこぼう》茶目子のおもちゃにもなれば、木戸取郎先生の巻煙草《シガレット》入とも変化する。またフイルムの巻き始め巻き了りに付いてしんの代用にもなる。(7)

繰り返し上映されて摩耗した映画フィルムは、興行価値がなくなれば使い捨てられ、次なる新作がそれに置き換わる。初期の映画は人気を博しながらも、あるいは人気を博したからこそ繰り返し上映され、廃棄処分またはリサイクルの対象となった。たとえ切り売りされ、別のフィルムロールを保護するためのリーダーに転用されてもおかしくない。そこに保存の概念が分け入る余地は、実際にはまだなかったようである。

映画検閲の変遷（1）——映画伝来から一九二〇年代まで

国を挙げて欧化政策を進めた明治の日本において、当初「活動写真」等と呼ばれた映画は瞬く間に多様な階層の人々に受け入れられ、主に劇映画を上映する常設の映画館は、一九〇三年に浅草に開館した「電気館」を皮切りに都市部に増加していった。稲畑からシネマトグラフの権利を譲り受けた横田永之助が創設した横田商会は、福宝堂、Mパテー商会、そして「映画の輸入・製作から興行にいたるサイクルをいち早く完成し、二〇世紀的な映画産業のモデルを先取りした」(8)という吉澤商店と合併。こうして、現存する日本最古の映画会社・日活が一九一二年（大正元年）に誕生した。大衆娯楽として市井の人々に対する影響力が強まるに連れ、政府は徐々に映画に介入して規制を加え、同時にその人気を利用するようにもなった。検閲に代表される内務省による映画統制にも牧野守（Mamoru Makino 1930–）等の充実した研究成果があり(9)、本書が新事実を加えることはないが、ここでは後の「映画法」制定に関連づけて概要を確認しておきたい。

一九世紀末の映画興行の開始以後、取締の根拠となった東京府の「劇場取締規則」（一八八二）や警察令「観物場取締規則」（一八九一）は、現在でいえば厚生労働省管轄の「興行場法」もしくは総務省消防庁管轄の「消防法」のように、映画の上映場所の安全性確保を目的とした。映画のコンテンツへの介入としては、日本で一九〇六年に公開されたフランス・パテ社作品『宗教裁判』の上映禁止処分が知られる。二年後に東京神田の錦輝館で上映された『フランス革命ルイ一六世の末路 王家の騒動』(10)は神田錦町警察署長によって上映禁止処分となったが、活動写真弁士（映画説明者）が題名を『北米奇譚・巌窟王』と改めて説明内容を工夫したところ、上映可能となった。ちなみに、トーキー技術普及以前の映画は「無音」で上映されていたわけでなく、見世物的な前口上（前説）に始まり、活動写真弁士がスクリーン下手で上映中に説明（中説）を、楽士が上手で生演奏を添えるという独自の上映文化が育まれていた。

当初は主に皇室を貶めるような、あるいは猥褻なコンテンツが公開後に制約を受けていたが、一九一一年、東京浅草の金龍館で封切られたフランス・エクレール社の犯罪映画『ジゴマ』が社会現象を巻き起こし、全国的な巡回上映を経て人気がさらに高まると、翌年に上映禁止処分が下った。単なる見世物として軽視されていた映画は次第に警戒されるようになり、とりわけ児童への悪影響を危惧した全国規模の教育団体「帝国教育会」は、一九一七年に内務省、警視庁、文部省に対して全一〇項目の「活動写真取締建議」を提出した。そして同年、東京府を対象とする警視庁令「活動写真興行取締規則」によって――それほど効力は大きくなかったとはいえ(11)――活動写真弁士の免許制、「男性席・女性席・夫婦同伴席」といった座席位置の区分けや作品ごとの年齢制限が導入された。

長らく地域ごとに設けられていた検閲規則は、一九二五年の内務省令「活動写真フイルム検閲規則」によって全国規模で一元化された。明治政府が一八六九年に制定した出版条例（一八九三年以降「出版法」）の検閲権限は、一八七五年の法改正で文部省から国内行政を担う内務省へと移っていたため、映画検閲も内務省（警保局警務課）の管轄となった。初代映画検閲事務官・柳井義男の回想によると、当初は一日約一〇作品を入念に検査し、「害あり」と判断した犯罪、暴力、性的・宗教的な描写を七名の検閲官が切除していた。

この時期の日本映画界からは、溝口健二の『狂恋の女師匠』（日活大将軍、一九二六）、小津安二郎（Yasujiro Ozu 1903–1963）のデビュー作にして唯一の時代劇『懺悔の刃』（松竹蒲田、一九二七）、そして時代劇の巨匠・伊藤大輔（Daisuke Ito 1898–1981）の『新版大岡政談』（日活太秦、一九二八）等、今は幻となった数々の名作が生み出された。伊藤は、チャンバラ場面の編集技法として意図的に挿入した黒ベタの数フレームまで「編集ミス」として切除された経験を書き残している(12)。長期的な不景気を背景に、一九二九年からは小林多喜二『蟹工船』に代表されるプロレタリア芸術運動の人気にあやかり、「傾向映画」（左翼的な傾向の映画）が相次いで製作され、検閲強化を促した。その厳しさは一九三一年の満洲事変以降さらに増していく。

映画検閲の変遷（2）――一九三〇年代以降

一九三一年、ヨーロッパの著作権管理団体から委託を受けたドイツ人ヴィルヘルム・プラーゲが来日し、著作権の意識が希薄な日本の放送局、オーケストラ、劇団、映画配給会社等に著作権使用料を請求するという「プラーゲ旋風」を巻き起した(13)。この頃の日本では、毎年五〇〇本を超える映画が乱作され、人気作品ともなると二〇本以上の上映用プリントが作成された(14)。映画検閲室も、受付、検尺、調査、興行、査閲と五つの係で総勢三〇名が働く規模になっていた(15)。国立国会図書館に所蔵されている元検閲室蔵書の国際教育映画協会（IECI）の機関誌IRECの一九三四年五月号には、同年四月にローマで開催されたIECIの国際会議（International Congress of Teaching and Education）の報告が掲載されている。会議参加者の一覧に日本人名は見当たらないが、「検閲」の項目には朱線が引かれ、若干の書き込みもある。一九三〇年代後半になると、小道具の湯呑みの柄が「菊の紋章」に似ているというだけで問題視され、パール・バックの小説を映画化した『大地』（一九三七）の字幕の漢字「蝗《コオロギ》」が虫へんに「皇」と書くという理由でカタカナに書き換えを命じられるほど、検閲内容は迷走した(16)。

電力不足のため設けられた映画フィルムの長さ制限（無声版五七五〇メートル、発声版六〇〇〇メートル）は、戦況が厳しくなるに連れさらに短くなり、戦争末期は不足する新作の埋め合わせに旧作上映が増えた。例えば、黒澤明の監督デビュー作『姿三四郎』（東宝、一九四三）の場合、九七分のオリジナルの上映時間が翌年二月に七三分になり、戦後一九五二年の再公開時は七九分版が使用された。一九八八年に米国から、そして二〇〇二年にロシアから返還された不完全版を使って作成された九一分の最長版(17)も、公開時より六分短い。

東京国立近代美術館フィルムセンターは映画脚本用とフィルム用の検印の現物を所蔵するが、戦前の日本映画の上映用プリントを直に調べると、冒頭に内務省による検印の型押しが確認できる。内務省の『活動写真フィルム検閲時報』（一九二五年七月—一九三九年九月）および「映画法」制定後の『映画検閲時報』（一九三九年一〇月一一九四四年二月）は、牧野守が戦後に相次いで発見し、一九八〇年代に復刻出版した。ここには国内で上映された日本映画および外国映画のプリント題名、巻数、製作者を記した「査閲フィルムの部」、切除された場面の描写と長さ、切除理由等を記した「制限の部」、そして植民地に向けた映画を記した「輸出フィルムの部」等があり、映画雑誌に顕著なコンテンツ寄りの評価とは異なる客観的データを提供していることから、フィルムアーキビストが目録化作業を進める上で欠かせない情報源となっている。

軍国主義の嵐吹き荒れる映画検閲室末期の庶務係を務めた後、文部省に移り、一九七三年にフィルムセンター二代目主幹となった鳥羽幸信【表4-2】は、次のように回想する。

検閲官に二つのグループがあって、若い東大出身系と、検閲開始以来の警察畑出身者系とに何んとなく分けられていたようだった。当時の若い検閲官の中には、日本に検閲が存続する以上、逆に検閲官の立場を生かして芸術をできる限り尊重したいと考えていた人が相当あったように思う。(18)

検閲室には、独自の視点で映画の地位向上に努めた職員も配属されていた。東京帝国大学文学部出身の登川直樹（Naoki Togawa 1917–2010）もまた、その一人であった(19)（米国からの日本映画の返還に関与することになる登川については、第四章で再び取り上げる）。以上、雑駁ながら戦前の映画検閲を振り返った。

フィルム・インスペクションの重要性

約八〇〇年前に描かれた国宝《紙本墨画鳥獣人物戯画》に関して、現物を綿密に検査することによって解明された謎も少なくないという。美術品や古文書と同じように、映画もまた「出所や製作・編集・現像の仕組みを完全に理解するには、アーティファクト自体を詳しく調べるしかない」(20)。

フィルムアーカイブでは日頃から、映画フィルムを手動で巻き返し、長さを計測しながら種別や物理的な状態――フィルムのエッジに印字されているエッジコードと呼ばれる製造番号、劣化や損傷の度合い、カラー技法やサウンドトラックの種別等――を確認し、題名やクレジットのような文字情報を抽出して調査カードの項目を埋め、それらをデータベースに入力している。あくまでも保存を目的として行うこの作業を「フィルム・インスペクション」(21)と呼び、資料を取得した際だけでなく、その後も定期的に繰り返す。フィルム・インスペクションは、クリーニング、乾燥剤の封入、缶の入れ替え、所蔵番号や収蔵庫内の棚番号の確定、ラベル貼付等、フィルムアーカイブに届けられた映画フィルムが収蔵庫の棚に納められるまでの一連の作業を含むこともある。十分なデータが得られないと作品の映画史上の位置づけが曖昧になり、復元の優先順位や利用頻度にも影響が及ぶ。そのため、同封されているメモ書きや現像所の記録までも、同定／識別のヒントとして蔑ろにはできない。映画フィルム自体から得られる情報と、補足資料から得られる情報を組み合わせて、調査は進められる。

フィルムセンター所蔵日本映画の目録は、現物の映画フィルムの長さに応じて、オリジナルに対する完全度を不完全（五割以上、九割未満）、部分（一割以上、五割未満）、断片（一割未満）と表記する(22)。検閲によって多くの作品の完全性が損なわれたが、製作会社、題名、スタッフ、キャスト等のクレジットはロール状の映画フィルムの外側に巻かれていることが多く、通常の取り扱いでも物理的損傷を受けやすい。「部分」や「断片」しか残っていなければ、製作年や公開時の題名が判別できないこともある。

現物がほとんど残っていない日本映画のフィルモグラフィーは、映画雑誌に掲載された粗筋や解説、そして一九二〇年代から盛んに発行されるようになった映画作品の名鑑等によって構築されてきた。印刷技術の進歩により可能になった大量発行に、教育の浸透による読者の増加が重なって、明治時代から大正時代にかけて雑誌の創刊が相次いだ。映画の人気の程もまた、当時の映画雑誌から窺い知ることができる。先述の『活動写真界』は、吉澤商店の出資により創刊され、戦前に映画史家の田中純一郎が発見した合本から復刻された。横田商会は『活動写真タイムズ』を、Mパテー商会は『活動写真』を発行したが、これらは残っていない。「女形」を排して日本映画に女優を初登場させた映画監督としても知られる帰山教正（Norimasa Kaeriyama 1893–1964）は、一九一三年、本格的な批評や技術解説を含む『フィルム・レコード』を創刊し、『キネマ・レコード』への改称を経て一九一七年まで発行した。一九一九年に創刊した『キネマ旬報』（キネマ旬報社）は、戦中の中断はあったものの、現在も発行を続ける最古の映画雑誌であり、スタッフ、キャスト等も含むその新作映画紹介欄は貴重な情報源となっている。序章で紹介した日本劇映画の残存率も、映画公社旧蔵資料の『日本劇映画作品目録』、『日本映画作品大鑑』（キネマ旬報社、一九六〇―一九六一）、『映画年鑑』（時事映画通信社、一九四六―）等を使用して算出されている。

初の文化立法「映画法」制定への布石

日本の映画国策はナチス・ドイツを真似たと断定されることもあるが、実際のところ、内務省はドイツに限らず各国の映画政策を綿密に研究し、その成果は『各国に於ける映画国策の概況』（内務省警保局、一九三三）等にまとめられた。外務省がＩＥＣＩ（一九二八―三七）等を介して欧米の映画政策に関する情報を収集していた記録も残っている(23)。

一九三一年、日活の元映画俳優・浅岡信夫（Nobuo Asaoka 1899–1968）が「自己の責任」として映画人、政治家、教育者、そして国民に向けて、『映画国策之《の》提唱』を著し、映画は国民の期待と思想を反映する「国民文化のバロメーター」であり、「一番デモクラチックなもの」であるため、「内閣直系の映画局」や「国立映画研究所」を設置する必要があると訴えた(24)。浅岡は、海外六カ国（米国、ソ連、イタリア、ドイツ、フランス、英国）の映画政策や国際連盟の「活動写真委員会（IECIと思われる）」を紹介し、まだ始まったばかりの発声映画や開発途上の天然色映画のほか、ラジオ番組や未来のテレビ番組までを視野に入れて筆をふるった。浅岡の影響を受けて映画国策に傾倒した衆議院議員の岩瀬亮（Akira Iwase 1898–1944）は、一九三三年に「映画国策樹立に関する建議案」を議会に提出した。岩瀬は「映画の指導統制」だけでなく、「高雅なる日本紹介映画の製作」を目指し、各国に既に設置されている映画の「専管機関」を日本にも設置するよう申し立てた(25)。

浅岡や岩瀬のこうした訴えは、映画誕生四〇年の節目となる一九三五年、「官民合同の国家協力機関」としての「財団法人大日本映画協会」設立を促した。当時の内務省警保局長・唐澤俊樹は、松竹蒲田撮影所の所長・城戸四郎（Shiro Kido 1894–1977）を訪ねて協力を打診(26)。城戸は常務理事となり、会長に斎藤実（元首相）、顧問に後藤文夫（元内務大臣）、松田源治（当時の文部大臣）、山本達雄（元日銀総裁）、そして松竹創設者の大谷竹次郎や日活創設者の横田が名を連ねた。大日本映画協会の主要業務となったのは、映画人の技能審査、雑誌『日本映画』の出版、「映画法」の広報協力等である(27)。

「映画法」は全二六条から成り、一九三九年春に制定され、同年秋に施行された。この法律に則って内務省は主に映画検閲を、文部省は好ましい映画の認定や推薦を、そして前年に設置された厚生省は映画館の安全衛生を担った。「わが国初の文化立法」と喧伝される一方で、許認可制となった監督、俳優、キャメラマン等には登録試験が課され、この法律によって映画人の自由は完全に奪い去られた。しかも「映画法」施行前までは事後検閲であったが、施行後はシナリオおよび映画フィルム自体の事前検閲を加えた二重検閲制が敷かれた。

警保局警務課長・町村金五の部下で「映画法」を発案した館林三喜男（Mikio Tatebayashi 1904–1976）は、映画を自由に作らせようとした前任者の小菅芳次と異なり、「今や自由競争のみに委ねられるべき時にあらず」(28)と考えた。館林の方針に沿って条文作成に関与した当時の文部省社会教育官・不破祐俊（Suketoshi Fuwa 1902–1995）によると、「映画法」を巡って内務省と文部省のあいだに軋轢は生じなかった。一九四〇年に日比谷の帝劇内に内閣情報局が設置され、内務省警保局から映画検閲を受け継ぐと、不破はこの内閣情報局第五部（文化部）第二課（映画・演芸課）の課長に抜擢され、映画・演劇・演芸による国家宣伝を指導・監督した。同第二部（報道部）が紙の配給と引き換えに言論を統制して出版業を圧迫したように、生フィルムの配給を管理した第五部の部長・川面隆三は、一九四一年夏、映画フィルム原料の弾薬用途優先のため、「民間に回す映画フィルムは一フィートもない」(29)とまで発言した。

太平洋戦争開戦後、敵国映画の輸入は禁止され、海外の映画会社の日本支社の映画フィルムも散逸した(30)。外国映画の上映は年間五〇本以内に制限され、配給業者を困窮に陥れた。そして映画界でも企業統合が進んだ。戦中の映画会社はニュース映画が日本映画社に統合され、劇映画は当初、松竹と東宝の二社が想定されたが、永田雅一（Masaichi Nagata 1906–1985）の大映が加わり三社となった。同時期に内務省警保局図書課の勧告にしたがって映画雑誌も統廃合され、一三誌が廃刊となった(31)。

2 文部省による映画の振興と「映画法」

「映画法」第一〇条、第一一条、第一五条を考える

内務省による映画統制に続いて、映画国策を支えたもう一つの柱――文部省による映画の振興へと移る(32)。「映画法」制定により、当時の文部省下の九局の一つ「社会教育局」に「映画課」が加わった。社会教育局は一九四二年に廃止されたが、一九四五年に復活し、現在の文部科学省(Ministry of Education, Culture, Sports, Science & Technology in Japan)の生涯学習政策局の前身となる。映画の教育的価値を盛んに強調した水谷徳男(後の全国視聴覚教育連盟理事長)は、「映画法」における文部省の専門的事項として、第一〇条(優良映画の選奨)、第一一条(映画の複写保存)、そして第一五条(文化映画、時事映画及び啓発宣伝映画の指定上映)を挙げる。ここではまず第一〇条を取り上げよう。

映画法 第一〇条(優良映画の選奨)

主務大臣は特に国民文化の向上に資するものありと認むる映画に付選奨を為すことを得(33)

映画の「保護奨励」措置は、先述の「活動写真取締建議」(一九一七)でも提唱されていたが、さらに一〇年ほど遡れば、伊藤博文も、韓国併合に先立ち日本に留学させた韓国皇太子の姿を撮影して韓国で上映する等、政治的に映画を利用していた。そして検閲強化の引金となった『ジゴマ』が公開された一九一一年、映画と「教育」の問題が交錯し、文部省に設立された「通俗教育調査委員会」に新渡戸稲造を含む二五名の委員が選出され、「幻

燈映画及び活動写真フイルム審査規程」(一九一一)が定められた。この審査規程は、「幻燈映画及び活動写真フイルム認定規程」(一九一七)、「活動写真フイルム、幻灯映画及蓄音機レコード認定規程」(一九二三)へと引き継がれていく。

渋沢栄一や大隈重信等、国際的な視野を持つ各界著名人の映画論を各号に配した雑誌『活動之世界』では、例えば一九一六年、衆議院議員の島田三郎が「数万言をつくすよりも、ただ一度〔活動〕写真を見せた方が如何程大きな効果をもたらすか判らない」、「切角世界的永久的の要素を持って居ながら、一部的一時的のものになり終ろうとして居る活動写真を、救い上げて、飽く迄も世界的のものにしたい」(34)と訴えた。慶應義塾塾長・鎌田栄吉は、同誌に掲載された映画論「活動写真は国家的たれ。社会的たれ」の中で「興行者の映画」と「教育界の映画」を比較し、前者は短絡的に目先の利益を上げる映画づくり、後者は政策のため、教育事業を助ける映画づくりを指すとした(35)。文学博士の本間久雄は一九二〇年、映画の検閲自体には反対の立場でないことを断りつつも、検閲の中身には「失笑を禁じ得ない」とし、積極的な対策として「民衆芸術」としての「映画」の質的向上に期待をかけた(36)。

一九一九年、図書館や博物館等と並んで通俗教育が文部省普通学務局第四課の所轄事務の一つとなったが、この第四課は一九二四年、「社会教育課」へと改称され、初代課長となった乗杉嘉壽《のりすぎよしひさ》が文部省映画に注力した。文部省「社会教育調査委員会」は、「教育的、娯楽的、芸術的に善良」と認める映画に対する「映画推薦制度」を一九二〇年に整えていた。これによって、国際活映が配給した『聾盲唖者ヘレンケラー』(37)等の二〇作品を手始めに、「映画法」制定を待たずして五〇一本もの推薦映画が生まれていた。また「文部省製作活動写真フイルム貸与規程」によって、一九二八年には貸出制度も整備された。つまり映画法第一〇条は、既に実施されていた文部省による映画振興を強化するものであった。続いて、第一一条を取り上げる。

映画法 第一一条（映画の複写保存）

主務大臣は公益上特に保存の必要ありと認むるときは映画を指定し其の所有者に対し複写の為一時其の提出を命ずることを得

不破祐俊はこの第一一条に次のような解説を添えた。少し長くなるが引用したい。

映画はその製作された時代の国民文化の最も正確な具体的表現として、永く保存する価値のあるものが少なくないのであるが、それにも拘らず使用後或は散失し、或は屑フィルムとして廃棄されることの多い現状にある。それ故、文部大臣が公益上特に保存の価値があると認めた映画についてはそれを指定して、所有者からその映画を一定期間の間提出させ、これを文部省において複製して、その複写したもの（複製原版及びそのプリント一本）を文部省において保存しようとするのである。歴史的事件、人物、風俗等を撮影した映画或は芸術的価値の特に大きい映画で将来最も貴重な文化資料となるような映画は国家が保存すべきことは当然であろう。むしろ今日迄このことがなされなかったのが不思議である。

日露戦争の際に、英人技師の撮影した乃木将軍が水師営におけるステッセルとの会見の映画の如き、今日われわれが当時の将軍の姿を眼のあたりに見ることのできる貴重なものであるが、この映画の如きはよく民間において保存されたものの一つであろう。今次事変における尊き記録映画の如き国家的に編集し、これを保存することの必要なことは云うまでもない。吾々は保存に当っては慎重を以て永き保存に堪え得るような施設を講ずると共に、この規定の生きた活用を期さなければならない（後略、傍線筆者）。[38]

不破のこの解説は、一九三九年の雑誌『帝国教育』に掲載された「映画法の指導精神」の「映画法の概要（七）映画の複写保存」とほぼ同じ内容ながら、冒頭「後世に（映画の）保存の価値あることは到底文書図書と比べることの出来ない程である」[39]が削除され、傍線部「永き保存に堪え得るような施設」が加筆されている。戦後、不破はそのような施設の設置が念頭にあったと発言したが、加筆部分はその裏づけとなる。また、不破は歴史的価値を持つ作品として、「映画法」制定の三〇年以上前に英国アーバン社のジョセフ・ローゼンタールが撮影した『旅順の降伏』（一九〇四―一九〇五）を例示した。『旅順の降伏』はオリジナルこそ失われているが、来歴の異なる複数の不完全版が残存する[40]。

三〇〇作品の文部省映画ほぼすべてに携わった中田俊造（Shunzo Nakada 1881–1971）は、一九三〇年の渡米時、「フィルム・ライブラリー」を併置した米国国立公文書記録管理局（ＮＡＲＡ）を訪れ、「映画五〇〇万呎の貯蔵能力のある八個の耐火地下室及び二〇個の地下室が備えられ、約一二〇〇万呎のフィルムが貯蔵せらるる様になって居る」（後の「映画録音部」と思われる）ことに驚き、日本でも同様の設備が「当然考慮されるべき」とした。「映画法」制定によって日本にフィルムアーカイブが設立されたわけではないが、それでも中田は、かつて「珍奇なるものとして見世物視されるに過ぎなかった」映画の「行政機関が完備した」と考えた[41]。「映画法」の周知のため、『これは便利な映畫法総覧』や『映畫法講話』といった解説書が多く出版された。

例えば『早わかり映画法解説』は、第一一条を次のように説く。「記録的に大切なものだとか、出来栄えが優秀で将来これを保存しておく事が国民文化の進展に役立つものだとか、いろいろの角度から眺めまして、これはぜひ保存したいとなった」映画があれば、「文部大臣からその所有者に対して提出を命ずるのであります。国家の費用を以てこれを複写し、長く保存しようというのであります。複写した映画の著作権は、当然原画の所有者にあるのですから、文部省が勝手に上映する事は出来」ず、国はこれを「専ら官庁の用に供する」ために映写する。著作権は尊重されるが、提出を拒めば罰金に処せられる。提出物としては、オリジナル原版ではなくプリント一本のみが想定されていた(42)。文部大臣が映画の提出を実際に命じる際の手続きは、施行規則第一八条が次のように定める。

映画法施行規則 第一八条
文部大臣は映画法第一一条の規定に依り映画の提出を命ずるときは其の所有者に対し映画の題名、提出期日、提出期間其の他必要なる事項を指示す
前項の映画の所有者前項の規定に依る指示に従い之を提出すること能わざるときは其の事由を具し遅滞なく文部大臣に届出ずべし(43)

第一一条は網羅的な法定納入制度とは異なるが、日本初の、そして唯一の映画保存に関連する法律の条文である。不破は、第一一条の解説に「第一回の保存映画の指定は昭和一四年度の文部大臣特賞映画たる『土と兵隊』が命ぜられた」(44)と書いた。「保存映画」としての『土と兵隊』については後述することとして、先

に映画法第一五条を取り上げたい。

映画法 第一五条（文化映画、時事映画及び啓発宣伝映画の指定上映）
主務大臣は命令を以て映画興行者に対し国民教育上有益なる特定種類の映画の上映を為さしむることを得行政官庁は命令の定むる所に依り特定の映画興行者に対し啓発宣伝上必要なる映画を交付し期間を指定して其の上映を為さしむることを得

こうして国が推奨する文化映画（文化・記録映画）や時事映画（ニュース映画）等の強制上映が可能になった。文化映画への国の関与については、先述の乗杉の時代、文部省が東京シネマ商会に関東大震災の記録映画『関東大震大火実況』（一九二三）の製作を委託し、「教育に資すべき映画」の企画に乗り出したのが始まりとされる。その後も民間への製作委託や共同製作等の形態が残り、文部省は民間の映画会社に対して教育映画への注力を働きかけた。一九二七年からは、無声映画であれば省内の現像場・編集室・試写室等で製作が可能になり、「映画部」は白井茂撮影の『剣岳』（一九二八）に始まる「文部省映画」の製作を本格化させた(45)。さらに一九三三年、文部省が虎ノ門に移ると、最新の現像設備や一五〇席の映写室、そして映画フィルム約五〇〇〇巻が収蔵できる倉庫が整備された(46)。多くの映画が「使い捨て」の域を出なかった時代にあっても、貸出用の文部省映画の複製や改竄、営利目的による使用は許されず、とりわけ皇室に関する映画フィルムには厳しい頒布条件が定められた。文部省時代の不破は、映画の質的向上を念頭に、官庁や全国各自治体の広報映画等と同じく「官製映画」または「准官製映画」と呼ばれていた文部省映画を「文化映画」と改称した(47)。

図９『公衆作法　東京見物』（文部省 1926）のトップタイトル「本映画は複製又は改竄することを許さず　文部省」（写真提供：東京国立近代美術館フィルムセンター）

大日本映画協会の常務理事として内務省の館林三喜男と親交を結んだ城戸四郎は、「あの当時としては、僕は映画事業に国家機構を協力させる意味で、〔映画法を〕そう非難はしなかった」と述べている。城戸はまた、渡欧時に見聞した事例を参考に、国の支援なしに収益を上げるのが難しいニュース映画や文化・記録映画の強制上映の導入を自ら提案したと述べている(48)。このように第一五条を肯定的に受け止めた映画人は、城戸だけではなかった。第四章で詳しく扱う戦後〈映画保存運動〉の旗手・川喜多かしこ（Kashiko Kawakita 1908–1993）も、戦前の「映画法」に「いい事が一つだけあった」として、映画館の上映プログラムにニュース映画等が含まれたことを評価し、むしろ戦後日本の文化・記録映画がスポンサー映画に席巻されたことに懸念を示した(49)。こうした強制上映は一九四四年まで実施されたが、その後は戦意維持のため劇映画に力点が移った。それだけに、短期間によほど強く効果が実感されたのであろう。

そもそも「文化映画」という新語は、一九三〇年代のドイツ映画のシリーズ名「Kultur Film」の直訳で、川喜多の夫・長政（Nagamasa Kawakita 1903–1981）が創業した映画配給会社「東和」がこれを最初に使用した。「優秀映画」もまた、川喜多夫妻から度々聞かれる言葉である。映画が社会的な力、そして外交戦略のツールとして認められれば、国の映画政策、すなわち予算が動く。長政は「映画法」の制定に際して、優秀映画とは「輸出向き映画」であるとし、「優秀映画が輸出されて好調を示すとすればこれは政治、経済、文化の諸工作を一挙に果たす結果ともなる」(50)と述べた。

保存映画に指定された田坂具隆監督『土と兵隊』

ここで第一一条に立ち戻り、保存映画に選ばれた田坂具隆（Tomotaka Tasaka 1902–1974）の『土と兵隊』（日活多摩川、一九三九）に触れておきたい。同作はスター俳優・小杉勇を主演に中国ロケを敢行、陸軍省が製作を全面的にバックアップして撮影用に武器や軍服を提供し(51)、完成後は国内各賞の他、第七回ヴェネツィア国際映画祭で日本映画総合賞を受賞した。日活の社史には、一九四〇年五月に「橋田文部大臣より大臣賞を授与」され、「特賞一万円」を得たとあるが(52)、「保存映画」との記載はない。実際に保存用プリントが国に納入されたのか、日活の映像事業部門に尋ねても情報は得られなかった。台湾総督府臨時情報部は、この映画の推薦理由を次のように記す。

日活映画「土と兵隊」は、今次事変初期に於ける驚異の作戦たる杭州湾敵前上陸より新東亜建設の大旆の下に黙黙として進む皇軍の凛たる勇姿を如実に描き、皇軍一度起たば最後の一兵に到る迄前進して止まる処なき軍人精神を鼓吹し此等凄烈なる戦場の息吹きを銃後国民に伝え以て一段と国民精神の作興を強調するものと認め、之を推薦す。(53)

「戦争映画の巨匠」と認められて情報局の嘱託となった田坂は、一九四四年に招集されて出身地の広島で被爆した。闘病を続けながら晩年まで多くの佳作を残したが、そのフィルモグラフィーの中では、『土と兵隊』の前年にイタリア民衆文化大臣賞（監督賞に相当）を受賞した『五人の斥候兵』（日活多摩川、一九三八）が取り上げられることが多い。一九四二年に出版された筈見恒夫の『映画五〇年史』（初版）は、日本映画を（1）戦争映画、（2）農民／農村映画、（3）開拓映画、（4）歴史映画、（5）伝記映画、（6）明治情緒映画、（7）少年もの、（8）都会的映画、（9）国策映画に分類し、阿部豊監督『燃ゆる大空』（東宝東京、一九四〇）や吉村公三郎監督『西住戦車長伝』（松竹大船、一九四〇）等と並び、『土と兵隊』は（1）戦争映画の中で「一定の水準に達している」とした。ただし一九五一年の改訂版では、「記録映画的な感銘はあるが、退屈でもあった」(54)ことを理由に、戦時下の優秀映画群から除外した。同作は、昨今では次のように紹介されている。

火野葦平の従軍記「兵隊三部作」の一篇を、『五人の斥候兵』で好評だった田坂具隆の監督で映画化。現地の戦場ロケで「戦争とは歩くことだ」との感慨を得た田坂は、戦争賛美を避け、ひたすら歩く兵隊を画面に再現した。(55)

現代の視点からはむしろヒューマニズムの映画とみなされることもあり(56)、元東映教育映画部の布村建は、『土と兵隊』をして「よく検閲にひっかからなかったものだ」(57)と驚きを隠さない。実際のところ、ドイツ文学者・中谷博は一九四一年、「兵隊の足のまめのクローズアップなど、戦意高揚になるものか」と、この作品を批判したという(58)。当時の日本の戦争映画がすべからくストイックに現実を描写したわけでないが、英雄の勝利の姿ではなく、戦地でひたすら苦しみに耐える人間の姿の描写に「日本のファシズムに特有の美学」(59)が見出されることもある。

戦場をことさら美化しなかった点では、同じ年に漢口攻略作戦に従軍した亀井文夫（Fumio Kamei 1908–1987）の記録映画『戦ふ兵隊』（東宝映画文化映画部、一九三九）が思い起こされる。「消耗した兵士たちや家を失った難民たちの姿を静かに見つめた描写が、軍部が期待する戦意昂揚とは相容れず上映不許可」(60)となった同作により、治安維持法違反容疑で逮捕され、一年間の拘禁の後に保護観察処分を受けた亀井は、「映画法」に則って監督の免許を剥奪された唯一の映画人となった。原版は廃棄処分されたと考えられるが、一九七五年に発見された上映用プリントをＮＨＫの番組が「幻の反戦映画の発見」として取り上げて以降、亀井の代表作と認識されている(61)。また、『土と兵隊』に同じく火野葦平原作の木下惠介監督『陸軍』（松竹大船、一九四四）は、「大東亜戦争三周年記念映画」として陸軍省の後援を受けたが、反戦思想とも受け取れる結末が問題視された(62)。

図10　フィルムセンターに保存されている『土と兵隊』のポスター。大ホールへと続く階段に複製が掲示されている（写真協力：東京国立近代美術館フィルムセンター／Photo by Yoko Asakai）

『土と兵隊』が公開された一九三九年の米国では、デイヴィッド・Ｏ・セルズニック製作『風と共に去りぬ』や、ＭＧＭミュージカル『オズの魔法使』【付録5⑥】が公開されていた。戦後日本にも配給されたこれら二作品は、何れも逞しい女性を主人公に据えた鮮やかなテクニカラー作品であり、テーマ音楽が起伏ある物語を際立たせる。そしてオリジナルは現在、ジョージ・イーストマン博物館のナイトレートフィルム専用収蔵庫に保存されている。対照的に、白黒スタンダードの画面を疲弊した日本兵がひたすら歩き続ける『土と兵隊』の上映用プリントは、戦後に米国議会図書館から東京国立近代美術館に返還されたナイトレートフィルムからの複製がかろうじて上映可能な状態にあるが、一九七一年頃に作成された一六ミリフィルムの最長版は、本来一五五分のところ一四四分しかなく、三五ミリフィルム全一八巻の内、一七巻目が欠落している。フィルムセンターはこのほか一一九分の三五ミリフィルムを所蔵し、福岡市総合図書館、京都府京都文化博物館、そして日活にもあるこの一一九分版が、ビデオテープやＤＶＤとして販売されてきた。

「映画法」制定時の荒木貞夫から、（後に東近美初代館長になる）岡部長景（Nagakage Okabe 1884–1970）を経て「映画法」が廃止された敗戦直後の前田多門まで、計一一名の文部大臣が『土と兵隊』に続く二本目の保存映画を指定したという記録は見当たらない。先述の鳥羽幸信【表4–2】は、一九四六年六月の時点で第一一条に触れ、「「映画法」存命中政府が、此の条項を実際に適用したと云う事を聞いた事がない」、国は「一文の利益にもならぬ映画保存と云う仕事に対して金銭的援助を与えようなどとは申し出はしない」、映画会社も「何もやらなかった」、名作の数々も「再生フィルムとして消え去って行ったのではなかろうか」(63)と書いている。

「映画法」という過ち

日米開戦後、戦況が激化していく中で第一一条は形骸化し、ついにその効力を発揮することはなかった。

「映画法」の臨戦体制に、「強くなぐられたような」また「せつない感情」を抱いたという映画監督の伊丹万作（Mansaku Itami 1900–1946）は、一九四一年、病床で次のような言葉を遺した。「今度のような重大な問題（「映画法」の意）の討議にあたって、一度も、そして一人も従業員代表が加えられていないことをだれも怪しみもせず不当とも感じていないらしいのは、はなはだ不可解であるが、私はそれを憤るよりもまえに、むしろ、反対に従業員側の反省をうながしたい気持ちである」(64)。また、治安維持法違反で逮捕され、「映画法」に反対して投獄された唯一の映画人となった岩崎昶（Akira Iwasaki 1903–1981）は、「〔映画検閲は〕映画作家の創造性と自発性とを抹消し、映画の主題と内容を狭隘にし、映画を萎縮沈滞せしめる」(65)とした。

戦後になって映画監督の稲垣浩が断言したように、「映画法」が二度と繰り返されてはならない「悪法」(66)であることに疑いの余地はない。しかし当時ほとんどの映画人は国策に逆らうことなく、むしろようやく訪れた映画および映画人の地位向上の機会に期待を寄せ、「悪く勘ぐっていえば、国家が法律まで作って指導助成するということは、排斥すべきものどころか、大いに歓迎に値した」(67)。清水晶（Akira Shimizu 1916–1997）が、「コンプレックスから解放されて、自分たちの立場が保護され、社会的な地位が向上するかのような錯覚のもとに、進んで統制を受け容れた」(68)のではないかと分析したように、映画の、そして映画人の地位がそれだけ低かったことも事実であろう。

一九三九年一〇月の「映画法」施行に際して、大日本映画協会は東京の髙島屋で「映画法実施記念 映画文化展覧会」を催した。このとき内務省が出品し、一九五〇年代に国立国会図書館からフィルムセンターに移管された図解一一点から成る《絵とき「映画法」》には、博物館のガラスケースに展示された映画フィルムの図が含まれ、その傍らには消火器まで置かれている。前述の館林三喜男は、「映画法」第五条（映画人の登録制度）

の根拠を述べる上で、映画を「国民文化財」と表現した。

映画が他の商品と異る所は、国民文化財であることであり、又あらねばならぬことである。而して映画の製作に従事する者が、他の業務従事者の者と異る所は、この国民文化財を創造する光輝ある担当者であることであり、又あらねばならぬということである。ここに登録制度の必要が見出されねばならない。〔傍線筆者〕(69)

「映画法」制定に同じ一九三九年、新宿東宝劇場の支配人で映画史研究者の田中純一郎に、「団菊出演のフィルム」について相談を持ちかけた者があった。大日本映画協会がこれを五〇円で買い取ったのが、現存する複数の『紅葉狩』（一八九九）の一本である。かつて質草にされたこともあるこの作品が、後に映画として初めて重要文化財に指定されることになる【表5-5】。やはり戦前、「東京市の購入した」作品に、大隈重信の支援を得てMパテー商会撮影班が白瀬南極探検隊を撮影した『日本南極探検』（一九一二）があった(70)。一九三〇年代の日本で過去の映画に価値が見出されつつあったことは間違いなく、文部省の方針も映画の地位向上に一定の貢献を果たしたに違いない。しかし「映画法」を根拠として国が日本映画の収集を開始したわけではなかった。「映画国策樹立に関する建議案」に同じ一九三三年、ジャーナリストの石巻良夫は、「国家が映画の文化価値を認めてこれを保護する以上は、映画並びに映画事業に対して国家の統制を欠くことは出来ない」(71)と指摘していた。いくら文部省が映画の地位向上を「推進」しても、結局のところそれは映画の「統制」へと収斂されていく。

ナチスの台頭によってドイツ映画界のユダヤ人がフランスや米国に亡命し、日本軍の弾圧により上海の映画人が香港に逃れて映画製作を継続したように、抑圧された時代、表現の自由を追い求めて母国を離れた映画人は少なくなかった。しかし、ほとんどの日本の映画人は行き場もなく、政府の方針に追随した。

不破祐俊とフィルムアーカイブ設置構想

「映画法」施行時の不破祐俊による『映画法解説』が、「永き保存に堪え得るような施設」に触れていたことは既に述べた。その後の不破は、永田雅一の「大映問題」（贈賄容疑）により内閣府情報局を一九四三年に辞任し(72)、上海の国策映画会社「中華電影（華影）」へ渡った。華影はその頃、映画監督の牛原虚彦（Kiyohiko Ushihara 1897–1985）を学長に、映画大学の設立を目指していた。設立準備委員長として上海に滞在した牛原は、建物の下見やカリキュラム（映画大学教育課程細目）策定を進めていたが、戦局の悪化に伴って、この計画は一九四四年に中止となった(73)。実質的に華影のトップの座にあった川喜多長政、そして華影の研究所資料部国際調査組主任として不破の下で働いた清水晶もまた、後に〈映画保存運動〉に関与することになる。

戦後、不破はデパート業界へと移り、京都の高島屋内に開館した「公楽会館」の支配人や、横浜高島屋や京王百貨店の取締役等を務めた。そして引退後の一九八六年四月、法学者の奥平康弘、映画評論家の佐藤忠男との鼎談を受け入れた。牧野守は語られるべきことが語られなかったと批判したが(74)、この鼎談で不破は、「たとえば映画を保存するには、ライブラリーが必要だ。それがなくて保存を命ずるというのは、どこで扱えるかという問題があるわけです」、「フィルム・ライブラリーの建設費なんていうのはむろん認められなかったわけです。これは〔映画法を〕施行してから順次要求したらどうかと、私は思っていた」と回想した。

一九五二年にイタリア国立映画実験センターに留学した映画監督の増村保造は、撮影所を含む四つの映画施設の複合体としてローマの国立映画撮影所「チネチッタ」を紹介し、その内の一つ、地下にフィルム収蔵庫を持つチネテカ・ナツィオナーレ（国立フィルムアーカイブ）を指して、「フィルム保存計画は誠に綿密且つ良心的」(75)と評した。つまり、ファシスト政権下において建設された各種国立映画施設は、戦後イタリア映画の復興を支えるインフラとなっていく。一方、日本では一九二九年、日本大学が法文学部文学科芸術学専攻に「映画課程」を設置していたが、国立映画大学や国立映画撮影所の建設はおろか、国立フィルムアーカイブの設立構想が具体化することもなかった。

3　大毎フィルム・ライブラリー――フィルムアーカイブの初期形態

大阪毎日新聞社の映画事業

元警視庁検閲係長で映画評論家としても活躍した立花高四郎は、「〔映画フィルムを〕自由に無料で、各地へ貸し出して呉れる」機関として、一九二四年に米国の公共フィルム・ライブラリー（映画図書館）の事例を紹介した(76)。その三年後、新聞社が日本で初めて本格的な映画フィルムの収集と活用に着手することになった。

毎日新聞社の前身、大阪毎日新聞社（以下「大毎」）(77)は、一九〇八年の九〇〇〇号発行記念事業の一環として「活動写真班」（後の映画班）を、そして大毎の傍系会社・東京日日新聞（以下「東日」）も、一九一一年の一万号発行を記念して活動写真班を創設し、両社は活動写真というニューメディアの可能性に賭けた。当時の大毎社長・本山彦一によると、新設された活動写真班の目的は、報道ツールというより新聞の販売拡張戦略や巡回上映会の実施にあった。ただし、「極めて低級の娯楽として識者には一顧も与えられなかった程貧弱な地位に置かれてあったもので、毎日のこの計画に対して朝日〔新聞社〕は、害毒を流す低級娯楽の奨励を為すものだといって、痛く紙上に攻撃した程であった」というから、やはり当初は常識外れの戦略と受け取られたようである。そこまで敬遠されていた映画の社会的地位が向上した転機として、本山は行政による映画製作、皇室関係の記録、そして大災害の報道の三つを挙げる(78)。

まず一九二〇年、大毎の活動写真班は国勢調査の広報映画を製作し、各地を巡回して上映した。結果的にこれが日本初の行政による広報映画となった。翌年には皇太子（後の昭和天皇）の渡欧映画を製作し、その巡回上映が大きな反響を呼び、東京の日比谷公園での上映には一三万人、大阪市内での二七回の上映には七〇万人超が入場した(79)。そして一九二三年には、関東大震災のニュース映画を製作して全国にこの大惨事を速報した。程なくライバルの朝日新聞社もニュース映画製作に乗り出したことから、関東大震災を境にして映画に対する評価の変転があったと思われる。実際のところ、関東大震災に関するニュース映像は多数残存している(80)。

映画の撮影・上映事業を継続すれば、自ずと映画フィルムが社内に蓄積されていく。活動写真班の主務に着任したばかりの水野新幸（Shinko Mizuno 1890–1956）は、当初「売却」していた在庫映画の「活用」を本山に進言した。第一章で、ボレスワフ・マトゥシェフスキが映画を歴史書の代わりと考えたことを紹介したが、水野も一九二三年、「教科書の代わりとなるテキストフィルム」の製作を目指し、社内に活動写真研究会を設立して『大阪毎日新聞活動写真史』（大阪毎日新聞社、一九二五）を発行、そして目録編纂委員会も設置した(81)。こうした中で一九二七年に大毎フィルム・ライブラリー（Film Library of the Osaka Mainichi）が生まれた。

大毎フィルム・ライブラリーのあらまし

大毎フィルム・ライブラリーは、学校、官庁、軍隊等が催す非営利の上映会に映画フィルムを有料（一巻一日一円）で貸与した(82)。フィルム・ライブラリーの進捗状況や最新の映画目録が掲載された雑誌『映画教育』（一九二八―一九四三）によると、一九二八年には東日フィルム・ライブラリーも設置され、さらに九州支庫や台湾支庫も加わった(83)。目録の項目は作品番号、題名、巻数、長さ（メートル表示）、そしてごく簡単な作品内容等に限られるが、それでも随時更新され、一九三二年の時点で所蔵本数は、東日フィルム・ライブラリーも合わせて八〇〇〇巻、年間貸出数は延べ一五万巻にもなった(84)。中にはまったく貸出されない作品もあれば、年間二〇〇回以上貸出される作品もあった。貸出数増には会員制度（一九三五年の時点で約一万校および約一〇〇工場が加盟）が貢献した。

水野はＩＥＣＩの機関誌ＩＲＥＣの一九三一年一月号に「Motion Picture Education in Japan」と題する英文記事を投稿し(85)、日本における映画の受容の歴史を解説しつつ、日本を代表するフィルム・ライブラリーとして大毎フィルム・ライブラリーを紹介し、「国際映画文庫」の創設計画やＩＥＣＩ年次会議の日本開催の意思を表明した。同年六月号には、文部省社会教育局の「M. Nakada（中田俊造と思われる）」による「The Japanese Government and Educational Cinematography（日本政府と教育的な映画）」(86)も掲載された。同年、『映画国策之《の》提唱』を出版した前述の浅岡信夫は、「この惨めなる我国映画教育界にあって、一つの目的に向って統一的進行を以って、映画教育運動の旗をかざして、実際に事業をつづけているもの」として、大毎フィルム・ライブラリーの活躍を讃えた。

関東大震災をきっかけに文部省が映画製作に着手したことは既に述べたが、その取り組みを不十分とした貴族院議員で大毎顧問の紀俊秀は、一九三〇年の帝国議会で教育映画に対する積極的な政策を求め、国がそれを怠るのなら「民間」に援助してはどうかと質した。当時の文部大臣・鳩山一郎は「その意はあっても予算がない」と答弁したが、同じく貴族院議員でもあった大毎社長の本山は、「神聖な貴族院の議場で活動写真のことなど議題にするとは怪しからん」と非難する者もある中、初めて映画国策問題が議題となったことを興奮して本社に電話で伝えた(87)。民間の新聞社が映画事業に参入することに警戒心を抱く教育関係者もあったが(88)、一方で、前衛芸術家の村山知義等、映画教育が政府の手から離れることを望む声もあった。何れにしても一九三〇年代以降、映画国策を強化するため、文化映画における官民の協力関係が築かれていった。

文部省は当初九七万円であった映画製作費を一九三六年に二六万円に減額し、映画の性質上、半官半民の方が向いているとの判断から、後援にまわるようになった。「映画法」が制定された一九三九年頃からさらに行政の簡素化が始まり、メディア統制のため新聞社による映画製作は一九四〇年から社団法人日本ニュース映画社（後の日本映画社）に統合された。大毎映画班による映画製作の仕事は、戦後の映画研究室（現毎日映画社）へと引き継がれたが、大毎フィルム・ライブラリーは一九四五年に文部大臣を会長として結成された「大日本教化報国会」の加盟団体の一つ、「財団法人大日本映画教育会」に吸収され、旧蔵映画フィルムは、学校映画研究部（現在の国立科学博物館の一部）へと移った(89)。

稲田達雄による一九三五年のフィルム・ライブラリー論

ここで、『文部省教育映画時報』に掲載された稲田達雄（Tatsuo Inada 1895–没年不詳）の論考「フィルム・ライブラリーとその経営」(90)に着目したい。稲田は文部省嘱託（映画教育事務）として映画部主任・中田俊造の製作助手等を経験した後、一九二八年に大毎に入社して、一九四三年までフィルム・ライブラリー事業に従事した(91)。文部省社会教育局（一九二九―一九四二）が、新作教育映画の紹介や文部省映画の目録も兼ねて出版していた雑誌『文部省教育映画時報』は、稲田を「我国に於ける殆ど唯一のフィルム・ライブラリー事業の実際に携われる」人物と紹介する。その一九三五年の第一五号は、稲田の論考の他、ハンス・キューリスがIECIの機関誌IRECに投稿した「映画保管所問題」(The Problem of Cinematographic Archives)、そしてヴァルター・ギュンターの「伯林市映画保管所」(Cinematographic Archives of the City of Berlin)の和訳も掲載している(92)。稲田は、フィルム・ライブラリーの主目的を「なるべく多く実際に利用されること」とした上で、網羅的な蒐集主義、貸出件数による実績主義、より選別的なプログラム主義の三つを挙げる(93)。映画フィルムが高額なだけに、確実に需要を誘導する供給が求められ、作品選定（図書館の選書にあたる作業）には慎重にならざるを得なかった。大毎フィルム・ライブラリーでは、一九二八年に水野が設置した全日本活映教育研究会(94)がまさにその選定作業を担った。水野を中心とする映画の「研究」、稲田による「貸出機関」としてのフィルム・ライブラリー運営は、フィルムキュレーターとフィルムアーキビストというフィルムアーカイブ運営に欠かせない二つの専門職の連携(95)を思い起こさせる。

保存機能が重視されているか否かにフィルムアーカイブとフィルム・ライブラリーの違いがあるとすれば、大毎フィルム・ライブラリーは確かに保存ではなく貸出に主眼を置いた。しかし、「科学的な方法までは取られておらず、無関心な傾向」が強いことを認識した上で、「フィルムの蒐集管理を目的とするフィルム管理所の必要は、すでに一部に唱えられているところであるが、今後のフィルム・ライブラリー経営については、一面そういう方面への関心をもっと強めるということは必要だと思う」と稲田が書いていることから、少なくともフィルム管理所、つまりフィルムアーカイブに相当する機能の「欠落」が認識されていたことがわかる。

稲田は実務経験に基づいて、フィルム・ライブラリーの設立を段階的に示した。第一段階は機材も映画フィルムも学校等に持ち込む「巡回上映」期、第二段階は既に機材は設置済みの学校等に映画だけを持ち込む「映画借用」期、そして第三段階が「フィルム・ライブラリーの設立」期である。大毎フィルム・ライブラリーは通常、今日の視聴覚ライブラリー（または視聴覚センター）の嚆矢と考えられるが、保存機能の追加、つまりフィルム・ライブラリーからフィルムアーカイブへの転換を仮に第四段階とすれば、続いて掲載されたキューリスの「映画保管所問題」とギュンターの「伯林市映画保管所」の和訳が、まさにその段階を補足的に示している。

新渡戸稲造と同じくIECI理事の立場にあったキューリスは、数多くの歴史的資料が既に失われてしまったことを嘆き、「映画事業活動の激しいリズムは、制作者のネガ・フィルム保存を妨げている」が、「今日に於ては何等興味のないフィルムも、将来に於ては有益な資料となり得る事を考慮すれば、各製作国を勧奨し、夫々その制作映画を保存し置く「映画保管所」を設置せしむるのが良策」として、営利企業に着手する余裕のない映画保存事業を、非営利の領域で実現しようとする。記録映画作家でもあるギュンターは、フィルム・ライブラリー」とも「映画文庫」とも訳されるベルリン市の「映画保管所」が、学校教育用のフィルムだけでなく、「生活に関するフィルムのネガ」や幻灯等の視聴覚資料も幅広く収集していることを紹介する。記事の内容は、コレクションの分類法、取得方針、評価選別、保存科学、そして収蔵庫の設備等にも及ぶ。

映画フィルムの存在の重さを考える上では、大毎フィルム・ライブラリーの目録に掲載されている「*The Film Prayer*〔フィルムの祈り〕」の和訳【付録3 大阪毎日新聞社 活動写真班編「フイルムから御願い」】も見逃せない

(96)。「*The Film Prayer*」は、米国のノースダコタ州立大学の前身、ノースダコタ農業大学のアンドリュー・フィリップ・ホリス（Andrew Phillip Hollis）が一九二二年に創作した一篇の詩である。後に英語圏のフィルムアーカイブに寄贈された映画フィルムの缶の中から度々発見され、マトゥシェフスキの文書と同様、フィルムアーキビストに広く知られ、ドキュメンタリー映画 *Keepers of the Frame*（一九九九）の冒頭やパオロ・ケルキ・ウザイの *Silent Cinema* にも引用された。昨今でも、例えばトロント国際映画祭は二〇一六年、映画俳優のキアヌ・リーヴスがこの詩を朗読する二分の作品を制作した。日本語版「フイルムから御願い」からは、少なくとも非営利の貸出業務において、映画フィルムの丁寧な取り扱いが求められていたことがわかる。

4　戦時下の映画フィルム

映画フィルム収集の初期事例

マトゥシェフスキは、映画フィルムの収集・保存施設の第一段階として既存の公共機関を推奨したが、日本の博物館はいつ頃から映画フィルムを所蔵していたのか。

日本映画として二本目の重要文化財に登録された『史劇 楠公訣別』（一九二一）【表5-5】が撮影されたのは、一九二一年一一月から三週間に亘って湯島聖堂内の「東京博物館」（現国立科学博物館）を会場に催された日本初の官製映画展覧会、「活動写真展覧会」においてであった(97)。文部省映画の製作を指揮した中田俊造は、一九一九年から東京博物館（当初は「（東京）教育博物館」）の学芸官を務め、「活動写真展覧会」を含む各種展覧会に携わった。同館の目録を確認すると、遅くとも関東大震災の翌年には「活動写真映画」の所蔵が確認できる。しかもその数は年々増加し、一九三〇年には一〇〇缶を超えていた。目録に添付された敷地建物図によると、館内には「活動写真室」(映写室と思われる)も確保され、二二名の職員の内、事業課の講演映写兼陳列装飾係、講演映写係、講演映写主任兼理化学、博物、工芸係と、三名の肩書きに「映写」の二文字が含まれる。学術映画の新規購入時の試写会や上映付き講演会は、館内の講堂で毎月のように実施されていた(98)。

一九二八年設立の早稲田大学坪内博士記念演劇博物館もまた、閲覧や貸出の仕組みこそなかったが、戦前から映画資料を収集していた。キネマ旬報社主催で一九三五年に東京日本橋・三越本店で行われた大々的な「映画文化展覧会」のプログラム序文には、「これを機に貴重物品の散逸や破損を防止すること、存在箇所や所蔵者の統一的調査を社の使命として行いたい」こと、そして「いつの日か「映画博物館」設立にまでこぎ着けたい旨」が書かれている。つまり主催者側は、一過性の博覧会を常設展示にしたいと願っていた。

博物館のみならず、映画フィルムは行政機関でも収蔵・活用されていた。文部省映画以外にも、一九一〇年代から鉄道省、逓信省(貯金局、保険局)、海軍省、そして陸軍省が、主に民間委託により映画を製作した。一九二〇年代以降は、農林省、内務省(衛生局、社会局)、大蔵省が、そして一九三〇年代に入ると外務省(情報部)も加わった。映画保存に適した環境が用意されたわけではなかったが、中にはフィルム・ライブラリー化して外部に貸出す省もあった。

小津安二郎監督の無声映画『大人の見る繪本 生れてはみたけれど』(松竹蒲田、一九三二)には、重役の自宅で催されるホームムービー上映会に招かれる部下やその子供たちの描写がある。デパート等で家庭用に販売された「松竹グラフ」や「サクラグラフ」といった一六ミリフィルムの「グラフ版」、「パテベビー」の商品名で親しまれた九・五ミリフィルム、あるいはナイトレートフィルム(三五ミリ)の断片を商品化した「玩具映画」は、この時代の富裕層向けに販売され、販促用の商品カタログも作成された。民間所有の動的映像資料が出現していたということは、映画フィルムの私的な「収集」も既に始まっていたと思われる。

日本映画を輸出する——戦前の東和による挑戦と挫折

持続的な配給ルートこそ開拓されなかったものの、戦前から日本映画の海外への紹介は試みられた。例えば一九二五年、現存する最古の松竹映画『路上の霊魂』(松竹キネマ研究所、一九二一)の監督として知られる村田実が、岡田嘉子主演『街の手品師』(日活京都第二部、一九二五)を携え、森岩雄(Iwao Mori 1899–1979)と渡欧してフランスやドイツで上映し、一九二八年には、衣笠貞之助(Teinosuke Kinugasa 1896–1982)がやはりヨーロッパで『十字路』(『ヨシワラの影』、衣笠映画連盟、一九二八)を上映した。当時の日本映画に国際的な価値はあったのか——例えば、パリ在住の画家・藤田嗣治(Tsuguharu Fujita 1886–1968)は、同作が現地の観客に十分理解されなかったと伝えている(99)。一方、一九三〇年に映画ジャーナリスト袋一平がロシアに輸出した傾向映画『何が彼女をそうさせたか』(帝国キネマ演芸、一九三〇)は、ロシア語の挿入字幕版《インタータイトル》が好評を博したとされる(ロシアからの日本映画返還のきっかけとなった同作品については第四章でも触れる)。

岩瀬亮が一九三三年に提出した「映画国策樹立に関する建議案」が「映画法」制定のきっかけとなったことは既に述べた。岩瀬はその前年、八名の議員団の一員として第二八回列国議会同盟(一八八九年設立の現存する最古の多国間政治組織)のジュネーブ会議に参加し、その場で上映された外国人撮影による日本の記録映画の「熱海の宿屋の庭で貧弱な肉体の芸者が一〇人ばかり半裸体姿で舞踊する場面」に、「恥ずかしさで席にいたたまれない思いをした」(100)とする。アジアから一等国の仲間入りを目指した日本人は、海外で差別的な扱いを受け、自尊心を傷つけられることも少なくなかった。

映画配給会社「東和」の社長・川喜多長政は、戦前から日本映画の輸出を渇望した（なお本書では以下、川喜多長政を略して「長政」、長政の妻の川喜多かしこを略して「川喜多」とする）。ドイツ留学時代にオペラ『蝶々夫人』を観劇した経験等から、日本文化が正しく理解されないことに悔しさを覚えた長政は、兵役を務めた羅南（現在の北朝鮮北部）で巡り会った「東和」の二文字を社名に掲げ、文化交流による相互理解の促進を生涯の使命として二〇代半ばで起業した。東和は映画配給会社としては後発ながら、ドイツやフランスの数々の劇映画を日本でヒットさせて成功を収めた。しかし敏腕の長政にさえ、日本映画の輸出は困難を極めた。

城戸四郎がベルリンに設立した松竹映画欧州配給株式会社による輸出用に、日本の無声映画三作品を一本につないでサウンド版とし、一九三二年に配給したオムニバス映画『*Nippon*』（一九三二）は、長政の最初の挑戦となった。ところが結果は惨憺たるもので、上映した現地の劇場支配人曰く「床に坐っておじぎをしたり、二本の棒で食事したりするたびに、お客が笑ってしようがありません」(101)。欧米の映画は言語やエンディングを差し替えれば壁を乗り越えられたが、日本の風俗や習慣はあまりに異質で受け入れられなかった。長政もまた、岩瀬が海外で味わった屈辱を共有していたかもしれない。

こうした状況を文化外交の力で改善すべく、一九三五年、外務省文化事業部は「国際映画協会」を設立し、映画を使った日本文化の宣伝に努めた。文部省の中田俊造も理事の一人となったこの協会は、英文パンフレット「*Japanese Life in Pictures*」や映画年鑑等を発行し、また、滝廉太郎の伝記映画『荒城の月』をはじめとする日本映画を九本選定して一九三七年のパリ万国博覧に出品した(102)。第一章でＩＥＣＩの第一回ローマ会議に新渡戸稲造の代理として友枝高彦が参加したことは述べたが、友枝もまた、多額の予算を投入して自国の海外紹介に映画を活用しているイタリアの事例に触れ、「愛国観念」を教化するため「座ながらにして名所古跡を観、歴史風俗を知り、更に現在の商工業を始め国家の情勢を明らかにするには映画の如きが最も便利でありまた適切である」(103)とした。

ところで、『*Nippon*』の三作品は松竹製作で揃えたと考えるのが妥当のように思われるが、川喜多夫妻の記憶によれば、小石栄一監督『怪盗沙弥麿』(天平時代 怪盗沙弥麿)』(松竹下加茂、一九二八)、牛原虚彦監督『大都会労働篇』(松竹蒲田、一九二九)、そして溝口健二監督『狂恋の女師匠』(日活大将軍、一九二六)で構成された(104)。ただし、シネマテーク・フランセーズより一九八五年に日本に戻った『*Nippon*』に『狂恋の女師匠』は含まれず、また、スイスで発見・復元され、二〇〇七年のイタリアのボローニャ復元映画祭で上映された『*Nippon*』には『狂恋の女師匠』に代わって星哲六監督『篝火《かがりび》』(衣笠映画連盟＝松竹下加茂、一九二八)が含まれた(105)。『狂恋の女師匠』の残存の噂は絶えないが、フィルムは失われたままである。

長政は一九三七年の日独合作映画『*Die Tochter des Samurai*(侍の娘)』を通して、二度目の挑戦をした。ナチス・ドイツが製作費を負担し、日本側は東和、大沢商会、そして前述の国際映画協会が出資、主役には京都で山中貞雄(Sadao Yamanaka 1909–1938)の『河内山宗俊』(日活太奏、一九三六)に出演していた十代の原節子が抜擢された。レニ・リーフェンシュタールを見出したことで知られる山岳映画の巨匠アーノルト・ファンクと共同監督の伊丹万作の関係がうまくいかず、結果的にファンク版と並んで伊丹版の『新しき土』が生まれたが、原は完成後にドイツ、フランス、米国に渡って映画宣伝に努め、ナチスはマスコミをコントロールしてこの映画の成功を演出した。結局のところ、一九三六年に日独防共協定を調印した両国の親善活動の一つとして、同作は政治的に利用されたのである。

長政は、軍官学校教官として赴任した中国でスパイ容疑により日本人に銃殺された父への憧憬から、一九二一年に北京大学に留学した経験があり、ドイツだけでなく中国にも友好的な感情を抱き続けた。『何が彼女をそうさせたか』の鈴木重吉が監督を務め、中国ロケを敢行した日中親善映画『東洋平和の道』(東和商事映画部、一九三八)は、三度目の、そして戦前最後の挑戦となった。しかしこの作品も長政の思いとは裏腹に、日本の侵略を正当化しているとして中国から拒絶され、日本国内でも興行的には成功しなかった。

川喜多夫妻にとって戦前最後の海外渡航となった一九三八年のヴェネツィア国際映画祭では、前述の通り田坂具隆監督『五人の斥候兵』がイタリア民衆文化大臣賞を受賞した。テクニカラー初の長編アニメーション『白雪姫』(ウォルト・ディズニー、一九三七)がグランプリを受賞したこの映画祭で、東和は、ムッソリーニ賞を受賞したリーフェンシュタールのベルリン・オリンピックの記録映画『オリンピア』(『民族の祭典』、『美の祭典』)(一九三八)を買いつけ、いよいよ軍国主義に順応していく。同作は日独伊三国同盟が締結された一九四〇年に大日本映画協会が歌舞伎座で催した特別試写会を皮切りに、文部省「必見映画」として日本各地で上映された(106)。同じくリーフェンシュタールによる一九三四年のナチス党大会の記録『意志の勝利』(一九三五)もまた、東和が一九四二年に日本に配給した(107)。

内閣情報部(後の情報局)および映画界に請われ、長政は一九三九年に華影の事実上トップに就任した。当時の華影の映画には、日本人に気づかれないような方法で抗日メッセージを秘めた作品もあったが、長政は中国人スタッフを重用して製作内容には口を出さない不干渉主義を採った。国策会社として一九三七年に設立された満洲映画協会の甘粕正彦はこれを嫌悪し、長政の殺害計画まで明言したとされる(108)。一九四七年に公職追放となった長政は、中国の映画関係者からの嘆願によって一九五〇年には追放を免じられたが(109)

戦争協力者としての過去は否定できず、後に、「映画の持つ影響力に恐怖を覚え、自分の仕事の責任を痛感した」(110)と上海時代を述懐した。

中国に残存する日本映画

日本映画が中国に残存するという噂もまた絶えることがなく、手がかりを求めて映画研究者が長春を訪れることもある。そこで、旧満洲の映画事情も概観しておきたい(111)。

日露戦争後の一九〇六年に設立された半官半民の国策会社「南満洲鉄道株式会社」(以下「満鉄」)は、鉄道敷設にとどまらない多様な事業を中国東北部で展開した。米国で一九二四年に排日移民法が制定され、移民先としても満洲の重要性が高まる中、一九二三年から映画製作を始めていた満鉄「映画班」は当初、係員二名と二台のキャメラしか持たなかったが、関東軍の侵攻に連動して製作規模を増強した。一九二八年には芥川光蔵を初代主任に迎え、一九三二年の満洲国(首都「新京」は現在の吉林省長春)建国を経て、二〇名を超える従業員と一八台のキャメラを所有する「映画製作所」へと成長。建国以来の政治団体・協和会も「映画部」を設立し、一九四一年まで製作を続けた。しかし一九三七年、五万坪の敷地と一〇〇〇人を越す社員を擁する「満洲映画協会」(以下「満映」)が誕生し、満鉄の映画製作所を吸収合併した。そして満洲国では日本より二年早く「映画法」が制定され、一九三九年には満映の理事長に甘粕正彦が就任した。関東軍報道部は、満映の施設を使って軍事演習や七三一部隊の記録映画等を秘密裏に製作したが、現存しないそれらは、ソ連軍侵攻前に軍関係者や満映社員の手で大量焼却されたとの説もある。

現地の映画館では、欧米の映画または主に上海で製作されていた中国映画が人気を集め、需要の低い日本映画の上映は全体の一五％程度であった。ところが満映設立以降は欧米の映画の配給が絶たれ、満洲でドイツ、イタリア、フランス映画の輸入を独占していた東和も閉め出されてしまった。一方で常設館は八〇館から一三〇館に増え、映画配給手数料は満映の収入となった。先述の通り中国人の映画製作に干渉しなかった華影とは対照的に、娯民映画（劇映画）と啓民映画（文化・記録映画）の製作を二つの柱とした満映は、映画を通して日本、中国および諸外国に満洲国の躍進を知らしめようとした。亀井文夫の『上海 支那事変後方記録』（東宝映画文化映画部、一九三八）のように、満映が日本の映画会社に製作を委託することもあれば、朝鮮からの移住者を描く『福地萬里』（一九四一）のように、高麗映画社との共同製作もあった(112)。満映の時事映画（ニュース映画）は当初、満洲国通信社や同盟通信社と業務提携し、第一章で紹介したイタリアのＬＵＣＥや日本映画社ともニュース素材の交換契約を結んだ(113)。

敗戦を経て、日本人の帰国事業の後も、新生中国の工業や医療等の現場には日本人の姿があった。映画界もその例外ではなく、長春に映画撮影所が新たに設立されるまでのあいだ、映画関係者五八名、事務職員二六名、その家族も含めて二五〇名以上の日本人が、隠し残した各種映画機材とともに内戦を避け、ハルビンからさらに北上し、廃校となった小学校を改築した「東北電影公司」で中国人に映画製作を教えた。中には映画監督の内田吐夢や、後に東映で活躍したマキノ光雄の姿もあった。こうした日本人の貢献は中国国内で長らくタブー視されていたが、日中国交正常化から三〇年以上が過ぎ、二〇〇五年に開館した中国電影博物館は、その展示の中で日本の映画人の貢献を詳しく紹介した。元満映の社員で、炭坑での過酷な労働を強いられたこともあった映画編集者・岸富美子によると、一九五二年頃、接収を免れた旧満映の大量の映画フィルムが長春の旧満洲赤十字病院のボイラー室に置かれていた。岸が目撃した映画フィルムの行方はわかっていないが、映画フィルムだけでなく、吉林省公安局には、満映の社報等が外国人は閲覧できない機密資料として残されている。

写真工業の形成――映画フィルムの国産化と現像所の設立

映画フィルムの製造業者には、第一章で扱ったコダックだけでなく、火薬製造で成功した米国のデュポン、英国のイルフォード、ドイツのアグファ、イタリアのフェッラーニア等があった。国内はどうかというと、一九二八年に国産初の写真用ロールフィルム「菊フィルム」を販売した旭日写真工業（静岡県浜松市）(114)は戦時体勢下の一九四四年に解散を強いられたが、一九二九年に「さくらフィルム」を発売した小西六工業（後の小西六写真工業、現コニカミノルタ）は、総合写真メーカーとして発展していった。ただし、菊フィルムもさくらフィルムも、ベース素材のセルロイドや乳剤用ゼラチン等は輸入していた。

オリエンタル写真工業（現サイバーグラフィックス）の社史には、P・C・L映画製作所（現東宝）の第一回作品、木村荘十二監督、活動写真弁士の徳川夢声主演のミュージカル『音楽喜劇 ほろよひ人生』と第二回作品『純情の都』の試写記録が残る(115)。国産ポジフィルムの実験段階として、これら二作品は一九三三年に大日本麦酒とのタイアップで企画・製作された。このとき乳剤開発に協力した一九一八年設立の新田ゼラチンの社史は、初の国産フィルム製造業者をオリエンタル写真工業とするが、それでもベース素材のセルロイドだけは輸入に頼っていた(116)。

第一章で述べたように、樟脳は当時の日本の植民地・台湾の特産物であり、フィルム原料の多くは国内でも入手できた。一九二七年から映画フィルムの国産化に着手した大日本セルロイド（現ダイセル）は、感光剤の研究こそ東洋乾板会社に委ねたが、コダックやアグファから技術提供を断られたフィルムベースの開発については独自に進めた。一九三二年には商工大臣より「活動写真用ポジフィルムの製造に関する研究奨励金」を得て、東京工場の敷地内にフィルムベースの試験工場を建設し、同時期に大阪府堺市では、急ピッチでセルロイドの製造方法を研究した。そして、本格的な製造開始のために水質の良い土地を求め、神奈川県の南足柄村に約二万七〇〇〇坪の土地を購入し、一九三四年、大日本セルロイドの映画部門（写真フィルム部）を引き継ぐ富士写真フイルム（現富士フイルムホールディングス、以下「富士フイルム」）が誕生した。一九三五年から一九三六年にかけて富士フイルムは「国光印」という商品を開発し、国産ポジフィルムの製造を始めたが[117]、乳剤用ゼラチンはやはり輸入していた。それでも欧米から映画フィルムが輸入できなくなれば、国産フィルムを主力とするしかない。内閣資源局が完全国産化に向けた企業努力を促し、「写真工業自立の機運」を高めたのは切迫した軍事上の理由からであった。食生活の違いから日本はゼラチンの原料となる国産牛に乏しく、マッコウクジラの頭部を使ったゼラチン開発も進められた。「鯨原料から製造したゼラチンは特殊の写真性を示したので、重宝がられた」[118]という。

一九三六年四月、ベース素材のセルロイドや乳剤用ゼラチンも含むすべてが純国産のポジフィルム製造がようやく実現した。続いて一九三七年一一月にネガフィルム、一九三九年一一月にサウンドフィルムの販売が始まり、創業時は輸入品に頼っていた製造機器類も、やがて国産品に置き換わっていった。例えば、パーフォレーションを均等に穿孔するための高速パーフォレーターを開発したミツトヨの「ミツトヨ博物館」には、当時の国産パーフォレーターの「歯」が保存されている。

映画フィルムは、無声映画の時代は主に各映画会社の撮影所で撮影技師が現像していた。しかし一九二〇年代後半以降、映画フィルムにサウンドトラックが導入されるようになると、現像および上映用プリント作成の手順が複雑になった。先行する商社と競ってコダック専属の代理店になった長瀬産業は、コダックの提案を受けて独立した業種として現像業に着手すべく、一九三二年に「極東フィルム研究所」を開設。一九三四年には富士フイルムと販売契約を締結し、翌年、京都太秦に日本初の本格的な現像所「極東現像所」（Far East Laboratory）を設立した。ちなみに、本章で取り上げた保存映画『土と兵隊』の処理も極東現像所が担当した(119)。

戦前の日本映画界は世界最多の年間製作本数を誇ったが、日本映画の輸出が困難であったように、キャリアとしてのフィルムも技術的な未熟さは否めず、国際的な競争力を持つには至らなかった。一九三四年に富士フイルム製の三五ミリポジフィルムを使用して「朝日世界ニュース」が撮影されたが、一九三〇年代に国産フィルムを実際に試したのは、このようなニュース映画の他、予算の厳しい独立プロダクションの作品に限られた(120)。一九〇九年、パリで国際映画製作者会議が催された頃には既に映画フィルムの再生業者が出現していたが、日本でもフィルムからフィルムへの、あるいはフィルムから他のセルロイド製品への再生や銀の回収が行われた(121)。半ば強制的に国策として発展させられた映画フィルムの製造業とそれに伴う周辺事業ではあったが、これが戦後日本の映画産業を支え、さらには、日本映画の復元を支える技術基盤となっていく。

□　□　□　□

劇映画を「後世に残したい」という思いは、市井の映画ファンの中にも芽生えていた。一九四三年、上野の美術館を訪れた劇作家・漆山光子は、大日本映画協会発行の雑誌『日本映画』に掲載されたコラムに、「絵画が保存される程度に、映画も保存出来たらいいのに」と書いた。「上野の美術館」とは、民間の寄付に支えられて一九二六年に開館した東京都美術館の当時の通称である。漆山は映画の収集・保存施設を「映画芸術館」と名づけ、「今に遠からず、そうした処に出掛けて行くことが出来るような気もして、心待ちにしている」(122)と空想を巡らせた。結果的にこのコラムは、戦後の日本で美術館の一部門が映画保存の重責を担うことを言い当てている。

映画の社会的地位が徐々に高められつつあった軍国主義の時代に登場した「フィルム・ライブラリー」の機能は、新作映画を次々と製作する映画会社とも、それを消費する映画館とも異なる新たな居場所を映画フィルムに与えた。フィルムアーカイブ活動の種がこの時代に蒔かれていたことを念頭に、次章では日本の敗戦直後の状況へと移る。

註

(1) 初期の日本映画に関しては次の文献およびウェブサイトを参考にした。入江良郎「最古の日本映画について——小西本店製作の活動写真」『東京国立近代美術館紀要』一三号、東京国立近代美術館、二〇〇九年、六五—九一頁。『ＩＫものがたり「映画、到来。」一二〇周年記念広告ギャラリー』稲畑産業グループ http://www.inabata.co.jp/amusebouche/ikhistory/index.html。第一章註(17)『日本映画史発掘』六六—六九頁。第一章註(10)『日本映画発達史Ⅰ 活動写真時代』七六—七八頁。碓井みちこ「企画展「ニッポンの映像——写し絵・活動写真・弁士」(於早稲田大学坪内博士記念演劇博物館)」『映像学』八一号、日本映像学会、二〇〇八年、七三—八〇頁。

(2)「平成二九年度 文化芸術振興補助金・映画製作への支援 助成金募集案内」日本芸術文化振興会、四頁。

(3) 岡島尚志(基調講演)「映画保存事始——世界とアジアと日本」第四回レストレーション・アジア、福岡市総合図書館、二〇一七年九月二四日。

（4）「活動写真界一二号」『［復刻版］活動写真界二』国書刊行会、一九九九年、一頁。

（5）「活動写真界一七号」『［復刻版］活動写真界三』国書刊行会、一九九九年、一〇頁（「木華道人通信」）。

（6）小松弘「夢のテクスト――初期の映像と言説の間」『［復刻版］活動写真界一』国書刊行会、一九九九年、一五―一二二頁。

（7）岡村紫峰『吾輩はフイルムである』（活動写真雑誌編集局編）、活動写真雑誌社、一九一七年、九九―一〇〇頁。

（8）入江良郎「吉澤商店主・河浦謙一の足跡（一）吉澤商店の誕生」『東京国立近代美術館研究紀要』一八号、東京国立近代美術館、二〇一四年、三二―六三頁。

（9）映画の統制に関しては次の文献を参考にした。田中純一郎『日本教育映画発達史』蝸牛社、一九七九年。牧野守『日本映画検閲史』パンドラ、二〇〇三年。桑原稲敏『切られた猥褻』読売新聞社、一九九三年。奥平康弘「映画の国家統制」『講座日本映画四 戦争と日本映画』岩波書店、一九八八年、二三九―二五五頁。平野共余子『天皇と接吻――アメリカ占領下の日本映画検閲』草思社、一九九八年、二九―五六頁（第一章 戦争期の日本映画）。『検閲・メディア・文学――江戸から戦後まで』（鈴木登美・堀ひかり・宗像和重・十重田裕一編）、新曜社、二〇一二年。加藤厚子『総動員体制と映画』新曜社、二〇〇三年。『ドキュメント昭和 世界への登場 四トーキーは世界をめざす――国策としての映画』（NHK〝ドキュメント昭和〟取材班編）、角川書店、一九八六年。三浦嘉久「わが国における映画検閲概念の成立」『鹿児島県立短期大学紀要 人文・社会科学篇』三二号、鹿児島県立短期大学、一九八一年、三七―五二頁。竹中労『日本映画縦断 一 傾向映画の時代』白川書院、一九七四年。

（10）日本語題名は文献によって「仏蘭西大革命」「仏国大革命」等の表記揺れがある。

（11）前掲註（9）『日本教育映画発達史』二九―三一頁。

（12）伊藤大輔「黒齣余談」『映畫読本・伊藤大輔――反逆のパッション、時代劇のモダニズム！』（佐伯知紀編）、フィルムアート社、一九九六年、二二―二四頁。

（13）プラーゲについては次の二冊が詳しい。森哲司『ウィルヘルム・プラーゲ――日本の著作権の生みの親』河出書房新社、一九九六年。大家重夫『改訂版 ニッポン著作権物語――プラーゲ博士の摘発録』青山社、一九九九年。

（14）宜野座菜央見『モダン・ライフと戦争――スクリーンのなかの女性たち』吉川弘文館、二〇一三年、一二〇頁。

（15）前掲註（9）『日本映画検閲史』五〇六頁。
（16）「映画検閲余話」『FC』一八号、東京国立近代美術館フィルムセンター、一九七三年、四〇頁。「続・映画検閲余話」同一九号、一九七三年、三一頁。前掲註（9）『天皇と接吻』一三三―一三四頁。
（17）佐伯知紀「CURATOR'S CHOICE／上映作品解説三六「姿三四郎」」『NFCニューズレター』四九号、東京国立近代美術館フィルムセンター、二〇〇三年、一一頁。
（18）鳥羽幸信「映画古典の保存」『キネマ旬報』三号、キネマ旬報社、一九四六年、三六―三八頁（寄書欄）。
（19）前掲註（9）『総動員体制と映画』一〇二頁。
（20）第一章註（37）『視聴覚アーカイブ活動』（5.3.6）。
（21）インスペクションのノウハウをBFIの初代フィルムアーキビスト、ハロルド・ブラウンがマニュアル化している。Brown, Harold. *Physical Characteristics of Early Films as Aids to Identification.* FIAF Preservation Commission, 1990.
（22）「この目録のみかた」『フィルムセンター所蔵目録 日本劇映画』東京国立近代美術館フィルムセンター、二〇〇一年、六―八頁。
（23）JACAR（アジア歴史資料センター）Ref.A05032023800「内務大臣決裁書類・昭和六年（下）」、国立公文書館。
（24）浅岡信夫『映画国策之提唱』六頁。浅岡は多摩美術大学の前身「多摩帝国美術学校」の創立（一九三五年）に参画し、戦後は参議院議員として出身地広島に「広島平和記念都市建設法」（一九四九年）をもたらした（「浅岡信夫」多摩美術大学 http://www.tamabi.ac.jp/idd/tau-history/asaoka.html）。
（25）「映画国策樹立に関する建議」『文部省教育映画時報』一一号、文部省社会教育局、一九三五年、三〇―三二頁。岩瀬は後に南旺映画を設立した。
（26）城戸四郎「「映画法」の出来るまで」『日本映画伝――映画製作者の記録』文藝春秋新社、一九五六年、一八二―一八六頁。
（27）『大日本映画協会と其の事業』大日本映画協会、一九三五年、二〇頁。
（28）前掲註（9）『ドキュメント昭和 世界への登場 四 トーキーは世界をめざす』一六〇―一七五頁（映画法への道）。
（29）前掲註（9）『日本映画検閲史』四七〇頁。
（30）北村洋『敗戦とハリウッド――占領下日本の文化再建』名古屋大学出版会、二〇一四年、二九頁。

(31)清水晶『上海租界映画私史』新潮社、一九九五年、一一―二〇頁(12月8日の私)。

(32)文部省による映画の推進に関しては次の文献を参考にした。『学制百年史』文部科学省 http://www.mext.go.jp/b_menu/hakusho/html/others/detail/1317552.htm。眞嶋亜有『「肌色」の憂鬱――近代日本の人種体験』中央公論社、二〇一四年。吉田ちづゑ『「講堂映画会」の子どもたち』桂書房、二〇〇七年。水谷徳男「映画法と社会教育」『社会映画教育』一〇巻五号(通号一一七号)、社会教育会、一九三九年、二二―三二頁(待望!!映画法とは 文部省映画事業の全貌)。同「文部省映画事業の全貌」『映画教育』八九号、大毎・東日新聞社、一九三五年、八―一五頁。中田俊造「吾国に於ける教育映画の近況」『映画教育』東洋図書、一九二八年、二七―五〇頁。「本邦映画教育の発達」『社会教育』一〇巻一〇号(通号一二二号)、文部省社会教育局、一九三八年、四八―五五頁。

(33)本章で引用する「映画法」の条文はすべて以下による。映画法(抄)(昭和一四年四月五日法律第六六号)文部科学省 http://www.mext.go.jp/b_menu/hakusho/html/others/detail/1318115.htm

(34)『活動之世界』一巻九号、活動之世界社、一九一六年、八―九頁。

(35)『活動之世界』一巻二号、活動之世界社、一九一六年、二頁。

(36)本間久雄「活動写真と教化問題」『生活の芸術化』三徳社、一九二〇年、一八一―一二五頁。本間は関東大震災における文化財被害の惨状を目のあたりにして明治期の文学資料を救済した。収集資料は「本間久雄文庫」として早稲田大学が所蔵する。

(37)「教訓史劇 ヘレン・ケラー」『社会と教化』一巻三号、社会教育研究会、一九二一年、六四―六九頁。米国映画 *Deliverance*(一九一九)と思われる。

(38)不破祐俊『映画法解説』大日本映画協会、一九四一年、五九―六〇頁(第七章 映画の複写保存)。

(39)不破祐俊「映画法立案の趣旨とその使命」『帝国教育』七二七号、帝国教育会、一九三九年、五―二四頁。

(40)大傍正規「日露戦争記録映画群のカタロギング――ジョセフ・ローゼンタール撮影『旅順の降伏』の複数バージョン」『東京国立近代美術館紀要』一九号、東京国立近代美術館、二〇一五年、四二―六五頁。

(41)中田俊道〔俊造〕「映画法と教育者」『帝国教育』七二七号、帝国教育会、一九三九年、二五―二九頁。中田はこの頃ルイ・リュミエールからシネマトグラフ一台の寄贈を受けた(『岳人 冠松次郎と学芸官 中田俊造――戦前期における文部省山岳映画』北

区飛鳥山博物館平成二五年度春期企画展、北区教育委員会、二〇一四年)。
(42)桑野桃華『早わかり映画法解説』同盟演芸通信社、一九三九年。
(43)『映画法施行規則――内務・文部・厚生・三省令の全内容』(新聞合同通信社映画部編)、新聞合同通信社、一九三九年、一八―一九頁。
(44)前掲註(38)『映画法解説』六〇頁。
(45)「文部省製作映画年度別一覧」前掲註(41)『岳人 冠松次郎と学芸官 中田俊造』六―七頁。
(46)斉藤宗武「文部省映画について」『FC』一二号、東京国立近代美術館、一九七三年、八―九頁。
(47)不破祐俊「「文化映画」に於ける課題性に就て」『文化映画』二巻二号、文化映画協会、一九三九年、一八―一九頁。
(48)前掲註(26)『日本映画伝』一八二頁。
(49)川喜多かしこ『映画ひとすじに』講談社、一九七三年、一八四頁。
(50)川喜多長政「映画法と輸出映画」前掲註(47)『文化映画』二四―二五頁。
(51)JACAR(アジア歴史資料センター)**Ref.C04014742500**、昭和一四年五月「壹大日記」(防衛省防衛研究所)。
(52)社史は次の三冊を使用した。『日活四〇年史』日活、一九五二年。『日活五〇年史』同、一九六二年。『日活一〇〇年史』同、二〇一四年。
(53)JACAR(アジア歴史資料センター)**Ref.A06032505400**、部報(国立公文書館)。
(54)『映画五〇年史』創元社、一九五一年、四〇三頁。
(55)「**NFC Calendar** 日活映画の一〇〇年 日本映画の一〇〇年」東京国立近代美術館フィルムセンター、二〇一二年。
(56)佐藤忠男『キネマと砲声――日中映画前史』岩波書店、二〇〇四年、一三一―一五〇頁(九 日本の戦意高揚映画は何を高揚したのか)。
(57)布村建「ドキュメンタリーとして見る『土と兵隊』――田坂具隆は何を描いたか」『映画論叢』二五号、国書刊行会、二〇一〇年、七―九頁(フイルム温故知新 三)。
(58)ピーター・B・ハーイ『帝国の銀幕――一五年戦争と日本映画』名古屋大学出版会、一九九五年、一七八―一九二頁(第五章「ヒューマニズム」戦争映画三『土と兵隊』と『西住戦車長伝』)。
(59)四方田犬彦『日本映画史一一〇年』(集英社新書)、集英社、二〇一四年、一〇二―一〇五頁(第四章 戦時下の日本映画 戦時下の監督たちの対応)。
(60)山田宏一「クローズアップあるいは映画的衝動――亀井文夫監督「戦ふ兵隊」」『ユリイカ』二七巻一一号、青土社、一九六九年、八―一三頁(新ビデオラマ――もうひとつの映画館一〇)。
(61)岩崎昶「戦後三〇年の時点に――「戦ふ兵隊」再見」『文化評論』一六九号、新日本出版社、一九七五年、一四六―一四九頁(映画案内)。
(62)「陸軍」『FC』三八号、東京国立近代美術館フィルムセンター、一九七七年、一一頁。
(63)前掲註(18)『映画古典の保存』。
(64)伊丹万作『思い――情報局の映画新体制について』青空文庫 http://www.aozora.gr.jp/cards/000231/card43870.html
(65)岩崎昶『日本映画私史』朝日新聞社、一九七七年、五頁。
(66)稲垣浩「映画法技能審査」『ひげとちょんまげ』毎日新聞社、一九六六年、六五―六八頁。
(67)瓜生忠夫「映画法の周辺」『日本ファシズムとその抵抗線――暗黒時代の生み出したもの』潮流社、一九四八年、六四―七三頁。
(68)清水晶「返還映画の時代的背景」『返還映画の特集 第Ⅱ期』東京国立近代美術館、フィルム・ライブラリー助成協議会、一九六八年、四―六頁。
(69)舘林三喜男「映画法解説」『日本映画』四巻一〇号、大日本映画協会、一九三九年、二〇―二三頁(映画法記念十月特別号)。
(70)第一章註(17)『日本映画史発掘』六八・七八頁。
(71)石巻良夫『世界の映画国策と日本』国際映画通信社、一九三三年、三四頁
(72)加藤厚子は「〔永田の〕不破に対する贈賄の可能性は高い」とする。前掲註(9)『総動員体制と映画』二八九―二九〇頁。
(73)前掲註(31)『上海租界映画私史』二五二―二六〇頁(来る人、去る人)。
(74)牧野守『映画学の道しるべ』文生書院、二〇一一年、四四頁(第二六話 戦時下映画統制のある終焉)。
(75)増村保造「チネチッタの全貌とイタリアの映画製作方式」『キネマ旬報』一一六号、キネマ旬報社、一九五五年、五五―六二頁。

(76)立花高四郎「映画図書館と市民教育」『活動狂の手帖』洪文社、一九二四年、一八八―二〇三頁。立花は本名「橘高広」。慶應大学には六〇〇点以上の文献が「有賀基金 橘文庫」として収蔵されている。

(77)社名は一八七二年「東京日日新聞」、一八七六年「大阪日報」、一八八八年「大阪毎日」、そして一九四三年「毎日新聞」と変遷した。

(78)『大毎フイルム・ライブラリー目録』(大阪毎日新聞活動写真班編)、大阪毎日新聞社、一九三二年、三五頁。

(79)『「毎日」の三世紀――新聞が見つめた激流一三〇年』毎日新聞社、二〇〇二年、四〇四頁(皇太子訪欧の映像が大評判に)。

(80)大澤浄「関東大震災記録映画群の同定と分類――NFC所蔵フィルムを中心として」『東京国立近代美術館研究紀要』一七号、四八―六二頁。

(81)赤上裕幸『ポスト活字の考古学――「活映」のメディア史一九一一―一九五八』柏書房、二〇一三年、九一頁。

(82)「大毎フィルム・ライブラリー規定(昭和二年七月創立)」『映画教育の基礎知識』全日本活映教育研究会、一九三〇年、三四六頁。

(83)目録は一九三〇年から一九三四年まで掲載された。その際、新たにライブラリーに加わった映画フィルムには「新入庫」という用語が使用された。

(84)前掲註(78)『大毎フイルム・ライブラリー目録』二二一―二二三頁。

(85)*International Review of Educational Cinematography* 3 (1) IECI, 1931. pp. 5–10.

(86)*International Review of Educational Cinematography* 3 (6) IECI, 1931. pp. 589–592.

(87)前掲註(32)『「講堂映画会」の子どもたち』五八頁。

(88)稲田達雄『映画教育運動三〇年――その記録と回想』日本映画教育協会、一九六二年、五八頁。

(89)『毎日新聞一〇〇年史 一八七二―一九七二』毎日新聞社、一九七二年、五七二―五七五頁(映画・ニュース映画)。

(90)稲田達雄「フイルム・ライブラリーとその経営」『文部省教育映画時報』一五号、文部省社会教育局、一九三五年、二六―四五頁。

(91)吉原順平『日本短編映像史――文化映画・教育映画・産業映画』岩波書店、二〇一一年、二一頁・九〇頁。稲田達雄は一九二三年に東京帝国大学文学部卒業、一九二七年に文部省社会教育局(庶務課)を退職、大毎退職後は大日本映画教育会の事務局長となり、長年の視聴覚教育への貢献により一九六一年に藍綬褒章を受けた。著書に『映画教育運動三〇年――その記録と回想』（日本映画教育協会、一九六二年）がある。

(92) ハンス・キューリス「映画保管所問題」（国際教育映画協会）、前掲註（90）『文部省教育映画時報』一五号、四六―五二頁。ヴァルター・ギュンター「伯林市映画保管所」同『文部省教育映画時報』一五号、五三―七五頁。

(93) 前掲註（78）『大毎フイルム・ライブラリー目録』三八頁。

(94) 一九三三年に「全日本映画教育研究会」と改称し、一九四三年に映画教育中央会と合併して「財団法人大日本映画教育会」となり、戦後は一九四六年に教育映画製作協議会と合併して「財団法人日本映画教育協会」へと改組、一九八〇年に「財団法人日本視聴覚教育協会」となった。

(95) Cherchi Usai, Paolo. "A Charter of Curatorial Values". *NFSA Journal* 1. NFSA, 2006. pp. 1–10.

(96) 「フイルムから御願い」前掲註（78）『大毎フイルム・ライブラリー目録』、頁付けなし。出典は記載されておらず逐語訳ではないが、全体の内容や題名、また「どうぞ私に同情して下さい（have mercy）」といった言い回しから、同一のものと判断できる。

(97) 「国立科学博物館」は、日本最古の博物館「国立博物館」に同じく、一八七二年に湯島聖堂で文部省博物局が初開催した「博覧会」をルーツに持つ。公式には、一八七七年に「教育博物館」として上野に開館、一八八九年に湯島に移転し、一九二一年に「東京博物館」と改称した。映画の博覧会、展覧会については次の文献を参考にした。岩本憲児「映画展覧会の軌跡と映画博物館への夢」第一章註（30）『シネマの世紀』八―一三頁。福井庸子「東京教育博物館「特別展覧会」に関する考察――社会教育体制移行の過程に注目して」『文化資源』五号、文化資源学会、二〇〇七年、四三―五一頁。板倉史明「「史劇 楠公訣別」（一九二一年）の可燃性ネガフィルムを同定する」『東京国立近代美術館研究紀要』一四号、東京国立近代美術館、二〇一〇年、四五―五五頁。前掲註（74）『映画学の道しるべ』二九―三〇頁（第一六話 本邦映画博覧会史録 前篇）、三〇―三二頁（第一七話 同続篇）、三二―三三頁（第一八話 同 続々篇）、三四―三五頁（第一九話 同 後篇）。

(98) 「東京博物館一覧」『東京博物館』東京博物館、一九二四―一九三〇年（全五冊）。

(99) 藤田嗣治「色眼鏡を透して日本映画界」『国際映画協会事業報告 昭和一一年度』国際映画協会、一九三七年、四六―四八頁。

(100) 前掲註（25）「映画国策樹立に関する建議」

(101) 川喜多かしこ「東和商事合資会社物語」『東和の四〇年 一九二八―一九六八』東和、一九六八年、一三〇―一三一頁。

（102）『国際映画協会事業報告 昭和一一年度』国際映画協会、一九三七年、一二―一三頁。
（103）第一章註（49）「国民教育映画方策について」一〇頁。
（104）『聞き書き――川喜多長政・川喜多かしこ』京都府立フィルム・ライブラリー、一九七九年、三一頁（聞き手 清水晶、江馬道生、一九七五年、二―七月）。
（105）「失われた映画を求めて――アーカイヴ構築プロジェクト・コレクション公開 第二部 映画上映 無声映画の断片集――復元された映画コレクションより『女の一生』、『ニッポン』ほか」早稲田大学、二〇〇七年一月二〇日。
（106）高梨章「図書館と映画上映活動――昭和戦前・戦時期」『図書館界』三六四号、日本図書館研究会、二〇一二年、二―一九頁。
（107）『東和の半世紀』東宝東和、一九七八年、二二頁（配給作品リスト 一九二八―一九七八）。
（108）山口淑子『李香蘭――私の半生』新潮社、一九八七年、二五五―二七五頁（第一二章 萬世流芳）。
（109）前掲註（107）『東和の半世紀』二九九―三〇〇頁（雌伏五年）。
（110）川喜多長政「わが名は映畫行商人」『文藝春秋』三三巻一二号、文藝春秋、一九五四年、二九〇―二九三頁。
（111）旧満洲については次の文献を参考にした。胡昶・古泉『満映――国策映画の諸相』（横地剛、間ふさ子訳）、パンドラ、一九九九年。山口猛『幻のキネマ満映 甘粕正彦と活動屋群像』平凡社、二〇〇六年。南龍瑞「「満州国」における満映の宣撫教化工作」『アジア経済』五一巻八号、アジア経済研究所、二〇一〇年、三〇―五二頁。晏妮『戦時日中映画交渉史』岩波書店、二〇一〇年。岸富美子・石井妙子『満映とわたし』文藝春秋、二〇一五年。牧野守「中国の満映研究」『彷書月刊』一四巻六号（通号一五三号）、弘隆社、一九九八年、一二―一三頁。志村三代子「中華人民共和国東北部（旧満洲地区）における未発見映画フィルム発掘」『演劇研究センター紀要Ⅰ――早稲田大学世紀COEプログラム〈演劇の総合的研究と演劇学の確立〉一』早稲田大学演劇博物館、二〇〇三年、二〇九―二一六頁。同「中国東北部（旧満洲地区）における未発見映画フィルム発掘及び関係者聞き取り調査報告Ⅱ」『演劇研究センター紀要Ⅳ――早稲田大学二一世紀COEプログラム〈演劇の総合的研究と演劇学の確立〉四』同、二〇〇五年、一九一―一九四頁。坪井與「満洲映画協会の回想」『映画史研究』一九号、佐藤忠男・佐藤久子、一九八四年。
（112）長沢雅春「併合下の朝鮮映画作品年表（一九〇三―一九四五）」『研究紀要』四六号、佐賀女子短期大学、二〇一二年、七七―

九〇頁。
(113)里見脩『ニュース・エージェンシー　同盟通信社の興亡』中央公論新社、二〇〇〇年、二九八頁。
(114)大庭成一「旭日写真と菊フィルム――山田金吾氏の集録より」『日本写真学会誌』四九巻三号、日本写真学会、一九八六年、二四〇―二四二頁。
(115)『オリエンタル写真工業株式会社三〇年史』オリエンタル写真工業、一九五〇年。なお、P・C・L映画製作所の設立に先立って東和配給で公開されたことから、厳密には前身の写真化学研究所の製作。瀧口修造はこれら二作品のスクリプター（記録係）を務めた。
(116)『創業五〇年の回顧』新田ゼラチン、一九六八年、五頁。
(117)『大日本セルロイド株式会社史』大日本セルロイド、一九五二年、九八頁。
(118)前掲註（116）『創業五〇年の回顧』一七―二八頁（鯨原料の開発）。
(119)『産業フロンティア物語――フィルムプロセッシング〈東洋現像所〉』ダイヤモンド社、一九七〇年、一八八頁。長瀬産業は一八三二年に京都で創業、染料商社として一九〇一年にフランスのリヨンに出張所を置いた。一九一七年に株式会社化。関東大震災を契機として、本店に活動写真材料部（後の映画材料部）を新設した。
(120)牛原虚彦『虚彦映画譜五〇年』牛原虚彦自伝刊行会、一九六八年、一八八―一九〇頁（高田プロの第一作、国産フィルムの実験）。『富士フイルム五〇年のあゆみ』富士フイルム、一九八四年、二二―二三頁（映画用ポジフィルムの初出荷）。
(121)岡田秀則「もう一つのフィルム製造史：再生フィルムの世界――高橋清氏（高橋写真フィルム研究所）インタビュー」『NFCニューズレター』三二号、東京国立近代美術館フィルムセンター、二〇〇〇年、一一―一五頁。
(122)漆山光子「古典映画の保存」『日本映画』二八号、大日本映画協会、一九四三年、四九―五一頁。天野園子「過去が未来を作る――戦前に語られた「映画保存」」『メルマガFPS』一七号、映画保存協会、二〇〇六年。

第三章

日本映画の網羅的な収集はなぜ実現しなかったのか

History of Film Archiving in Japan

第三章
日本映画の網羅的な収集はなぜ実現しなかったのか

第二章で述べたように、戦前の日本に「国立フィルムアーカイブ」に相当する機関は設立されなかった。パオロ・ケルキ・ウザイの分類によると、運営予算の一部または全部を国家予算に頼り、主に自国の映画を収集・保存し、そして映画の法定納入先ともなり得るのが国立フィルムアーカイブである。

フィルムアーカイブの九類型（ただし、複数の型に当てはまるフィルムアーカイブもある）
- 国立フィルムアーカイブ　National Film Archive
- 大規模コレクション　Major Collection（私的なコレクションが次第にフィルムアーカイブとして認知される）
- 地域フィルムアーカイブ　Regional Film Archive（特定の文化圏や地方自治体に根づいているが、だからといって規模が小さいとは限らない）
- 公立フィルムアーカイブ　Municipal Film Archive
- 専門的コレクション　Specialised Collection（ある特定のテーマや映画監督等に限定して収集・保存する）
- 「上映主体」のフィルムアーカイブ　'Programming' Film Archive
- 大学フィルムアーカイブ　University Film Archive
- 映画博物館　Film Museum

●「自然発生的」フィルムアーカイブ／映画博物館　Spontaneous Film Archive/Film Museum（1）

日本ではこれまで、文化庁文化部芸術文化課支援推進室が管轄の中期目標管理法人「独立行政法人国立美術館」が管理運営する五館の一つ、東京国立近代美術館（以下「東近美」）フィルムセンターが国立フィルムアーカイブに該当していた。戦後日本の〈映画保存運動〉は、連合国最高司令官総司令部（GHQ）による占領統治が沖縄等を除いて終焉を迎えた一九五二年、長年に亘る請願運動の末に日本初の国立美術館として開館した東近美の小規模なフィルム・ライブラリーを主な舞台として展開していく。佐崎順昭の先行研究によると、当初、映画フィルムの網羅的な収集・保存機関として期待が寄せられていたのは国立国会図書館（以下「国会図書館」）であった(2)。その期待がなぜ東近美へと移り、東近美の一部門が国立フィルムアーカイブとしての機能を担うことになったのか。本章では、法定納入（リーガル・ディポジット）とGHQによる戦後の映画政策という二つの観点から、国会図書館における映画フィルムの網羅的収集の不成立、そして映画フィルムの収集・保存先として東近美フィルム・ライブラリーに白羽の矢が立つまでの流れを理解する。

1　映画フィルムの危機――GHQによる占領期

敗戦直後の映画界

戦中に日本国内の映画館の多くは廃業に追い込まれ、空襲で約五〇〇館（全体の四割）もが焼失した。それでも敗戦後一週間の閉鎖を経て、八月二二日には全国的に上映が再開された(3)。一九四五年六月、大日本映画協会を含む映画関連諸団体の統合によって生まれた一元的な映画配給組織「社団法人映画公社」(以下「映画公社」)(4)は緊急会議を開き、まず戦争を題材にした映画の上映を禁じた。映画公社の方針に沿って内務省と内閣情報局は九月に「興行など指導方針に関する件」を地方自治体に通達し、上映にまつわる戦中の種々の制限を撤廃、または緩和した(5)。映画公社はしかし、早くも一一月に解散する。

一九二〇年代に日本プロレタリア映画同盟(プロキノ)に参加し、戦中は満洲映画協会東京支社で国策映画の製作に携わった岩崎昶は、敗戦後、日本映画社の製作局長となった(6)。一九四六年一月、同社の新生「日本ニュース」第一号の冒頭の誓いには、「日本ニュースが生れ変りました(略)民主日本の建設に力を尽す新生日本ニュース第一号を送ります」(7)とある。戦時統制により発行を停止していた映画雑誌『キネマ旬報』も、一九四六年春の再開第一号に「キネマ旬報再建の辞」を掲載し、「これは映画文運の再建であり、自由なる映画言論の復興である」(8)とした。こうした文言から、映画国策の呪縛から解かれ、一転して民主主義を標榜するようになった日本映画界の意気込みが伝わってくる。しかしながら、戦後の映画人に即時の自由がもたらされたわけではなかった。

女性参政権や農地解放を求める粘り強い社会運動は、戦前から続いていたとはいえ、敗戦という大きな変動期にこそ実現した改革であったろう。七年に亘る占領期の一年目、映画界の改革は、初代の民間情報教育局(Civil Information and Education Section 以下「CIE」)映画班長で共産党員でもあったデヴィッド・コンデが主導した(9)。一九四五年一一月に制定された「労働組合法」や、翌年に極東委員会が決定した「日本の労働組合奨励策に関する一六原則」等に押され、一九四六年一月に結成された全日本映画従業員組合同盟は、四月に日本映画演劇労働組合と改称、組合員数は一万を超えた。しかし東西冷戦によりGHQの方針が急旋回したことから、コンデは一九四七年に辞任した。そして映画会社の労働運動の中で最大規模となった東宝争議（一九四六―一九四八）は、武装警官二〇〇〇名、米軍第八師団の戦車七台もが出動する中で制圧された。日本の非軍事化および民主化を目的として――より具体的には戦中に影響力を持った人物の権力復活を阻むため――GHQは公職追放令を出した。映画界も例外ではなく、盧溝橋事件の一九三七年七月七日から真珠湾攻撃の一九四一年一二月八日（日本時間）までに映画会社の常務取締役以上の責任者および撮影所長等を務めていた三一名が、一九四七年に公職追放（公職追放令G項「その他の軍国主義者および極端な国家主義者」該当）となった(10)。松竹は城戸四郎含む五名(11)、大映は永田雅一を含む六名(12)、そして東宝は森岩雄、大澤善夫はじめ一三名が該当し、このとき円谷英二（Eiji Tsuburaya 1901–1970）も第一線を離れた(13)。しかし追放は一時的なことで、一九五二年には多くが職場に復帰した。日本の戦争責任の最終地点がはっきりしないように、映画界の戦争協力責任の所在も追及されることはなかった。

映画公社が短期間で解散した翌月、つまり一九四五年一二月、日本映画の存続と復興のため、劇映画三社（松竹、東宝、大映）とニュース短編教育映画四社によって、任意団体「映画製作者連合会」が結成された。これが現在、松竹、東宝、東映、KADOKAWA（角川映画と大映の権利を保持）の四社が加盟する「一般社団法人日本映画製作者連盟」（Motion Picture Producers Association of Japan, Inc. 通称「映連」）(14)の前身である。映連は毎年の日本映画産業統計や、加盟四社が一九三三年以降に製作・配給した作品データに基づく「映連データベース」を公開している。第二章で触れた「大日本活映教育研究会」は幾度かの改組を経て、一九四六年に「財団法人日本映画教育会」（現「一般財団法人日本視聴覚教育協会」Japan Audio-Visual Education Association）となった。一九四七年には、「日本映画技術協会」（現「一般社団法人日本映画テレビ技術協会」Motion Picture and Television

Engineering Society of Japan, Inc.）[15]が、そして一九五三年にはやはり任意団体として「映画産業振興審議会」と「教育映画製作者連盟」が発足した。それぞれ、後の「一般社団法人映画産業団体連合会」（Federation of Japanese Films Industry, Inc. 通称「映団連」）と「公益社団法人映像文化製作者連盟」（Japan Association of Audiovisual Producers, Inc. 通称「映文連」）である。映文連は、「日本で市販あるいは公開された学校教育、社会教育、産業・広報、学術科学などの分野を対象とした一六ミリ映画、ビデオ、スライド等の書誌情報を収録するデータベース」を公開している。このほか、松竹、東宝、大映、日活、東映、新東宝の撮影所に所属するキャメラマン七五名が一九五四年に設立した「日本映画撮影者倶楽部」（現「日本映画撮影監督協会」）のように、後に「日本映像職能連合」（通称「映職連」）に所属することになる各専門職団体も生まれた[16]。

新たな体制を整えた日本の映画界には実に多くの関連団体が出揃い、著作権にまつわる法整備等にも影響を及ぼすようになっていく。しかしながら、英国映画協会（ＢＦＩ）やアメリカン・フィルム・インスティチュート（ＡＦＩ）、または後の全米映画保存基金（ＮＦＰＦ）のような、フィルムアーカイブ活動を主導する、または後押しするような専門機関は現在に至るまで見当たらない。

ＧＨＱによる映画検閲

ここでＧＨＱの映画政策を瞥見しておく。一九四五年九月に映画会社の首脳部約四〇名を集め、製作が奨励される映画一〇項目を示したＧＨＱの情報頒布部は、同日、ＣＩＥへと改称した。そして翌月の「映画企業に対する日本政府の統制の撤廃に関する覚書」によって、「映画法」等の映画事業に対するあらゆる統制を撤廃し、映画公社解散の筋道を立てた。なお、覚書（memorandum）とは実質的には日本政府への「指令」である。

一九四六年一月に発令された「映画検閲に関する覚書」は、映画の二重検閲の始動を意味した。具体的には、製作前に英訳した企画書やシナリオをＣＩＥ映画課に提出すること、そして製作後にＣＩＥと同じく特別参謀部の一つ、民間諜報局（Civil Intelligence Section）の民間検閲支隊（Civil Censorship Detachment 以下「ＣＣＤ」）の検査を受けて、ＣＣＤの「プレス・映画・放送部門から「認証番号」を得ることを指す。東京、大阪、福岡に支部を持ったＣＣＤは、新作ばかりか旧作の再上映にも認証番号制を敷き、検閲済みのプリントを番号入りの新しいトップタイトルに差し替えるよう命じた。そこで不合格になった映画は、否応なく没収された(17)。一方で、上映が再開された米国映画は人気を集め、日本の映画市場を早期に制覇した。東洋現像所（現ＩＭＡＧＩＣＡ）のように、ＧＨＱからの大量受注により経営を立て直した現像所もあった(18)。

続いてＣＩＥは、一九三一年の満洲事変以降に製作された日本劇映画の英語総目録を映画公社に提出させ、目録上の全四五五作品から戦争宣伝に協力した映画を選ぶよう通達した。さらに一一月の「非民主主義映画除去の指令に関する覚書」によって、約二三〇作品の封建主義的、国家主義的、軍国主義的な映画の上映、交換、売買を禁じた（長編劇映画、そして戦中に製作されたほとんどすべてのニュース映画や文化・記録映画）。該当作品は地方自治体ごとに探索し、ネガもプリントも没収して内務省の倉庫に保管した。

同年一一月、ＧＨＱは一三項目から成る「映画製作禁止条項」を発令した。一九四三年頃から占領準備の一環として日本映画を研究対象とした米国政府は、その結果を踏まえて復讐劇を禁じた。一九一五年の『活動写真雑誌』巻末の「優秀フイルム番附」では、『ジゴマ』を東の横綱に外国映画がずらり並ぶ中、西の前頭にようやく見つかる二本の日本映画（『忠臣蔵』と『曽我物語』）が何れも仇討ちものである(19)。「日本映画データベース」によると、一九一〇年から一九四三年に製作された「忠臣蔵」映画だけでも七〇本以上になる。

封建的な歌舞伎演目の多くはこのとき上演を禁じられ、結果的に時代劇映画の製作は全面的に自粛となった。

亀井文夫は一九四六年、昭和天皇の戦争責任を追及した『日本の悲劇』(日本映画社)を製作したが、これはGHQによって公開禁止となった。二重検閲を経て上映されていた〈戦後の新作映画〉だけでなく、〈戦前の旧作映画〉も不適切と判断されれば、たとえ再上映を意図せずとも没収された。例えば、島津保次郎の『浅草の灯』(松竹大船、一九三七)の暴力シーンの削除のように、作品の要となるセリフや場面が削除されることもあり、文献または封切り時にリアルタイムで体験した者の記憶に頼らなければ、物語の流れを理解できないこともある(20)。二〇〇四年に発見されて話題となった山中貞雄の『丹下左膳余話 百萬両の壺』(日活京都、一九三五)のチャンバラ場面の断片も、GHQの検閲によって本編から切除されたと考えられている(21)。

メディアを通じた日本人の教化を目指したGHQは、報道の自由を奨励しながらも、GHQ批判は許さなかった。GHQの方針の下で自主規制が働き、予め権力の側の意向に沿った作品が企画されていたとしても不思議はない。またGHQは映画に限らず、民主主義の促進という大義名分から検閲の実態を伏せようとした(22)。内務省警保局の検閲記録は後に公開されたが、GHQの検閲記録では、検閲済みのプリント番号が同定/識別に役立てられている。空襲等で焼失した映画も少なくなかったと思われるが、日本映画全体のアーカイブズとしての秩序も、また各作品の真正性も、戦前の内務省に劣らず厳しいGHQの検閲によって大きく乱された。

接収された日本映画の行方

戦争末期から戦後の混乱期は、文書を中心とする日本のアーカイブズ史の大きな転換点でもあった。安澤秀一は次のように述べている。

戦前までの官庁・企業には、公開機能を欠くとはいえ、永久保存というアーカイブズ機能は存在していた。それが軽視されるようになったのは戦後の混乱期に始まると思われる。戦争責任の追及を回避したいという官民共通の意識が終戦時の大量書類焼却という現象に象徴的に現れた。ついで経済成長期には、明治維新期の新政府が過去を捨てて前進あるのみだと考えたのと同様に、組織体の記憶装置である書類保管についての費用を削減するため、書類は処分された。(23)

この時期、映画フィルムを自発的に焼却処分した会社もあれば、接収に抵抗した会社もあった。例えば東宝は、本土空襲が始まると映画フィルムや機材を選別して箱根、山形、埼玉の農村部に疎開させ、原版は所員を総動員して第二撮影所の空き地に穴を掘って埋めた。敗戦後は、森岩雄が七、八人の所員に指示を出し、円谷英二の特撮で知られる海軍省後援の『ハワイ・マレー沖海戦』(一九四二)等、八作品のネガとポジ各一本を第二撮影所敷地内に埋めた(24)。一方で、捕虜を出演させていた衣笠貞之助監督『間諜 海の薔薇』(一九四五)等は原版ごと焼却した。日本映画社の岩崎は、『広島・長崎における原子爆弾の影響〈効果〉』(一九四六)の原版やラッシュ、NG、カット尻等の素材一式をキャメラマン三木茂(Shigeru Miki 1905–1978)の現像場の天井裏に隠した。「何としてでも日本に保存しておかなければならない」との思いから、事実を知る関係者四名の連判状まで用意したという(25)。

では、GHQが没収した日本映画はその後どうなったのか。CCDの分析対象となった作品の原版とプリント各一本は内務省に仮置きされた。それ以外のプリント（二四八八本）は、悪用を避けるため、一九四六年四月二三日から五月四日にかけて米軍第八師団が多摩川岸の旧読売飛行場で焼却した。映画公社の制作局に籍を置いた池田義信（Yoshinobu Ikeda 1892–1973）は(26)、焼け残った映画フィルムの切れ端を子どもが持ち帰って玩具にしたという当時のエピソードを書き残している(27)。未検閲映画の地方興行は処罰を受けたが、目の届かない地方では時代劇であっても度々上映されていた(28)。中には米国に送られた日本映画もあったと考えられる（米国議会図書館に所在が判明し、一九六〇年代後半に日本に返還されたいわゆる接収映画については、第四章で検討する）。

内務省（一九四七年末に廃止）の倉庫に仮置きされ、後に文部省に移管された禁止映画二三〇作品の内、一七六作品は、前述の「非民主主義映画除去の指令」が廃止されると各製作会社に戻された。一九四九年、GHQが映連を促して映画倫理規程管理委員（一九五二年から映画倫理委員会、通称「映倫」）を設立させ、この年に事前検閲が、そして一九五二年に事後検閲が終わった。映倫に提出されるシナリオは東近美フィルムセンターに保存されてきたが、審査に伴い映画フィルムの提出が課されることはなかった。

残存率の極めて低い日本映画は、残す意志の欠如はもとより、ナイトレートフィルム火災、関東大震災に代表される自然災害、厳しい映画統制や戦渦等によって、主に戦前・戦中に失われたとされることが多いが、実はそれだけではなく、敗戦から占領期にかけても新旧の作品が切除、没収、あるいは焼却された。松竹の城戸四郎をして「日本においては、徹頭徹尾、映画は圧迫の歴史である」(29)と言わしめた由縁である。

2　映画フィルムと法定納入制度の連関

法定納入制度の由来

映画フィルムの網羅的な収集・保存を成立させる機能の一つに法定納入制度がある。ユネスコのガイドラインによると法定納入とは、「営利・非営利を問わず、あらゆる種類の資料を複数部作成するいかなる団体・個人に対しても、認定された国立機関に一部以上の納入を強制的に課すための法的義務づけ」(30)を意味する。その対象は図書に限らず広く出版物全般に及び、同ガイドラインは「収集すべきもの」として、映画フィルム等の視聴覚資料にも一定の紙幅を割いている。日本では、国立国会図書館法第二四条が映画フィルムの納入を義務づけたにもかかわらず、その義務は附則で「当分の間、館長の定めるところにより」免じられたまま現在に至る。

映画フィルムの納入免除の要因を探る前に、まず法定納入自体について確認したい。法定納入の起源は、フランソワ一世が「モンペリエの勅令」を発した一五三七年に遡る。このとき、フランス国内の出版社に王立図書館(後の国立図書館)への出版物の納本義務が課され、一八世紀頃までには欧州各国が同様の制度を持つようになった(31)。原秀成は法定納入の目的として、「検閲」、「文化保存」、「著作権証明」の三つを挙げる(32)。日本の場合、「出版法」の検閲権限を管轄する内務省が出版物一部を東京書籍館に交付するよう義務づけたこと――つまり「検閲」――が納入の端緒となった。なお、東京書籍館の後身の帝国図書館は一九四九年に国会図書館に統合される。「出版法」は敗戦時に消滅し、一九四八年に制定された国立国会図書館法によって、検閲とは無縁の、明らかに「文化保存」に該当する納入制度がもたらされた。「国民共有の文化的資産として保存し、広く利用に供するため、また、日本国民の知的活動の記録として後世に伝えていく」ことを目的に納入される出版物には保存年限がなく、「保管に適した環境の書庫で、可能な限り永く保存し、利用に供する」ことになる(33)。「網羅的に収集した出版物について、個別の価値判断等に基づく取捨選択を行うことなく、すべてを保存」するからこそ、「後世に伝えられた出版物は、総体として国民の文化的財産を形づくる」(34)。

著作権の発生には大まかに方式主義と無方式主義がある。著作権登録等が必要な方式主義に対して、無方式主義は著作物を創作した時点で自動的に発生し、権利を得るための手続は要しない。米国は一九八九年に「文学的及び美術的著作物の保護に関するベルヌ条約」に加盟するまで前者を採用した。これは「著作権証明」を目的とする法定納入の、数少ない事例の一つである(35)。一九四八年に技術指導のため来日したロバート・B・ダウンズの「国立国会図書館における図書整理、文献参考サービス、並びに、全館的組織に関する報告書」、通称「ダウンズ勧告」に基づき、網羅的収集を強化する方式主義の導入が日本で検討されたこともあった(36)。しかし大多数の国がベルヌ条約を締結し、後者を標準とする。日本もベルヌ条約締結国として著作権法を制定し、現在のところ、著作権は原則として著作者の生存年間およびその死後五〇年保護される。ただし例外的に、映画の著作物は公表後七〇年間保護される。

法定納入制度と映画フィルム

続いて、広く「映画」と法定納入の関係について確認する。第一章で触れたように、米国議会図書館のペーパープリントは動的映像の収集・保存の嚆矢とされることもある。エジソンのキャンペーンによって、米国著作権法は一九〇三年から映画を「写真」の一種として著作権の対象と認め、登録に際しては手数料の支払いと複製物二点の提出を求めた。映画の場合は紙の複製物だけでなく、原版や上映用プリント、あるいは各場面のフレームを切り取って提出するといった様々な方法が試されたが(37)、一九四二年から映画フィルムそのものが登録されるようになり、その方法が一九六〇年代までに定着した。そして一九七八年、著作権登録の手続きの中で「最良版の完璧なコピー一本と、その内容を叙述したコンティニュイティ、撮影台本、プレスブック、シノプシスといった資料を添えたもの」(38)の納入が求められるようになり、議会図書館が映画の法定納入機関に指定されるタイミングで映画放送録音物部（ＭＢＲＳ）が設置された。その結果、ＭＢＲＳは二〇〇八年の時点で約七〇万巻の映画フィルムを所蔵するまでに成長した(39)。

序章で紹介したユネスコ「動的映像の保護及び保存に関する勧告」（以下「ユネスコ勧告」）も、網羅的な収集・保存の必要性を説き、動的映像を法定納入の対象とすることを奨励する。しかも「できればプリント前資料の形で寄託されるべきである」(40)とあり、これはつまり撮影に使用されるオリジナルネガの納入を意味する。

国際フィルムアーカイブ連盟（ＦＩＡＦ）は、一九九六年のエルサレム会議、二〇〇六年のサンパウロ会議、そして設立七〇周年の節目を迎えた二〇〇八年のパリ会議等でフィルムアーカイブと法制度をテーマに議論を重ねた。中でも、フランス国立映画センター（ＣＮＣ）のヴァンサン・レタンがエルサレム会議で公表した映画の法定納入に関するアンケート調査結果（「レタン・ペーパー」と呼ばれる）は注目に値する。レタン・ペーパーによると、有効回答を得た四六カ国中、二六カ国は映画の法定納入制度を持つが、原版を含むすべての素材を移管することを義務づけ、しかも映画撮影所が国家の管理下にあるのは、北朝鮮と中国の二カ国だけである(41)。アジアでは韓国も一九九六年に映画の法定納入を整備した(42)。

ＦＩＡＦの機関誌には、二〇〇八年のＦＩＡＦパリ会議に前後して、カナダ、メキシコ、フランス、ドイツ、デンマーク、チェコ、スペイン、イタリア等の国立フィルムアーカイブが法定納入に関する報告を寄せた。これらの報告からわかることは主に三つある。第一に、報告を寄せたすべての国が映画を法定納入の対象とするか、あるいはその実現に向けた努力を続け、仮に法的根拠を持たないとしても、国の映画製作支援を通して実質的に納入を義務づけている（納入するまで助成金の残額を支払わないことによって罰則と同等の強制力を持たせることもある）。第二に、納入先はフランスのCNC、米国議会図書館、韓国映像資料院のように中央集約的な場合もあれば、分散的な場合もある。例えば地方分権の進んだドイツは、首都のドイツ・キネマテーク＝ベルリン映画博物館、連邦資料館フィルムアルヒーフ、ミュンヘン映画博物館、フランクフルト映画博物館＝ドイツ映画研究所といった各都市のフィルムアーカイブや映画博物館が納入先となっている。第三に、映画フィルムの納入といっても、対象となるフィルムは原版か、複製物一本か、複製の場合は保存用に作成されたニュープリントか、それとも使用済みか、シナリオも添えるのか否かといった条件の差異に、図書とは異なる映画独特の複雑さが垣間見える。では、日本の状況はどうなのか。

法定納入先としての国立国会図書館

日本の法定納入図書館である国会図書館は、一九四八年二月に発足し、同年六月に開館した。開館の前年、衆参両議院の図書館運営委員の要請に応えて、当時の米国議会図書館副館長ヴァーナー・クラップと米国図書館協会会長チャールズ・ブラウンが図書館使節として招かれた。この使節団が公布した国立国会図書館法の草案（覚書）は、「議員のための図書館」というよりむしろ、国立中央図書館としての側面を強調した(43)。そして、出版物を「図書、定期刊行物、地図、ポスター、映画およびその他の形」と定義した上で「あらゆる出版物」を法定納入の範囲とした。

当時の議会図書館長ルッター・E・エヴァンスによる「国立図書館としてのアメリカ国会図書館」（一九四七）には、「映画の保存」の項目もある。

映画の保存

国会図書館〔米国議会図書館〕の映画室（Motion Picture Project）には数千巻の映画を保存し、その核心となったのは著作権に関して初期に提出された映画である。その後、映画会社、政府機関によって増加され、また過去数年中、ドイツ、イタリー、日本の接収フィルム約七〇〇万フィートを加えた。これらのものは作戦部（Office of Strategic Services）戦争情報部その他軍関係及び民間に利用され、またその所蔵資料は民間映画会社の製作品、政府が戦争中に製作した訓練映画その他によって著増している。(44)

先の国立国会図書館法の草案（覚書）では、「映画の保管及びサーヴィスについては、何らかの積極的な計画を進める前に慎重に考慮することが特に必要である」（傍線筆者）(45)という註こそ付されたものの、納入対象に映画が含まれたのは（第二十四条第一項第六号）、おそらく既に視聴覚資料を収集対象としていた議会図書館の影響であろう。国立国会図書館法によって映画フィルム（一九九九年までは「映画技術によって製作した著作物」）は、「文化財の蓄積及びその利用に資するため、発行の日から三〇日以内に、最良版の完全なもの一部を国立国会図書館に納入しなければならない」（同法第二五条）ことになった。

しかしながら制度自体の周知が不十分で、芳しい成果は得られなかった。そこで一九四九年、主に次の二点――「代償金」支払いの決定と、戦前のイメージの払拭――に留意した法改正が行われた。一九四八年の時点では、検閲のために出版物をＣＩＥに提出せねばならず、それに加えて国会図書館への納入も必要となると、中小の出版社には重い負担となった。そのため、納入される出版物に対して「おおむね小売価格の四割以上六割以下の金額に、納入に要する金額（送料）を加算した金額」が支払われることになった。これを「代償金」制度と呼ぶ。国会図書館は、日本国憲法第二九条第三項（「財産権は、これを侵してはならない。〔略〕私有財産は、正当な補償の下に、これを公共のために用いることができる」）との整合性の確保をその根拠とした。しかし「代償金」のために予算が用意されたわけではなく、結果として、納入が増えるほど購入費を削ることになった。さらに、この時期は戦中の出版統制の記憶も生々しく、その点に配慮して「文化財の蓄積及びその利用に資するため」という文言が加わった(46)。

以上のような法改正の際、ほとんど注目されないまま映画フィルムの納入が免除された。この法改正がなければ、映画フィルムの網羅的な収集・保存場所として相応しい部署が館内に設置され、「最良版の完全なもの一部」、つまり国内で映倫の審査を経て劇場公開される日本映画の未使用のプリント一本の納入義務が課されたかもしれない。その可能性がある以上、映画

表３−１　韓国映像資料院の韓国劇映画とフィルムセンターの日本劇映画の収蔵率（％）

年代	韓国映像資料院	フィルムセンター
1910	0	0.2
1920	0	4.1
1930	6.8	11.7
1940	20.0	33.0
1950	21.7	32.5
1960	44.6	29.5
1970	86.2	30.3
1980	99.4	33.7
1990	98.8	21.0
2000	99.8	8.3
2010	82.5	−
全体	77.7	18.1

フィルムの納入義務免除は日本のフィルムアーカイブ活動に深刻な影を落としたと考えざるを得ない。
映画を法定納入の対象とする韓国映像資料院の自国映画の収蔵率と、序章で紹介したフィルムセンターの数値を比較すると（厳密には算出方法に若干の違いがあるかもしれないが）、その差は歴然としている【表3-1】(47)。フィルムセンターには、二〇一六年度末の時点で二〇一〇年代の日本劇映画が二三作品しか収蔵されていなかった。

映画フィルムの納入免除、その三つの要因

戦中は国威発揚に利用され、敗戦後もＧＨＱによる検閲が続き、東宝争議も制圧されたばかりの時期、映画が再び国の管理下に置かれることを懸念する映画人の心情は、出版業界の反応からも類推できる。しかし納入に激しく反対する声が映画界から上がったわけではない。日本の納本制度の基盤を築いたとされる山下信庸の次の分析は、当時の映画人にも当てはまろう。

率直に言って出版社の中には新制度に好意を寄せるものとこれを無視するものとの二つがあった。新制度に好意的でない理由の主なものは、何と言っても昔日の検閲制度に対する強い反感と畏怖及び当時の出版事業の経済力の弱さであった。その上新制度には罰則がなかったし、所管が図書館という、内務省と異って権力を全くもたない機関であるということも、この制度の意義を軽視するムードを起こさせた因に数え上げることができたであろう。(48)

ここで、国会図書館初代館長として一二年ものあいだその地位にあった金森徳次郎の、一九四八年四月二二日の参議院図書館運営委員会における答弁を一部引用する。

映画のフィルム或いはトーキーのフィルムというものにつきましては、果して図書館に納付する義務があるのかどうかという点が可成り疑問でありまして、今までもそこのところははっきりいたしておりません。実情を申上げますれば、映画につきましては納付はまだ受けておりません〔略〕特にフィルムのことにつきましては、これは製作がそう沢山一遍にできるものではございませんので、四本とか五本とかしかフィルムを拵えないのに、その一部を図書館に納付せよということは随分無理が起るものと思います。のみならずそれに対して相当の報酬を払うということになりますると、なかなか実費を払います場合も可なりな額になるのであります。まあフィルムなどは図書館として保存したいことは、やまやまでありますが、今のところ無理に保存いたしまするということは、経費その他の点において早過ぎるのではなかろうかと考えております。そこで今回は一応の縄張りといたしましては、録音盤もフィルムも納本すべき出版物の範囲に入るという前提を取りまして、併しそのうち納本する必要のないという範囲を決めまして、一遍納本の範囲に入れたものを更に取除くというような形によりまして、具体的に制度を樹《た》てて行きたいと考えております。考え方は結局はレコードは納本して貰う、併しフィルムの方は当分して貰わないという方向で進んで行きたいと思っております。大体こんな点が主でございまして、これを法律を改正することによつて目的を達し得るならば、この図書館といたしましては、将来非常なしっかりした基盤ができまして安心して仕事ができまして、これから本当の日本出版目録というようなものも合理的にできて、外国の関係においても日本の国はこれだけの出版物があるということをはつきり知らせることもできようかと考えております。細かいことは又御説明申上げる機会もございましようが、大体の筋はさようなわけであります。若し議会の方でこういう法律の改正案がやつて頂けるならば図書館としては喜ばしき限りであると思つております。(49)

一九四九年の法改正による附則には、「改正後の国立国会図書館法第二十四条第一項第六号に該当する出版物〔映画フィルム〕については、当分の間、館長の定めるところにより、同条から第二十五条までの規定にかかわらず、その納入を免ずることができる」とある。一九九六年、国会図書館総務部企画課〔当時〕の春山明哲は、映画保存を巡る日本の惨状を知るに至り、「非常に忸怩たるものがあるんですけれども、そのままずっと五〇年近く推移してきた」と述べた。そして、映画フィルムの納入を国立国会図書館法の本則が義務づけたにもかかわらず免除された背景を改めて説明した(50)。要約すると、まず(1)映画フィルムの上映等、利用提供のノウハウがない。次に、(2)映画フィルムの価格が高い。そして(3)ナイトレートフィルムは燃えやすく危険性が高い。(1)を現在まで収集しなかったことの理由とするのは無理があるが、利用提供こそが図書館の根幹にあることは理解できる。また、春山の発言の中でとくに強調された(2)についても、財政的に困難との判断は無理もない。日本映画の当時の製作本数は、来るべき一九五〇年代の黄金期に向けてうなぎ上りに増えていた。一年間に製作される日本映画〔約四〇〇本〕を一本約二〇万円から四〇万円程度として計算すると、代償金は総計一億円を超える(51)。では、(3)についてはどうだろうか。

納入免除の一因となったナイトレートフィルムの危険性

国会図書館の開館当時、劇場公開用三五ミリフィルムにはナイトレートベースが使用されていた。第一章で述べた通りナイトレートは燃えやすく危険な素材であるため、例えば英国は、はやくも一九〇九年に「映画法」(Cinematograph Act)によって映画フィルムの保管や取り扱いに規制を設けた(52)。日本のセルロイド規制は一九三八年の「セルロイド工場取締規則」(53)に始まり、現在も「消防法」がナイトレートフィルムを「危険物第五類 自己反応性物質」に指定し、保管する建物の構造や材質等を「危険物の規制に関する政令」(一九五九)によって制限している。

国立国会図書館法制定の頃も、ナイトレート火災は続いていた。東洋現像所の京都工場は一九四九年上半期だけで三度も火災を経験し、二度目には自然発火による爆発で倉庫の扉が吹き飛び、近隣の民家数軒が全焼した(54)。翌年七月、松竹京都撮影所で倉庫が燃え、さらにその翌月、黒澤明監督が『羅生門』を製作していた大映京都撮影所でも火災が起こった(55)。一九五一年一一月には、愛媛県でバスの座席に置かれていた一八巻の映画フィルムから発火して、三三名の死者と一六名の重軽傷者が出た(56)。当時の国会図書館は、皇室から国に移管された旧東宮御所を使用していた。現在、国宝「迎賓館赤坂離宮」として知られる建物にこのような危険物を置くことに抵抗感があったとしても不思議はない。

一九六〇年八月、横浜シネマ現像所では日活の戦前・戦中の原版二万二〇〇〇缶が焼失し(57)、一九八四年九月のフィルムセンター火災もナイトレートが原因かと疑われ、その後も一九九九年七月、東邦生命が所有していた東京都荒川区の倉庫で自然発火により記録映画一八本が焼失した(58)。こうした報道のためか、映画フィルムの保管方法は昨今でも誤解されることがある。例えば、二〇一一年の東日本大震災直後に国立公文書館の機関誌に掲載された報告に、「古いニュース映像のフイルムが散乱した文書庫内には酢酸の匂いが充満し、余震によるフイルムどうしの摩擦により発火する危険性があるため、優先的に文書庫から搬出して展示室に仮保管した」(59)とあるが、酢酸臭を発する、つまりアセテートベース【表1-1】の映画フィルムが摩擦で発火することはない。戦前の日本では例外的に、「玩具映画」として三五ミリフィルムの断片が家庭向けに販売されたが、アマチュア用は通常、三五ミリより幅の狭い「小型映画」(一六ミリ、九・五ミリ、八ミリ等)と呼ばれる形状で、これらには当初から難燃性のアセテートベース(当初はダイアセテート、後にトリアセテート)が使用された。

国立国会図書館法が制定された一九四八年、コダックは難燃性アセテートベースの三五ミリフィルムの実用化に成功し、一九五一年にナイトレートフィルムの製造を停止した。富士フイルムは遅れて一九五四年に難燃性三五ミリフィルムの製造を開始し、一九五八年五月までに完全に切り換えた(60)。法定納入の対象となったであろう「新作」のプリントに、もはや発火の危険はなかったが、一九六一年に国会図書館が永田町に移転するタイミングでも、映画フィルムの納入が開始されることはなかった。

日本に限らず、どれだけ動的映像資料の重要性が叫ばれても、博物館の学芸員、図書館の司書、そして公文書館のペーパーアーキビストは、危険性を理由に映画フィルムを敬遠することがある。例えばドイツでは、複製後のナイトレートフィルムの廃棄処分が法的に義務づけられているという(61)。しかし多くの国では、オリジナルの映画フィルムが確実に長期保存されている。法定納入発祥の地フランスは、一六七二年に版画、一七四五年に音楽作品、一八一一年にリトグラフ、一八五一年に写真、一九二五年にレコードおよび映画フィ

表3-2　視聴覚資料の適切な収蔵条件：相対湿度30〜50%の場合
（イメージ・パーマネンス・インスティチュート（IPI）の推奨値）

収蔵条件 ℃		常温 ↔ 冷凍			
		20	12	4	0
ナイトレート		×	×	○	◎
アセテート		×	×	○	◎
ポリエステル	白黒	△	○	◎	◎
	カラー	×	×	○	◎
磁気テープ	アセテート	×	△	○	×
	ポリエステル	×	○	△	×
光学ディスク（CD、DVD 等）		△	○	○	×

出典：IPI Media Storage Quick Guide

ルムを納入対象に加えたが、映画フィルムの納入は保留となっていた。一九五〇年にナイトレートフィルムの上映、輸送、そして所有を禁止する法律が成立し、一九五一年に所有期限が設定され、ナイトレートフィルムを保持できる組織として、第一章で触れたシネマテーク・フランセーズが指定された。それまで現像所や著作権者が保管していた多数の映画フィルムは、廃棄処分か、あるいはシネマテーク・フランセーズに移管するかの選択を迫られ、結果的にほとんどが「移管」されたのである(62)。一九七七年以降は、先述のＣＮＣのフィルムアーカイブ（Archives Françaises du Film）が法定納入先として映画フィルムの収集・保存に責任を持っている(63)。

映画フィルムの経年劣化の進行は、形状やベースの種別を問わず、低い温度と湿度が一定に保たれた適切な環境下でしか遅らせることができない【表3-2】(64)。キャリアの物理的な特性は、国会図書館に映画フィルム専用収蔵庫の設置を訴える明確な根拠になり得たはずである。映画フィルムの法定納入が実現すれば、納入先にはその仕組みを成立させるだけの予算の確保、専門家の雇用、インフラ整備が必須となる。年間の製作本数が三桁になる国や地域の納入先で、映画フィルムの取得が毎年のルーティンとなれば、目録化やアクセス提供といった諸実務の成熟も大いに期待できたであろうし、フィルムアーカイブ活動の基礎研究も進展していたかもしれない。

国立国会図書館における視聴覚資料の位置づけ

同じ視聴覚資料でも国会図書館の音声記録に目を向けると、初代の代償金委員会の委員（計七名）に日本蓄音器レコード協会の当時の専務理事・安藤穣が選ばれていた（映画界からの参加者はなかった）(65)。レコードの収集・保存を担当した「特殊資料室」は、本庁舎が完成した一九六一年に「音楽資料室」、そして一九六三年に「音楽・映像資料室」と改称され、このとき利用者のためのターンテーブルが設置された。当初は楽譜も同室から提供されていたが、一九八六年に部署換えとなり、音楽というより視聴覚全般を扱うようになった(66)。

一九九九年の国会図書館の答申「二一世紀を展望した我が国の納本制度の在り方――電子出版物を中心に」は、「映画・放送番組等の収集・保存・利用について、パッケージ系電子出版物と見なし得るものは、納本制度に組み入れることとし、その利用については限定的に行なうこと、また、放送番組はネットワーク系電子出版物に準じて取り扱うものとし、納入の対象としないこと」を提言し、「映画フィルムについては、今後、映画関係者、関係諸機関等と十分協議を行なうことが課題である」(67)とした。そして二〇〇〇年一〇月、納本制度改正によって法定納入の対象に「電子的方法、磁気的方法その他の人の知覚によっては認識することができない方法により文字、映像、音又はプログラムを記録した物」（パッケージ系出版物）が追加された。最大手の出版取次二社から一括納入される図書とは異なり、このとき納入対象に加わった映画ソフトは、一九七一年設立の「一般社団法人日本映像ソフト協会」に加盟する三〇社以上の企業から納入される。国会図書館の年報(68)によると、音楽・映像資料室は、録音資料としてSPレコード約一万六〇〇〇枚、LPレコード約一七万五〇〇〇枚、EPレコード約一〇万枚、CD約三三万七〇〇〇枚、VHS・LD・DVD・ブルーレイ約一二万三〇〇〇点、そしてレコード会社の販売目録等五〇〇〇冊を利用に供している。組み合わせ資料(付録として視聴覚メディアが含まれる書籍等)も音楽・映像資料室に移管され、音楽資料に関するレファレンス・サービスも始まった。さらに二〇一五年度には、日本脚本アーカイブズ推進コンソーシアムから寄贈された脚本二万七〇〇〇点も公開された。

動的映像アーカイブと呼ぶことのできる国内の類縁機関の中で最も知名度が高いNHKアーカイブスは、局外も含め、運用に携わる人員規模が三〇〇名を超え、二〇一五年度末の時点で所蔵する資料は、ニュース約六九八万二〇〇〇項目、番組約九一万五〇〇〇本、LPレコード約三四万四〇〇〇枚、CD約三二万八〇〇〇枚にもなる。ただし、あくまで放送局の機関アーカイブズであり、大部分のコンテンツへのアクセスは局内で番組制作に携わる職員や契約を結んだ番組制作会社の関係者に限定される(69)。そう考えると国会図書館の「音楽・映像資料室」こそ、国立視聴覚アーカイブを代替している。

納本制度審議会の議事録によると、文化庁が映画振興策(「これからの日本映画の振興について—日本映画の再生のために(提言)」(70))を公表した二〇〇三年、「第八回納本制度審議会」でパッケージ系出版物以外の映画、つまり映画フィルムに話題が及んだことがあった。その時点では、映画フィルムの納入免除について、「国内で製作・公開された映画のポジフィルム(映写用の陽画用フィルム)一本について、フィルムセンターにおいて保存が行なわれる制度を創設」することが適当と判断された(71)。要するに、映画フィルムの網羅的な収集・

保存が将来的に実現するなら、納入先は国会図書館ではなく、フィルムセンターが想定されていた。なお、法定納入の対象からは除外されたが、国会図書館にまったく映画フィルムが所蔵されていないわけではない。年報等には所蔵本数が示されていないが、二〇〇八年度末の報告書(72)に一六ミリフィルム『学習院テニス』や八ミリフィルム『街頭演説風景』をサンプルとしたデジタル化のワークフローが紹介されている。

3　日本映画の貯蔵庫――国立国会図書館から国立近代美術館へ

映連会長・池田義信の貢献

ここまでみてきたように、国会図書館による映画フィルムの網羅的な収集・保存体制が確立することはなかった。では、映画会社に映画保存の意識は芽生えたのか。映連の統計によると、国内の映画館(七〇〇〇館)の年間入場者数は一九五八年の一一億二七四五万人をピークに減少の一途を辿る。その要因とされることが多いのがテレビの普及である。NHK開局(ラジオ放送開始)は一九二五年、テレビ放送は一九五三年に始まった。両親にテレビをねだる幼い兄弟が主人公の小津安二郎監督のカラー作品『お早よう』(松竹大船、一九五九)に、父親が居酒屋のカウンターで大宅壮一(Soichi Oya 1900–1970)による流行語「一億総白痴化」をつぶやく場面があるが、テレビのカラー本放送が始まった一九六〇年には既に映画産業の斜陽が囁かれ、一九七一年には大映の倒産、東宝の製作部門分離、日活のロマンポルノ路線転向といった「事件」も起こった。映画産業全体が衰退していく中で、日本の映画会社に本格的なフィルムアーカイブを社内に設置するような余裕はなかった。

ここで、映連の初代事務局長・池田義信に着目する。池田は無声映画時代に活躍した映画監督であり、映画スター・栗島すみ子の夫でもあるが、残存する池田の無声映画は、『不如帰』（松竹蒲田、一九二二）および『小唄集 第二篇 ストトン』（松竹蒲田、一九二四）のみで、一〇〇本を超える栗島の出演作もほとんど残っていない。一九六一年の国会図書館新館披露の際、その最新の設備に驚いた池田は、居合わせた国会議員に、「映画界でもこうしたものが求められている」こと、それは「業界の力だけでは出来ない」こと、海外では「国立か半官半民か、国の補助による特殊団体か、あるいは大きな財団による経営」になっていることを伝えた(73)。

池田は第二章で触れた映画公社にも関与していた。キネマ旬報社調査部の旧蔵資料を筆頭に、複数の映画関連団体に由来する資料を所持していた映画公社は、一九四五年七月に「映画資料文献戦時保管委員会」を設置したが、敗戦を経て同年一一月に解散することになった。保管場所が二転三転する内に映画フィルムは失われ、かろうじて残されたノンフィルム資料は松竹・歌舞伎座倉庫に預けられた後に映連へと移った。映画公社の映画資料の散逸を悔やんだ池田は、資料の仮置きのために「国際映画ライブラリー（国際フィルムライブラリー）」を設置し(74)、これら資料の最終的な貯蔵庫として国会図書館に期待をかけた。池田が相談を持ちかけたのが、国会図書館初代副館長にして美学者の中井正一（Masakazu Nakai 1900–1952）である。先鋭的な映画評論家であり、アマチュア映画作家でもあった中井は池田に理解を示し、一九五一年に松竹の城戸四郎と国会図書館初代館長の金森を引き合わせ、歌舞伎座から国会図書館にノンフィルム資料を移管させた(75)。同年、国会図書館業務能率化小委員会の決定によって、特別資料第二室に「地図、映画資料、点字資料・児童資料」が置かれた(76)。池田はさらに踏み込んで、中井との口約束のレベルとはいえ、試写室と映画フィルム専用収蔵庫を備えた「映画資料室」を国会図書館に設置する計画を立てた(77)。ところが、中井が一九五二年に五二歳の若さで世を去り(78)、この計画は実行されずに潰えてしまった。

奇しくも同年、国立近代美術館（現東京国立近代美術館）が開館した。東近美は「近代における美術の間口を非常に広くとった」(79)とされるニューヨーク近代美術館（ＭｏＭＡ）を模範とし、開館と同時にフィルム・ライブラリーを有していた。東近美の「美術館設置準備会」にも参加していた池田は、図書館から美術館へと「映画資料室」設置の望みをつなぎ、この時、国際映画ライブラリーも東近美に吸収された。

一九五二年の「映連特報五」によると、池田の橋渡しによって、映写室を備えた旧日活本社ビルが八三〇〇万円で売却されて美術館として生まれ変わり、その中に「我が国初めての総合フィルム・ライブラリー」ができた。池田が美術館設置準備会に対して映写室を残すよう呼びかけたことには、清水晶も言及している(80)。こうして旧日活の八〇席の映写室は公共の上映施設として活用されることになったが、仮に別の建物が美術館に転用されていたら、フィルム・ライブラリー機能は有名無実に終わっていたかもしれない。映画フィルムの所蔵本数は開館六年目の一九五七年の時点でも一〇〇本程度であったが(81)、それでもフィルム・ライブラリーが存在感を示すことができたのは、上映活動のおかげであったろう。

図11　池田義信（写真提供：東京国立近代美術館フィルムセンター）

一九五九年の川喜多長政・かしこ夫妻と池田との対話からも、池田が映画公社の資料散逸を悔い、国こそが映画フィルムの収集・保存施設を運営すべきとの考えに至った経緯が裏づけられる。池田曰く、「〔映画〕業界には不況な時もあるので、業界がどうなってもそうした仕事を維持できる政府を考え」、その上で「近代美術館と結び付けた」。「官か民かについては思い悩んでいる」との言もあるが、フィルムアーカイブ事業によって映画会社が利益を産むのは難しい。国立組織に期待を寄せた池田の個人的な見解を映連の総意とすることはできないが、少なくとも、映連の代表者が国家事業としての映画フィルムの網羅的な収集に賛同していたのである。「文部省などの行政機関とも対等に話し合える立場にあった」(82)という池田の訴えに、東宝の森は「もしそれが国民の金でできるならば、よい映画を保存しそれを適当に見せる仕事を同様の形で計画するのは、少しも矛盾しないどころか、むしろやるべきことである」(83)と応じた。

映画の網羅的収集を目指して

戦前の軍国主義への嫌悪感は、日本の映画政策に大きく影響したと思われる。敗戦直後に社会党が起案した「教育映画助成法案」は成立には至らず(84)、一九五一年に衆議院議員の長野長広が議員立法によって設立させようとした「映画文化法」もやはり実現しなかった。長野は戦前の文部省社会教育官として旧満洲に赴任した経歴があったことから、元内閣情報局の不破祐俊がこの法案に関係しているとの噂が立ち、岩崎昶、城戸四郎、森岩雄、牛原虚彦といった映画人は「映画法」の二の舞を怖れて反対を表明した(85)。一九五六年の『太陽の季節』(日活)のヒットを受けて、大宅壮一が「太陽族映画」と名づけた奔放な若者文化の描写が社会問題にまで発展すると、政府は映倫による取締強化のための法案を準備し始めた。これに対して「映画の統制反対同盟」が立ち上がり、以降、表現の自由を求める映画人の闘いの争点は、主に性描写や暴力描写へと移った。

文化政策の領域では、国の支援を訴える際に、表現の自由が担保されるよう注意を払う必要があり、英国アーツカウンシルの文化・芸術支援に由来する「アームズ・レングスの原則」の大切さが頻繁に指摘される。政府が金銭的に支援し、内容には介入しないという原則はしかし、多くの矛盾を孕んでもいる。映連の池田は思い悩みながらも国による映画の網羅的収集を望んだが、仮に現在の日本で映画を法定納入の対象とすることが検討されても、映画界から賛同が得られるとは限らない。二〇一二年頃から超党派の議員連盟（放送アーカイブ議連）がテレビ・ラジオ番組を国会図書館の収集対象とするための法制定を目指し、テレビ番組を保存対象とする米国議会図書館、BFI、フランス国立視聴覚研究所（INA）の事例も紹介されてきたが、「自由な言論の萎縮が生じる」、「財産権の保障との関係で収集対象とすることは困難」といった理由から敬遠され、NHKは権利保護の問題等から慎重な対応を求め、さらに一般社団法人日本映像ソフト協会や一般社団法人日本民間放送連盟も反対の意見書を提出した(86)。これはテレビ・ラジオ番組の話ではあるが、フェアユースの概念も十分に広まっていない中で、映画業界団体もやはり権利強化や罰則化のためのロビー活動を続けている(87)。

既に述べた通り、映画の法定納入制度を持たない国では、製作費支援に納入義務を関連づけることが多い。日本の場合、一九七二年に文化庁が導入した「優秀映画製作奨励金」制度が一九九〇年に「芸術文化振興基金」の助成事業として拡充され、二〇一四年以降、映画創造活動支援事業として独立行政法人日本芸術文化振興会に委託された。しかし、この支援を受けた映画の納入が義務化されているわけではない。二〇〇三年度から二〇〇八年度に支援を受けた一三四団体（有効回答一一七団体）を対象とした調査によると、映画の法定納入に対する賛成派は五九％にも達した（反対派四・三％、どちらともいえない三五・九％）(88)。しかも反対理由の大多数を占めたのは、納入用フィルムの費用負担への懸念であった。映画フィルムに関しては手遅れの感もあるが、今まさに生み出されているボーンデジタルの映画を長期的に残そうとするなら、映画の法定納入もしくはそれに代わる仕組みの導入によって、問題解決に一歩近づくことができる。実際に韓国映像資料院には二〇一七年一一月の時点で二〇八五作品のボーンデジタル映画が所蔵されている。

□　□　□　□

本章では、GHQによる占領期の映画政策、法定納入制度の概要、そして国立国会図書館から東近美フィルム・ライブラリーへと映画フィルムの受け皿が移るまでの状況という三つの観点から、占領期の映画フィルムの状況を概観し、その網羅的な収集・保存が成立しなかった経緯を確認した。映画フィルムが法定納入の対象から除外されたことは、日本のフィルムアーカイブ活動の歴史の分岐点となった。

映画保存に対する国の支援を求め、そのための法制定を目指す上でも、「映画法」の教訓を忘れるわけにはいかないが、法定納入制度を足がかりの一つとして各国でフィルムアーカイブ活動が発展してきただけに、それは日本でもきっと映画を守り残すための戦略の柱となるに違いない。映画の製作にも、上映にも、保存にも資する制度のあり方が模索され、製作者の権利を侵害することなく網羅的収集を実現することが今後の課題であろう。映画の法定納入が実現すれば、納入先となる機関の規模拡充も期待できる。そして、もし近い将来の日本で実現するなら、納入先としては国立映画アーカイブ（NFAJ）が相応しいと考えられている。以上のような背景を理解した上で、次章では、戦後日本の〈映画保存運動〉へと歩を進めたい。

註

（1）序章註（15）『*Silent Cinema*』pp. 81–87, (Models of Moving Image Archiving).

（2）佐崎順昭「フィルム・ライブラリー事始――四階映写室時代」『NFCニューズレター』一〇六号、東京国立近代美術館フィルムセンター、二〇一三年、三―七頁。

（3）清水晶「20・9・22から23・8・19まで――占領下の映画界の記録」『FC』三号、東京国立近代美術館フィルムセンター、一九七二年、九―一一頁。

（4）一九四五年六月の改称までは社団法人映画配給社。佐崎順昭「映画公社旧蔵資料目録」『東京国立近代美術館研究紀要』一六号（東京国立近代美術館、二〇一二年）六一―九三頁。

（5）池田義信「映画界占領政策を省りみて」『キネマ旬報』一〇号、キネマ旬報社、一九五二年、三九―四一頁、七〇頁。

（6）川本三郎「序 闘い抜いたジェントルマン」『映画は救えるか――岩崎昶遺稿集』作品社、二〇〇三年、七―一六頁。

（7）新生日本ニュース第一号［newsreel, online］日本映画社 Japan, 1946. 10mins. 00:00:55:00:02:19. NHK戦争証言アーカイブズ http://www.nhk.or.jp/archives/shogenarchives/

（8）「キネマ旬報再建の辞」『キネマ旬報』一号、キネマ旬報社、一九四六年。

（9）GHQの映画政策に関しては次の文献を参考にした。デイヴィッド・コンデ「日本映画の占領史」『世界』二三七号、岩波書店、一九六八年、二四八―二五五頁。第二章註（9）『切られた猥褻』一六―二八頁（「GHQによる規制と映倫の誕生」）。同『天皇と接吻』。清水晶『戦争と日本映画――戦時中と占領下の日本映画史』社会思想社、一九九四年。第二章註（58）『帝国の銀幕』四六六―四六八頁。第二章註（91）『日本短編映像史』。井上雅雄『文化と闘争――東宝争議一九四六―一九四八』新曜社、二〇〇七年。福永文夫『日本占領史一九四五―一九五二――東京・ワシントン・沖縄』中央公論新社、二〇一四年、四九・六四・一三四頁。第二章註（30）『敗戦とハリウッド』三二一頁。浜野保樹『偽りの民主主義――GHQ・映画・歌舞伎の戦後秘史』角川書店、二〇〇八年。

（10）増田弘『公職追放論』岩波書店、一九九八年（ただし永田の追放は一九四八年一月から五月まで、大澤は五月まで）。

（11）『松竹八〇年史』松竹、一九七七年、二三四頁。
（12）「創立第六年、創立第七年」『大映一〇年史』大映、一九五一年、頁数記載なし。川喜多長政『私の履歴書』日本経済新聞、一九八〇年（全三〇回）。
（13）森岩雄『私の芸界遍歴』青蛙房、一九七五年、一七七―一八四頁。「映画界から追放」『東宝七五年のあゆみ――ビジュアルで綴る¾世紀 一九三二―二〇〇七』東宝、二〇一〇年、一四四頁。
（14）ただし名称は発足当時「教育映画製作者連盟」、一九四七―一九五七年は「映画製作者連合会」、一九五七―一九六九年は「日本映画連合会」。日活は現在のところ加盟していない。二瓶和紀「日本映画製作者連盟の歩みと三つの出来事 著作権法一〇〇年事件と人でつづる著作権界の歩み（第七回・映画）」『コピーライト』三九巻（通号四六三号）、著作権情報センター、一九九九年、二九―三一頁。
（15）「日本映画技術協会」として発足し、一九六五年にテレビ業界が加わって「日本映画テレビ技術協会協会」となった。
（16）監督、撮影監督、照明、録音、美術監督、編集、スクリプター、シナリオの計八協会が集う。
（17）板倉史明「占領期におけるGHQのフィルム検閲――所蔵フィルムから読み解く認証番号の意味」『東京国立近代美術館紀要』一六号、東京国立近代美術館、二〇一二年、五四―六〇頁。
（18）第二章註（119）『産業フロンティア物語』五二―六七頁（「戦後の五年間」）。「極東現像所」は一九四二年に「東洋現像所」と改称した。
（19）優秀映画フイルム番附『活動写真雑誌』一巻五号、活動写真雑誌社、一九一五年、一一九頁。
（20）佐藤忠男「「浅草の灯」――ペラゴロ華やかなりしころ」『映画の中の東京』平凡社、二〇〇二年、一七三―一七六頁。
（21）「発掘者・永野武雄氏に聞く」『キネマ旬報』一四〇四号、キネマ旬報社、二〇〇四年、一五二―一五三頁。
（22）鈴木登美「検閲と検閲研究の射程」第二章註（9）『検閲・メディア・文化学』一〇頁。
（23）序章註（2）「文化情報学を考える」二五頁。
（24）前掲註（13）『東宝七五年のあゆみ』一三二頁。斎藤忠夫『東宝行進曲――私の宣伝部五〇年』平凡社、一九八七年、一一八―一二〇頁（終戦秘話）。敷地内に映画フィルムを埋めたという斎藤忠夫のエピソードは平野共余子も紹介している。前掲註

（9）『天皇と接吻』六四―六八頁（禁止映画）。森もその事実を明かした。前掲註（13）『私の芸界遍歴』一六一―一六八頁（日華事変から大戦争に）。

（25）岩崎昶『占領されたスクリーン――わが戦後史』新日本出版社、一九七五年、一三二―一三六頁。

（26）第二章註（26）『日本映画伝』二〇七頁（映画公社の専務を引受ける）。池田義信「映画公社の終焉」『キネマ旬報』一〇八〇号、キネマ旬報社、一九六〇年、六七頁。

（27）前掲註（5）「映画界占領政策を省りみて」三九―四一頁。

（28）「通知 反民主主義映画の上映等違反について」『教育委員会月報三』七巻七号、文部科学省、一九五一年、八八―九三頁（文部科学省初等中等教育局初等中等教育企画課編）。

（29）第二章註（26）『日本映画伝』二二六頁。

（30）Larivière, Jules. *Guidelines for Legal Deposit Legislation*. UNESCO, 2000. 和訳は筆者による。

（31）『国立国会図書館入門』三一書房、一九九八年、一二五―一三七頁（二 納本制度）。

（32）原秀成「近代国家による納入制度――国際機関による調整の意義」『図書館学会年報』四三巻四号、日本図書館情報学会、一九九七年、一六二頁。

（33）「納本制度」国立公文書館 http://www.ndl.go.jp/jp/aboutus/deposit/deposit.html

（34）「特集 納本制度」『国立国会図書館月報』五四七号、国立国会図書館、二〇〇六年、一―一三頁。

（35）菱沼剛「国際規範としての無方式主義が及ぶ範囲」『知的財産法政策学研究』一二号、北海道大学グローバルCOEプログラム「多元分散型統御を目指す新世代法政策学」事務局、北海道大学情報法政策学研究センター、二〇〇六年、一一五―一三九頁。
Loughney, Patrick. "Brief History of U.S. Copyright Registration and Deposit Procedures Relating to Motion Pictures." *Journal of Film Preservation* 76. FIAF, 2008. pp. 4–9.

（36）藤野幸雄『国立国会図書館――その理想と現実』教育社、一九七八年、四八頁。山下信庸『わが国の出版物の納本制度について――民間出版物の部』国立国会図書館、一九六八年、六〇―六一頁。

（37）Decherney, Peter. *Hollywood's Copyright Wars: From Edison to the Internet*. Columbia University Press, 2012. pp. 12–18,

(Photography: An Unstable Base). 第一章註（32）「The Sparkling Surface of the Sea of History」。

（38）岡島尚志「第八回FIAFエルサレム総会報告 フィルム・アーカイヴ運動――世界の動き（「レタン・ペーパーの内容」含む）」『NFCニューズレター』八号、国立近代美術館フィルムセンター、一九九六年、四頁。

（39）*Collection Overviews – Motion Pictures*. Library of Congress, 2008. p. 1.

（40）序章註（3）「動的映像の保護及び保存に関する勧告（仮訳）」四頁。

（41）岡島尚志「映画遺産の保存――今そこにある危機」『現代の図書館』三四巻三号、日本図書館協会、一九九六年、一四一―一四五頁。

（42）「緊急インタヴュー 韓国の映画保存の現状（聞き手 岡島尚志）」『NFCニューズレター』一三号、国立近代美術館フィルムセンター、一九九七年、一二―一三頁。「韓国現行映画法の要約」『Cinema101』三号、映像文化研究連絡協議会CINEMA101編集部、一九九六年、一二〇―一二六頁。

（43）小林正「国立国会図書館法制定史稿――国会図書館法の制定から国立国会図書館法の制定まで」『レファレンス』四九巻一号（五一六号）、国立国会図書館、一九九九年、一八―一九頁。

（44）『国会図書館準備資料 第一集 国立図書館としてのアメリカ国会図書館』衆議院調査部、一九四七年。

（45）桜井保之助「我国の納本制度について――その史的デッサンと問題の解説」『図書館研究シリーズ五』国立国会図書館、一九六一年、一一七―一三五頁。

（46）前掲註（36）『わが国の出版物の納本制度について』九―一〇・三五頁。

（47）Acquisition (as of Novembert, 2017). Korean Film Archive, 2017. https://eng.koreafilm.or.kr/kofa/intro/preservation/film

（48）前掲註（36）『わが国の出版物の納本制度について』九―一〇頁。

（49）国会議事録検索システム［http://kokkai.ndl.go.jp/］による。「参議院図書館運営委員会議事録」一九四九年四月二二日。

（50）合庭惇・岡島尚志・津野海太郎・春山明哲 座談会「図書館と文化のネットワークをめぐって」『現代の図書館』三四巻三号、現代の図書館、一九九六年、一一五―一二八頁。

（51）堀口昭仁『日本のフィルム・アーカイブ政策に関する考察――映画フィルムの法定納入制度を中心に』政策研究大学院、二〇一一年、一〇八頁。

（52）「各国に於ける映画国策の概況」内務省警保局、一九三三年、一―九頁（英国に於ける映画国策の概況）。石井錦樹「英国映画法の話」『警察協会雑誌』三二四号、警察協会、一九二七年、五―一七頁。

（53）「セルロイド工場取締規則」『新工場関係法規集 下巻』光画荘、一九四二年、七三―七五頁。

（54）第二章註（119）『産業フロンティア物語』二五―三一頁、五九―六二頁。

（55）Okajima, Hisashi. "Kyoto Tales and Tokyo Stories: Incidents in Japanese Film History". 序章註（17）『*This Film is Dangerous*』四八二―四八五頁。

（56）前掲註（49）「衆議員運輸委員会議事録」一九五一年一一月七日。

（57）『映像文化の担い手として 佐伯永輔「ヨコシネ」の歩んだ七〇年』ヨコシネディーアイエー、一九九五年、一〇五頁。山本豊孝「アメリカから旧作映画が帰ってくる――可燃性フィルムの取扱いについて」『映画技術』一八七号、日本映画技術協会、一九六八年、一八―二二頁。

（58）「戦前の映画燃える 荒川の倉庫 暑さ続き自然発火？」東京新聞、一九九九年七月三一日、二四頁（第二社会面）。

（59）山内幹夫「福島県歴史資料館の震災被害について」『アーカイブズ』四五号、国立公文書館、二〇一一年、五三頁。

（60）第二章註（120）『富士フイルム五〇年のあゆみ』七二―七三頁（「フィルム不燃化へのチャレンジ――TACベースの開発」）。

（61）Schmundt, Hilmar. "Flaming Pictures: Debate on Saving Historic Films Explodes". *Spiegel International Online*, 2012–02–10. http://www.spiegel.de/international/germany/flaming–pictures–debate–on–saving–historic–films–explodes–a–814106.html

（62）序章註（24）『映画愛』一二八―一三一頁。

（63）岩崎久美子「フランス図書館行政の近代化」『国立教育政策研究所紀要』一三七号、国立教育政策研究所、二〇〇八年、一六七―一八〇頁。松浦茂「フランスの新しい法定納本制度――文化遺産の保存・アクセスの視点から」『現代の図書館』三四巻三号、日本図書館協会、一九九六年、一二八―一三一頁。

（64）Adelstein, Peter Z., *IPI Media Storage Quick Reference*. IPI, 2009.

（65）前掲註（36）『わが国の出版物の納本制度について』三一頁。

(66)本庄久世・飯田信一「さようなら音楽映像資料室」『参考書誌研究』五七号、国立国会図書館、二〇〇二年、九三―九七頁。
(67)「答申二一世紀を展望した我が国の納本制度の在り方――電子出版物を中心に」国立国会図書館、一九九九年、五八頁。
(68)『国立国会図書館年報平成二五年度』国立国会図書館、二〇一四年、三四頁。平成二六年度以降の年報に所蔵点数は記されていない。
(69)『NHK年鑑二〇一六』NHK、二〇一六年、一一九―一二四頁(第二部第一章 放送 四節 著作権・アーカイブス・考査)。
(70)文化庁のこれからの日本映画の振興について(提言) 文化庁 http://www.bunka.go.jp/seisaku/bunkashingikai/kondankaito/eiga/eigashinko/ korekara_nihoneiga_shinko.html
(71)「第八回納本制度審議会議事録」国立国会図書館 http://www.ndl.go.jp/ jp/aboutus/deposit/council/8nouhin_gjiroku.html
(72)「平成二〇年度電子情報の長期利用保証に関する調査(一)」『旧式録音・映像資料のデジタル化に関する調査 調査報告書』国立国会図書館 http://www.ndl.go.jp/jp/aboutus/dlib/preservation/research2008.html
(73)池田義信「国会図書館とフィルム・ライブラリー」『現代の眼』八六号、東京国立近代美術館、一九六二年、二―三頁(新春随想)。
(74)「国立近代美術館フィルムライブラリー誕生」『映連特報』五号、日本映画連合会、一九五二年、一〇―一三頁。ただし国際映画ライブラリーの正確な設立時期や実態は不明。
(75)川喜多長政・川喜多かしこ・飯島正・池田義信・牛原虚彦・清水晶他「世界のフィルム・ライブラリーと日本」『現代の眼』五六号、東京国立近代美術館、一九五九年、二―五頁。
(76)馬場俊明『中井正一伝説――二一の肖像による誘惑』ポット出版、二〇〇九年、三六八頁(六章 図書館法ついに通過せり)。
(77)前掲註(73)「国会図書館とフィルム・ライブラリー」。後藤高広「納本制度の思想と中井正一」『情報の科学と技術』五七巻一一号、情報科学技術協会、二〇〇七年、五一九―五二五頁。
(78)秦早穂子『影の部分』リトルモア、二〇一二年、一四七頁。映画評論家の秦は中井の許で働くことを希望したが、「彼(中井)なくしては、あそこ(国会図書館)に勤めるのは意味がない」との助言を得て進路を転換し、映画会社に就職した。
(79)富山秀男「今泉次長の時代」『東京国立近代美術館六〇年史』東京国立近代美術館、二〇一二年、八一〇頁(本館・工芸館 回顧)。
(80)清水晶「日本におけるフィルム・ライブラリー 一――フィルム・ライブラリーの沿革」『映画芸術』一〇巻一二号(通号一八二号)、

映画芸術社、一九六二年、三二―三三頁。
(81)斎藤宗武「国立近代美術館フィルム・ライブラリーの仕事」『フォトテクネ』六号、工芸写真会機関誌、一九五七年、六―七頁。
(82)前掲註(2)「フィルム・ライブラリー事始」四頁。
(83)森岩雄「受け入れ態勢を確立せよ」前掲註(75)『現代の眼』五六号、四頁。
(84)岩崎昶「檜騎兵事前検閲の弊」朝日新聞朝刊、一九三九年四月一一日、七頁。
(85)岩崎昶「古いものと新しいもの――われらの視角(六)映画法と映画文化法」『ソヴェト映画』二巻六号、世界映画社、一九五一年、一四―一五頁。「日本映画の自由のために映画文化法案にたいする要解者の見解」『時事通信 時事解説版』一六四三号、時事通信、一九五一年、七―八頁。「世論も反対する 再び「映画文化法」案について」同一六六六号、一九五一年、七―八頁。「映画法は復活するか「青少年映審」の性格をめぐって」同三三三〇号、一九五六年、九―一〇頁。
(86)「国会図書館――「放送アーカイブ」計画 議員「文化資産、保存・公開を/局側「著作権を不当に制限」」毎日新聞夕刊、二〇一二年七月二〇日、五頁。「国会図書館、TVやラジオ番組も保存 法改正へ」日本経済新聞夕刊、二〇一二年五月一五日、一頁。
(87)山田奨治『なぜ日本の著作権はもっと厳しくなるのか』人文書院、二〇一六年。
(88)内村太一「文化芸術振興費補助金(映画製作への支援)検証――補助事業者の調査を通じて」政策研究大学院、二〇一〇年。

第四章

川喜多かしこと
戦後日本の〈映画保存運動〉

History of
Film Archiving
in Japan

第四章
川喜多かしこと戦後日本の〈映画保存運動〉

映画誕生から五〇年目の夏、一九四五年八月一五日正午のラジオ放送――およそ長期保存には適さないアセテート盤に録音された四分半の「大東亜戦争終結の詔書」――を追想して、映画監督の大島渚（Nagisa Oshima 1932-2013）は「敗者は映像を持つことができない」(1)と断言した。

映画の収集・保存拠点を探し求めていた日本映画製作者連盟（通称「映連」）の初代事務局長・池田義信の期待は、国立国会図書館を離れ、一九五二年に開館した日本初の国立美術館「国立近代美術館」（現東京国立近代美術館、以下「東近美」）へと移った。しかし実際のところ、開館時の東近美フィルム・ライブラリーに日本映画はまだほとんど所蔵されていなかった。第三章で確認した通り、法定納入の対象から映画フィルムが除外されている日本では、新作映画がフィルムアーカイブに自動的に移管されるわけではない。では日本映画のコレクションはどのようにして構築されてきたのか。

本章では、一九五〇年代から一九九〇年代までのフィルムアーカイブ活動を、時系列に沿って客観的に把握することを試みる。とりわけ着目するのは、国際的な映画人として著名な川喜多かしこの貢献である。一九五六年に個人の立場で国際フィルムアーカイブ連盟（ＦＩＡＦ）の年次会議に参加した川喜多は、東近美フィルム・ライブラリーの水準を欧米の「フィルムアーカイブ」と同等にまで引き上げるべく、一九六〇年に民間団体「フィルム・ライブラリー助成協議会」を設立した。本書では、この協議会が主軸となって展開した粘り強い活動を〈映画保存運動〉と呼ぶ。映画人としての川喜多の存在はあまりに華やかで眩しく、一方、地道な〈映画保存運動〉のアドボケート（唱道者）としての姿は霞みがちなだけに、敢えてそこに光を当ててみたい。

1 〈映画保存運動〉前史——一九五〇年代

ニューヨーク近代美術館を模範とした東近美フィルム・ライブラリーの事業と斎藤宗武の貢献

ニューヨーク近代美術館（ＭｏＭＡ）映画部門の元代表アイリーン・バウザーは、自身のキャリアを振り返って、美術館の下部組織としてのフィルムアーカイブ運営の困難——いかに工夫を凝らしても映画フィルムの性質、収集方針、展示方法は美術館の他のコレクションと馴染むものではないこと、他部門の学芸員から映画に対する理解が得られないこと等——を率直に語った。ＭｏＭＡ内部には「美術映画」を、あるいは芸術的に優れた映画を厳選して集めてはどうかとの声もあったが[2]、網羅的収集の姿勢を崩さず二万二〇〇〇本のコレクションを保持してきた映画部門は、現代の米国を代表するフィルムアーカイブの一つとして敬意を集める。

米国のＭｏＭＡを模範とした日本の東近美の歴史を遡ってみると、新聞記事の見出しに「美術映画を毎日上映」[3]とあるように、一二月一日の開館日から上映されたのは『桃山美術』（三井芸術プロ／東京国立博物館、一九五二）、『ピカソ訪問』（アール・エ・シネマ、一九四九）、『フランクリン・ワトキンズ』（フィラデルフィア美術館、一九四七）といった美術映画であった。一九三〇年代に日本初のスクリプター（記録係）としてＰ・Ｃ・Ｌ映画製作所（現東宝）で働き、一九五一年に美術映画研究会を結成して美術映画の製作にも携わった瀧口修造（Shuzo Takiguchi 1903–1979）は、開館から一九六五年まで東近美運営委員を務め、いわゆるアート系作品（アヴァンギャルド、アニメーション、実験映画等）の積極的な収集を推した(4)。『古代の美』（岩波映画、一九五八）等の美術映画を企画した東京国立博物館も、「各地の美術館や博物館その他の文化センターがフィルム・ライブラリーを充実するよう努力」することを期待し、「〔収蔵品の〕細部を拡大したり、自由な角度でのぞいてみせたり」、「短時間で効率良く美術品を紹介できる」(5)といったように展示機能を補強する意味で、映画の有用性を説いた。

しかしながら東近美フィルム・ライブラリーは、美術映画の枠に収まらない幅広いコレクションの構築を内から目指し、また、そうあることを外からも期待された。そのため、当初から美術館の運営委員とは別に設けられたのが、映連の池田義信、東和の清水晶、映画評論家で早稲田大学教授の飯島正、教育映画研究家の関野嘉雄、日本映画技術協会（現日本映画テレビ技術協会）の島崎清彦、そして映画監督協会の牛原虚彦等から成る「フィルム・ライブラリー運営委員」である。初年度から催された月例映写会に加え、翌年からは古典映画を上映する水曜日の午後の特別鑑賞会も始まった。ただし第一回上映作品には日本映画ではなく、フリッツ・ラング監督のドイツ無声映画『ジークフリート』（一九二四）が選ばれた(6)。

映連の資料によると東近美フィルム・ライブラリーは、「芸術的に価値ある映画、歴史の記録としての映画、ニュース映画、ＰＲ映画」を「収集して、それを整理し保存し」、「映画研究家、映画愛好者のために研究と鑑賞の便を与え」た。当初から「保存」も事業の一つとされたことは、注目に値しよう。

フィルム・ライブラリーの事業

（1）優秀な芸術映画、美術映画、古典映画等の購入保存（傍線筆者）

（2）それ等の映画の試写会

（3）映画に関する講演会、展示会
（4）映画関係資料の収集、調査
（5）海外諸外国との交換等(7)

フィルム・ライブラリー係と東近美全体の普及広報係を兼務したのが斎藤宗武（Munetake Saito 生没年不詳）である。斎藤は山形県出身で、千葉大学工学部の前身、東京高等工芸学校の第四期生として写真を学んだ後(8)、一九二八年に文部省に入省して「映画部」二人目の製作部員となった。文化庁「日本映画情報システム」によると、『雪国の一日』（朝日映画、一九二八、文部省委嘱）に「監督」として、また、雨夜全《あまやたもつ》の短編映画『隅田川』（文部省、一九三一）、『雪に鍛へよ』（文部省、製作年不詳）、『国民皆泳』（東宝文化映画部＝文部省、一九三八）に「撮影」としてクレジットされている。文部省が製作した映画は一九六〇年代から段階的に東近美に移管され、フィルムセンターに多数収蔵されてきたが、斎藤の関与した映画で閲覧できるのは『隅田川』と『国民皆泳』の二作品しかない。戦後、文部省社会教育局芸術課の所属となった斎藤は、東近美の開館時に専門技官としてその事業課に移った。東近美の元庶務課長・風間勇美は、斎藤を追想して「専門技官の熱血漢」(9)と形容し、また清水晶も、「発足以来終始かわらずフィルム・ライブラリー一途に情魂をかたむけ」た斎藤の貢献を讃えた(10)。

斎藤は文部省映画の製作に携わっていただけに、文化・記録映画に思い入れがあり、また、当初からノンフィルム資料も取得対象と認識していた。「日本映画」にとくに力を入れる方針を打ち出し、フィルム・ライブラリー事業に対する大手映画会社の理解を求めることにも腐心した(11)。第二章で触れたように、映画フィルムの乳剤に含まれる銀を回収して再利用するため、一九五〇年代当時の日活は原版を売却することもあったという(12)。大映は原版を「映画会社の財産」として自社で守っていたが、東宝と松竹の二社は、東近美の実費負担を条件に上映用プリントの作成を許可した。例えば第二章で触れた小津安二郎監督『大人の見る繪本　生れてはみたけれど』(松竹蒲田、一九三二)の場合、松竹が保存していた原版から一九五五年にニュープリントが作成された(13)。当時、主要な映画会社が原版を無償でフィルム・ライブラリーに寄贈、または寄託する可能性はほとんどなかったが、外国映画に関しては、一九五七年に東和が未公開・未使用の『ピグマリオン』(一九三八)や『バーバラ少佐』(一九四一)のプリントを寄贈し、先例を示した(14)。

この時期のフィルム・ライブラリーには、国際的な動きもあった。斎藤は一九六〇年代になってから、「創設から四年目の一九五六年にはＦＩＡＦ(国際フィルム・ライブラリー連盟(国際フィルムアーカイブ連盟))にも加盟出来、日本のフィルム・ライブラリーの基礎はいよいよかたまり」、「国際フィルム・ライブラリー連盟(Ｆ・Ｉ・Ａ・Ｆ)に加盟(後年Ｆ・Ｉ・Ａ・Ｆ分裂のときに脱会)して外国のフィルム・ライブラリーと連絡し、情報、資料、映画等の交換を行なうようになって、当館のフィルム・ライブラリー活動は一歩前進した」(15)と振り返っている。フィルム・ライブラリーは、いかなる経緯でＦＩＡＦに加盟したのか。

戦後ＦＩＡＦの再出発

フィルム・ライブラリーのＦＩＡＦ加盟について検討する前に、戦後ＦＩＡＦの再出発について簡単に紹介しておこう。戦後初となる年次会議(第二回)が一九四六年にパリで開かれた際、はやくもＦＩＡＦには世代交代の波が押し寄せていた。

第一章で述べたように、ＦＩＡＦは一九三八年、英国映画協会（ＢＦＩ）のオルウェン・ヴォーン、ライヒスフィルムアルヒーフのフランク・ヘンゼル、シネマテーク・フランセーズのアンリ・ラングロワ、そしてＭｏＭＡフィルム・ライブラリーのアイリス・バリーとジョン・Ｅ・アボット等が創設した。ヴォーンは一九四三年、所蔵フィルムの無断貸し出しや使途不明の支出等を問題視され、ＢＦＩを解雇された(16)。東西分裂したドイツは、ライヒスフィルムアルヒーフの建物を引き継いだ東ドイツ国立フィルムアルヒーフだけでなく、西側のドイツ・キネマテーク／ベルリン映画博物館もＦＩＡＦ加盟に出遅れた（それぞれの加盟年は一九六五年と一九七三年）。ＦＩＡＦ創設メンバーではラングロワとバリーが残っていたが、バリーも一九五一年にはリチャード・グリフィスへとバトンを渡して引退する。

ＢＦＩを母体とする国立フィルム・ライブラリーからは、アーネスト・リンドグレン（Ernest Lindgren 1910–1973）が戦後ＦＩＡＦに颯爽とデビューした。奔放なヴォーンと対照的に、厳格に映画フィルムを管理したことで知られるリンドグレンは、技術面に長けた職員のハロルド・ブラウン（Harold Brown 1910–2008）と協力して、各国のお手本となるようなフィルムアーカイブの基礎を築いていく(17)。東近美開館の一九五二年に邦訳出版されたロジャー・マンヴェル著『映画の現代知識』には、リンドグレンの論考「映画の保存」が掲載され、目録作成やアクセス提供に関する――取得した映画フィルムは複製を作成するまで上映・貸出の対象とせず、研究者による閲覧はモニタ付の編集機材に限定するといった――いかにもリンドグレンらしい方針がはやくも紹介されていた(18)。当時の書評には、「イギリスの映画ファンが一六ミリによってフラハテーの「ナヌーク」（ロバート・フラハティ『極北のナヌーク』（一九二二））、ロレンツの「河」（ペア・ロレンツ『河』（一九三七））、エイゼンスティンの「ポチョムキン」（セルゲイ・エイゼンシュテイン『戦艦ポチョムキン』（一九二五））などを随時鑑賞できることは、われわれの羨望にたえない」(19)とある。

戦後のＦＩＡＦ会長としては、イェジー・テプリッツ（Jerzy Toeplitz 1909–2005）が圧倒的な存在感を放った【表1–2】。現在では任期二年、改選二回の制限があるが、テプリッツの任期は一九四八年から一九七一年まで長きに亘った。第一章で取り上げたボレスワフ・マトゥシェフスキに同じくポーランド出身で、一〇カ国語を操ったというこの映画史家は、アンジェイ・ワイダやロマン・ポランスキー等の名匠を輩出した国立ウッチ映画大学の創設者にして、ポーランド国立フィルムアーカイブ（Filmoteka Narodowa）の創立理事でもある(20)。冷戦下のテプリッツ時代、ソ連のゴスフィルモフォンドがＦＩＡＦ加盟を果たす一方、米国議会図書館は一九七〇年まで正式加盟を控えた。一九三九年の第一回ＦＩＡＦ会議への日本の参加については第一章で触れたが、欧米の少数のフィルムアーカイブに始まったＦＩＡＦを真の国際団体へと飛躍させようとしたテプリッツが、アジアからの加盟を歓迎しないはずはなく、日本映画の上映に並々ならぬ関心を寄せていたラングロワもまた、積極的に日本の加盟を促した。

　ブリュッセル（ベルギー）のＦＩＡＦ事務局の機関アーカイブズには、一九五〇年代から一九六〇年代にかけての日本に関連するおよそ五〇通の書簡が残されている（以下「ＦＩＡＦ日本関連資料」）。これによると、ラングロワはまず、訪日予定のあったフランスの映画製作者／配給業者のフランソワ・ゲルゲイ（Francois Gergely）という人物に助言を求めた。そして一九五二年一〇月、画家の硲《はざま》伊《い》之《の》助《すけ》から東近美の設立予定を知らされ、設立時の次長で美術評論家の今泉篤男を紹介された。ゲルゲイが実際に東近美を訪れてＦＩＡＦ加盟を呼びかけると、初代館長の岡部長景もその誘いを好意的に受け止めた。ゲルゲイと在仏日本大使館職員の二名が日本を代表して一九五三年のＦＩＡＦヴァンス会議に参加したことから(21)、ＦＩＡＦ事務局は、東近美フィルム・ライブラリーが一九五三年にＦＩＡＦに加盟したと認識していたが(22)、やや強引に加盟させられた感のある東近美側は対応が追いつかなかった。文部省社会教育局芸術課の当時の課長は、国際団体への加盟は時期尚早と判断して年会費の支払いを渋り続け、ラングロワから届いた「日仏交換映画祭」共催の提案も丁重に断った。続く一九五四年のローザンヌ会議、一九五五年のワルシャワ会議の参加者名簿に、日本人と思しき名前は見当たらない。

国際的な文化人としての川喜多かしこの横顔

戦後日本の〈映画保存運動〉の主役は川喜多かしこである。川喜多の生い立ちは、エッセイ集『映画ひとすじに』(講談社、一九七三／日本図書センター、一九九七)と『映画が世界を結ぶ』(創樹社、一九八三)に詳しい。この二冊の内容は重複も多いが、後者には佐藤忠男による評伝が添えられている。ここではエッセイのほか、川喜多が副社長として働いた「東和」の社史(23)、川喜多が創設した「フィルム・ライブラリー(助成)協議会」が毎年発行していた『世界のフィルム・ライブラリー』(24)等を使用して、その横顔を紹介する。

一九〇八年三月二一日、竹内カシ子として大阪に生まれ、大連や秋田等を転々として幼少期を過ごした川喜多は、横浜のフェリス女学院を卒業後、念願の留学を経済的な理由から諦め、英文タイプの能力を生かして東京駅前のビルにオフィスを構えるベンチャー企業に就職した。その就職先が、後に日本を代表する映画配給会社「東和」へと成長する。東和社長の長政との結婚後は映画の買いつけにも同行し、長政は妻の優れた審美眼に全幅の信頼を置いた。戦前からの度重なる渡欧、生涯で計二六回にも及んだ国際映画祭の審査員としての経験、東和が日本に配給した数多の名作にまつわる思い出、あるいは国内外の映画人との交際録を綴って新聞・雑誌等に寄せ、「徹子の部屋」（テレビ朝日）等の人気番組に出演することもあった川喜多の半生は、一九八〇年にテレビドラマ化もされた(25)。川喜多のトレードマークは、紫の和服と白足袋。『東和の六〇年抄』の表紙カバー色に古代紫が選ばれたように(26)、講談社版の『映画ひとすじに』、フィルム・ライブラリー助成協議会発行の「世界のフィルム・ライブラリー」創刊号（一九六六）、そして川喜多の生誕一〇〇年を特集した「NFCニューズレター（八〇号）」の表紙も、やはり紫を基調とする。

川喜多の、あるいは川喜多夫妻の評伝のほぼすべてが日本映画界への多大な貢献を手放しで讃える中、大宅壮一による一九五七年の「川喜多かしこ論」は例外的に、長政が拳銃所持で二九日間も刑務所に拘留されたことや、敗戦後すぐ映画配給業を再開できなかった東和が台湾から食料（砂糖やバナナ）を輸入して利益を上げたこと等、珍しいエピソードを紹介している(27)。珍しいといえば川喜多の一人娘・和子の最初の夫となった伊丹十三（Juzo Itami 1933–1997）は、当時五〇代の義母を「知識欲がそのまま人間になったような人物」、「普通の人間があの歳まであんな熾《さか》んな好奇心を持ち続けることはできるものではない」、「決断力が随分強い」(28)等、身内ならではの視点で評し、その身軽な旅のスタイルや花札の腕前にも言及した。伊丹十三プロダクションは作品の保存のためデュープネガを残したというが(29)、独立系プロダクションには珍しいそのような方針にも川喜多家の影響があったかもしれない。なぜなら、ほとんど映画保存の大切さに目を向けない日本の映画人に対して、ネガを大切に扱うよう訴えた人物こそ川喜多であった。

川喜多かしことフィルムアーカイブの出会い

川喜多がフィルムアーカイブの存在に意識を向けるようになったのは、おそらく一九五〇年代以降のことである。この頃の東和は、フランスのマルセル・カルネ監督『天井桟敷の人々』（一九四五）や、英国のアレクサンダー・コルダが代表を務めるロンドンフィルムの『第三の男』（一九四九）等の名作を日本に配給して次々とヒットさせていた。コルダの招きでロンドンを訪れた川喜多は、一九五三年のエリザベス女王の戴冠式を見物し、その直後に立ち寄ったベルリン国際映画祭でロッテ・アイスナーと出会った。戦前ドイツからフランスに亡命し、ラングロワの側近としてシネマテーク・フランセーズで働いていたアイスナーの紹介で、川喜多は後にラングロワとも親交を深めることになる。

それに先立つ一九五一年、東宝争議によって東宝を離れた黒澤明が大映（京都撮影所）で撮った『羅生門』（一九五〇）は、ヴェネツィア国際映画祭グランプリ、さらにアカデミー外国語映画賞を受賞した。敗戦国から突如現れたこの傑作には世界中からプリントの注文が殺到し[30]、柔道や日本食等いわゆる「日本ブーム」まで引き起こすことになった。『羅生門』に続いて、フランスのカンヌ国際映画祭で衣笠貞之助監督『地獄門』（大映京都、一九五三）がグランプリを、そしてヴェネツィア国際映画祭で溝口健二監督『雨月物語』（大映京都、一九五三）と『山椒大夫』（大映京都、一九五四）が二年続けて銀獅子賞を受賞した。

東和の駐在員として、そして一人娘・和子の英国留学を見守る目的も兼ねて、当時四〇代後半の川喜多はバッキンガム宮殿近くの高級フラットに生活の拠点を移した。ロンドンでもパリでも、映画誕生六〇年を祝う記念事業が催された一九五五年には、長らく失われていた衣笠貞之助監督『十字路』（衣笠映画連盟、一九二八）の英語の挿入字幕《インタータイトル》版がＢＦＩで発見され、大映の配慮で『山椒大夫』との交換が成立し、日本に里帰りした[31]。そのような友好関係が築かれつつあったＢＦＩから日本映画の新作を貸してほしいと頼まれ、戦前から日本映画の輸出を願って止まなかった東和の川喜多に好機が訪れた。一九五七年秋、ＢＦＩの国立映画劇場（National Film Theatre 以下「NFT」）は現在地のサウスバンクへと移転。エリザベス女王も列席した新生NFTのこけら落としでは、シェイクスピアのマクベスを日本の戦国時代に翻案した黒澤明の『蜘蛛巣城』（東宝、一九五七）はじめ、川喜多が映画会社と交渉して手配した一五本の日本映画が上映された。後に「世界のクロサワ」となる巨匠も、これが初めての海外への渡航となった。

BFIが一九三〇年代から発行する映画雑誌 ***Sight & Sound*** は、「日本が世界中で最も優れた映画を製作している」と評し、川喜多によると、英国ではとりわけ小津安二郎の『東京物語』（松竹大船、一九五三）が高い評価を得た(32)。翌年MoMAフィルム・ライブラリーでも「日本映画週間」が企画されると、映連は現地に日本の映画俳優を多数送り込んで広報に努めた(33)。NFT完成までほとんど公開上映をしなかったBFIや、戦後しばらく週一日しか上映日を設けなかったMoMAと違い、シネマテーク・フランセーズは設立当初から「上映」を主要任務の一つとしてきた。それだけにラングロワは、一〇〇本を超える規模の「日仏交換映画祭」の実現を諦めることなく、その計画を今度は東近美でも文部省でもない、川喜多個人に持ちかけた(34)。

後のフィルムセンター初代名誉館長・髙野悦子（Etsuko Takano 1929–2013）は、まさに一九五〇年代にフランス留学を経験していた。その髙野が、「敗戦後の貧しい日本に、世界中の関心が集まり、尊敬の念すら抱かれるようになったのは、一九五〇年代のすぐれた日本映画のおかげである」(35)と述べているように、映画の力で対外的な日本の印象はずいぶん向上した。一九五九年には、ドナルド・リチー等が英語圏で日本映画史に関する書籍を出版し、今日の実り豊かな日本映画研究の嚆矢となる（一九七〇年代にMoMA映画部門に勤務した経験があるリチーは、第一回川喜多賞の受賞者でもある）。新作に注目が集まれば、映画ファンや研究者の関心がその礎となった旧作に向かうのは当然であろう。しかし新作映画の市場と異なり、旧作映画は主に非営利のフィルムアーカイブのネットワークの中で貸し借りされる。FIAF創設四機関の内、三機関から矢継ぎ早にリクエストを受けた川喜多は、フィルムアーカイブが「いかに日本映画への理解とPRに役立つか」(36)を否応なく理解した。

ところが日本には、BFI、MoMA、そしてシネマテーク・フランセーズに並ぶような機関がなかった。世界に衝撃を与えるような傑作を生み出しながらも、その基盤となる国内の映画業界に余裕がなく、保存どころではなかったのである。欧米では複製ネガから上映用プリントが作成されていたが、経費削減のため、日本ではオリジナル原版から直接上映プリントを作成する習慣があった。また川喜多は、「日本では、映画を消耗品と心得て乱作するため、ネガの保存に十分の注意を払わない。海外で商取引をする場合、汚れたネガから起したプリントは、商品と見なされない。短編映画の例だが、ネガの悪いため、せっかく商談ができたのにキャンセルされた例が二つある」(37)と嘆いた。

牛原虚彦のFIAFドゥブロヴニク会議報告

さて、ここで東近美フィルム・ライブラリーとFIAFの関係構築に話題を戻したい。NFTのこけら落としの前年、川喜多は娘の和子と映画監督の牛原虚彦とともに初めてFIAF会議に参加した。この一九五六年の会議は、チトー政権下のユーゴスラビア(現クロアチア)のドゥブロヴニクで九月一五日から一九日まで催された。牛原は一九二〇年代の米国で喜劇王チャップリンに学んだ経験もある国際派で、戦後は日本大学芸術学部で教鞭を執るかたわら、国際映画祭の審査委員としても活躍していた。また、川喜多とは一九五

図12　1956年のヴェネツィア国際映画祭にて。左から三益愛子、川喜多、牛原、ルキノ・ヴィスコンティ、マリア・カラス（写真提供：公益財団法人川喜多記念映画文化財団／協力：牛原陽彦）

四年に「優秀映画鑑賞会」というグループを結成してもいた(38)。

牛原は東近美フィルム・ライブラリーの職員ではなかったが、先述の通り二〇名から成るフィルム・ライブラリー運営委員の一員として、議場でフィルム・ライブラリーが所蔵する日本劇映画の一覧を示し、散逸状況を率直に語った。その時点でフィルム・ライブラリーが所蔵する日本劇映画の本数はまだ一桁。ＦＩＡＦ日本関連資料に残る手稿からは、先述の『大人の見る繪本 生れてはみたけれど』や牛原が再編集した『路上の霊魂』のほか、畑中蓼坡《りょうは》監督『寒椿』（国活角筈、一九二一）、成瀬巳喜男監督『妻よ薔薇のやうに』（Ｐ・Ｃ・Ｌ、一九三五）、そして山中貞雄監督『人情紙風船』（日活、一九三七）といった題名が確認できる。日本映画を上映させてほしいという要望を参加各国から受けた牛原は、「現状を顧みて、心中顔あからむ思いに責めつけられた。こうした人々の厚意や敬意にむくいるためにも日本映画は、よほどしっかりしなくてはならぬ」(39)と報告を結んだ。

牛原の報告によると、この会議をきっかけにデンマーク映画博物館から一九〇五年の日本海海戦の映画が贈られることになったほか、日本に存在するドイツ表現主義映画『朝から夜中まで』（一九二〇）が、ドイツでは一般公開される機会もなく「ロスト・フィルム」となっていることが判明した。同作は、松竹配給で一九二二年に東京の本郷座で封切られ、その五年後に中央映画社が再公開し、東近美は一九五三年、この再公開時のプリントを国内の収集家から「購入」していた。『朝から夜中まで』の複製とG・W・パプスト監督『三文オペラ』(一九三一)との交換が成立したとき、「御世辞ではあろうが〔ドイツ側は〕日本のデュープネガ製作技術の優秀さをほめたたえた」(40)。ただ残念なことに、この頃は無声映画を白黒で複製するのが常で、複製後に日本側がナイトレートフィルムを廃棄したことから、そこに施されていたかもしれない手彩色・染色(tinting)・調色(toning)・ステンシルまたはそれらの組み合わせによる色の情報は失われた可能性がある。

何れにせよ牛原の報告のおかげで、たった一度のFIAF会議参加で実に有意義な情報が交わされたことがわかる。中でも特筆すべきは、中国からの思いも寄らない提案であろう。

中国からの日本映画返還の提案

一九五六年九月一〇日付の北京放送は、一八年の歴史ある「国際映画資料館連合会〔FIAF〕」がユーゴスラビアで開く「一九五六年度の連合大会」に、中国代表が正式招請を受けて派遣されたことを伝えた(41)。日本の川喜多や牛原に同じ「オブザーバー」の身分で派遣された中国電影資料館準備委員会の委員長、王輝(Wang Hui)は、二年後の中国電影資料館(China Film Archive 以下「CFA」)開館時に副館長に就任する人物である。調査目的でソ連や東欧諸国も訪れた同委員会の関係者は、FIAFには前年のワルシャワ会議(ポーランド)から参加していた(42)。

王輝は、中国にとって二度目となるFIAF会議で全二〇カ国の代表を前に、中国に残る一四六〇本(一九六六年の記事では「一四七〇種」)、一万巻相当の日本映画を無償で返還することを申し出た。しかしその後、この約束が果たされることはなかった。日中映画史を研究する劉文兵《りゅうぶんぺい》は、返還が実現しなかったことの一因に岸信介政権の対中政策を挙げる(43)。まさにその岸政権が発足した一九五七年二月、牛原は日本映画人代表団の団長として再び訪中し、首相の周恩来（在任期間一九五四―一九七六）と対面、同年八月には北京の第一回アジア映画祭に出席した。一九六四年にも日中文化交流会の代表団員として訪中して周恩来と再会した牛原は、一九六六年の時点で、「中国にわたる度ごとに、中国各地に散在しているという日本映画について努力を重ねて来たのであるが、日中両国関係にも、微妙な消長があり、折角の中国側の厚意もまだ結実するにいたっていない」(44)とした。結局のところ、CFAの正式なFIAF加盟は一九八〇年まで遅れ【表4-1】、東近美との接点は長らく失われることになった。

返還される可能性のあった日本映画は、一九六〇年代から一九七〇年代にかけて中国を覆い尽くした文化大革命を生き抜いたろうか。中国政府は一九六九年、西安に映画フィルム専用収蔵庫を建設し、これが一九七八年以降、正式にCFAの「西安電影資料庫」となった。NHKの長井暁によると、二〇〇八年の時点でCFAは、旧満洲の娯民映画一〇八本、啓民映画一八九本を所蔵する(45)。仮にこれが作品数を指すのなら、フィルム本数は一〇〇〇本を超えるかもしれない。

ちなみに、後のフィルムセンター主幹・大場正敏（現鎌倉市川喜多映画記念館顧問）【表4-2】の粘り強い交渉の賜物として、CFAからフィルムセンターに寄贈された映画が六本ある(46)。中でも、二〇〇五年に寄贈された大陸映画連盟会議（中華連合製片公司＝中華電影＝満映）製作、李香蘭主演『萬世流芳』（一九四二）は大きな話題になった。ちなみに李香蘭こと山口淑子（Yoshiko Yamaguchi, Li Xianglan 1920–2014）は、一九三八年から一九四三年にかけて、中国国籍と偽ったまま映画スターとして満洲映画協会の娯民映画を中心に活躍した。川

表4−1　アジアの公共フィルムアーカイブの FIAF 加盟状況
（オブザーバーまたは準会員としての加盟年を優先する）

設立年／加盟年	機関名
1949／1949	イラン国立フィルムアーカイブ
1960／1963	イスラエル・フィルムアーカイブ
1964／1969	インド国立フィルムアーカイブ
1972／1974	映画文献庫（北朝鮮）
1958／1980	中国電影資料館 CFA
1978／1980	バングラデシュ・フィルムアーカイブ
1974／1985	韓国映像資料院 KOFA
1979／1987	ベトナム映画協会フィルムアーカイブ
1984／1987	タイ・フィルムアーカイブ（公共機構）
1988／1988	スティーヴン・スピルバーグ・ジューイッシュ・フィルムアーカイブ
1970／1989	東京国立近代美術館フィルムセンター
1989／1992	国家電影中心（国家電影資料館）（台湾）
1993／1996	香港電影資料館
1996／2003	福岡市総合図書館フィルムアーカイヴ ※準会員
1927／2005	モンゴル国立中央公文書館（視聴覚・写真記録センター）※準会員
2001／2007	エイジアン・フィルムアーカイヴ（シンガポール）※準会員
1999／2008	レバノン国立シネマテーク ※準会員
2005／2008	ボパナ視聴覚リソース・センター（カンボジア）※準会員
1849／2013	シンガポール国立博物館 シネマテーク ※準会員
2014／2015	映画遺産財団（インド）※準会員

喜多長政は敗戦後、処刑寸前の山口の日本国籍を証明して日本に連れ帰ったことでも知られる。

旧満洲の映画は、国内で発見されることもある。田坂具隆が監修した日夏英太郎監督『君と僕』（朝鮮軍報道部、一九四二）の一部や、ミュージカル映画『私の鶯』（満洲映画協会＝東宝、一九四四）の不完全版の発見は、山口の出演作という話題性も手伝って注目を集めた。『私の鶯』は、製作を担当した岩崎昶の予見通り関東軍報道部が旧満洲での封切りを見送り、国内でも戦意高揚映画とは認められなかったばかりか、戦後もＧＨＱの許可が下りないまま封印された。そして一九八〇年代、高田馬場〈東京都新宿区〉のロシア料理店チャイカを経営する麻田平草〈ハルビン学院ＯＢ〉が、私費を投じて東京安田生命ホールで上映会を実施し、ようやく陽の目を見たのである(47)。

ＦＩＡＦ加盟の実際

東近美フィルム・ライブラリーのＦＩＡＦ加盟を重視したのは、先述の斎藤だけではなかった。牛原もまた、「日本のフィルム・ライブラリイは本年度〈一九五六年度〉の総会に於いてＦ・Ｉ・Ａ・Ｆのメンバアとしてオオソライズされた」「この大会〈ドゥブロヴニク会議〉ではじめて日本の国立近代美術館のフィルム・ライブラリーは、国際組織ＦＩＡＦの一員となった」(48)と伝えた。また、清水晶は「Ｆ・Ｉ・Ａ・Ｆ〈国際フィルム・ライブラリー連盟〉に会員として正式に加入したこと」は〈東近美の沿革に〉「書き落とせないこと」(49)と雑誌に書き、そして瀧口修造は少し遅れて一九六一年、「川喜多かしこ夫人などの努力によって国際フィルム・ライブラリー連盟〈ＦＩＡＦ〉に加入すると同時に、名実ともに充実した国立フィルム・ライブラリーにしようという運動が起きている」(50)とした。一九五八年に翻訳されたと思われる「国際フィルム・ライブラリイ連盟創設二〇周年記念特集パンフレット」には、一九五六年時点の三四カ国・三七団体の加盟機関の一つとして、「国立近代美術館フィルム・ライブラリー National Film Library〈Tokyo〉」の名称が掲載されている。つまりＦＩＡＦ側は先述の通り一九五三年以降、そして東近美フィルム・ライブラリー側は一九五六年以降、ＦＩＡＦ加盟を正式なものと見なしていた。牛原は一九六六年にも、「一九五六年が日本のフィルム・ライブラリーにとって第二の出発点になった」(51)と回想している。

ＦＩＡＦ日本関連資料によると、川喜多は一九五八年三月の一時帰国の際、当時のＦＩＡＦ事務局長マリオン・ミシェルに宛てたエアログラム（航空書簡）で、すぐにも東近美フィルム・ライブラリーを訪問する旨を伝えた。そして同年一〇月、東近美は川喜多に対してＦＩＡＦ会議参加を正式に委嘱した。一九五九年、ストックホルムで催されたＦＩＡＦ会議に再び参加した川喜多は、五名から成るＦＩＡＦ運営委員（Executive Committee）の一員となり、さらに一九六〇年には、先述のリンドグレンやゴスフィルモフォンドのヴィクトル・プリヴァトと連名でＦＩＡＦ副会長に選出された。この後、インド国立フィルムアーカイブの創設者Ｐ・Ｋ・ナイルが一九八三年に運営委員になるまで、アジアから役員が選出されることはなかった。一九九九年から運営委員を務めた韓国映像資料院の院長チョン・ホンテク（鄭鴻澤）が二〇〇一年に副会長となり、二〇〇三年から運営委員を務めたフィルムセンター主幹（当時）の岡島尚志が二〇〇五年に副会長、そして二〇〇九年に会長となったが【表1-2】、二〇一三年にタイ・フィルムアーカイブ（公共機構）のチャリダー・ウアバムルンジットが運営委員に選出されるまで、アジアの女性では川喜多を除いて例がなかった(52)。ちなみに、ウアバムルンジットは英国イーストアングリア大学で専門教育を受けた新世代のフィルムアーキビストであり、国際映画祭の審査員としても活躍し、川喜多がかつて日本映画界の国際的な窓口であったように、現在のタイ映画界の国際的な窓口となっている。

川喜多はしかし、一九六〇年以降、ＦＩＡＦにはほとんど関与しなかった。「貧弱な内容しか持たぬ日本のフィルム・ライブラリーがこの〔ＦＩＡＦの〕一員に加盟できたのもラングロワの力強い支持と援助があったためである」と川喜多が書いたように、予算の貧しい機関への配慮から、一五五〇フランの年会費は半額に減額されたが(53)、半額とはいえ七七五フラン（一九六〇年当時の固定レートで約六万円）の出所はわかっていない。ＦＩＡＦ事務局に残る議事録によると、一九六四年、東近美フィルム・ライブラリーは年会費の未払いを理由に正式に除名処分となり、日本とＦＩＡＦの曖昧な関係はここで一旦幕切れとなった。

川喜多自身はＦＩＡＦに「ちょうど居合わせたから参加」した、または「私と娘（和子）とは事務局長だったラングロワの特別の招待を受けて飛入り参加をした」(54)と控えめに記したのみで、運営委員や副会長としての経験にもことさら触れなかった。川喜多が一定の距離を置いた理由には、自身の所属や年会費の問題に加え、ＦＩＡＦ最大の危機とされる一九五九年の「ラングロワ事件」があったと考えられる。

一九五九年のラングロワ事件――ＦＩＡＦとの決別

通常「ラングロワ事件」とは、フランス政府の方針で初文化大臣のアンドレ・マルローがラングロワを更迭し、各国の著名人や文化人が反対署名運動やデモを起こした一九六八年の出来事を指す。しかしここでは、一九五九年のＦＩＡＦストックホルム会議でラングロワに対する不信任案が可決され、シネマテーク・フランセーズがＦＩＡＦを脱会した一件を指す(55)。「保存」と「上映・展示」のどちらを優先するかといった方針の違いから、「保存」派のリンドグレン（ＢＦＩ国立フィルムアーカイブ）やリチャード・グリフィス（ＭｏＭＡ映画部門）と、「上映・展示」派のラングロワのあいだには以前から軋轢が生じていた。ラングロワはＦＩＡＦに対して、「情熱だけで衝き動かされているような「映画ファン」的組織からは遠くなっていく」、「「官僚的」な仕事を行なうアーカイヴやシネマテークはかつての自由な輝きを失いつつある」(56)等と不信感を露わにしていた。

シネマテーク・フランセーズでは、「ラングロワの天性の性格、そして資金の不足と職員がいないこともあって、フィルムは普通の意味での整理が行われなかった」(57)。要するに、コレクション管理はずさん極まりなかった。ストックホルム会議直前に起こったナイトレート火災では、エリッヒ・フォン・シュトロハイム監督『ハネムーン』（一九二八）はじめ、日本映画も含む貴重な無声映画が焼失し、ラングロワが川喜多に宛てた謝罪の手紙も残されている。一九七七年のラングロワの死に際しても、本人以外に映画フィルムの置き場を把握する者はなく、後のシネマテーク・フランセーズ館長は、「ラングロワの仕事を批判的に継承」(58)することになる。

ラングロワには映画フィルムの違法コピーや盗難の疑いがあり、FIAFから法的に訴えられたこともあった。先述のP・K・ナイルは、敬愛するラングロワを真似て映画フィルムを無断で複製したことを認めている(59)。このような行為を防ぐためか、一九九八年のFIAFプラハ会議で可決されたFIAF倫理規程（FIAF Code of Ethics）は、前文に続き、（1）所蔵コレクションに関する諸権利、（2）次世代の諸権利、（3）利用に関する諸権利、（4）〔フィルム〕アーカイブ同士・同僚間の権利、そして最後の「（5）個人の行為」でフィルムアーキビストの正しい行いを定め、「同僚〔フィルム〕アーカイヴの所蔵品を無許可で複写」してはならないと説く(60)。一九三〇年代に遡る長い国際交流を経ても、ここまでフィルムアーカイブ活動の理論の体系化が遅れたことには、言語の壁のみならず、フィルムアーキビストの感情的対立が作用したのかもしれない。

話題をFIAFストックホルム会議に戻そう。この会議でラングロワは、ベルギー王立シネマテークのジャック・ルドゥーとの激しい口論の後、「仲間」と議場を去ったとされる。ラングロワの仲間とは、シネマテーク・スイスのフレディ・ビュアシュ、ジョージ・イーストマン・ハウス（現ジョージ・イーストマン博物館）のジェームズ・カード、トリノ映画博物館のマリア・アドリアーナ・プローロ、そしてマダム・カワキタ――川喜多も、ラングロワとともにFIAFを去った一人であった(61)。映画フィルム入手の困難からFIAFに再加盟した機関もあったが、シネマテーク・フランセーズのＦＩＡＦ再加盟は一九九一年まで、フィルムセンターのＦＩＡＦ正式加盟も川喜多の亡くなる年（一九九三年）まで遅れた。

元ＦＩＡＦ事務局長ブリジット・ヴァン・デル・エルストによると、「シネフィルの神様」、そして「ヌーヴェル・ヴァーグの父」たるラングロワへの批判は、フランスでは長らくタブー視されていた(62)。収集家でもあったラングロワは、パリが一九四〇年にナチス・ドイツに占領されても、映画フィルムを隠して守り抜いた。映画フィルムの「上映」だけでなくノンフィルム資料の「展示」にも力を入れ、コレクションは利用者に惜しまず提供した。古今東西のあらゆる映画を上映する場として、シネマテーク・フランセーズは観客に支持され、実際に常連の中からフランソワ・トリュフォー、ジャン＝リュック・ゴダールといった幾人もの映画作家が世に出た（トリュフォーの『大人は判ってくれない』もゴダールの『勝手にしやがれ』もストックホルム会議に同じ一九五九年の作品である）。ほとんど無名のリンドグレンやルドゥーと違い、ラングロワの名は日本の映画ファンにもよく知られている。

たとえ短期間であっても、和服姿の川喜多がＦＩＡＦ会議に参加し、まだ本格的なフィルムアーカイブではなかった東近美フィルム・ライブラリーの存在を示したことの意義は大きかった。*Keepers of the Frame* に登場する唯一の日本人「マダム・カワキタ」は、今や伝説となっている初期のフィルムアーキビストたちと人的な交流を深めた。そして一九五九年頃に英国暮らしを終えて日本に居を戻してもなお映画保存への情熱は冷めることなく、新聞や雑誌に寄せるエッセイやコラムに映画保存の話題を織り込むようになった。しかも川喜多は、一九六〇年から独自の〈映画保存運動〉に着手するのである。

2　〈映画保存運動〉の萌芽期――一九六〇年代

フィルム・ライブラリー助成協議会の設立

ＭｏＭＡフィルム・ライブラリーはハリウッドの映画界と対等に渡り合い、旧作の原版やプリント寄贈を次々と受け入れ、維持管理費が重荷となって停滞期に入ってしまうほど、一九五〇年代にそのコレクションを急速に成長させていた(63)。同じくＦＩＡＦ創設機関の一つ、ＢＦＩの国立フィルム・ライブラリーは、一九五五年に国立フィルムアーカイブと改称してＢＦＩ内部で自律性を高め、はやくも映画フィルムの目録規則を発行するまでに専門業務を洗練させていた(64)。片や東近美フィルム・ライブラリーは、購入費の変遷を見ても、一九五二年度が三〇万円、一九五三年度が一五〇万円、一九五四年度が一三五万円、一九五五年度が九五万円、そして一九五六年から一九六一年までが九〇万円と足踏み状態であった(65)。斎藤宗武曰く、「〔九〇万円では〕とても活発な活動はできません。劇映画を四本も購入するとそれでおしまい」(66)。

そのような時期、まさに救世主として現れた川喜多かしこは、一九六〇年九月に東和に東宝の資本が注入されて「東宝東和」となるタイミングで会社経営から手を引くと、以降、〈映画保存運動〉に邁進した。第二章で触れたように、中国やドイツを第二、第三の故郷とした夫の長政に、海外で日本映画が相手にされなかったこと、そして侵略戦争に加担したことへの苦渋があったとすれば、一転して日本映画が高く評価され始めた戦後、民間の映画配給会社の経営者の座にとどまりながらも、妻が推進する非営利の〈映画保存運動〉を支えた動機は理解できる。

一九六〇年一一月に東近美フィルム・ライブラリーの運営委員に加わった川喜多は、このフィルム・ライブラリーを国立フィルムアーカイブとして発展させるべく、翌一二月に「フィルム・ライブラリー助成協議会」（Japan Film Library Council 以下「協議会」）を設立した。当時の大映社長・永田雅一は、協議会理事長に就任することで協力の意志を示し、常務理事に川喜多自身と池田義信が、そして理事に小津安二郎（一九六三年の小津の没後は映画監督の五所平之助）が就任した。清水晶も東和を退社して協議会の事務局長（後に協議会が財団化されて以降は常務理事）を務めた。団体会員としては、映連のほか大手映画会社や現像所、外国映画輸入配給協会、富士フイルム、映画ペンクラブ等、全二四機関が加盟し、個人会員は一二名、維持会員は一三五名にも及んだ(67)。

協議会の創設に際しては、東京大学の「映画研究会」および「映画探求集団」の招きで座談会が催され、川喜多はじめ東近美の斎藤、映画評論家の佐藤忠男、山田和夫（Kazuo Yamada 1928–2012）、監督デビュー直前の松山善三が登壇した。この座談会で配布された小冊子「みんなのフィルム・ライブラリーをつくろう」には、この領域の当時の現状や課題がわかりやすくまとめられている(68)。これを読むと、既に一部の映画研究者や映画ファンがフィルムアーカイブの必要性を理解し、海外に比して日本の映画保存体制がいかに貧弱であるかを把握した上で、協議会のような団体の創設を待望していたことがわかる。協議会は、レイ・エドモンドソンが重視するところの「〔視聴覚アーカイブの〕成功を重視し、程度の差こそあれ〔視聴覚〕アーカイブ側も一定の説明責任を果たす友人や利害関係者のコミュニティ」(69)として、東近美フィルム・ライブラリーの強力な支持基盤となった。〈映画保存運動〉は、川喜多の孤独な闘いではなかったのである。では続いて、協議会の一九六〇年代の取り組みを具体的に見ていこう。

フィルム・ライブラリー助成協議会の貢献

東近美フィルム・ライブラリーと「表裏一体」の関係にあった協議会の最初の重要な仕事として、アンリ・ラングロワ念願の「日仏交換映画祭」が遂に実現した。そしてこの映画祭の作品選定の過程で、日本映画が「残っていない」という事実が改めて明るみに出た。リクエストに応じて出品の事務を代行した協議会は、一九六一年、日本の大手映画会社に対して「一度自分たちの倉庫を念入りに点検すること」(70)を願い入れた。「フィルム愛護は我等の使命」を合言葉に全日本映写技術者連盟が一九七〇年代まで発行していた雑誌『映写』によると、せめて優秀な映画だけでも選別して保存しようと、協議会は一九四六年から一九六〇年までの劇映画を中心とする計一八五作品を「第一次保存映画」に指定したこともあった(71)。発足一〇年あまりの東近美フィルム・ライブラリーの所蔵作品数は、日本劇映画二四、外国劇映画五一、美術映画やアニメーション等五七、ニュース映画七八。その後も一年あたりの新規購入は、劇場公開用「優秀日本映画」約二〇作品だけであった(72)。この頃、欧米のフィルムアーカイブの所蔵本数の目安として引き合いに出されたのが、当時の日本からすれば手の届きそうにない「五万本」という数字である(73)。川喜多は、上映後にフランスから日本に戻ってくる日本映画が「我国のフィルム・ライブラリーの基礎となり心棒となるに違いない」と考え、字幕付プリント作成費の一五〇〇万円を政府予算や映画業界の寄付に頼った(74)。

「フランス映画の回顧上映」と題して、一九六二年八月から一二月まで、まず一五五作品のフランス映画が日本で上映された。全面改装によって上映スペースが当初の八〇席から二一〇席へと拡張されたフィルム・ライブラリーには、先着制の「朝の部」の二時間前から長蛇の列ができて近隣から苦情が出るほどであった。

また、事前申込制の「夜の部」には、少ない回でも一〇〇〇枚、多い回で八〇〇〇枚を超える応募ハガキが届いた(75)。次に一九六三年六月から九月まで、日本から送った一三一作品にフランスにあった一一作品を加えた計一四二作品の日本映画がフランスで上映された。先述のアンドレ・マルローの文化省の後援を受けて、「日本映画入門――日本フィルム・ライブラリーへの賛辞をこめて」と題されたこの上映会は、シネマテーク・フランセーズの新しい上映施設の落成に華を添えた。

日仏交換映画祭の成功等を評価され、川喜多は一九六四年、「芸術の各分野で優れた業績を挙げた個人」に贈られる芸術選奨を受賞した(「映画」は一九五三年からカテゴリーの一つとなっていた)。受賞の挨拶で川喜多は、せめて毎年のベスト・テンに入選する作品は、各社がプリント一本をフィルム・ライブラリーに寄贈すること、そして「貴重な文化的遺産の保全という立場から」、ナイトレートフィルムが共同保存できるような専用収蔵庫の建設を提案した(76)。

引き続き一九六〇年代の協議会の主だった取り組みを確認したい。交換映画祭を第一とすると、第二に、協議会は海外の映画人を招聘する際のコーディネート業務を担った。例えば、一九六四年に来日して東近美フィルム・ライブラリーを訪れたジョルジュ・サドゥールは、一九二〇年以降に製作された五〇本の日本映画を閲覧し、先述の『大人の見る繪本 生れてはみたけれど』や溝口健二監督『浪華悲歌《なにわエレジー》』(第一映画、一九三六)との出会いだけでも来日した甲斐があったと謝意を示した。しかし、あまりに手薄なフィルム・ライブラリーの実情にはさすがに驚きを隠せなかった。そこで、限られた予算で〈映画保存運動〉を牽引する協議会の努力を讃えつつ、「《映画の美術館》は、例外なくすべての映画を保存しなければならないのである。というのは、それらの作品のいずれもが、特に芸術作品と見なされていなくても、一つの宝物であるからである」(77)と述べ、日本政府にフィルム・ライブラリーの機能拡充を訴えた。第三に、国内外のフィルムアーカイブ活動に関する情報を発信した。一九六五年から国の補助金（五〇万円）が協議会に交付されるようになり(78)、翌年から一九九二年まで、年報を兼ねた調査報告書『世界のフィルム・ライブラリー』を計二七冊発行したのである。簡易製本の冊子ではあるが、海外約三〇カ国のフィルムアーカイブの基本情報、そして国内各地のフィルムアーカイブの進捗情報を紹介し、この領域の調査研究の先駆けとなった。第四に、協議会は映画フィルムやその関連資料を積極的に収集してもいた。そして、映画業界から東近美への日本映画の寄贈を斡旋した。国内からは、例えば、滋賀県の彦根市立図書館に所蔵されていた井伊直弼の伝記映画や、池田富保監督『尊王攘夷（建国史 尊王攘夷）』（日活太秦、一九二七）の寄贈を受けた(79)。国外では、映画の保存科学の礎を築いたフィルムアーキビストとして知られる東ドイツのヘルベルト・フォルクマン（フォークマン）に川喜多が問い合わせて、『土』（日活多摩川、一九三九）の存在を突き止め、一九六九年にその複製が日本に届けられたこともあった。監督の内田吐夢は、「少しぐらい怪我していようが何しようが、可愛い子供が帰って来た」(80)と喜んだ。また、ソ連からフセヴォロド・プドフキンの無声映画『母』（一九二六）と『大地』（一九三〇）を受け取って、黒澤明の『白痴』（松竹大船、一九五一）を贈るといった「交換」の機会ももたらされた(81)。

以上のように、協議会は「映画界の良き研究室となり広く映画文化の普及への窓」(82)となった。国外では協議会が東近美本体と混同されることもあり、川喜多を介して海外との信頼関係が構築されていたため、込み入った問合せほど川喜多個人宛に届いたという(83)。

米国議会図書館が所蔵する日本映画

一九六七年、米国議会図書館から東近美に約一四〇〇本の日本映画が返還されることになった。第三章でも述べたように、議会図書館のいわゆる「接収映画」の存在は隠されていたわけではなかった。では、何をきっかけに返還が実現へと向かったのかといえば、その兆しは東近美開館から一〇年目の一九六二年に既にあった。というのも同年一〇月、キューバ危機の只中にあったケネディ政権下の米国で、「戦争請求法」(War Claims Act of 1948)および「対敵通商法」(The Trading with the Enemy Act)が改正され、接収映画の権利が元の著作権者に戻されたのである。日本はサンフランシスコ講和条約第一九条で請求権を放棄しているため、所有権は米国に残ったが、例えば「日本ニュース」の二次使用の際には、在米日本大使館や外務省を介して、著作権者たる日本映画社に時折連絡が入るようになっていた(84)。

映像文化製作者連盟(映文連)の阿部慎一(Shin'ichi Abe 1913–1986)は、戦前の日本映画社に勤めた経験から、とりわけ記録映画やニュース映画に関心を寄せていた。そして一九六四年一〇月に現地を訪問し、接収映画の返還が不可能ではないと知るや、川喜多の費用負担で目録をマイクロフィルム化して持ち帰った(85)。阿部が入手した目録には、失われたと思われていた劇映画の題名も多く含まれた。そこで二年後の一九六六年九月、協議会理事の登川直樹が現地を訪問し、返還の折衝役をこなした。登川は、アルファベット順に整然と並ぶ現物の映画フィルム以上に、専用収蔵庫に感銘を受けた。延焼を防ぐためコンクリートで小部屋に仕切られた内部は、温度・湿度が低く一定に保たれ、天井にはスプリンクラーまで設置され、ナイトレートフィルムの万一の爆発の際には扉が外側に飛び出す構造を持っている。宿直室もあれば、消防署に連結している火災報知器まである(86)。驚きを隠せない登川の様子から、同時期の東近美フィルム・ライブラリーが設備の点でかなり劣っていたことがわかる。

かつて四州七施設に分散されていた議会図書館の視聴覚資料は、オハイオ州デイトンの軍事基地を拠点とした映画放送録音物部(MBRS)も含め、二〇〇七年にバージニア州カルペパーの国立視聴覚資料保存センター(NAVCC)に統合された。建設費およそ二億ドルの八割を寄付したデイヴィッド・パッカードの名を冠して、その施設全体が「パッカード・キャンパス」と呼ばれる(87)。ロシアのゴスフィルモフォンドの約六〇〇名、中国電影資料館の約三四〇名と比較すれば、MBRSの正職員数一一〇名はむしろ少なく感じられるが、所蔵する動的映像資料は二〇一五年の時点で約一七六万アイテム(映画フィルムは約七〇万巻)にもなる(88)。ただし登川の訪米時は、ワシントン州の別館に難燃性のアセテートフィルムが、そこから車で約三〇分の距離にあるメリーランド州スートランドの収蔵庫にナイトレートフィルムが保管されていた。何れの収蔵庫も空調は備えていたが、入庫時から物理的状態にばらつきがあった日本映画の中でも劣化したフィルムについては、廃棄処分も検討されていた。返還条件として議会図書館は、閲覧用に適した形状として重宝されていた一六ミリフィルムの複製を望んだ。しかし、日本語音声の扱いは米国内では難しい。そこで、日本で複製した一六ミリフィルムを議会図書館に送り届ける交換方式に落ち着いた。返還に伴う輸送費や、その後の映画フィルムの維持管理費の負担を懸念した著作権者(主に映画会社)は、必ずしも返還を歓迎しなかった。また、目録には著作権者が特定できず行き場のないフィルムも含まれた。そこで文部省は「国」を受け皿とする一九六七年度から三年計画の返還事業として、初年度は三五五〇万円(実際に必要な額の三分の一)の予算を確保した(89)。

議会図書館に収蔵されていた接収映画の本国返還は、協議会が「かげの推進者」(90)となって実現に向かったが、登川と同じく協議会理事を務めた牛原虚彦によると、この頃アンリ・ラングロワも米国に対して日本映画の返還を働きかけていた(91)。シネマテーク・フランセーズを解任された一九六八年以降、ラングロワは頻繁に渡米して大学等で講義を受け持ち、米国カリフォルニア大学バークレー美術館のパシフィック・フィルムアーカイブ設立に尽くした。一九七四年には映画保存への貢献により、第四六回アカデミー名誉賞も受賞した(92)。

日本映画の返還事業とその恩恵

登川の訪米から約一年後の一九六七年一一月八日、当時の東近美の庶務課長兼フィルム・ライブラリー責任者の福間敏矩【表4-2】は、議会図書館の館長ローレンス・マムフォード(93)とともに交換協定文書に調印した。斎藤の報告によると、同月一九日にメリーランド州ボルチモアを出航した大阪商船三井船舶「のうほうく丸」に積載されたナイトレートフィルムは、パナマ運河経由で一二月二三日に横浜港に到着、二重扉で仕切られた摂氏四度以下の冷凍庫（川崎いづみ倉庫）に仮置きされた。二日後の二五日、現地で斎藤等が防寒服姿で仕分けし、「劇映画」と思しきフィルムを横浜シネマ現像所（現ヨコシネＤＩＡ、以下「ヨコシネ」）へ、それ以外の「文化・記録映画とニュース映画」をキヌタ・ラボラトリー（以下「キヌタラボ」）へと送り出した。諸手続きと現像所への引渡しはその年の仕事納めの二七日に完了し、一九六八年一月八日および九日、複製作業に入る前に、やはり斎藤等が各現像所に赴いて、缶ラベルと中身の照合を進めた(94)。調印から僅か二カ月、ナイトレートフィルムの危険性への配慮からか、作業は冬期を選んで迅速に進められた。

日本映画技術協会（現日本映画テレビ技術協会）の機関誌はその直後、ナイトレートフィルムの取り扱い方法や劣化五段階のデータ等を含む米国の映画技術者協会（ＳＭＰＥ）の記事を翻訳掲載した(95)。常に新技術を追いかけることに忙しい業界は、返還事業に関与することでもなければ過去の技術を顧みなかったかもしれない。酢酸臭を伴なって急激に進行するアセテートフィルム特有のビネガーシンドロームの脅威がまだ知られていなかった当時は、「寿命的にもより長く、安全性からみてもはるかにすぐれている難燃性トリアセテート・フィルム」の複製が保存用マスターであり、オリジナルのナイトレートフィルムは廃棄処分すべき無用の長物であった。そのため、ナイトレートフィルムをアセテートフィルムに複製する作業（これを「不燃化」と呼ぶ）が推奨され、ＦＩＡＦですら「ナイトレートは待ってくれない」（Nitrate Won't Wait）というスローガンの下、加盟機関に不燃化を急かしていた。

ここで、米国からの返還映画の複製作業を引き受けた二つの現像所――劇映画を担当したヨコシネと文化・記録映画を担当したキヌタラボ――について見ておきたい。返還映画に含まれ、国内で発見された音ネガと合せて二〇〇七年に復元された国策映画『赤道越えて』（太秦発声映画＝横浜シネマ商会、一九三六）等に名称が残るように、ヨコシネの前身は佐伯永輔が一九二三年に創立した映画会社「横浜シネマ商会」であった(96)。戦時中の空襲で全工場を焼失したが、占領期にはＣＩＥや米国大使館映画課から現像を受注し、その後はテレビ用の一六ミリフィルムを多く扱うようになった。一九五七年にヨコシネが日本で初めて導入したという米国オックスベリー社のオプチカル（光学式）プリンターは、返還映画の複製作業にも使用されたと思われる。返還映画のためには、特別に摂氏〇度以下の倉庫も用意された(97)。一方のキヌタラボ（現光映新社）は、一九三〇年代に設置された東宝砧撮影所の現像課を前身とする。砧撮影所といえば円谷英二の名が思い浮かぶが、ここにも一九六三年、特撮映画用に英国ウィリアムソン社のオプチカルプリンターが導入されていた。返還映画を扱うに当たっては、当時の東宝社長・藤本真澄が自らを委員長に、一二名の技術者から成る「文化財フィルム複製委員会」を結成した。議会図書館側は、劣化の原因とされるハイポ（定着剤）の残留値を「ロス＝クラブツリー・メソッド(98)〔ISO 417–1977〕で〇・〇〇五ミリ以下」と規定したが、キヌタラボおよび小西六写真工業（現コニカミノルタ）の試験結果によると、複製プリントについては〇・〇〇三ミリ以下まで抑えることができた。東宝の白黒現像の全盛期を支えたキヌタラボは、需要の減少により一九五九年に独立し、一九七三年には業務を停止したが(99)、ヨコシネは二〇一四年まで現像業務を継続していた。

後述の京都府フィルム・ライブラリーの江馬道生（Michinari Ema 生年不詳）によると、一九六〇年代の大手現像所は行政の仕事を敬遠していた(100)。なぜなら旧作のナイトレートフィルムには化学的な劣化やカビの発生、物理的な損傷、長年の汚れの堆積等が予測され、しかも新作映画のように複数プリントの発注も期待できないからである。ヨコシネとキヌタラボの両現像所にとって、手間のかかる補修やクリーニング、場合によっては劣化して縮んだフィルムをフレームごとにプリントするような作業は、まるで採算が合わなかった(101)。しかしながら、ここからフィルム・ライブラリーと現像所との連携が生まれたことを考えれば、技術的にも物量的にも初めての経験として、日本国内で縮小一六ミリの複製やオリジナルの不燃化が行われたのは、その後のフィルムアーカイブ活動にとって幸運なことであった。

返還後のナイトレートフィルム

「懐かしの映画」が「日本のオールド・ムービー・ファンを喜ばす」(102)といった当時の各紙の見出しから、

近・現代史研究に不可欠な一級資料としての重みは伝わらないが、返還映画は東近美フィルム・ライブラリーのコレクションを充実させただけでなく、その実務を鍛えることにもなった。返還された約一四〇〇本のナイトレートフィルムについて、米国側の目録は整合性に欠け、缶ラベルと中身の不一致や同作品の重複も目立ったという(103)。返還映画の本数把握が段階を追って変動したのはそのためであろう。斎藤は不燃化後の試写の段階に「ABC評価」を設けて、仕上がりを厳しくチェックした。試写を経て、まず溝口健二監督『残菊物語』(松竹京都、一九三九)の特別上映が一九六八年五月下旬に行われた。続く六月から七月にかけて二〇作品、一一月から一二月にかけて一九作品の劇映画が一般上映され、協議会は作品解説『返還映画の特集』を発行した。返還映画には、無声映画時代の監督作品のほとんどを失った牛原虚彦の『進軍』(松竹蒲田、一九三〇)はじめ、小津安二郎監督『母を恋はずや』(松竹蒲田、一九三四)、日本初の保存映画として第二章で紹介した田坂具隆監督『土と兵隊』(日活多摩川、一九三九)、同『五人の斥候兵』(日活多摩川、一九三八)、島津保次郎監督『兄とその妹』(松竹大船、一九三九)といった重要な作品が並んだ。トップタイトルやエンディングの欠如、一巻以上の欠落等が見受けられる「不完全版」も上映の機会を得たことは、その後の上映のあり方にも影響したはずである。しかし文化・記録映画およびニュース映画の参考上映は、ここまでで三本と少なく、明らかに劇映画が優先されていた。

では、これら映画フィルムは適切に保存されたのか。保存環境の整備についても、前向きな試みがなかったわけではない。文部省はおよそ一万坪の旧日本陸軍多摩火薬製造所跡地(東京都稲城市)の使用許可を得て、収蔵庫の建設候補地として現地視察まで済ませていた。在日米軍多摩サービス補助施設に隣接するこの跡地は高速道路のインターチェンジに近く、運搬にも向いていた。第二章で紹介したデンマークには、冷戦時代の核シェルタを、そしてオランダには、第二次世界大戦中にナチス・ドイツが建設したトーチカをナイトレートフィルム専用収蔵庫に転用した事例がある(104)。同様に、堅牢な戦争遺構等を映画フィルム収蔵庫に転用する海外事例は珍しくない。ところが福間の回想によると、この計画は「些細な理由」から頓挫してしまった。晩年の福間は、専用倉庫がなかったために「価値なしと思ったもの」を「どんどんジャンク屋に渡してしまった」(105)ことを悔やんだ。

独立問題の発生——フィルム・ライブラリーからフィルムセンターへ

返還された日本映画が上映されていた一九六八年六月、東近美の管轄は、文部省外局として設置された文化庁(Agency for Cultural Affairs)へと移った。そしてこの頃には、手狭となった東近美本館の移転が既に決まっていた。建設候補地は、本来は現NHK放送センター(東京都渋谷区の代々木公園)の付近で、京橋の土地と建物を売却しておよそ一二億五〇〇〇万円の建設費を賄う予定であった。ところが、ブリヂストンの創業者で文化芸術振興への貢献で知られる石橋財団の石橋正二郎が、北の丸公園(東京都千代田区)への移転を条件に建築費の全額を寄付したことから、売却の必要がなくなった。総理府(現内閣府)が国立公文書館用に確保していた北の丸公園の土地は、石橋の幼なじみでもある法務大臣の石井光次郎(石橋財団二代目理事長)の尽力により、閣議決定で東近美の建設地となり、結果的にその敷地は、現国立公文書館より広く、竹橋駅に近い側を占めることになった(106)。

各国のフィルムアーカイブの視察を重ねていた協議会は、このタイミングでフィルム・ライブラリーを京橋に残して東近美から「独立」させたいと考えた。そこで一九六六年、「国立近代美術館の移転に伴うフィルム・ライブラリー分置に関する請願」を、そして翌年「国立フィルム・センター設置の請願」を文部大臣に提出した(107)。一九六八年には文化庁が「フィルムセンター専門調査会」の調査結果を踏まえ、報告書「国立フィルムセンター設置について」を提出し、独立の必要性はほぼ認められた(108)。大量の日本映画が返還された直後でもあり、その必要性は説得力を持ち得たと思われる。当時の報道では、テレビ作品の収集・保存も視野に入れた本格的な「動的映像アーカイブ」が期待された(109)。それでも結局のところ独立は実現せず、京橋の建物は東近美の「分館」扱いとなった(110)。

文部省の鹿海信也は、フィルム・ライブラリーの運営を本格化する方法として、(1)民間団体が設立して国が補助する、(2)国の予算で設置運営される機関として特殊法人国立フィルム・ライブラリーをつくる、(3)現行の東近美の一部門として充実強化するという三つの型を紹介した。文部省は(1)を推し、映画業界は(2)を好んだというが(111)、現実には(3)が選ばれた。この後、五〇年近く続くことになる独立問題の始まりである。

ＦＩＡＦ会長のイェジー・テプリツ【表1-2】は、一九六七年のＦＩＡＦベルリン会議で「フィルムアーカイブの不在はその国の文化の未熟さを示すものである」と述べ、独立を勝ち取ったばかりのアフリカ諸国等、まだフィルムアーカイブのない国に対して積極的にその新設を呼びかけた。また、創設間もないフィルムアーカイブを支援するため、フィルムアーキビスト育成コース(後のＦＩＡＦサマースクール)の準備も始まっていた。髙野悦子は、フィルムアーカイブが「フィルムアーカイブ」という名称を持たないとき、その存在意義がわかりづらくなり、とりわけ母体となる組織から独立できていないと、目的が曖昧になり、予算や人材も外から見えにくくなると指摘した(112)。もっとも、「独立」だけがこの領域の成熟度のバロメーターというわけではない。視聴覚アーカイブ活動を充実させる条件として、エドモンドソンは「独立」以上に、適切な予算と専門職員の確保、そして一定の自律性を重視する(113)。

独立した国立フィルムアーカイブを持たない国では、国立の図書館、公文書館、博物館の一部門がその機能を兼ねることがある。オーストラリアの国立視聴覚アーカイブは一九八四年に独立を果たし、その二年後、オセアニア初のＦＩＡＦ会議をキャンベラで開催したが、それまでは国立図書館を母体としていた(114)。アジアの事例では、モンゴル国立中央公文書館の視聴覚・写真記録センターがＦＩＡＦに加盟し、シンガポール国立博物館も内部のシネマテークを充実させている【表4-1】。

米国の場合は、一九七八年に映画フィルムの法定納入機関となるタイミングで設置された議会図書館のＭＢＲＳと並び、国立公文書記録管理局（ＮＡＲＡ）に「映画・音声・ビデオ調査室」が整備され、ＭｏＭＡやＧＥＭのような美術館・博物館の映画部門はじめ、ＵＣＬＡフィルム＆テレビアーカイブやハーバード・フィルムアーカイブに代表される大学付属のフィルムアーカイブが相互補完的に機能している。二〇一七年の時点で、日本のＦＩＡＦ加盟フィルムアーカイブは二機関と少ないが、米国からはフランスの二一機関に次いで多い一七機関が加盟する。つまり図書館、公文書館、博物館の一部であっても、必要な予算や人材と自律性が担保され、国内外のフィルムアーカイブとの連携の中で専門性を高めることができていれば、問題はそれほど深刻ではないのである。

3　〈映画保存運動〉の成長期——一九七〇年代

建物の分離とフィルムセンターの設立

表4-2　歴代の東京国立近代美術館フィルムセンター主幹

代	在任期間	氏名
1	1971-1973	福間敏矩（Toshinori Fukuma 1917-2011）※庶務課長兼任
2	1973-1978	鳥羽幸信（Yukinobu Toba 1916-1992）
3	1979-1988	丸尾　定（Sadamu Maruo 1927-）
4	1988-2005	大場正敏（Masatoshi Oba 1945-）
5	2005-2017	岡島尚志（Hisashi Okajima 1956-）
6	2017-2018	とちぎあきら（Akira Tochigi 1958-）

一九七〇年五月、ついに「東京国立近代美術館フィルムセンター」が誕生した。それまでの組織図には「庶務課」と「事業課」があるばかりで、フィルム・ライブラリーは付帯事業に過ぎなかったが、その事業が新設のフィルムセンターに吸収され、ようやく正式な位置づけを得たのである。待望の独立こそ果たせなかったが、母体となる本館の建物から分離されたことによって、日本のフィルムアーカイブ活動は大きく前進することになった。

同月、東近美の初代館長・岡部長景が逝去した。東条英機内閣で文部大臣を務めた岡部は、敗戦後、戦犯容疑で巣鴨拘置所に二一カ月拘留されていた。文部省映画『学徒出陣』（一九四三）には、七万人を集めた雨の神宮外苑で出兵する二万五〇〇〇人の学徒に訓示を述べる姿が記録されている。この岡部の部下として戦前の文部省に勤務していた福間敏矩が、初代フィルムセンター主幹となった【表4-2】。

フィルムセンター開設セレモニーのスピーチでは、文化庁初代長官・今日出海や、大映社長・永田雅一が川喜多かしこの功績を讃えた(115)。しかしこの頃の日本映画界は不振に喘ぎ、翌年には永田の大映も倒産することになる。同年刊行された蔵書目録を見ると、美術展に上映作品を関連づけていた初期の名残であろうか、所蔵する全七五七作品（約三〇〇〇本）の中には『画聖マチス』（一九四六）や『北斎』（一九五三）等、二九作品の「美術映画」が含まれる(116)。

しかし、もはや美術映画はコレクションの中心から外れ、返還映画を除く日本劇映画の所蔵数は三〇〇作品にまで増えていた。それでも開設記念上映会には日本映画ではなく、米国の無声映画が選ばれた(117)。

ところで、第二章で取り上げた戦前の大毎フィルム・ライブラリー同様、戦後も「フィルム・ライブラリー」という呼称が好まれ、FIAFも「国際フィルム・ライブラリー連盟」と紹介されることがあった。序章でも触れたように、戦後日本では社会教育および学校教育のための視聴覚ライブラリー（または視聴覚センター）が全国の自治体に隈無く整備され、両者は混同されがちであった。一九七一年には竹橋に国立公文書館（National Archives of Japan）が開館したが、これによってアーカイブズという言葉自体が社会に浸透したわけではない。フィルムセンター開設の三〇年後、テレビの領域では過去の番組を再放送する『NHKアーカイブス』が始まった（NHKには一九八〇年代から趣旨を同じくする番組があったが、それらは『NHKライブラリー選集』や『NHKビデオギャラリー』と呼ばれていた）。二〇〇三年に機関アーカイブズとしての「NHKアーカイブス」の運用が始まると、ようやくアーカイブズという言葉が知られるようになった。

日本だけでなく、FIAF創設機関のMoMAやBFIも、一九三五年の設立当初はフィルム・ライブラリーという名称を使用した。しかし保存機能が重視されるに連れ、一九五五年からBFI国立フィルムアーカイブへ、そして一九六六年からMoMA映画部門（Department of Film）へと何れも改称した。元来FIAF加盟機関には、フィルムミュージアム（映画博物館）やシネマテークといった呼称が混在する。ミュージアムやライブラリーのように概ね一つの名称に統一されている領域とは異なるが、だからこそ、FIAFのような国際組織に所属してアイデンティティを確立することに意義が見出される。

設立はしたけれど……

一九七三年に亡くなった池田義信の願いは、フィルムセンター設立によって、ある程度は叶えられたといえよう。しかし問題は山積していた。朝八時半から午後五時までの通常勤務の本館の庶務課長と、映画上映のため正午から午後八時半まで勤務する別館フィルムセンターの主幹を兼任した福間は、箱に入っているだけで目録化されていないノンフィルム資料の山に当惑し、「職員の中に映画専門の研究員は一人しかいない」(118)と嘆いた。当時の職員数は僅か五名(119)。日本大学芸術学部在学中に牛原虚彦の教えを受け、キネマ旬報社等での勤務経験を経てフィルムセンター職員に採用された畑暉男は、劇映画から文化・記録映画、ニュース映画、テレビ番組へと取得範囲を広げ、映画博物館としての機能も持たせ、かつ研究者や映画人のリクエストに応じた特別映写を充実させることに意欲を持った。しかし現実は厳しく、「予算がない、人員がとれない……ということで、ことがかたづけられていくとするのなら、まったく困ったことだし、永久に単なる収集の域を出ないしそれ以上の発展はない」(120)と窮状を訴えた。独立問題だけでなく、深刻な予算・人員不足も恒常的な課題となる。

一九七一年に実施された初のアニメーション映画特集の上映プログラムには、「今まで、作品の収集には非常な苦労を味わってきたのですが、アニメーション映画に関してもそれ以上の困難にぶつかりました。劇映画程の〝大作〟(量的に)でないこと、〝商品〟になりにくいこと等々で、一瞬陽の目をみては、闇から闇へ……という状況を、痛切に感ぜざるを得ません」(121)とある。しかしそのような条件下でも、フィルムアーカイブらしい「上映」プログラムを充実させる努力は重ねられた。田中絹代にはじまり、主に日本の著名な映画監督や映画スターが特集のテーマに取り上げられ、加えて、外国映画が国やジャンルごとに紹介された（一九七〇年代だけでもポーランド、イタリア、ブルガリア、ハンガリー、英国、ドイツ・オーストリア、米国、カナダ、ソ連、ベルギーの映画が特集上映された）。

フィルムアーカイブでは特定の監督やジャンルに絞った上映プログラムの充実のために作品を探索することもあれば、思わぬ発見をきっかけに新たな特集が組まれることもある。一九七五年には、溝口健二監督『愛怨峡』（新興キネマ、一九三七）と伊丹万作監督『戦国奇譚 気まぐれ冠者』（片岡千恵蔵プロ、一九三五）が、主演の山路ふみ子と収集家の西原延和から寄贈された(122)。一九七六年の小津安二郎特集では、「ここ二年でＦＣ（フィルムセンター）の手で発掘されプリント化が成ったもの」として、松竹キネマ（蒲田撮影所）時代の三作品――『落第はしたけれど』（一九三〇）、『朗かに歩め』（一九三〇）、『青春の夢いまいづこ』（一九三二）――が上映された(123)。一九七七年には、ベルギー王立シネマテークで発見された山崎藤江監督『風雲城史』（衣笠映画連盟＝松竹下加茂、一九二八）や『愛の町』（日活、一九二八）が里帰りした(124)。『愛の町』は田坂具隆監督の無声映画の中で唯一の残存作品である。一九七八年の時点でフィルムセンターの年間観客数は一〇万人を超え、映画フィルムのコレクションは飛躍的に成長して五〇〇〇本以上になった(125)。

米国からの日本映画の返還だけでなく、フィルムセンターは国立国会図書館からも映画資料の譲与を受けた。譲与されたのは、かつて池田が救済した映画公社の資料群から図書や雑誌を除き、来歴の異なる映画関連のポスターや、第二章で触れた《絵とき「映画法」》等を加えたものを指す。映画公社旧蔵資料は、もはやどの時点の原秩序を尊重すべきか判断がつかないほど、幾度も保管場所を変えたことになる。また、辻恭平からは、一九六八年に協議会に譲渡した一二〇〇冊を含む計一七〇〇冊の映画の図書が、一九七八年までにフィルムセンターへと寄贈された(126)。

衣笠貞之助監督『狂った一頁』の発見

ラングロワから東近美に対するFIAF加盟の誘いや日仏交換映画祭の申し入れがあったことは既に述べたが、一九五二年の映連時報によると、それだけではなく、具体的な「交換」の提案もあった。求められたのは谷崎潤一郎原作、トーマス栗原監督『蛇性の婬』（大正活映、一九二一）、田中栄三監督『髑髏《どくろ》の舞』（日活向島、一九二三）、そして衣笠貞之助監督『狂った一頁』（新感覚派映画連盟＝ナショナルフィルムアート＝衣笠映画連盟、一九二六）の三作品で、『狂った一頁』だけは一九七〇年に発見されたが、残りの二作品は失われたままである。実は、『狂った一頁』発見のきっかけを作ったのは川喜多かしこであった。というのも、雑誌『キネマ・クローズ・アップ』の創刊号を探してほしいと川喜多から頼まれた衣笠が、自宅の蔵の二階に上がったところ、そこでブリキの米びつに入った問題のフィルム缶に気づいたからである。缶の蓋を開けてフィルムを「芯から少し引き出してみると、するするすると延びてくる。その手ざわりでベースも膜面もいたんでいないことがわかる」。光に透かすと、衣笠映画連盟のトレードマークとトップタイトルが読めた。衣笠はこう記してもいる。

> 日本の映画会社は、映画のフィルムを、一週一週の消耗品としてしか考えていなかったから、ネガや上映ずみのポジの映画フィルムを倉庫に入れ、そのままに放置しておいたものである。倉庫係の人が変れば、もうわからなくなる。
>
> 外国では、これが使い棄ての消耗品ではなくて、金をかせぐもとのもの、投資した財産であると同時

に、映画史の貴重な資料でもあると考えて、フィルムの保存はとくに慎重であった。(127)

『狂った一頁』は、序章で紹介したパオロ・ケルキ・ウザイの文献でも発見事例として取り上げられ(128)、二〇〇七年のＦＩＡＦ東京会議に際しては、復元版がピアニスト高橋悠治の生演奏とともに披露された。しかし興味深いことには、一九七一年に衣笠本人が作成したニュー・サウンド版が海外で上映され、その後、国内でも『十字路』(やはりニュー・サウンド版)とともに岩波ホール(東京都千代田区)や京都府フィルム・ライブラリー等で上映されたことがあった(129)。現在でも、商業ベースでは存命の監督や当時の製作スタッフ等が手を加えて旧作を再構築することがあるが、公共フィルムアーカイブでは一九九〇年代以降、オリジナルの形態に近づけて復元・上映する努力が続けられている(復元については第五章で改めて扱う)。

フィルムセンター設立後の協議会

フィルムセンターが開設された一九七〇年、協議会は「助成」の二文字を削って「フィルム・ライブラリー協議会」(Japan Film Library Council, Tokyo 以下「協議会」)と改称し、その際に次のような会則を定めた。

フイルム・ライブラリー協議会会則〔抜粋〕

第一章　総則

第二条　本会は、映画の芸術的文化的重要性に鑑み、その蒐集、保管、活用にあたるフィルム・ライブラリーの充実強化をもって目的とする。

第三章　事業
第四条　本会は第二条の目的を達成するため左の事業を行う。
1　旧作映画の蒐集、保管、活用に必要な調査、および資料の作成
2　旧作映画の蒐集ないし保管（可燃性フイルムを含む）
3　可燃性フイルムによる作品の不燃性フイルムへの複写
4　フイルム保存庫の設置およびその協力
5　既設フイルム・ライブラリーへの協力
6　諸外国のフイルム・ライブラリーとのフイルム交換およびその斡旋
7　古典映画の研究に関する協力
8　関係機関への建議および具申
9　その他本会の目的を達成するに必要な事業(130)

設立以来、民間団体として寄付と会費を集めておよそ三〇〇〇万円の年間予算で運営されてきた協議会は、一九七〇年代に入ってもなお、フィルムセンターの「めんどうを見ている」(131)状態にあった。翌年刊行されたフィルムセンターの機関誌『FC』は、それまでの協議会による上映作品解説を引き継ぐものとなったが、米国のアイリス・バリー、カナダのサム・クーラ、オーストラリアのレイ・エドモンドソンといった著名なフィルムアーキビストも、『FC』誌上ではあくまで映画史や映画作家を論じた。したがって、各国のフィルムアーカイブ活動の動向を知ることができる文献は、やはり協議会発行の『世界のフィルム・

ライブラリー』であった。フィルムセンター設立以降、文化庁から協議会への補助金が打ち切られても[132]、川喜多は「フィルム・ライブラリーの仕事は時間的・空間的にほとんど無限であり、我々は今、ほんの入口に差しかかったに過ぎません」[133]と述べて発行を続けた。

協議会はまた、海外六カ国（フランス、英国、ソ連、米国、イタリア、東ドイツ）の映画フィルム専用収蔵庫の現地取材の報告書『世界の映画フィルム保存庫』（一九七三）を出版した。このほか協議会の出版物には、海外向けの *Japan: History Through Cinema*（一九七五）や、フォルクマン（フォークマン）の著作を訳した『フィルムの保存一九六三』（一九七五）等があった。この『フィルムの保存一九六三』の翻訳も然り、とりわけ技術的な知識を伴う情報提供の多くを、小型映画の研究でも知られる島崎清彦が担った。

日本初の映画フィルム専用収蔵庫の建設決定

フィルム・ライブラリーがフィルムアーカイブへと脱皮するためには、低い温度・湿度が一定に保たれた映画フィルム専用収蔵庫の建設が欠かせない。ＦＩＡＦ内部規程の第二章も、長期保存に向けた努力を加盟条件の一つとしている。

正会員として加盟申請するには、第一義的な活動として映画保存への多大な、そして継続的な関与を示すことが期待される。このことは、総予算（人件費除く）の少なくとも一割を保存用マスター（保存を目的とする複製物で、上映には使用しない）の作成に費やすこと、あるいは、予算の大部分をマスター素材の取得・管理費に割り当てること、そして収蔵庫の環境をＦＩＡＦ技術委員の推奨値に限りなく近い適正な温度・湿度に制御すること等によって成し遂げられよう。しかしながら、多くのフィルムアーカイブにおいて予算・人員の不足が深刻であることが知られており、加盟申請者が上記のような特定の条件を満たすことが不可能な場合も考えられる。そのような申請者の加盟については、実情に照らし合わせて検討する。（傍線筆者）(134)

一九七〇年のフィルムセンター設置に際して、川喜多は、「〔一四年前のFIAFドゥブロヴニク会議で〕北京のフィルム・ライブラリー責任者は中国に散在している日本映画をまとめて送り返してあげると言って呉れました。これは大部分が可燃性のフィルムです。これを受け入れる為にも貯蔵庫は必要です」(135)と述べ、収蔵庫建設を次なる目標とした。そして一九七二年、協議会をはじめとする一四団体が、「フィルム保存庫設置に関する請願」を政府に提出した。日本の保存科学の領域で、文化財を対象に「保存環境」という言葉が初めて用いられたのは一九六七年、そして博物館学の領域で、修復から「保存環境の整備」へと重点が移ったのは一九八〇年代以降とされる(136)。それだけに、協議会による映画フィルム専用収蔵庫建設の発案は決して遅くはなかった。一九七四年の『グラフかながわ』に掲載されたコラムに川喜多は、「世界中にたった一カ所、保存庫を持たないフィルム・ライブラリーがあります。これが日本の国立フィルムセンターです」と書いた。民間の「冷凍倉庫にあずけてある」(137)ナイトレートフィルムを施設内で安全に保管できるように、都心を離れた神奈川県相模原市が建設地に選ばれ、一九七五年には「フィルム保存庫調査委員会」が結成された。

この頃、FIAFはフィルムアーキビストの研修プログラムとして「FIAFサマースクール」を開始した。当時オーストラリア国立図書館フィルム・ライブラリーに所属していたエドモンドソンは、FIAF会長職を退いてメルボルン近郊のラ・トローブ大学客員教授となったテプリッツの薫陶を受け、欧米のフィルムアーカイブを五カ月かけて視察した後、一九七三年の第一回ＦＩＡＦサマースクールに参加した。テプリッツはまた、オーストラリア国立図書館カウンシルに対して、視聴覚アーカイブの「独立」を提言した。東ドイツで映画フィルムの法定納入を提唱し、ＦＩＡＦサマースクールを五度ベルリンで開催したことでも知られるヴォルフガング・クラウエがＦＩＡＦ会長を務めた時代には【表1-2】、「発展途上国の初々しい（フィルム）アーカイヴが数多くＦＩＡＦへの加入を認められた」(138)（クラウエについては第五章で再び触れる）。

実現しなかった「京都府立映像会館（仮称）」構想

序章でも述べたように、日本には現在、映画フィルム専用収蔵庫を備え、付属施設で定期上映を行う公共フィルムアーカイブが四つの地域（川崎市、京都府、広島市、福岡市）にある。中でも京都府は最も動き出しがはやかった。現在の京都府のフィルムアーカイブ機能は、一九八八年開館の京都府京都文化博物館（学芸課 映像・情報室）が担うが、そのルーツともいえる京都府文化事業室「京都府立フィルム・ライブラリー」設立のきっかけは、一九六〇年代に製作された一本の時代劇に遡る。

一九五〇年から一九七八年まで続いた革新系の蜷川虎三府政の下、京都では中村錦之助を主演に三船敏郎、渥美清、美空ひばり、高倉健といったオールスターキャストの『祇園祭』（日本映画復興協会、一九六八）が製作された。当初は伊藤大輔監督の東映時代劇になるはずが、その計画は暗礁に乗り上げ、一時的に製作に関与した竹中労がこれを「京都府政一〇〇年記念事業」の企画に切り替えたのが一九六七年。府知事は、「日本映画発祥の地」の京都から斜陽産業と呼ばれて久しい日本映画復興の狼煙《のろし》を挙げるのは意義深いと考えて製作を支援した。かつては一〇を超える撮影所がひしめき、とりわけ時代劇映画が盛んに製作された京都は、空襲を免れたことから映画関連資料も多く残存し、昔ながらの街並みはロケーション撮影に生かされる。『祇園祭』は、昨今のクラウドファンディング映画さながら、映画ファン等のカンパと府の協力によって完成した。完成に際して映画研究者の滝沢一は、「日本映画の長い歴史は、こうした個人の作家や俳優の執念によって支えられてきたことは、すでに過去に幾多の事例があり、現在においてもなおかつそうである」とした。なお、『祇園祭』の上映権は京都府が持ち、毎年、祇園祭の期間に京都文化博物館で上映されているほか、一回五万円の上映料金で外部にも貸出されている。また、二〇〇七年には委員会形式で復元作業も成し遂げられた(139)。『祇園祭』完成後の一九七〇年、京都府は国内の地方自治体として初めてフィルム・ライブラリー事業の調査費(七〇万円)を計上した(140)。このとき「設立調査中間報告書」をまとめた協議会の山田和夫は、設立間もない東京のフィルムセンターと京都とで、映画遺産を地理的に分散保存することの必要性を説いた(141)。

文化事業室の初代フィルム・ライブラリー係・江馬道生については、滝沢一による一九九七年の聞き書きに詳しい(142)。歴史学者の父・務が時代劇の時代考証を手伝っていた影響で、幼いころから映画人に囲まれて育った江馬は、立命館大学在学時に自ら映画研究会を設立し、仲間と撮影に訪れた上海航路では川喜多長政の知見を得た。卒業後は東宝に就職したが、体力的な問題から転職して京都府職員になり、そこでフィルム・ライブラリー事業担当に抜擢された。

この事業では、一九七一年度から一五〇〇万円の予算で映画フィルムを集めることになった。大映倒産により、同社の作品を確保した労働組合から購入した二五作品を皮切りに、江馬は珍しい映画フィルムを求め、活動写真弁士・松田春翠の「マツダ映画社」はじめ、個人の収集家の自宅を訪ね歩いた。そして一九七五年、不完全版ながら、民家に残されていた伊藤大輔監督『治郎吉黄金地獄（御誂次郎吉格子《おあつらえじろきちこうし》）』（日活太秦、一九三一）のナイトレートフィルムを発掘した。協議会等の働きかけで、翌年からは映連に加盟する映画会社の作品購入もフィルムセンターと同条件で可能になった。協議会は購入プリントの仕上りの鑑定を担い、また、映画関連書籍を寄贈する等して江馬の取り組みを支援した。その結果、一九七五年までに、映画フィルム四二七本、シナリオを含む映画関連図書一万三〇〇〇冊、スチル写真六万枚もが集まった。

　江馬は収集だけでなく「上映」にも情熱を傾けた。府立文化芸術会館で毎月開催された「京都府保存映画鑑賞会」は一九七二年から一九八八年まで続き、上映プログラムを兼ねた会報も、一九七七年四月の創刊号から一二六号まで発行された。この会報に川喜多は次のようなメッセージを寄せた。

> わが国のフィルム・ライブラリー事業は、世界の国々にくらべて、たいへんおくれています。フランス・シネマテークの五万本をはじめ、ソ連の四万本といった具合に各国はこの事業に力を入れていますが、日本の場合は、まだまだ貧弱です。これは映画製作七〇余年の歴史を持ち、世界最多の年間製作本数を持つ国として情けない状態です。このたび日本映画発祥の地京都にライブラリーが設立されるというニュースは、たいへん喜ばしいことで、官民協力して一日も早くりっぱな施設ができあがることを期待しています。(143)

　こうした収集・上映活動は、「京都府立映像会館（仮称）」設立の基礎固めとして行われた。江馬が自ら作成した建物の見取り図や組織図を見ると、内部に現像設備を付帯し、映画フィルムの「国宝修理所的役割」を果たすべく「フィルムの補修、編集、保存などの技術者」の養成まで計画されていたことに驚かされる。しかし府の財政は苦しく、結局のところこの計画は実現しなかった。文化事業室は先に中身を整え、財政が好転したら「容れ物」をつくるとの見解を示して、集めた映画フィルムやノンフィルム資料は府の施設に保管したが、その間に廃棄処分されたナイトレートフィルムもあった。江馬は蜷川と同じく一九七八年に引退し、その後一九九七年度末まで京都府総合資料館や京都文化博物館で嘱託職員として勤務した。

コラム 民間による映画フィルムの救済事例に学ぶ（1）――『二〇年後の東京』

一九七七年、東京都職員の渡辺静江（当時二二歳）は、都庁の倉庫から発見されたという三巻のナイトレートフィルムをある職員から託された。冒頭にＧＨＱの検閲番号（Ｕ.２１９）が入った約二五分のこの作品は、空襲で焼け野原となった東京の再建計画を描いた『二〇年後の東京』（日本観光映画社、一九四七）と判明した。企画したのは都の都市計画課、撮影は『戦ふ兵隊』でも知られる三木茂。空撮には民間情報教育局（ＣＩＥ）が協力していた。

地域雑誌『谷中・根津・千駄木』の取材によると、製作会社が既に存在しないことを突き止めても、手続き上は廃棄処分されていたため都は複製予算を計上できず、都立公文書館への直訴も却下された。当時の職員たちが全力で取り組んだこの作品を生かそうと、渡辺は約一〇〇万円の複製費用を個人的に負担し、上映用の一六ミリプリント一本を都立中央図書館に寄贈した。そして自らも一六ミリと八ミリのプリントを所有し、一般からの貸出申込を受け付けた。渡辺の尽力は新聞等でも報道され、図書館からは感謝状が贈られたという。

新たに「発見」される幻の映画フィルムのすべてが映画史上に輝く傑作とは限らない。しかし製作当時はそれほど注目されなかった映画が、時を経て新たな価値を獲得することもある。そのことを理解されないまま数多のフィルムが廃棄されゆく一方、『二〇年後の東京』は、「捨てるには忍びない」という個人の思いに救われた一本である。

4　〈映画保存運動〉の転換期――一九八〇年代

「川喜多記念映画文化財団」の設立とマーティン・スコセッシの来日

川喜多かしこは一九七四年に紫綬褒章を、そして一九八〇年に現在の勲三等瑞宝章（瑞宝中綬章）を受章し、翌年には髙野悦子とともに第二九回菊池寛賞を受賞した。そして一九八一年、夫の長政の意志を継いで協議会を財団化し、フィルム・ライブラリーという「外来語まじり」では相応しくないとの理由から、名称を「川喜多記念映画文化財団」（以下「財団」）とした(144)。大丸（東京店）では、東和の業績を総合的に振り返る「ある映画夫妻の歩み」展も催された。

引き続き発行された『世界のフィルム・ライブラリー』によると、財団の目的は、「映画の芸術的、文化的重要性に鑑み、映画フィルム及び映画関係の文献、資料の収集、保管、活用にあたるとともに、映画を通じての国際交流に努め、並びにこれらに関し特に功績ある個人又は団体の表彰を行い、もって我が国の映画文化の発展に寄与すること」となった。以降、財団は国際交流基金の支援を受け、日本映画の外国語字幕付プリントを作成して海外で上映することに注力した。海外の映画祭関係者は現在も新作日本映画に関する情報を同財団から得ている。また、一九八三年には川喜多夫妻の業績を記念して「川喜多賞」が設けられた。「諸外国のフィルム・ライブラリーについての調査」も財団の事業内容に含まれるが、フィルムアーカイブ活動自体は東近美フィルムセンターの職員が担うようになった。フィルムセンターの映画上映は一九八〇年代前半も引き続き充実し、外国映画の特集としては、オーストラリア、スイス、スウェーデン、スペイン、中国等が取り上げられた。

　ところで一九八一年、川喜多の発案により、フィルムセンターは映画監督マーティン・スコセッシ（Martin Scorsese 1942–）を特集した。国別でもジャンル別でもなく、海外の特定の映画作家の全作品を上映するのは、これがほぼ初めての試みであった。いまや巨匠監督としてだけでなく、世界的に最も著名な映画フィルム収集家であり、国際的な映画保存運動の旗振り役でもあるスコセッシは、全米各地のフィルムアーカイブに自身の三五〇〇作品にも及ぶ映画フィルムのコレクションを分散して寄託しているという。そもそもスコセッシが映画保存に目を向けるようになったのは、一九七〇年のニューヨーク映画祭でアンリ・ラングロワにカラーフィルムの褪色を警告されて以降であった[145]。褪色を避ける方法に、三本の白黒ネガを使用する（つまり三倍の予算を伴う）「三色分解」がある。スコセッシはこの方法を推奨し、『影武者』

図13　「ある映画夫妻の歩み」展のちらし

（一九八〇）の公開に合わせて渡米していた黒澤明にも署名運動への協力を求めた(146)。こうした運動が、コダックや富士フイルムに褪色しづらい映画フィルムの開発を促すことになる。

新作『レイジング・ブル』（一九八〇）のキャンペーンも兼ねて来日したスコセッシは、日本でも、フィルムセンターを会場に「カラー映画フィルムの褪色の危機」と題する講義をした。何作品もの参考上映を狭んで（本人曰く「カストロみたいに」）五時間も熱弁を振るう姿に(147)、映画フィルムの技術者はさておき映画評論家は面食らったに違いない。フィルムセンターの映画フィルム倉庫の設定温度は摂氏二〇度、相対湿度は六〇％と、まだ決して適切とはいえなかった時代のことである。

一九八四年の惨事 ――フィルムセンター火災の教訓

映画フィルム専用収蔵庫の建設が決定した後、不幸にもフィルムセンターの建物が大惨事に見舞われた(148)。一九八四年九月三日、午後二時半頃に五階の倉庫から出火し、午後八時過ぎまで燃え続けたのである。この火災で、所蔵する四二一一作品の内、三三一〇作品の上映用プリントが焼失した。日本語字幕付『レイジング・ブル』をはじめとする寄贈されたばかりのスコセッシ監督の三作品も含まれた(149)。外国映画であれば――日本で発見されたドイツ映画『朝から夜中まで』のような特例はあるものの――通常は本国のフィルムアーカイブに原版が保存されていることから、この火災でフィルム・ライブラリー時代からの努力の蓄積が水泡に帰したわけではない。ただし、火災の二カ月前の調査によって、五階に約九〇キロのナイトレートフィルムが置かれていたこと、倉庫内の温度を記録する機器に用紙がセットされていなかったことが判明していた。セルロイドの保管については、東京都の火災予防条例が消防署への届け出を定めており、フィルムセンターがこれを怠っていたことは否定しようがない。たとえそれが火災の原因でなかったにしても、映画フィルムの管理は不適切であった。

新聞の見出しには「セルロイド原料検出」とあるが、東京消防庁消防科学研究所は、戦後間もない頃のオーストラリア映画の一六ミリフィルムを火元と結論づけた（その数片が燃え残った）。通常、形状が一六ミリであればナイトレートフィルムではない。しかし火災当日の午後一時過ぎの気温は摂氏三八・一度を記録し、それでも経費削減のため、倉庫の空調は止められていた。登川直樹によると、文化行政の貧困から、節電に努めて経費を切り詰めなければ映画フィルムの購入費すらままならず、保存用の映画フィルムまで上映用に使い回さねばならなかった。安澤秀一はこの火災を「最悪事例の教訓」[150]とし、元毎日映画社社長で映画評論家の草壁久四郎も、国の劣悪な文化行政を象徴する出来事として、欧米に比べて収蔵本数や職員数等の「数」ばかりか「設備」も劣っていることを嘆いた。草壁はさらに、「もし日本映画界が全面的に協力して、毎年度の各社の代表的作品をフィルムセンターに寄贈するとすれば、その所蔵作品はたちまち充実する」[151]と訴えた。

一九四九年の法隆寺金堂の火災をきっかけに「文化財保護法」が成立したように、火災によってナイトレートフィルムをタブー視するのではなく、この惨事を防災の考え方を見直す機会として生かす必要性を指摘する声もあった。例えば佐藤忠男が代表幹事を務めていた日本ペンクラブは、フィルムセンター再建に関する要望書を文部大臣、大蔵大臣、文化庁長官等に提出した。その七項目の一つには、「美術館から切り離し、独立した機関にしてほしい」[152]という要望も含まれた。

火災の翌年、川喜多と髙野悦子による「焼失フィルムのための募金の会」は、一〇〇〇万円を目標にチャリティ上映を展開して寄付を募り、民間から二〇〇〇万円、そして映画業界も含む財界から七〇〇〇万円と、目標

図14　1980年頃のフィルムセンター事務室。大場正敏〈左〉と岡島尚志〈右〉(写真提供：岡島氏)

を上回る金額を集めた。これによってフィルムセンターは六五作品の複製を購入したほか、映連、東和、日本ヘラルド映画等からは旧作の寄贈を受けた。フランスのジャック・ラング文化相も国を挙げての支援を約束し、最終的に、焼失した作品のほとんどを取り戻すことができた(153)。

先述の「マーティン・スコセッシ特集」を当時の主幹の丸尾定【表4-2】から任されたのは、一九七九年からフィルムセンターに勤務していた岡島尚志であった。一九七〇年代にオーストラリアのエドモンドソンが五カ月間の研修旅行に出かけたように、岡島は、火災直後の一九八四年一〇月から二カ月かけて米国ニューヨークのMoMAや英国ロンドンのBFIで映画保存の実務を直に学んだ。このとき吸収したフィルムアーカイブ活動の理論と実践が、その後のフィルムセンターを方向づけることになる。岡島は、現行のFIAFの基本方針を作り上げたフィルムアーキビストの一人、MoMAのアイリーン・バウザーに最も影響を受けた。

一九八〇年代後半以降、岡島は日本で最初のフィルムアーキビストとして活躍し、国際的に幅広い人脈を築いていくが、そのスタート地点において「フィルムセンターの職員数は非常勤職員を含めて僅か八名、年間予算はおよそ五〇〇〇万円」であった。これが二〇一七年までに、非常勤職員を含めて五四名の人員と、およそ八億円の年間予算へと成長する。こうした飛躍の第一歩と位置づけられるのは、フィルムセンター相模原分館（以下「相模原分館」）の建設である。そもそも東近美はＭｏＭＡを模範として設立したが、ＭｏＭＡのペンシルベニア州ハムリンの収蔵庫は逆に、相模原分館の設計や仕様を参考にした。

フィルムセンター相模原分館の完成

相模原分館の建設は火災によって決まったとの誤解もあるが、既に述べたように、建設自体は火災の前から決まっていた。川喜多も参加した「相模原分館建設準備委員会」の発足が一九八二年、大蔵省から旧米軍淵野辺キャンプ跡地（神奈川県相模原市）が無償で所管換えとなり、一九八五年一月に工事が始まった。そして総工費一五億円をかけた相模原分館（現在の保存棟Ⅰ）が火災から二年後の一九八六年に竣工した。同年三月一三日の披露式の報告の中で、雑誌『視聴覚教育』はこれを「昭和の正倉院」と形容した(154)。この時点でフィルムセンターの所蔵する日本映画六七〇〇本のほとんどが上映用プリントであっただけに、原版保存のための環境整備は、フィルムアーカイブの基礎体力の著しい向上を意味した。さらに、防犯設備にも注意が払われるようになった。

一九七二年に協議会と協力して「フィルム保存庫設置に関する請願」を提出した一四団体の一つが、日本映画撮影監督協会（Japanese Society of Cinematographers 以下「ＪＳＣ」）である。一九八一年から二〇〇二年までＪＳＣ会長を務めた高村倉太郎（Kurataro Takamura 1921–2005）が「カワシマクラブ」の冊子に寄せた記事によると、川島雄三監督『洲崎パラダイス 赤信号』（一九五六）を上映しようにも、権利を持つ日活にはテレビ放映用の（放映時間に合わせて途中を削除した）一六ミリプリントしか残されていなかった[155]。高村は原版保存のため、「映画作品のネガ・フィルム保存庫設立に関する委員会」を結成し、文化庁に対して一九八三年に「映画作品のネガ・フィルム保存庫設立に関する要望書」、一九八五年に「映画作品のネガ・フィルム保存庫設立に関する請願書」、さらに続けて一九八六年に「映画の文化財認定とオリジナルネガ保存に関する要望書」（傍線筆者）を提出した[156]。折しも相模原分館が完成し、上映用プリントを中心に収集・保存していたフィルムセンターにも「原版」を受け入れる体制が整いつつあった時期、映画の「文化財認定」を求める声が上がっていたのである。ただし、実際に日本映画が重要文化財に指定されるのは二三年後のことである（この点については第五章で述べる）。

　一九八〇年代になると、動的映像用の記録メディアが日常生活に深く浸透し、磁気テープによって家庭用映画ソフトの流通が盛んになった。規格統一に向けてＶＨＳの東芝等とベータのソニーが攻防を繰り広げたが、一九八八年にはソニーも民生用のＶＨＳの販売を開始した[157]。家庭用の映画ソフトは戦前から小型映画の短縮版が販売されてはいたが、かつてはフィルムセンター等の限られた上映施設でしか目にできなかった世界の古典映画を、パッケージ系出版物として個人所有できるようになり、街にはビデオレンタル店が増加していた。そのような時代に完成した相模原分館には、「ビデオテープやレーザーディスク等も保管すること」[158]が期待されたが、実際にはそうならず、収集対象は映画フィルムに限定された。

　米国で「映画保存法」が制定され、『東京ラプソディ』（Ｐ・Ｃ・Ｌ、一九三六）、『西住戦車長伝』（松竹大船、一九四〇）、『姿三四郎』（東宝、一九四三）等、計五八作品が米軍横田基地経由で返還され[159]、さらにフィルムセンターの拡充を強く提言する「映画芸術の振興について」（文化庁）[160]が提出された一九八八年、大場正敏【表4-2】が四代目のフィルムセンター主幹になった。大場によると、一九七〇年代は「保存を保管だと思っていた」

が、建て替えにより上映の仕事がままならないあいだ、「それまでとは異なる事業に取組み、フィルムアーカイブとしての仕事が前進した」(161)。上映を重視してきたフィルムセンターは、ついに保存にも力点を置くようになり、「視聴覚ライブラリー構想では欠落している機能を埋め合わせる」(162)ことになった。そして一九八九年には、オブザーバーとしてＦＩＡＦにも参加した【表4-1】。

『学徒動員・学徒出陣――制度と背景』(一九九三)や『集成学徒勤労動員』(二〇〇二)といった著作のある初代主幹の福間は、戦前の文部省時代に学徒出陣に加担したことに責任意識を持ち、退職後、完成したばかりの相模原分館に通って返還映画の調査に取り組んだ。そして戦中の文化・記録映画やニュース映画の内容記述を一九八八年に完了させ、その成果は「福間メモ」として残された。題名さえわかれば映画雑誌等から情報を拾い集めることができる劇映画と違い、文化・記録映画やニュース映画の同定・識別をマニュアル化するのは難しい。国会図書館の新聞資料室、防衛省防衛研究所、外務省外交史料館等での補足調査も怠らず、フィリピンの役者の葬儀の場面があれば在日フィリピン大使館を訪ね、看板の文字から製作年を割り出し、一本のロールに複数の作品が接合されていれば、状態を記録しながら作品ごとにばらし、画面からわかる情報をカットごとに記述する――福間によるこうした作業の結果、白井茂撮影の記録映画『南京』(東宝、一九三八)が発見されたことは、当時大きく報道された(163)。

ナイトレートフィルムは、無声映画や戦時中のプロパガンダ映画の重要性や、日本映画史の黄金期に重なる一九五〇年代中庸までの映画製作を支えたという時代性だけでなく、素材の美しさや希少性からも、そのすべてが疑いなく極めて高い価値を有する。しかし福間が返還映画の一部の廃棄処分を認めたように、また、フィルムセンター火災の報道でも判明したように、ナイトレートフィルムは長い間、あまりにずさんな環境に置かれていた。川喜多が保存庫建設に注いだ情熱に触れて佐藤忠男は、「古い可燃性のフィルムなどもちゃんと保存するものであるべきだという正論を主張しておられた」(164)と書くが、実は、その「正論」も通用しなかった。消防法の規制により相模原分館での保管は許されず、所蔵ナイトレートフィルム約五五〇〇本(約一三〇〇作品)は、結局のところ危険物を専門に扱う民間の日陸倉庫(千葉県市原市)に預けられたのである。

日本では、ナイトレートフィルムの存在がタブー視される傾向にあるが、海外に目を向けると、その存在をアピールすることが映画保存運動を前進させた事例もある。例えば、青年がライトバンでオーストラリア全土を旅して映画フィルムを探索するというオーストラリア国立図書館のキャンペーン「ラスト・フィルム・サーチ」は、テレビ番組とのタイアップ企画として話題を呼び、最初の二年で数多のナイトレートフィルムの発見をもたらした。このことが、オーストラリア国立フィルム&サウンドアーカイブ(NFSA)が国立図書館から独立するきっかけの一つになり、一九九〇年代には、ニュージーランドでも同様のキャンペーンが実施された(165)。また、委員会形式で始まった英国の「ナイトレート・プロジェクト」は、国内の公共機関に未収蔵のナイトレートフィルムの危機的状況を訴えるため、一九八七年に全四頁のマニフェスト *Nitrate Project 2000: A Race Against Time* を策定した。この効果の一つとして、一九九〇年代に国立フィルム&テレビアーカイブ(現BFI国立アーカイブ)が二〇億円相当の国家遺産宝くじ基金を獲得することになる(166)。

地方の時代(1)——広島市、京都府、川崎市

第三章の冒頭で紹介したフィルムアーカイブの類型に、「地域フィルムアーカイブ」(Regional Film Archive)と「公立フィルムアーカイブ」(Municipal Film Archive)がある。これらに該当する機関は、中央の国立フィルムアー

カイブの規模がどうであれ、極めて重要な存在である。川喜多記念映画文化財団は一九八〇年代、広島市、京都府、川崎市に誕生した三機関の新収蔵映画リストを『世界のフィルム・ライブラリー』に掲載していた。ここでは、それぞれの機関のあらましを見ていきたい。

広島市映像文化ライブラリー

世界初の被爆都市として平和を訴える広島市にフィルムアーカイブ設立の機運が訪れたのは、一九七九年のことであった。この年に開かれた「広島市文化懇話会」に参加した広島大学教授（当時）の中川剛は、米国滞在時にカリフォルニア大学バークレー美術館パシフィック・フィルムアーカイブを利用した経験があった。中川の提案に基づいて、一九八〇年の懇話会の提言「広島の文化都市像を求めて」に「映画映像ライブラリー（市民シネマ）建設」案が盛り込まれた。旧自治省から出向していた助役の澤田秀男（後の横須賀市長）もこの案に理解を示し、一九八二年に「広島市映像文化ライブラリー」（以下「映像文化ライブラリー」）(167)が開館することになった。映連加盟映画会社の作品を三五ミリフィルムで収集する許可も得た映像文化ライブラリーは、日本の地方自治体として初の映画フィルムやビデオテープ等の動的映像資料およびレコード・CD等の音楽資料を収集・保存する専門機関である。建物は広島市中央公園内に位置し、広島城やひろしま美術館等とともに文化ゾーンを形成している。川喜多記念映画文化財団は、当初から資料の提供および施設の充実強化のための諮問に応じ(168)、購入作品の選定にも関与した。国内の公共フィルムアーカイブの中では唯一独立した組織ではあるが、二〇〇六年に指定管理者制度が導入されて以降、隣接（内部で連結）する市立中央図書館の館長が映像文化ライブラリーの館長を兼任している。

一九七五年から一九九五年まで、「ヒロシマ国際アマチュア映画祭」（後の「広島国際アマチュア映像祭」）が隔年開催されたが、中国放送局が保存していた受賞作品は後に東近美フィルムセンターに寄贈され、地元には残されなかった。開館三年目の一九八五年、被爆四〇周年記念事業として始まった「国際アニメーションフェスティバル広島大会」は、アヌシー、オタワ、ザグレブと並ぶ世界四大アニメーション映画祭の一つ、《広島国際アニメーションフェスティバル》（隔年八月開催）へと発展。その選考一次審査の会場となって以来、映像文化ライブラリーが受賞作品の保存に協力している。また、二〇〇九年には『広島・長崎における原子爆弾の影響』（日本映画社、一九四六）の日本語字幕版をフィルムセンターと共同で作成した(169)。

京都文化博物館（学芸課 映像・情報室）と川崎市市民ミュージアム

一九八〇年代後半、広島市の先行事例に京都府、そして川崎市が続いた。両機関は、文化の地域発信を目指す複合施設として一九九〇年代以降に開館した「愛知芸術文化センター」、「せんだいメディアテーク」、「山口情報芸術センター」等の先駆けでもあった。

一九八〇年、京都府知事の諮問機関「京都府文化懇談会」が文化施策に関する提言をまとめ、平安建都一二〇〇年記念事業の一環として、京都の文化・歴史が通覧できるような歴史資料、伝統工芸、風俗習慣等を展示・公開する施設が建設されることになった。これが一九八八年に開館した「京都文化博物館」（以下「京文博」）(170)である。京文博が「歴史博物館」、「美術館」に加え、京都の特性を生かした「フィルムアーカイブ」の機能を持ったことは、先述の府立フィルム・ライブラリーの実績と無関係ではなく、一九七〇年代の「京都府立映像会館（仮称）」構想によって集められた資料は、ようやく一九八九年に京文博に移管され、保存されることになった。京文博は、宝くじ基金によって二〇〇〇年に映画フィルム専用収蔵庫を、また、二〇一一年の全館リニューアルオープンに伴い、本格的な上映施設（フィルムシアター）を館内に整備した。

同じく一九八八年、伝統文化の残る京都とは対照的な工業地帯として知られる川崎市に、川崎市市民ミュージアム（以下「市民ミュージアム」）(171)が開館した。開館のきっかけとなったのは、川崎市の企画調整室が一九八〇年に取り組んだ《「地方の時代」映像祭》（二〇〇三年から埼玉県川越市、二〇〇七年から大阪府吹田市で開催）である。この催しの成果を残すため、川崎市が複製芸術および大衆文化の収集・展示に力点を置く漫画・写真・映像文化センター（現代映像文化センター）構想を発表する一方、地元の郷土史サークル等から博物館設立の陳情・請願を受けていた教育委員会が博物館構想委員会を設置した。両構想は一九八三年に一本化され、結果的に九部門（考古、歴史、民俗、美術文芸、グラフィック、写真、漫画、映画、ビデオ）を束ねる複合施設が誕生することになった。街なかにある京文博と比べると、多摩川沿いの等々力緑地に位置する市民ミュージアムは、アクセスにやや難がある。また、フィルムセンターと同じ関東地区にあることから、映連加盟映画会社からの映画フィルムの購入は許されなかった。そこでコレクションは独立プロ作品、文化・記録映画、ニュース映画を中心とし、テレビ・ドキュメンタリーで名高い牛山純一（Jun'ichi Ushiyama 1930–1997）のコレクションも擁する。劇映画をコレクションの柱とする映像文化ライブラリーや京文博とは、その点で大きく異なる。

市民ミュージアムや映像文化ライブラリーは、フィルムアーカイブとしては収蔵庫の温度と湿度の設定が不十分である【表4-3-2】。しかし二〇〇席以上ある市民ミュージアムの上映施設は国内の公共フィルムアーカイブの中では最大で、映像文化ライブラリーと同じくコミュニティシネマセンター会員でもあり、一貫して質の高い上映プログラムを提供してきた。フィルムアーカイブの類系に戻れば、「「上映主体」のフィルムアーカイブ」（'Programming' Film Archive）にも当てはまろう。

各地で独立行政法人化や市場化テスト（行政サービスに関する官民競争入札等制度）等が話題になっていた二〇〇三年頃、その運営危機がマスコミで大きく報道された時点では、指定管理者制度の導入は免れたが、二〇一三年度の組織改編により「映画部門」や「ビデオ部門」といった部所はなくなった。そしてついに二〇一七年度から指定管理者制度が導入されることになり、今後の上映プログラムの維持や予算の確保が危惧されている。ちなみに、映画の上映活動を振興するコミュニティシネマセンターは、公共フィルムアーカイブとの連携事業も多く、「コミュニティシネマ憲章」の序文は、「歴史的にも、地理的にも広い範囲から選ばれた作品をオリジナルな状態で鑑賞する機会を増やしていく必要」（傍線筆者）があると謳っている。

コラム　民間による映画フィルムの救済事例に学ぶ（2）――カワシマクラブ

日本映画の黄金期に活躍した異才・川島雄三（Yuzo Kawashima 1918-1963）。『洲崎パラダイス 赤信号』（日活、一九五六）や『しとやかな獣』（大映、一九六二）といった傑作の数々はいまも日本映画ファンに愛され、代表作のDVDやブルーレイ等も販売されている。しかし、四五歳の若さで早逝したにもかかわらず五〇作品以上を監督した川島には、原版が残存していても上映用プリントが存在せず、ほとんど上映される機会のない初期作品がある。収益を上げる見込みのない作品に映画会社が手間と予算を割くことは難しい。しかし熱心なファンや研究者は当然ながら、そのフィルモグラフィーの全貌を把握したい。

一九八〇年代後半、「カワシマクラブ」[http://kawashima-club.com/] というグループが映画会社から川島作品の原版を借り出し、カンパを集めて上映用一六ミリプリントを作成するようになった。自己資金でプリントを作成しても、作品の権利は映画会社のもの。カワシマクラブには非営利の自主上映会を開く権利しか与えられなかったが、毎年一作品のペースで地道にプリントを作成し、二〇〇三年までに一〇作品以上がスクリーンによみがえった。

二〇一二年に設立一〇〇年を祝った日活は、川島の代表作、『幕末太陽傳』(一九五七)のデジタル復元版を華々しく公開したが、その影に取り残された多くの小品にも等しく目を向けることこそ、フィルムアーカイブに期待される仕事であろう。

5 〈映画保存運動〉の成熟期——一九九〇年代

フィルムセンターのFIAF正式加盟

一九九〇年一一月、フィルムセンター主催の二日連続の国際シンポジウムに、東西ドイツの国立フィルムアーカイブ統合に奔走していたヴォルフガング・クラウエ(東ドイツ国立フィルムアルヒーフ)をはじめ、ロバート(ボブ)・ギット(UCLAフィルム&テレビアーカイブ)、ハリエット・W・ハリソン(米国議会図書館)、ミシェル・オベール(CNC)【表1-2】、クライド・ジヴォンズ(BFI)が招かれた。その内容は冊子『フィルム・アーカイヴの四つの仕事——国際映画シンポジウム(東京・一九九〇)記録』に詳しい。牧野守が「欧米諸国に比較して、あまりの日本の落差が問題になった。というより話題にすること自体が無理だ、といった論調であった」(172)

と感想を漏らしたように、日本と欧米のレベルの違いが際立つ結果となったが、こうした経験を経て、フィルムセンターのＦＩＡＦ正式加盟が現実味を増していった。
既に確認したように、日本は戦前の国際教育映画協会（ＩＥＣＩ）加盟に続き、アジアから初の参加国として一九三九年の第一回ＦＩＡＦ会議に赴き、戦後も一九五三年から一九六三年までＦＩＡＦに正式加盟したことになっていた。しかし、一九九〇年のＦＩＡＦハバナ会議報告によると、かつてＦＩＡＦに加盟したのは「フィルム・ライブラリー助成協議会」であったとの見解もある。このことからも、一九六〇年代までは実質的に、協議会が海外のフィルムアーカイブに対する日本側の窓口として機能していたこと、そして海外からは両者の存在が混同されがちであったことがわかる。

川喜多かしこ氏の発案により美術館のフィルム・ライブラリー部門の援助団体〈フィルム・ライブラリー助成協議会〉が、映画製作各社を中心として結成された。この団体がＦＩＡＦに加盟したのがわが国では最初のことであったが、間もなく、運営上の様々な事情によりシネマテーク・フランセーズやスイスなどの機関と共に脱退することになった。それ以来、日本側とＦＩＡＦの直接的関係はしばらく途絶えることになるが、ＦＩＡＦ加盟の主だった機関とはその後も交流は続けられ、一九七〇年のフィルムセンター開館以降は以前にまして活発となった。フィルムセンターは、各国の加盟機関から機会あるごとにＦＩＡＦ未加盟の理由を問われてきたが、前述の経緯や利害関係等を考慮しての結果ではなく、ただ単に新組織の体制作りに専念してきた結果であることを説明し理解を得ていた。(173)

フィルムセンターは、一九九一年と一九九二年のＦＩＡＦ会議にもオブザーバーとして参加し、一九九三年、ＦＩＡＦモ・イ・ラーナ会議（ノルウェー）で正会員として加盟を認められた。これは川喜多がその生涯を閉じる数カ月前の出来事であった。そしてこのとき、フィルムセンターは「フィルムライブラリーからフィルム・アーカイヴへと変身を遂げた」(174)。

モ・イ・ラーナ会議で「ニュース映画」が、さらに一九九七年のカルタヘナ会議（コロンビア）で「アマチュア映画」がテーマに掲げられ、一九九〇年代のＦＩＡＦは劇映画にこだわらず、その視野を多様なジャンルへと広げていた。フィルムセンターの機関誌『ＦＣ』は、一九八三年の第七九号から厚みを増し、毎号一〇〇頁を超えるようになっていたが、映画保存についての本格的な論考が初めて掲載されたのは一九九一年のことであった(175)。そして一九九五年五月、フィルムセンターの『ＦＣ』や協議会の『世界のフィルム・ライブラリー』に代わる機関誌『ＮＦＣニューズレター』が登場した。また、ＦＩＡＦの機関誌 *Journal of Film Preservation* は、一九九五年発行の第五一号からフィルムセンター図書室で閲覧できるようになった(176)。

映画一〇〇年の節目に完成した新フィルムセンター

一九九五年に完成した新しいフィルムセンターの建物は、営団地下鉄（現東京メトロ）銀座線の京橋駅下車徒歩二分という立地の良さを維持しつつ、広さは以前の建物の約二倍になった。世界中で映画一〇〇年が祝われたこの年、残念ながら国内の映画館の観客動員数は、第三章で触れたピーク時（一九五八年）の約一割にまで減っていた。川崎市市民ミュージアムで開催された映画一〇〇年記念展覧会のカタログに、早稲田大学教授（当時）の岩本憲児は次のように書いた。

すでにこれまで東京近郊で稼働していた立派な保存所と合わせて、どうやら入れ物は整ってきた。フィルムの購入数も増えてきているようだ。数少ないスタッフも優秀な人材で頑張っている。しかし、入れ物の中身を整理し、あるいは修復し、保存し、公開し、鑑賞や研究に役立てる環境を作り上げるのは人間なのである。人的スタッフの数の圧倒的不足、これは日本のアーカイヴが抱える根本的弱点だろう。社会がそのことを認識していないし、必要としていないからだと言うこともできる。(177)

映画一〇〇年を翌年に控えた一九九四年には、フィルムセンターが「わが国の映画芸術振興の拠点としての機能を十分発揮できるようにしていく必要があることを強調」する「映画芸術振興方策の充実について」(文化庁文化部)等の答申や報告書が提出された。この頃のフィルムセンターの映画フィルム所蔵本数は一万九〇〇〇本、映画関連図書は一万三〇〇〇冊にまで増えていたが、「京橋に九名、相模原分館に二名の職員が、アルバイトを使って目のくらむような膨大な仕事をこなし」、アルバイトは「仕事に慣れた頃、新しい人と代わる」(178)という状況であった。フィルムセンター図書室について一九九七年に書かれた記事には、次のようにある。

閲覧資料として供しているのは図書と開架雑誌のみですが、実は文献レファレンスではもっと重要な「四点セット」であるポスター・スチール写真・シナリオ・プレス(チラシ、プログラムなど)を大量に抱える、日本の映画文献レファレンスの要となるべき資料室なのです。しかしながら、資料整理・レファレンスなどの実務に携わるスタッフは実質四名。〔略〕プロフェッショナルな司書である彼らは、全員非常勤職員です。その背後には膨大な未整理資料の山。正規職員である学芸員の係長と研究員の二名は、図書室を統括しているだけ…。という事実が、日本の映画文化政策の貧弱さを雄弁に物語っているように思えてなりません。(179)

一九八〇年から東近美フィルムセンターの運営委員を務めていた髙野悦子は、当時の文部大臣・小杉隆から直々の要請を受けて、一九九七年にフィルムセンター名誉館長に就任した(在任期間一九九七―二〇〇七)。多くのＦＩＡＦ加盟フィルムアーカイブが「独立」して活動しているのに対して、フィルムセンターは東近美という母体の一部であるため存在感が薄いと考えた髙野は(180)、フィルムセンターの予算の増額および「独立」を一段と積極的に国に働きかけた。引き続き一九九八年には、フィルムセンターの機能充実を提言する「映画芸術の振興について[中間とりまとめ]」(文化庁)が提出された。しかし職員数は一向に増えず、「美術館の中のフィルムアーカイブ」(181)のまま、フィルムセンターは国立フィルムアーカイブとしての重責を担い続けることになった。

日本映画復元の初期(1)――育映社の仕事

日本の現像所については、一九六〇年代後半に返還映画の不燃化を担ったキヌタラボやヨコシネに触れたが、旧作の複製作業は徐々に本格化し、「復元」と呼べるものへと近づいていった。フィルムセンターには、例えば一九八四年に市川崑(Kon Ichikawa 1915–2008)が監督した『おとうと』(大映東京、一九六〇)の「特殊な現像処理（銀残しという技法）を東洋現像所東京工場の努力によりプリントを作成した」(182)との記録が残るが、当時は復元に特化した予算はまだほとんどなく、映画フィルムの購入費や不燃化の費用から捻出するしかなかった(183)。

劣化や損傷が著しい旧作の映画フィルムを取り扱い、初期の復元に貢献したのが、東京都練馬区の育映社（一九四八年創業）である。同社の元技術部長・今田長一は、「復元」という仕事の原点として、一九七二年の「昭和天皇の皇太子時代の渡欧をおさめたフィルムの不燃化」(184)を挙げる。一九七一年の春、「宮内庁の書庫の奥のほこりにまみれたケースの中から古いフィルムが二〇巻ばかり発見され、それが五〇年前に皇太子として渡欧された裕仁天皇のヨーロッパご旅行の記録映画とわかって大騒ぎになった」(185)。発見されたのは、第二章で取り上げた大阪毎日新聞社の活動写真班が一九二三年に製作した記録映画であった。これが劣化して縮んでいたことから、発注を受けた育映社はステップ・プリンターを復元用に改造し、一フレームずつ手動で焼き付けた。一九九〇年には、収集家・小宮登美次郎の遺族からフィルムセンターに寄贈された「小宮コレクション」の不燃化も引き受けることになり、その経緯は当時の社長・宮本勝博が機関誌『FC』に報告している(186)。小宮コレクションは初期の色技法の実例として国際的な評価も高い。フィルムセンターでは、一九九一年から「発掘された映画たち」という不定期の上映シリーズが始まり、小宮コレクションを皮切りとして、新たに発見された映画が復元のワークフローの解説等とともにお披露目上映されるようになった。

映画一〇〇年を祝って、技術史的に重要な小西六写真工業（現コニカミノルタ）の国産コニカラーの長編劇映画第一作『緑はるかに』（日活、一九五五）が復元されたこともあった。その後も、チェコの工房がオリジナルの方法で染色を施した『不壊《ふえ》の白珠《しらたま》』［染色復元版］（松竹蒲田、一九二九）、富士フイルム初のカラー映画『カル

図15　育映社の今田長一。1957年〈左〉(写真提供：今田氏）と2003年〈右〉(筆者撮影)

メン故郷に帰る』（松竹大船、一九五一）、コダックが技術の粋を集めた「イーストマンカラー5248」（一九五〇年の「5247」を改良したカラーネガフィルム）で撮影した初の日本映画である衣笠貞之助監督『地獄門』（大映京都、一九五三）、ゴスフィルモフォンドで発見された現存最古のカラー日本劇映画『千人針』（大日本天然色映画、一九三七）等(187)、技術史的に重要な色の復元は、大手現像所において繰り返し試みられているが、そのはじまりとなったのが育映社の仕事であった。

フィルムセンター主幹（当時）の大場は、「現在（一九九五年）の日本でナイトレートフィルムを復元できる現像所は二カ所程度、中でも小宮コレクションのようなフィルムを復元できるのは一カ所だけである」(188)とした。この一カ所とは、社内に映画フィルム専用の冷蔵室も完備していた育映社を指すと思われる。今田は同年、日本映画テレビ技術協会の第二八回増谷賞（一九九五年度）を受賞した。増谷賞は、映画またはテレビの「諸技術の業務に三〇年以上精励し、後進の模範となる業績を残した者」が対象となる。

一九九七年、アンリ・ラングロワの伝記の翻訳者でもある村川英の仲介で、新潟県南魚沼郡の旧家の土蔵に保管されていた「宇賀山正昭コレクション」がフィルムセンターに寄贈された。この中から九・五ミリフィルムの斎藤寅次郎監督『石川五右衛門の法事』（松竹蒲田、一九三〇）、小津安二郎監督『和製喧嘩友達』（松竹蒲田、一九二九）、熊谷久虎監督『本塁打』（日活太秦、一九三一）が見つかった(189)。日本劇映画に特有の現象として、劇場公開用の三五ミリフィルムが失われ、家庭用に販売された小型映画のダイジェスト版だけが残る作品も少なくない。それらを元素材とする三五ミリフィルムへのブローアップ復元でも、育映社の技術が生かされた。

日本映画復元の初期（2）――『忠次旅日記』と『瀧の白糸』

今田によってよみがえった日本映画の一本に、伊藤大輔監督『忠次旅日記』（日活大将軍、一九二七）がある。一九九一年、全三部作の内、第二部の不完全版と第三部のナイトレートフィルムが広島の民家から発見され、育映社に持ち込まれたこの作品は、映画ファンの間で話題になっただけでなく、その後の映画保存のあり方にも多大な影響を及ぼした。

発見された映画フィルムの所有者は、他の作品の断片とつなぎ合わせて全く別のタイトルを与えていたが、広島市映像文化ライブラリーから連絡を受けたフィルムセンターが現物を調査することによって、『忠次旅日記』であると確定した。京都府京都文化博物館が所蔵する伊藤大輔関連資料には、監督自らが保管していた活動写真弁士用の説明原稿が含まれ、それが同定／識別の手がかりとなった(190)。この作業を担当したフィルムセンター主任研究員（当時）の佐伯知紀は、次のように振り返る。

この保存庫〔フィルムセンター相模原分館〕で大量の保存が認められているのは不燃性フィルムのみであり、

土地の利用に関する制限のためナイトレート・フィルムの収蔵可能量は制限されている。したがって、発見されたナイトレート・フィルムは、危険物を専門的に扱う民間倉庫に委託するという方式をとっている。この場合、保存できる空間が限られていたため、かつては不燃化作業を済ませたナイトレートは、古いものから順番に廃棄するという方針が取られていた。その意識に変化があらわれた時期は、伊藤大輔監督の傑作『忠次旅日記』（一九二七）の発見である。また、ウェットプリントのように傷を目立たなくする復元技術の開発や、デジタル技術を用いた復元が始まったことで、オリジナル素材を残しておくことの意義が急速に認識されるようになったこと、そしてＦＩＡＦ加盟等により海外のフィルムアーカイブとの交流が急速に進み、世界の趨勢が伝わるようになった。(191)

つまりこのとき、オリジナルの映画フィルムが国内でもようやく尊重されるようになったのである。ナイトレートフィルムの収蔵条件が目に見えて改善されることはなかったが、少なくとも廃棄処分は行われなくなった。地方の公共フィルムアーカイブが幻の映画の発掘のきっかけを作り、複数の公共フィルムアーカイブが連携して救済が実現したことも意義深く、さらに、日本映画の保存のドキュメンテーション——施した処置をすべて記録しておくこと——も重視されるようになった。

不完全版ばかりではあるが、伊藤の作品は次々と発見、復元、そして上映され、その度に話題を振りまいて映画保存の大切さを訴えながら、技術的な発展にも貢献してきた。一九七五年、京都の府立フィルム・ライブラリーによる『治郎吉黄金地獄（御誂次郎吉格子）』（日活太秦、一九三一）の発見に始まり、一九八六年には、『丹下左膳 第一篇』（一九三三）が英国で発見され(192)、『忠次旅日記』がそれに続いた。そして、二〇〇二

図16　佐伯知紀〈左〉と岡島尚志〈右〉（写真提供：岡島氏）

年にフィルムセンターに寄贈された「寺澤敬一コレクション」に含まれた傾向映画『斬人斬馬剣』（松竹京都、一九二九）の九・五ミリ版は、日本映画のデジタル復元の嚆矢となった。さらに、『一殺多生剣』（市川右太衛門プロ、一九二九）がインターネットのオークションで発見され、二〇一二年秋に第八回京都映画祭の復元部門で上映された(193)。伊藤は「シャシンの生命は一週間」(194)が口癖であったというが、その生命は一週間どころか、初公開から九〇年後の観客をも魅了して止まない。

復元の元素材としては、原則として、オリジナルネガ（撮影時にキャメラに装填されていたフィルム）、または最もオリジナルネガに近い世代のフィルムを使用するが、場合によっては、出所の異なる複数の素材をパズルのように組み合わせることもある。そのような作業の代表例に、溝口健二監督『瀧の白糸』（入江ぷろだくしょん、一九三三）がある。もともと現存していた『瀧の白糸』のプリントは、GHQの検閲によりハッピーエンドに改変されていた(195)。その後、フィルムセンターに遺贈された活動写真弁士・谷天朗のコレクションから、欠落はあるが画質の良い一六ミリフィルムが見つかった。ここでもシナリオやスチル写真を参考資料として、フィルムセンター所蔵版、京都文化博物館所蔵版（府立フィルム・ライブラリーが一九七五年に購入）、共和教育映画社版（現神戸映画資料館館長・安井喜雄の紹介で所在が判明）等、計五本の素材を比較検討し、一九九九年の段階で一〇二分の最長版が作成された。

日本映画には不完全版が多いことから、欠落を補う解説の追加や、当時のフォントを真似た挿入字幕《インタータイトル》の再現等、監修者の主観的な判断によって様々な手法が試みられてきた。多くの映画が集団作業によって生み出されることに同じく、映画の復元にもチームワークは欠かせない。権利を持つ映画会社、現物を保存するフィルムアーカイブのフィルムアーキビスト、そして復元を担う現像所の技術者の連携に加え、現物の映画フィルムの所有者や映画の歴史・音楽・技術等の専門知識を持つ研究者が対等な立場で協力してはじめて、映画をオリジナルに近づけることができる。フィルムセンターには民間の現像所を引退した技術者が技能補佐員（非常勤）として雇用され、技術面で貢献を果たし、復元版の仕上がりは一九九〇年代を通して洗練されていった。現在その技術の継承が重い課題となっている。

映画復元の成果を披露する国際的な舞台の一つに、イタリアで一九八二年に始まったポルデノーネ無声映画祭（Le Giornate del Cinema Muto）がある(196)。一九九二年、フィルムセンターからこのポルデノーネ無声映画祭に初めて出品されたのは日本映画ではなく、主にヨーロッパの貴重な無声映画から成る「小宮コレクション」であった(197)。しかし、それから七年後の一九九九年、同映画祭に、民間で復元された日本映画『何が彼女をそうさせたか』（帝国キネマ演芸、一九三〇）が出品された。実はこの作品が、ロシアから大量の日本映画の返還を促すことになるのである。

ロシアのゴスフィルモフォンドが所蔵する日本映画

一九九五年以降、ロシアの国立フィルムアーカイブ「ゴスフィルモフォンド」から、約三五〇作品の日本映画が返還されてきた。その大部分は、かつて中国東北部（旧満洲）からソ連軍が接収したものと考えられる。

ソ連軍は一九四五年秋から翌年にかけて旧満洲の重工業機器等を接収したとされ、満映が所持していた機材や映画フィルムについては、一九四六年三月から五月にかけて接収されたのではないかと推測されている(198)。貨車に積まれて運ばれた映画フィルムの目撃談もあり、また、スターリンが「ソ連映画輸出入公団」に映画フィルムの接収を厳命したとの説もあるが、真相は明らかになっていない。

敷地面積や職員数を比較基準とすれば、およそ一五〇ヘクタールの敷地に六〇〇名の職員を擁するゴスフィルモフォンドの規模は、BFI国立アーカイブ、フランス国立映画・映像センター（CNC）、米国議会図書館MBRS等を遥かに上回る（ちなみにMBRSパッカード・キャンパスの敷地面積は約一八ヘクタール）。一九六六年に議会図書館側と日本映画の返還交渉を担当した登川直樹は、一九七六年にゴスフィルモフォンドも訪れていたが、日本映画の返還実現には至らなかった。中国側からソ連に対する公式な返還要求も、やはり一九八〇年代までは却下されていた(199)。

ペレストロイカが進んだ一九九〇年以降、民間のテレビ局等がフィート換算で複製を「購入」し始めると、ロシアに眠る日本映画の存在が注目を集めるようになった。例えば、東海テレビが記念特別番組『映像の証言・満州映画協会』のため啓民映画三作品を、テレビ朝日が「ザ・スクープ」のため李香蘭主演の『迎春花』（満映、一九四二）を、そして音楽事務所テンシャープがビデオ「満州の記録 映像の証言」のため総計三八時間分の素材の権利を買いつけた。ただし、これらはコンテンツの切り売りに過ぎず、映画フィルムの本国返還は意味しない。

大島渚は、プロデューサーの牛山純一と組んで『大東亜戦争』（日本テレビ、一九六八）を制作した際、沖縄の集団自決も、広島・長崎に落とされた原爆のキノコ雲も、すべて米国側の撮影であることに愕然とした。

また、映画一〇〇年を祝してBFIが企画したシリーズの日本編として『日本映画の百年』(BFI、一九九五)を監督した際も、思うように日本映画――中でもとくに傾向映画――を見つけられなかった。まさにそのとき、鈴木重吉監督『何が彼女をそうさせたか』(帝国キネマ演芸、一九三〇)の発見を知らされたのである。

『何が彼女をそうさせたか』は、一九二〇年創設の帝国キネマ演芸(以下「帝キネ」)が一九二八年に完成させた長瀬撮影所(大阪府東大阪市)で撮影され、「傾向映画」の一本として大ヒットを記録し、一九三〇年のキネマ旬報ベスト・テン一位に輝いた。米国からの返還映画に含まれた『東洋平和の道』(東和商事映画部、一九三八)の監督でもある鈴木は、松竹で牛原虚彦の助監督を務め、一年ほどの欧米滞在の後にこの作品を撮った(200)。約七〇〇本製作された帝キネ作品は、一九三〇年に撮影所が全焼したこともあり、不完全版や断片等一〇数本しか残っていない(201)。創立者の遺族は幻の帝キネ作品を探し求め、ロシア領事館経由でゴスフィルモフォンドに問い合わせると、金額交渉の末に『何が彼女をそうさせたか』の現物を一九九三年に引き取ることに成功した。復元版の試写には鈴木の遺族やゴスフィルモフォンド関係者も招かれ、これが接収映画ではなく、冒頭とラストが欠落したロシア語の挿入字幕《インタータイトル》版、つまりソ連で上映されたプリントであることも判明した。国内ではポルデノーネ無声映画祭への出品前、一九九七年の第一回京都映画祭で上映された(202)。

一九九五年、「映画生誕一〇〇年祭実行委員会」によるゴスフィルモフォンド所蔵日本映画の調査が正式に始まった。そして一九九六年と一九九八年の二度、文部省在外研究員として佐伯が七〇日間かけて調査し、現地で一六〇〇缶以上に目を通した。その後、日本映画の大量返還が決まったが、そこには日本国内に存在しない作品はもちろんのこと、存在しても一六ミリフィルムだけの作品や、欠落、損傷、劣化等によってオリジナルからかけ離れた状態にある作品も含まれた。中でも最も話題になったのは第二章で触れた『姿三四郎』

である。ほかにも例えば、それまで上映されていた小津安二郎監督『父ありき』（松竹大船、一九四二）のプリントには、一六ミリフィルムに縮小した際に雑音が焼き込まれていたが、返還映画の『父ありき』は、一五分程欠落した不完全版ながら音声は良好であった(203)。所蔵映画フィルムがインスペクションを経て目録化されているからこそ、所蔵の有無だけでなく、こうした物理的な状態まで比較検討が可能になる。現地で同定／識別できなかった作品も返還された点で、米国からの返還時とは方針が異なった。

一九九九年から段階的に返還されてきた日本映画の目録作業には六年の歳月を要し、すべてが完了した二〇〇五年の段階で、二〇巻の未特定分を残して三四七作品（劇映画一七五作品、文化・記録映画一二六作品、アニメーション一〇作品、ニュース映画三六作品）がフィルムセンターに収蔵された(204)。ただし、期待された代表的な日本映画の題名は見当たらず、佐伯の直感として、ゴスフィルモフォンド収蔵以前に何らかの選別が行われた可能性が示唆された(205)。

地方の時代（2）――福岡市

一九八〇年代に生まれた広島市、京都府、川崎市の公共フィルムアーカイブのあらましは既に述べたが、ここでは一九九〇年代に新たに加わった福岡市の事例とともに、全四機関の特徴を検討してみたい【表4–3】。

福岡市総合図書館フィルムアーカイヴ

佐藤忠男は一九八八年、アジア各国のフィルムアーカイブが当時置かれていた厳しい状況をまとめた記事を次のように結んだ。

日本がアジアのフィルム・ライブラリーの役割を演じる面がすでにあるわけで、いっそ、それを政策的にやったらいいかもしれない。どうだろうか。フィルム修復の技術だって日本は相当発達しているはずだし。まあ、日本のフィルムセンター自体が予算も人員も驚異的に僅かで四苦八苦なのに、何を言うか、と言われそうだが。(206)

一〇〇〇キロ圏内に上海、大連、ソウル、二〇〇〇キロ圏内に北京、広州、台北、香港が位置し、アジア諸国との交流に適した福岡市は、市制一〇〇周年を記念して一九八九年にアジア太平洋博覧会「よかトピア」を催した。地方分権を推進していた当時の市長・桑原敬一（在任期間一九八六―一九九八）は、経済だけでなく文化という切り口でアジアとの連携を深めようとした。「よかトピア」によって生まれた絆をさらに強める「アジアマンス」主要事業の一つとして、一九九一年に始まったのが《アジアフォーカス・福岡映画祭》である。同映画祭のシンポジウム「映画が語るアジア文化」で、インドの映画監督サイ・パラーンジペーが「福岡にアジアのフィルムアーカイブ設置を期待したい」と発言したことをきっかけに、同年、福岡市総合図書館基本計画に「映像メディアセンター」の機能が盛り込まれた。

こうして一九九六年に開館した福岡市総合図書館(207)は「よかトピア」跡地の百道浜地区（シーサイドももち）に位置し、国内でも最大規模の「図書資料課」、歴史的・文化的価値を有する福岡市の公文書・古文書資料を備えた「文書資料課」（公文書館としての機能に相当する）、さらにアジア映画を中心に映画フィルムを収集・保存して上映する「映像資料課」の三部門から成る。「映像資料課」には「福岡市フィルムアーカイヴ」という別称があり、複合施設でありながらも、フィルムアーカイブとしてのアイデンティティは明確である。

福岡市フィルムアーカイヴは、日本を含むアジア映画に力点を置いてコレクションを構築するとともに、福岡にまつわる商業映画や地域映像も取得対象としている。タイのアピチャートポン・ウィーラセータクンや台湾の侯孝賢《ホウシャオシェン》ら、著名な映画作家の直筆サインが映画フィルム専用収蔵庫の棚に手書きされているのも福岡らしく、また、設立のきっかけを作ったパラーンジペー監督の作品もここに収蔵されている。映画祭の出品作を取得することから、デジタルシネマの収集・保存、そして上映への着手も早かった。

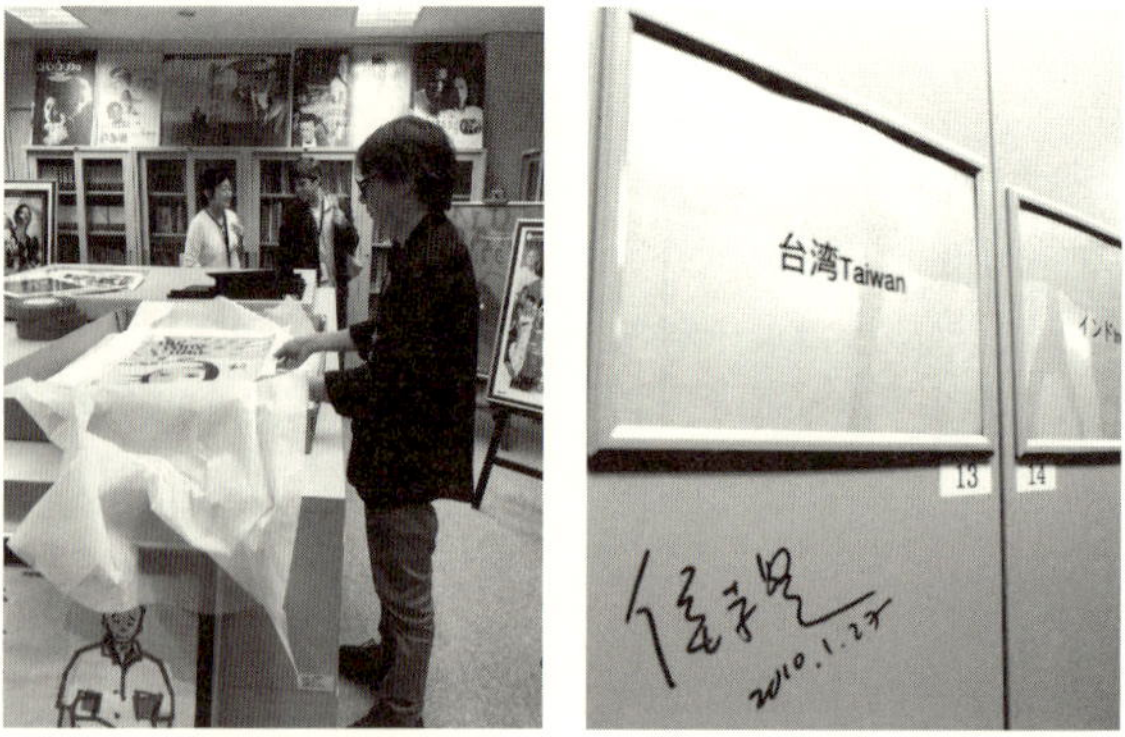

図17　福岡市総合図書館フィルムアーカイヴの松本圭二〈左〉と収蔵庫内の侯孝賢のサイン〈右〉（筆者撮影）

二〇〇三年、福岡市フィルムアーカイヴは準会員としてＦＩＡＦに加盟した。ＦＩＡＦに加盟する地域フィルムアーカイブは世界に数多く、動的映像アーキビスト協会（ＡＭＩＡ）にも「地域映像アーカイブ」の分科会があるが、地域から国際団体への加盟事例がほかにない日本では画期的な出来事であった。ただし予算不足のため、ＦＩＡＦ会議には二〇〇七年（東京）を除いて参加できていない。

公共フィルムアーカイブの可能性

散逸の危機にある映画資料を長期的に保存することを考える上で、フィルム専用の収蔵庫や上映施設を備えた四機関もの公共フィルムアーカイブが存在するのは、他のアジア諸国と比較してみても、日本の強みである(208)。どの機関も、人員や予算規模は小さく、原版、ナイトレートフィルム、ビネガーシンドロームを発症したアセテートフィルム等を適切に保存する環境は持たないが、地元の映画祭との連携や地域映像の収集・保存活動が見受けられ、コレクションの中にはノンフィルム資料やビデオテープ等の多彩な視聴覚資料が充実している。京都の時代劇、福岡のアジア映画といったコレクションの特色を生かすことによっても、東京への一極集中に抗うことができるし、かつて京都で目指されたような、地理的な「分散保存」も実現できる。各地で豊かな映画文化が育まれてきた日本には、中央のフィルムアーカイブを補足する収集・保存拠点として全国にバランスよく配置された地域フィルムアーカイブが求められる。国内の公共フィルムアーカイブに公式な団体はまだないが、今後の交流の深まりに期待したい。レイ・エドモンドソンは、専門職団体が「討議、協力、発展の場を提供し、視聴覚アーカイブ活動という分野のアイデンティティの一部になっている」(209)と考える。映画保存研究の発展や各機関のさらなる連携のため、ネットワーク化は重要な意味を持つに違いない。

ネットワーク化という意味では、これら四機関に限らず、日本には私設のフィルムアーカイブや映画資料館が多数存在する。戦前からの歴史ある早稲田大学坪内博士記念演劇博物館のように、大学にも貴重な映画関連資料が集積されている。ただし、近年の担当者による報告に、「残念ながら、可燃性フィルムについては、当時可燃性の保存方法が十分に理解されていなかったので、館内でフィルムが復元不能なほど傷んでしまうなど、その散逸を完全に防げなかった」(210)とあるように、収集や整理・公開の余力がないことが指摘されている。

表4-3-1　地域の公共フィルムアーカイブの概要（1）

	母体	部署名	設立年月日
A	広島市映像文化ライブラリー	—	1982年 5月1日
B	京都府京都文化博物館	学芸課 映像・情報室	1988年10月1日
C	川崎市市民ミュージアム	学芸グループ 映画担当	1988年11月1日
D	福岡市総合図書館	映像資料課（フィルムアーカイヴ）	1996年 6月29日

表4-3-2　地域の公共フィルムアーカイブの概要（2）

	A広島	B京都	C川崎	D福岡
資料購入費	約1000万円	約100万円	0円	約400万円
専門職員（学芸員）	1名	1名	1名	2名
日本映画	約720作品	約780作品	約1000作品	約980作品
主な取得方法	購入	購入	購入、寄贈	購入、寄贈
上映施設	169席	174席	266席	242席
入場者数	3.1万人	4.4万人	9000人	2.5万人
映写機	シネフォワード	キノトン FP38E	キノトン FP30D	シネフォワード
ノンフィルム	不明	約28万点	約1万2000点	2万点以上
収蔵庫の規模	9000缶	不 明	3700缶	2万缶
収蔵庫の温度・湿度	20℃・40%	5℃・40%	17-18℃・40-45%	5℃・40%
設置根拠	広島市映像文化ライブラリー条例	京都文化財団定款	川崎市市民ミュージアム条例	福岡市総合図書館条例
加盟団体	全視連、コミュニティシネマセンター	—	全興連、コミュニティシネマセンター	FIAF（準会員）
関連する映画祭	広島国際アニメーションフェスティバル等	京都ヒストリカ映画祭等	「地方の時代」映像祭（終了）	アジアフォーカス福岡国際映画祭

また、国内ではフィルムセンターに次ぐ「大規模コレクション」（Major Collection）を誇る「神戸映画資料館」のアーカイブズ部門は、二〇一四年に文化庁の助成金（美術館・歴史博物館重点分野推進支援事業）を受けるタイミングで一般社団法人神戸映画保存ネットワークとして社団法人化され、新たな公共フィルムアーカイブとして注目されている（神戸映画資料館については第五章でも触れる）。こうした諸団体が緩やかにつながり、認知度を上げていくことで、公共フィルムアーカイブの可能性を広げられるのではないか。

コラム　民間による映画フィルムの救済事例に学ぶ（3）――活動写真弁士

上映中スクリーン下手で映画を説明する「活動写真弁士」は、かつて花形職業であった。トーキー技術の到来とともにその存在はすっかり廃れたと思われるかもしれないが、実は伝統は細々と、しかし着実に引き継がれ、現在も一〇名前後の弁士が活躍している。しかもその人気は国内だけにとどまらない。

川喜多かしこの支援で弁士・松田春翠の海外初公演（フランクフルトのドイツ映画博物館、パリのシネマテーク・フランセーズ等）が実現したのが一九八四年。春翠の弟子、澤登翠もまた、一九八八年のアヴィニョン芸術祭を皮切りに数々の海外公演を成功させてきた。同じく国際的に活躍する澤登の弟子の片岡一郎は、ネットオークションに幻の日本映画を見つけるとそれを私費で落札し、復元素材として公共フィルムアーカイブに提供することもある。

フィルムセンター二代目主幹、鳥羽幸信は、引退の挨拶で「国のコレクション充実に没頭して、これまで中断していた私の個人コレクション活動をこれから再開してゆきたい」と述べたほどの熱心な映画フィルム収集家で、自らの

図18　活動写真弁士の片岡一郎。浅草寺境内の弁士塚前にて（筆者撮影）

コレクションは「映画芸術保存協会」という団体の下で管理し、弁士・羽鳥天来の名で上映会を催してもいた。検閲強化のきっかけとなった仏映画『ジゴマ』（一九一一）〔染色版〕等を含む「鳥羽コレクション」は、鳥羽の没後にアテネ・フランセ文化センター等に寄贈された。フィルムセンターにはまた、弁士・谷天朗のコレクションも収蔵されている。

日本のフィルムアーカイブ活動は、活動写真弁士に実に多くを負っているのである。

6 〈映画保存運動〉の半世紀

一九五〇年代から一九九〇年代までを概観したところで、川喜多かしこが、または協議会が成し遂げた〈映画保存運動〉の成果を振り返ってみたい。

戦前から外国映画配給業を成功させていた東和は、日本映画の海外への紹介にも幾度か挑戦し、映画による本質的な相互理解と世界平和の実現を目指していた。戦後、欧米のフィルムアーカイブの進展と日本の立ち遅れを目の当たりにした川喜多は、積極的な映画保存政策を打ち出さないどころか、ほとんど無策であった国を批判するのではなく、日本映画を守り残す仕事に対する映画人の「誇りと責任」(211)を問い続けた。そして、自ら立ち上げたフィルム・ライブラリー(助成)協議会を通して、ヨーロッパで得た知識を国内の映画人や映画ファンに伝え、上映事業を充実させるとともに、フィルムアーカイブの独立や映画フィルム専用収蔵庫の建設の必要性を提言し続けた。戦後日本の〈映画保存運動〉は、フィルム・ライブラリーが「フィルムアーカイブ」として認められるようになるまでの軌跡と考えることもできるが、川喜多は間違いなくその運動の支柱であり、牽引役でもあった。

一九七〇年以来、日本における国立レベルの映画フィルムの収集・保存およびアクセス提供は、国立国会図書館ではなく、国立公文書館でもなく、戦前から映画行政を担った文部省に由来する文部科学省の外局の文化庁管轄の東京国立近代美術館フィルムセンター——より具体的にはそこで働く映画研究者たち——の仕事になった。川喜多は、「私たちのように映画のもつ文化性や、世界平和への大きな役割を信じているものの手に映画の仕事は置かれてあるべきだという自負心がある」(212)との言葉も残した。つまり、映画保存を映画人の仕事とし、映画を心から愛する者たちにフィルムアーカイブ活動を委ねたことに、川喜多の最大の貢献があったのではないか。

独立した国立のフィルムアーカイブを持たず、映画フィルムの網羅的収集を可能にする法制度も持たない状況にあっても、フィルムセンターのコレクションの成長は目覚ましく、収蔵本数は序章で述べた通り二〇一六年末の数字で約八万本（外国映画含む）と、かつて協議会の繰り返した目標の「五万本」を超えて増え続けている。戦後、日本のフィルムアーカイブ活動は大幅に出遅れたが、コレクション規模、設備、入手可能な復元技術等は欧米のレベルに追いついた。

民間主導の〈映画保存運動〉が一定以上の成果を出したとはいえ、それでも達成できなかったこと、課題として残されたことは少なくない。また、〈映画保存運動〉の目標から抜け落ちていたこともあるのではないか。ここでは主に三点を指摘したい。

第一の課題は、フィルムアーカイブの増員および人材育成である。映画を法定納入の対象とする国の中で、約三万本のコレクションを持つ中国電影資料館の職員は約三四〇名(213)。約一万二〇〇〇本のコレクションを持つ韓国映像資料院も、六〇名以上の正規職員を雇用する(214)。しかし、フィルムセンターの正規職員数は長らく一〇名前後から増えず、いくら膨大なコレクションを構築しても、人員規模の上では諸外国のフィルムアーカイブとの差を縮めることができなかった。地域の公共フィルムアーカイブも同様に、人員不足に苛まれている。そもそも正規職員数が少ないのは、国内のあらゆる文化施設に共通の問題であろうが、職員数とコレクション規模の不均衡こそ、日本のフィルムアーカイブ活動の特殊な状況を露わにしている。

また、日本の映画保存運動の中に、フィルムアーキビスト（視聴覚アーキビスト、動的映像アーキビスト）の養成を求める声はほとんど聞かれなかった。かろうじて、一九七〇年代の「京都府立映像会館（仮称）」構想では、映画フィルムの「国宝修理所的役割」を果たすべく「フィルムの補修、編集、保存などの技術者」の養成が計画されていたが、これも実現したわけではない。公共フィルムアーカイブが技術的な実務のほとんどを現像所OB等の非常勤職員に頼っていては、技術の継承は難しいのではないか。もっとも、養成の内容は実践的な技術のみならず、映画保存の理論を学ぶことも同等に重要である。一九七三年に始まったFIAFサマースクールに、フィルムセンター職員は二〇〇七年になって初めて公式に参加した(215)。二〇一〇年代以降、FIAF以外の国際的な専門職団体にも目が向けられるようになったが、地方の公共フィルムアーカイブではそのような動きがまだ少なく、フィルムアーキビストの職務基準も曖昧なままである。

第二に、取得対象の拡大がある。川喜多の、「無理な多産のため過去を顧みるいとまのない日本映画界は、自らのクラシック作品を保存していない。〔略〕今から日本映画界が、この遺産の上に懸案のフィルム・ライブラリーを建設することを希望して止まない」(216)といった文章に現れる「クラシック作品」とは、選別された日本劇映画の過去の名作を指すと思われる。国立公文書館に視聴覚部門がなく、国立の映画博物館も持たない日本では、動的映像資料を含む視聴覚資料全般に救済の網の目がはりめぐらされているわけではない。フィルムセンターには一九七〇年代にも、一九八〇年代にも、取得対象を新しい記録メディアへと広げる計画が盛り込まれたが、実現しなかった。実際のところ多様な記録メディアが集積されている地方の公共フィルムアーカイブは、フィルムアーカイブではなく「視聴覚アーカイブ」として再認識すべきかもしれない。

第三に、ナイトレートフィルムの取り扱いがある。一九七二年、協議会が「フィルム保存庫設置に関する請願」を文化庁に提出し、映画保存運動の成果の一つとして欧米に引けを取らない水準の設備を持つフィルムセン

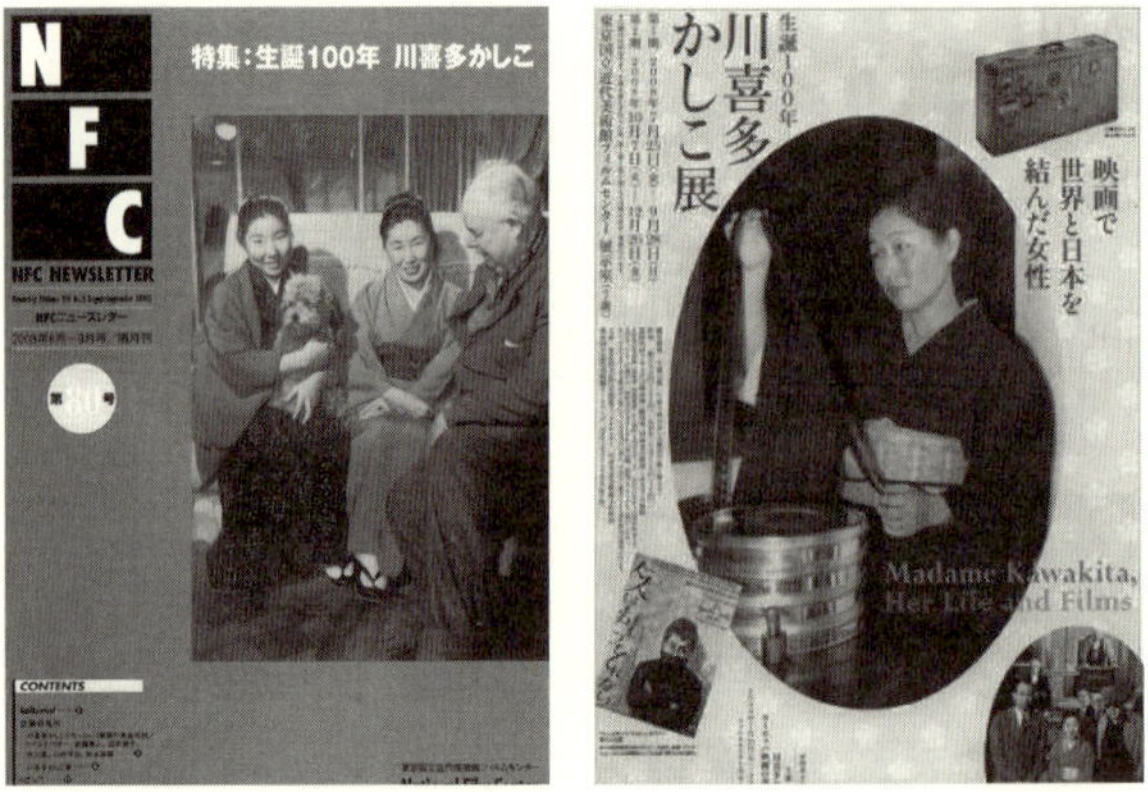

図19　『NFCニューズレター』2008年8－9月号表紙〈左〉と「生誕100年川喜多かしこ展」ちらし〈右〉

ター相模原分館が一九八六年に完成したことは、映画保存運動の最大の成果の一つであったが、「可燃性フィルムを安心して収納できる保存庫」[217]を建設するという川喜多の願いは叶うことなく、一〇キロを超えるナイトレートフィルムの収蔵は二〇一四年まで許されなかった。フィルムセンター火災から三〇年後の二〇一四年、映画の重要文化財登録等をきっかけとして、相模原分館の敷地内にナイトレートフィルム専用の映画保存棟Ⅲが完成したが、その収蔵量は約一二〇〇缶相当である（民間倉庫には約五五〇〇本が預けられてきた）[218]。映連の池田義信も川喜多も、本来望んでいたのはナイトレートフィルムの十全な保存ではなかったろうか。

□　□　□　□

二〇〇八年、フィルムセンターで「生誕一〇〇年　川喜多かしこ展」が催され、「A Wreath for Madame Kawakita」と題する上映会が、カンヌ国際映画祭、シネマテーク・フランセーズ、BFI、モントリオール世界映画祭等、各国を巡回した。映画人として敬意を集め続ける一方で、直接の後継者が現れなかったせいか、映画保存のアドボケートとしての川喜多の多大な貢献は、現在も国内でそれほど注目されることがない。しかしながら、戦後日本の映画保存運動に川喜多かしこのイニシアティブがあったことを忘れてはならないだろう。
日本のフィルムアーカイブ活動は、ウォーミングアップと助走にかけた時間があまりに長く、スタート地点がはっきりしない。それはフィルムセンター設立の一九七〇年であったかもしれないが、現物の映画フィルムの保存機能を持ったという意味では、相模原分館が完成した一九八六年も重要である。あるいは、フィルムセンターがＦＩＡＦに正式加盟を果たし、本格的なフィルムアーカイブへと変貌を遂げた一九九三年が始まりであったとも考えられる。何れにしても、敗戦時に日本映画をほとんど持たなかったわたしたちは、それを一本、また一本と取り戻しながら、フィルムアーカイブ活動を段階的に発展させてきた。こうした歴史の上に、日本における映画保存の現在がある。

註

（1）大島渚『体験的戦後映像論』朝日新聞社出版局、一九七五年。玉音放送の音源は二〇一四年に宮内庁がデジタル復元した。「当庁が管理する先の大戦関係の資料について」宮内庁 http://www.kunaicho.go.jp/kunaicho/koho/taisenkankei/index.html
（2）序章註（7）「アイリーン・バウザーが語る「専門職としてのフィルムアーカイブ活動」」。
（3）「国立近代美術館店開き〝お役所〟臭くはない、モダーンな設計 美術映画を毎日上映」朝日新聞朝刊、一九五二年一二月一日、三頁。
（4）西嶋憲生「瀧口修造と映画――いくつかの接点」『多摩美術大学研究紀要』一八号、多摩美術大学、二〇〇三年、五七―六六頁。瀧口修造「フィルム・ライブラリーの使命」『コレクション瀧口修造六 映像論』みすず書房、一九九一年、二七三―二七七頁。同「美術映画雑記」、二八七―二九三頁。

(5) 関忠夫「国立博物館製作の映画」『博物館研究』三二巻四号、日本博物館協会、一九五九年、六―七頁。
(6) 斎藤宗武「フィルム・ライブラリーの回顧」『現代の眼』一八四号、東京国立近代美術館、一九七〇年、六―七頁。
(7) 第三章註(74)「国立近代美術館フィルムライブラリー誕生」。
(8) 『東京高等工芸学校一覧 大正一五年度』東京高等工芸学校、一九二六年。
(9) 風間勇美「創設のころ」『現代の眼』二一三号、東京国立近代美術館、一九七二年、六―七頁。
(10) 第三章註(80)「日本におけるフィルム・ライブラリー 一」。
(11) 斎藤がフィルム・ライブラリーを紹介する記事には次のようなものがある。「日本のフィルム・ライブラリイ」『世界映画資料12』世界映画資料社、一九五八年、五四―五九頁。「つぎはぎ忠臣蔵」『キネマ旬報』一〇八四号、キネマ旬報社、一九六〇年、七九頁。「国立近代美術館のフィルム・ライブラリー」『博物館研究』三二巻四号、日本博物館協会、一九五九年、七頁。「国立近代美術館フィルム・ライブラリーの歩み」『現代の眼』一四一号、東京国立近代美術館、一九六六年、二頁。「国立近代美術館フィルム・ライブラリーの歩み」『世界のフィルム・ライブラリー 一九六七年』フィルム・ライブラリー助成協議会、一九六八年、九頁。「映画フィルム(昭和四二年度新収蔵作品の紹介――美術作品と映画フィルム)」『現代の眼』一六一号、東京国立近代美術館、一九六八年、六頁。「古い記録映画について」『視聴覚教育』二六巻九号(二九九号)、日本視聴覚教育協会、一九七二年、五六頁。
(12) 川喜多かしこ「フィルム・ライブラリー運動の意義〈時評〉」『映画芸術』九巻五号(一六三号)映画芸術社、一九六一年、二三頁。
(13) 飯島正「フィルム・ライブラリー/「生れてはみたけれど」と小津安二郎」『現代の眼』一三号、国立近代美術館、一九五五年、七頁。
(14) 清水晶「フィルム・ライブラリーの新蔵品「ピグマリオン」と「バーバラ少佐」について」『現代の眼』三二号、国立近代美術館、一九五七年、七頁。
(15) 斎藤宗武「フィルム・ライブラリーとフランス映画祭」『国際文化』九一号、国際文化振興会、一九六一年、六―八頁。
(16) Drazin, Charles. *The Finest Years: British Cinema of the 1940s*. I B Tauris, 2007. pp. 235–238.
(17) ヴォルフガング・クラウエ「フィルム・アーカイヴの主要な仕事」『フィルム・アーカイヴの四つの仕事――国際映画シンポジウ

ム（東京・一九九〇年）記録』東京国立近代美術館フィルムセンター、一九九二年、一一一—一一七頁。

(18) アーネスト・リンドグレン「映画の保存」（井上勇訳）『映画の現代知識』板垣書店、一九五二年、一七一—一七四頁。リンドグレンの所属はここで「英国映画研究所ＢＦＩ副所長、英国映画保存協会（ＮＦＬ）主事」と訳されている。

(19)「（書評）ロージアー・マンヴェル著『映画の現代知識』」『映画文化』再刊二号、映画文化研究会、一九五二年、四九—五〇頁。

(20) テプリツについては次の文献を参考にした。岡島尚志「ＦＩＡＦ名誉会員イエジー・テプリッツ氏、逝く」『ＮＦＣニューズレター』三三号、東京国立近代美術館フィルムセンター、一九九五年、三頁。Klaue, Wolfgang. "Lest We Forget". *Journal of Film Preservation* 81. FIAF, 2009. pp. 2–4., Edmondson, Ray. "A Memory of Jerzy Toeplitz". *Journal of Film Preservation* 83. FIAF, 2010. pp. 74–75. 第一章註（28）『ポーランド映画史』七五・一二三頁。

(21)「国立近代美術館のフィルム・ライブラリー」『国立博物館ニュース』八一号、東京国立博物館、一九五四年、二頁（美術映画特集）。

(22) ブリジット・ヴァンデル・エルスト「フィルム・アーカイヴとＦＩＡＦの存在意義［和訳／前半］」『ＮＦＣニューズレター』五号、東京国立近代美術館、一九九六年、九—一六頁（連載 フィルム・アーカイヴの諸問題第五回）。

(23) 東和は「東和商事合資会社」として起業し、一九五一年に「東和映画株式会社」と改称、その後「中華電影東京支部」、「東和株式会社」を経て「東宝東和株式会社」となった。社史は次の五冊を使用した。『東和商事合資会社社史 昭和三年—昭和一七年』東和商事、一九四二年。『東和映画の歩み 一九二八—一九五五』東和映画、一九五五年。第二章註（101）『東和の四〇年』。『東和の半世紀』東宝東和、一九七八年。『東和の六〇年抄』東宝東和、一九八八年。

(24)『世界のフィルム・ライブラリー』一九六六—一九九二 総目次 http://filmpres.org/fc/

(25)「ビバ！シネマ 青春を配達した女」（ＴＢＳ）放送日一九八〇年四月一八日。

(26) 品田雄吉「川喜多かしこ マダム・川喜多を飾った古代紫の美」『文藝春秋』七三巻一一号、文藝春秋、一九九五年、二〇九—二一一頁。

(27) 大宅壮一「川喜多かしこ論——現代女傑論・第五回」『文藝春秋』三五巻五号、文藝春秋、一九五七年、一〇四—一一五頁。

(28) 伊丹一三〔後の伊丹十三〕「川喜多かしこ 私の若い〝ママ〟」『文藝春秋』四三巻七号、文藝春秋、一九六五年、三一二—三一四頁（現代日本の一〇〇人の〈女性〉）。伊丹十三は第二章で触れた映画監督・伊丹万作の長男である。
(29) 岡田秀則（口頭発表）「フィルム複製の世代間劣化」フィルムアーカイヴの仕事・再定義、東京国立近代美術館フィルムセンター、二〇〇〇年一二月九日。
(30) 野上照代『蜥蜴の尻っぽ』文藝春秋、二〇〇七年、四二頁。
(31)「ごぞんじですか? 国立近代美術館のフィルム・ライブラリー」『美術手帖』一八七号、美術出版社、一九六一年、六五—六九頁。
(32) 川喜多かしこ「欧州における日本映画——その評価と今後の問題」『朝日ジャーナル』一巻三号（三号）朝日新聞社、一九五九年、三八—四一頁。
(33) 池田義信「文化各界本年の抱負と展望」『国際文化』四四号、国際文化振興会、一九五八年、五—六頁。
(34) 序章註（24）『映画愛』一三四—一三五頁。
(35) 髙野悦子「国立フィルムセンターの将来」『外交フォーラム』都市出版、一九九八年、八頁。
(36) 第二章註（49）『映画ひとすじに』九四頁。
(37) 前掲註（32）「欧州における日本映画」。
(38) 岩代英夫「フィルム・ライブラリー助成協議会の設立」『映写』一五五号、全日本映写技術者連盟一九六一年、三頁（今月の話題）。
(39) 牛原虚彦「フィルム・ライブラリー／欧州映画日記から」『現代の眼』二五号、東京国立近代美術館、一九五六年、七頁。同「ドゥブロヴニク国際フィルムアーカイヴ会議（ユーゴスラヴィア）」第二章註（120）『虚彦映画譜五〇年』三四一—三四二頁。
(40) 斎藤宗武「〈表紙解説〉朝から夜中まで」一九二〇年、前掲註（11）『現代の眼』一四一号、八頁。『朝から夜中まで』は、一九九三年にミュンヘン映画博物館で復元された。
(41)「中国代表ユーゴーへ——国際映画資料館連合大会に参加／北京放送」『RPニュース一九〇〇』ラヂオプレス（RP）通信社、一九五六年九月一一日。
(42)「中国電影資料館 歴史年表」百度百科 http://baike.baidu.com/view/301909.htm
(43) 劉文兵『日中映画交流史』東京大学出版会、二〇一六年、一二三—一二五頁。
(44) 牛原虚彦「海外に散在する日本映画」『世界のフィルム・ライブラリー 一九六六年』フィルム・ライブラリー助成協議会、一九六七年、四九頁。
(45)長井暁「世界の映像アーカイブの現状と課題」『放送研究と調査』五八巻三号、日本放送出版協会、二〇〇八年、四六―五九頁。
(46)常石史子「映画史の穴を埋める66のパーツ」『NFCニューズレター』六二号、東京国立近代美術館フィルムセンター、二〇〇五年、二―三頁。
(47)佐藤忠男「満映作品『私の鶯』発見」『映画史研究』二〇号、佐藤忠男・佐藤久子、一九八五年。
(48)前掲註(23)『東和の四〇年』一一八頁。前掲註(39)「フィルム・ライブラリー／欧州映画日記から」。
(49)第三章註(80)「日本におけるフィルム・ライブラリー」。
(50)前掲註(4)「フィルム・ライブラリーの使命」二七三―二七四頁。
(51)前掲註(44)「海外に散在する日本映画」。
(52)Past Executive Committees (EC). FIAF. http://www.fiafnet.org/pages/History/Past-Executive-Committees.html
(53)「貧しい現実と建設への動き」『キネマ旬報』一〇九四号、キネマ旬報社、一九六一年、五四―六二頁(特集 日本のフィルム・ライブラリー)。
(54)第三章註(75)「世界のフィルム・ライブラリーと日本」。ただし川喜多はFIAF会議の開催地を一九五七年パリ、一九五八年ブリュッセルと記憶しており(実際はアンティーブとプラハ)、運営委員会等に参加していた可能性もある。川喜多かしこ「アンリ・ラングロワのこと」『世界のフィルム・ライブラリー 一九七七年』フィルム・ライブラリー協議会、一九七八年、一五頁。
(55)「〈ラングロワ事件〉について」『世界のフィルム・ライブラリー一九六八年』フィルム・ライブラリー助成協議会、一九六九年、三〇―三三頁。「〈ラングロワ事件〉その後」『世界のフィルム・ライブラリー一九六九年』同、一九七〇年、五八頁。
(56)序章註(24)『映画愛』一五六頁。
(57)序章註(24)『映画愛』五〇―五一頁。
(58)梅本洋一「映画における「公共機関」とは何か」『東京人』一〇巻九号(九六号)、都市出版、一九九五年、一五一―一五五頁。
(59)Celluloid Man〔documentary, DVD〕Dir. Shivendra Singh Dungarpur, Dungarpur Films, India, 2012. 155mins.
(60)「FIAF倫理規定」『NFCニューズレター』二三号、東京国立近代美術館フィルムセンター、一九九九年、一〇―一一頁。

（61）Dupin, Christophe. "Je t'aime... moi non plus". 第一章註（45）『*The British Film Institute, the Government and Film Culture, 1933–2000*』六三頁。序章註（24）『映画愛』一五一―一七四頁（友人たちと敵たち）。序章註（16）『*Keepers of the Frame*』一〇―一二頁。序章註（18）『*Saving Cinema*』八七―八九頁（4 International Discourse and Film Heritage: Defending the National – Introduction）。

（62）ブリジット・ヴァン・デル・エルスト講演会解題「ＦＩＡＦとラングロワ "There is Only One Langlois..."」、前掲註（22）『NFCニューズレター』五号、二頁。

（63）序章註（7）「アイリーン・バウザーが語る「専門職としてのフィルムアーカイブ活動」」。序章註（16）『*Keepers of the Frame*』一八―二〇頁。

（64）Fulford, Joan. M., Waller, Diana J. *Rules for Use in the Cataloguing Department of the National Film Library*. BFI, 1951. Butler, Ivan. *Rules For Use in the Cataloguing Department of the National Film Archive*, 5th Revised Edition. BFI, 1960. Nowell-Smith, Geoffrey. "Post-war Renaissance". 第一章註（45）『*The British Film Institute, the Government and Film Culture, 1993–2000*』四二頁。ＢＦＩ国立フィルムアーカイブは、一九九三年に国立フィルム＆ＴＶアーカイブに、二〇〇二年に国立アーカイブに改称された。

（65）斎藤宗武「フィルム・ライブラリーからフィルムセンターへ」『現代の眼』二四六号、東京国立近代美術館、一九七五年、六―七頁。福間敏矩「東京国立近代美術館新館について」『現代の眼』一七五号、東京国立近代美術館、一九六九年、六頁。同「フィルムセンター設置までの経緯」前掲註（6）『現代の眼』一八四号、三―五頁。

（66）前掲註（15）「フィルム・ライブラリーとフランス映画祭」。

（67）フィルム・ライブラリー（助成）協議会については次の文献を参考にした。「フィルム・ライブラリー助成協議会について」フィルム・ライブラリー助成協議会事務局「川喜多かしこ夫人の芸術選奨を祝う会」配布物（03-01-033. NK Collection）。清水晶「日本のフィルム・ライブラリー三――二つの表現主義映画」『映画芸術』一〇巻七号（一七七号）、映画芸術社、一九六二年、八〇―八一頁。同「日本のフィルム・ライブラリー六」『映画芸術』一〇巻一〇号（一八〇号）、映画芸術社、一九六二年、七八頁。草壁久四郎「映画 フィルム・ライブラリーの効用について」『芸能』一五巻一一号（一七七号）、芸能学会、一九七三年、四四頁。

丸尾定「世界のフィルム・ライブラリー」『キネマ旬報』一四二八号、キネマ旬報社、一九七三年、一二六―一三二頁。
(68)五月祭常任委員会「みんなのフィルム・ライブラリーをつくろう――第三四回五月祭公開討論会資料」(東大映画研究会)、映画探求集団、一九六〇年。
(69)第一章註(37)『視聴覚アーカイブ活動』(4.6.1)。
(70)前掲註(12)「フィルム・ライブラリー運動の意義〈時評〉」。
(71)「フィルム・ライブラリー助成協議会の第一次保存映画選定」『映写』一五七号、全日本映写技術者連盟、一九六一年、一三―一四頁。
(72)第三章註(80)「日本におけるフィルム・ライブラリー 一」。
(73)登川直樹「パリのシネマテーク 所蔵五万本・世界最大のフィルム・ライブラリー」『現代の眼』八四号、東京国立近代美術館、一九六六年、二頁。川喜多かしこ「フィルム・ライブラリー活動とアート・シアター運動」第二章註(49)『映画ひとすじに』二九一―二九六頁。
(74)『日仏交換映画祭――フランス映画の回顧上映一』、『日仏交換映画祭――フランス映画の回顧上映二』フィルム・ライブラリー助成協議会、一九六二年。『日仏交換映画祭記念 日本映画の回顧上映』同、一九六三年。
(75)前掲註(6)「フィルム・ライブラリーの回顧」。
(76)前掲註(23)『東和の半世紀』三二三―三二五頁(フィルム・ライブラリー助成協議会の発足)。
(77)ジョルジュ・サドゥール「フィルム・ライブラリーの価値」『芸術生活』一七巻七号(一九六号)、芸術生活社、一九六四年、六〇―六一頁。
(78)川喜多かしこ「あとがき」『世界のフィルム・ライブラリー一九七一年』フィルム・ライブラリー協議会、一九七一年、六六頁。
(79)清水晶「フィルム・ライブラリー助成協議会の歩み」前掲註(23)『東和の四〇年』一六八―一七〇頁。
(80)清水晶「内田吐夢監督と『土』とフィルム・ライブラリー(助成)協議会を巡る一つのエピソード」前掲註(78)『世界のフィルム・ライブラリー 一九七一年』三七頁。後にロシアからの返還映画にも含まれた同作の一部を合わせて「最長版」が作成された。
(81)前掲註(11)「国立近代美術館フィルム・ライブラリーの歩み」。

(82)第三章註(74)「国立近代美術館フィルムライブラリー誕生」。
(83)前掲註(79)「フィルム・ライブラリー助成協議会の歩み」。
(84)福間敏矩「在米日本映画返還の経緯について」前掲註(55)『世界のフィルム・ライブラリー 一九六八年』八―一一頁。
(85)阿部慎一「アメリカ国会図書館の日本映画――その返還をめぐって」前掲註(44)『世界のフィルム・ライブラリー 一九六六年』四〇―四一頁。同「日本の文化映画のひろがりと特質」『現代の眼』一二九号、東京国立近代美術館、一九六五年、八頁。
(86)登川直樹「ニューヨークからワシントンへ」『視聴覚教育』二一巻四号(二三四号)、日本視聴覚教育協会、一九六七年、四八―五一頁(連載・北米映画紀行 三)。同「在米日本映画の返還問題に関する連絡と調査」前掲註(11)『世界のフィルム・ライブラリー 一九六七年』二六―三一頁。映画評論家の登川は日本大学芸術学部教授や川喜多記念映画文化財団の理事等を務め、一九九五年に川喜多賞を受賞した。
(87)パトリック・ロックニー、岡島尚志「映画はどこで、どのように保存されているのか日/米ナショナル・フィルム・アーカイブからの報告」講演採録(三)『NFCニューズレター』一〇五号、東京国立近代美術館フィルムセンター、二〇一二年、一三―一六頁(連載 フィルム・アーカイブの諸問題 第八三回)。
(88)「緊急インタビュー ロシアの映画保存の現状――ゴスフィルモフォンドの三氏に聞く」『NFCニューズレター』二四号、東京国立近代美術館フィルムセンター、一九九九年、八―九頁。『中国電影資料館 館刊 China Film Archive Newsletter No.1』、中国電影資料館、二〇〇八年、一頁。*2015 Annual Report of the Library of Congress*. Library of Congress, 2016. p.10.
(89)前掲註(79)「フィルム・ライブラリー助成協議会の歩み」。前掲註(86)「在米日本映画の返還問題に関する連絡と調査」。
(90)前掲註(79)「フィルム・ライブラリー助成協議会の歩み」一七〇頁。
(91)前掲註(44)「海外に散在する日本映画」。
(92)Year: 1973 (46th) Academy Awards Category: Honorary Award Winner. Academy Awards Acceptance Speech Database. http:/aaspeechesdb.oscars.org/
(93)文献によって「ルイス・マンフォード」等の表記揺れがある。
(94)斎藤宗武「返還映画の上映まで」『現代の眼』一六三号、東京国立近代美術館、一九六八年、七頁。同「返還映画あれこれ」第

二章註（68）『返還映画の特集 第Ⅱ期』七頁。
(95) 第三章註（57）「アメリカから旧作映画が帰ってくる」。
(96)「横浜シネマ商会の業績」『映画作品目録――一九二三―一九四五』横浜市神奈川図書館、一九九八年。「横浜シネマ現像所の設備」『映画技術』一七八号、日本映画技術協会、一九六七年、一三―二〇頁。
(97) 前掲註（94）「返還映画の上映まで」。
(98) Crabtree, J. I., Ross, J. F., “A Method of Testing for the Presence of Sodium Thiosulfate in Motion Picture Films”. *Journal of the SMPE* 14 (4). SMPE, 1930. pp. 419–426.
(99) 井上英之『検証 ゴジラ誕生――昭和二九年 東宝撮影所』朝日ソノラマ、一九九四年。
(100)「［聞き書き］江馬道生（えまみちなり）氏（京都文化博物館）フィルム・ライブラリアンとして」『映画研究誌ＦＢ』九号、行路社、一九九七年、七九―一三四頁。
(101) 前掲註（94）「返還映画の上映まで」。
(102) 福間敏矩「懐しき名画の里帰り」『現代の眼』一五九号、東京国立近代美術館、一九六八年、六―七頁。
(103) 清水晶「日本映画の接収から返還まで」『返還映画の特集 第Ⅰ期』東京国立近代美術館、フィルムライブラリー助成協議会、一九六八年、四―七頁。
(104) 岡田秀則「砂丘と木立――オランダの映画保存の現在」『ＮＦＣニューズレター』三八号、東京国立近代美術館フィルムセンター、二〇〇一年、一四―一五頁（連載：フィルム・アーカイヴの諸問題 第三七回）。
(105) 福間敏矩『続・みみずのうわごと』福間敏矩、二〇一一年、二四五―二五六頁（フィルムセンターの創設）。
(106) 福間敏矩『みみずのうわごと』第一法規、一九九四年、二七二―三〇一頁（五 文化庁のこどもフィルムセンターのあれこれ――返還映画を中心として）。前掲註（105）『続・みみずのうわごと』二三五―二四五頁（近代美術館の移転）。
(107) 清水晶「川喜多会長と記念財団」前掲註（23）『東和の六〇年抄』四六―六四頁。
(108) 草壁久四郎「映画 国立フィルム・センターの設立」『芸能』九巻一一号（一〇五号）、芸能学会、一九六七年、五五頁。
(109)「テレビ作品も収集 国立フィルムセンター 近代美術館の移転跡を利用 文部省が計画まとめる」朝日新聞朝刊、一九六七年九月七日、一四頁。

(110)「フィルムセンターの開館」『文化庁月報』五号、文化庁、一九七〇年、二―三号（待望の新施設成る）。

(111)鹿海信也「フィルム・ライブラリーの今後」『現代の眼』一五九号、東京国立近代美術館、一九六八年、六―七頁。同「映画フィルムの保存と活用」『文部時報』一〇八四号、文部省、一九六七年、四七―五〇頁。

(112)「〈インタビュー〉文化省をつくろう［日本映画の未来］髙野悦子」『環［歴史・環境・文明］』九号、藤原書店、二〇〇二年、三四〇―三四九頁。

(113)第一章註（37）『視聴覚アーカイブ活動』（4. 3. 3）。

(114)レイ・エドモンドソン「アーカイヴの成長と達成――オーストラリアの転機」『フィルム・アーカイヴの仕事――再定義国際シンポジウム（東京・二〇〇〇年）の記録』東京国立近代美術館フィルムセンター、二〇〇三年、二五―三五頁。

(115)今日出海「フィルムセンター設置に当って」前掲註（6）『現代の眼』一八四号、二頁。「国立近代美術館フィルムセンター開館」『映画テレビ技術』二一六号、日本映画テレビ技術協会、一九七〇年、八頁（ニュース・トピック）。

(116)『東京国立近代美術館フィルムンセンター映画目録』東京国立近代美術館フィルムセンター、一九七〇年。

(117)丸茂孝「フィルム・センターの開館に当って」『映画テレビ技術』二一七号、日本映画テレビ技術協会、一九七〇年、三八頁。

(118)前掲註（65）「フィルムセンター設置までの経緯」。

(119)畑暉男「フィルムライブラリーその後――フィルムセンターの構想」『現代の眼』一八一号、東京国立近代美術館、一九六九年、七頁。

(120)畑暉男「フィルムセンターの開館――発足はしたけれど…早急に望まれる運営の具体策」『美術手帖』三二八号、美術出版社、一九七〇年、一二八―一二九頁。

(121)『FC』五号、東京国立近代美術館、一九七一年、三八頁（編集後記）。

(122)西原は第二回山路ふみ子文化財団特別賞を受賞した（「受賞者一覧」山路ふみ子文化財団 http://www.yamaji-fumiko.org/movieaward/prizelist.html）。

(123)『FC』三二号、東京国立近代美術館、一九七六年（小津安二郎監督特集）。

（124）『FC』五二号、東京国立近代美術館、一九七九年（田坂具隆監督特集）。
（125）「「ひと」東京国立近代美術館フィルムセンターを退職した鳥羽幸信」朝日新聞朝刊、一九七八年六月八日、三頁。
（126）辻恭平『事典 映画の図書』凱風社、一九八九年（「まえがき」にこの寄贈についての記載がある）。辻の分類法は後にフィルムセンターの図書分類の基準となった。
（127）衣笠貞之助「狂った一頁の実験――新感覚派映画連盟時代」『わが映画の青春――日本映画史の一側面』中央公論社、一九七七年、五八―八二頁。なお、『狂った一頁』の発見を一九七一年とする文献もある。
（128）序章註（15）『*Silent Cinema*』八七頁。
（129）『狂った一頁／十字路』岩波ホール、一九七五年。『衣笠貞之助名作劇場 映画パンフレット「狂った一頁」「十字路」』京都府フィルムライブラリー、一九八〇年（京都府立文化芸術会館開館一〇周年記念）。「エキプ・ド・シネマ」とは、川喜多が髙野悦子と一九七四年に立ち上げた「埋もれた名作を世に出す組織」である。「生き返る〝幻の名画〟「狂った一頁」四五年ぶり声も入れて古い米櫃からプリント発見 取り出す衣笠監督震える」朝日新聞夕刊、一九七一年四月一六日、一〇頁。
（130）「フィルム・ライブラリー協議会の足跡」前掲註（78）『世界のフィルム・ライブラリー 一九七一年』一〇―一三頁。
（131）「フィルムセンター 二年の歩み 実績高めた特集上映 作品収集 予算不足の悩みが」読売新聞夕刊、一九七二年八月五日、七頁。
（132）野呂昌彦「文化交流団体の横顔 フィルム・ライブラリー協議会」『国際交流』二巻三号（七号）、国際交流基金、一九七五年、三九―四一頁。
（133）川喜多かしこ「あとがき」前掲註（78）『世界のフィルム・ライブラリー 一九七一年』。
（134）*FIAF Statutes and Rules 2015 Edition*. FIAF, 2015. p. 27. 和訳は筆者による。
（135）川喜多かしこ「より本質的な仕事を」『現代の眼』一八六号、国立近代美術館、一九七〇年、二頁。
（136）三浦定俊・木川りか・佐野千絵『文化財保存環境学』朝倉書店、二〇〇四年、二〇〇頁。
（137）川喜多かしこ「映画プリント保存の問題」第二章註（49）『映画ひとすじに』二一五―二一七頁。
（138）デイヴィッド・フランシス「フィルム・アーカイヴの歴史――やってきたこと、やってこなかったこと」前掲註（114）『フィルム・アーカイヴの仕事』一七頁。

（139）『祇園祭』については次の文献を参考にした。滝沢一「〝参加する〟映画「祇園祭」」映画祇園祭日本映画復興協会、一九六八年、二五—二八頁。竹中労「続まぼろしの「祇園祭」」『キネマ旬報』一三〇一号、キネマ旬報社、一九六九年、三一—四〇頁。『京都府フィルムライブラリー収蔵映画作品目録』京都府企画管理部文化芸術室、一九八三年。森脇清隆「CURATOR'S CHOICE／上映作品解説五四「祇園祭」」『NFCニューズレター』八一号、東京国立近代美術館フィルムセンター、二〇〇八年、五—六頁。

（140）出口栄久「六年目に入りさらに意欲的に推進フィルムライブラリー事業（京都府）」『地方行政』六八四四号、時事通信社、一九七五年、一二—一三頁。同「時事解説 自治体のユニークな試み六年目迎えた「フィルム・ライブラリー事業」」『時事解説』八三三〇号、時事通信社、一九七五年一四—一五頁。「府フィルムライブラリー」『京都の映画八〇年の歩み』京都新聞社、一九八〇年、二一二—二一六頁。

（141）山田和夫「京都府立フィルム・ライブラリーについて」『世界のフィルム・ライブラリー 一九七〇年』フィルム・ライブラリー協議会、一九七一年。

（142）前掲註（100）「［聞き書き］江馬道生（えまみちなり）氏（京都文化博物館）フィルム・ライブラリアンとして」。

（143）『古典日本映画回顧上映プログラム』京都府立フィルム・ライブラリー、一九七二年。

（144）清水晶「川喜多会長と記念財団」前掲註（23）『東和の六〇年抄』四九頁。

（145）序章註（24）『映画愛』二二六頁。

（146）野上照代『天気待ち——監督・黒澤明とともに』文藝春秋、二〇〇一年、三三三頁。

（147）岡島尚志「緊急アピール カラー映画フィルムの褪色の危機 マーチン・スコセッシ」『イメージフォーラム』二巻六号、ダゲレオ出版、一九八一年、七六—八〇頁。島崎清彦「カラー・プリントの安定化と長命化——その問題点と経過について」『FC』六五号、東京国立近代美術館、一九八一年、二四—二八頁（マーティン・スコセッシ監督特集 Retrospective of Martin Scorsese）。長谷川和彦「褪色に特効薬はあるか——M・スコセッシ、T・スクーンメイカーと語る」同『イメージフォーラム』二巻八号、一一六—一二三頁。

（148）フィルムセンター火災については次の文献および新聞記事を参考にした。「フィルムセンターで火災——五九・九・三」『近代消防』二二巻一三号（二七〇号）、近代消防社、一九八四年、九四頁。「電気系統を中心に検証 フィルムセンター」朝日新聞夕刊、一九八四年九月四日、一一頁。「危険物届け怠る フィルムセンター 室温管理もズサン」朝日新聞夕刊、一九八四年九月五日、一〇頁。「セルロイド原料検出 自然発火強まる フィルムセンター火災火元」朝日新聞朝刊、一九八四年一〇月九日、二三頁。「万華鏡――フィルムセンターの火災」『月刊消防』東京法令出版、一九八五年、一五三頁。登川直樹「フィルム焼失の教訓 貧しい予算・設備・要員 映画文化への愛情不足」朝日新聞夕刊、一九八四年九月一三日、七頁。「[see・saw]フィルムセンター火災背景に文化行政の貧困」読売新聞夕刊、一九八四年九月一二日、一三頁。草壁久四郎「フィルムセンター火災の教訓」『芸能』二六巻一〇号(三〇八号)、芸能発行所、一九八四年、五二頁。渡部健次郎「フィルムセンターの火災に思う」『建築防災』八三号、日本建築防災協会、一九八四年、一頁。

(149)協議会は「別冊 フィルムセンター 焼失フィルム一覧」(六頁)を作成した。

(150)安澤秀一『史料館・文書館学への道』吉川弘文館、一九八五年、一〇〇頁。

(151)草壁久四郎「火災から一年後のフィルムセンター」『芸能』二七巻一〇号(三二〇号)、芸能発行所、一九八五年、五二頁。

(152)「'84回顧 映画 新人の和田・伊丹健闘 フィルムセンター再建 悲鳴に近い要望書」朝日新聞夕刊、一九八四年一二月一四日、七頁。

(153)「フィルムセンター焼ける 募金の会が発足 洋画の再収集に協力」朝日新聞朝刊、一九八四年九月二二日、二二頁。安達健二「川喜多かしこさんと私」『教育展望』三三巻三号、教育調査研究所、一九八七年、二二―二三頁。髙野悦子「フィルムセンターの火災に思う」『通産ジャーナル』通商産業調査会、一九八四年、五〇頁。島田三樹彦「フィルムセンター焼失フィルムのための募金の会」経過報告」『世界のフィルム・ライブラリー 一九八五年』川喜多記念映画文化財団、一九八六年、一四―一五頁。

(154)「昭和の正倉院〈国立のフィルム保存庫誕生、建設費は一五億円〉」『視聴覚教育』四六二号、日本視聴覚教育協会、一九八六年、六二頁(焦点)。

(155)髙村倉太郎「オリジナルネガの保存こそ急務」『Kawashima Club 臨時創刊号 鬼才! 監督川島雄三の魅力』Kawashima Club 編集委員会、一九八五年。

(156)「ネガ・フィルム保存委創設 撮影監督協会が要望書でアピール」『映画テレビ技術』三七一号、日本映画テレビ技術協会、一九八三年、一二頁。「フィルムセンター相模原分館の完成によせて」『映画テレビ技術』四〇五号、日本映画テレビ技術協会、一九八六年、四二―四四頁。

（157）「Genryu 源流――ソニー創立五〇周年記念誌」ソニー、一九九六年、一八二―一八四頁。
（158）「世界一の映像文化施設――東京国立近代美術館 フィルムセンター相模原分館を訪ねて」『時の動き』三〇巻一一号（七五〇号）内閣府、一九八六年、二八―三一頁。
（159）第二章註（17）「CURATOR'S CHOICE / 上映作品解説三六「姿三四郎」」。
（160）「文化庁文化部芸術課 映画芸術の振興についての中間まとめを公表」『文部時報』一三三九号、文部省、一九八八年、九〇―九三頁。
（161）「フィルムセンターの新たな出発――大場正敏氏に聞く」『CINEMA101 映像文化研究連絡協議会』CINEMA101編集部、一九九五年、四―一一頁。
（162）大場正敏「フィルムセンターにおける映画フィルムの保存」『日本写真学会誌』五四巻四号、日本写真学会、一九九一年、四四〇―四四三頁。
（163）前掲註（106）『みみずのうわごと』二七九―二九五頁（返還映画うらばなし）。
（164）佐藤忠男「軌跡を顕現した川喜多かしこさんの仕事」『キネマ旬報』一一一四号、キネマ旬報社、一九九三年、一五七頁。
（165）前掲註（114）「アーカイヴの成長と達成」。
（166）Kuehl, Jerry. "Remembering the United Kingdom's Nitrate Project 2000". 序章註（17）『*This Film is Dangerous*』三九九―四〇二頁。
（167）広島市映像文化ライブラリーについては次の文献を参考にした。岩村一生「広島市映像文化ライブラリー」『世界のフィルム・ライブラリー 一九八三年』川喜多記念映画文化財団、一九八四年、一四―一八頁。佐藤武「日本のフィルム・アーカイヴ 二 広島市映像文化ライブラリー」『NFCニューズレター』一九号、東京国立近代美術館フィルムセンター、一九九八年、一三―一五頁（連載 フィルム・アーカイヴの諸問題 第一九回）。木津治矢「映像文化ライブラリーがオープン（広島市）」『地方行政』時事通信社、一九八二年、一四頁。同「広島市映像文化ライブラリー 映像と音を通して文化向上を 往年の名画を保存・公開」『教育と情報』三〇九号、第一法規出版、一九八三年、四七―四九頁。澤田秀男「映画＝青春」『人と国土』一一巻三号（六七号）、国土計画協会、六八頁。
（168）「財団法人川喜多記念映画文化財団の歩み（一九八二年四月～一九八三年三月）」前掲註（167）『世界のフィルム・ライブラリー 一九八三年』一一―一三頁。

(169)佐藤武「発掘された映画たち二〇一〇 広島市映像文化ライブラリー『広島・長崎における原子爆弾の影響』について」『NFCニューズレター』九〇号、東京国立近代美術館フィルムセンター、二〇一〇年、一一頁。

(170)京都府京都文化博物館については次の文献を参考にした。「京都府 京都文化博物館」(『世界のフィルム・ライブラリー 一九八九年』(川喜多記念映画文化財団、一九九〇年)一四―一六頁。森脇清隆「日本のフィルム・アーカイヴ 五 京都府京都文化博物館(映像部門)」『NFCニューズレター』二五号、東京国立近代美術館フィルムセンター、一九九九年、一三―一五頁(連載 フィルム・アーカイヴの諸問題 第二五回)。冨田美香・矢野進・川村健一郎・入江良郎・森脇清隆「二一世紀COEシンポジウム『映画文化の振興と保存』午後の部「映画文化の振興と保存――地域アーカイヴの試み」シンポジウム採録」『アート・リサーチ』四号、立命館大学、二〇〇四年、四九―九〇頁。森脇清隆「トピック 京都文化博物館「フィルム・シアター」のオープン」『NFCニューズレター』一〇一号、東京国立近代美術館フィルムセンター、二〇一二年、一一―一二頁。同「発掘された映画たち二〇一〇 京都府京都文化博物館 京都文化のアーカイブ・コンテナとしてのフィルム」前掲註(169)『NFCニューズレター』九〇号、一〇頁。同「映像文化の発信地としての京都の文化と歴史」『時代劇文化の発信地・京都』時代劇考証学会、二〇一四年、二七―三九頁。

(171)川崎市市民ミュージアムについては次の文献を参考にした。「牛山純一氏を中心に映像記録センターが発足」『映画テレビ技術協』二二四号、日本映画テレビ技術協会、一九七二年、二三五頁(ニュース・トピック)。「日本映像カルチャーセンター設立 非劇映画・ビデオ等のライブラリー」『映画テレビ技術』三二八号、日本映画テレビ技術協会、一九七九年、三二八頁。「川崎市市民ミュージアム」前掲註(170)『世界のフィルム・ライブラリー 一九八九年』三〇―三七頁。川村健一郎「日本のフィルム・アーカイヴ 一 川崎市市民ミュージアム・映画部門」『NFCニューズレター』一八号、東京国立近代美術館フィルムセンター、一九九八年、一三―一五頁(連載 フィルム・アーカイヴの諸問題 第一八回)。村田文夫「川崎市市民ミュージアム」『月刊文化財』第一法規、一九九三年、三〇―三三頁。濱崎好治「川崎市市民ミュージアム一〇年の歩み」『映画テレビ技術』五六〇号、日本映画テレビ技術協会、一九九九年、三〇―三三頁。「特集ドキュメント・川崎市市民ミュージアム改革の行方」『ミュージアムマガジン DoME』七七号、四―一三・二二―二三頁。暮沢剛巳「ミュージアムX Vol.10 ミュージアムの評価と改革 川崎市市民ミュージアムは「改善委員会」で生まれ変わるのか?」『美術手帖』八六三号、美術出版社、二〇〇五年、一六五―一六九頁。

武笹和夫「川崎市市民ミュージアム——改革の奇跡と展望」『社会教育』七〇七号、全日本社会教育連合会、二〇〇五年、四八—五三頁。江口浩「発掘された映画たち二〇一〇 川崎市市民ミュージアム 川崎市市民ミュージアムの映画復元」前掲註(169)『NFCニューズレター』九〇号、一二頁。なお、二〇一四年以降の状況は筆者による森宗厚子氏への聞き取り(二〇一七年一二月)。

(172)第二章註(74)「映画学の道しるべ」三五頁(第二〇話 映画後進国の船出)。

(173)大場正敏「国際フィルム・アーカイヴ連盟(FIAF)総会に出席して」『現代の眼』四三九号、東京国立近代美術館、一九九一年、六—七頁。同『世界のフィルム・ライブラリー 一九九一年』川喜多記念映画文化財団、一九九一年、一七—一八頁。

(174)大場正敏「フィルムセンターの歩み」『現代の眼』五五〇号、東京国立近代美術館、二〇〇五年(「東京国立近代美術館の半世紀」連載二五)。

(175)岡島尚志「アメリカのフィルム・アーカイヴ或いは映画保存についての二、三の基礎的な確認事項」『FC』八九号、東京国立近代美術館フィルムセンター、一九九一年、一二三—一二九頁。

(176)FIAFジャーナル第五一—五五号は「FIAF映画保存ジャーナル」として一九九六—一九九八年の『NFCニューズレター』に紹介された。「「FIAF映画保存ジャーナル」最新号」、前掲註(62)『NFCニューズレター』五号、八頁(トピック)。

(177)第二章註(97)「映画展覧会の軌跡と映画博物館への夢」。

(178)髙野悦子「名誉館長就任にあたって新しい仕事に思う」『NFCニューズレター』一六号、東京国立近代美術館フィルムセンター、一九九七年、二頁。同「[コラム]フィルムセンターの仕事」『文化庁月報』三五七号、文化庁、一九九八年、一三頁。

(179)吉田倫子「映画文献レファレンスの基本——東京国立近代美術館フィルムセンター図書館司書に聞く」『みんなの図書館』二四五号、教育史料出版会、一九九七年、二二—二四頁(特集 図書館員が書いた、本の探し方二)。

(180)前掲註(35)「国立フィルムセンターの将来」。

(181)大場正敏「新フィルムセンター開館にあたって」『映画テレビ技術』五一三号、日本映画テレビ技術協会、一九九五年、六頁(巻頭随筆)。

(182)『FC』八二号、東京国立近代美術館、一九八四年、八四頁。

(183)「〈インタビュー〉大場正敏(フィルムセンター主幹)オリジナルにいかに近づけるか」『イメージフォーラム』一二〇号、一九九〇年、ダゲレオ出版、五六―六三頁（特集 映画の正しい復元法）。
（184）「映画フィルムの現像職人・今田長一」映画保存協会、二〇〇三年 http://filmpres.org/preservation/interview03/
（185）第二章註（89）「毎日新聞一〇〇年史」五七二―五七四頁。
（186）宮本勝博「小宮コレクションの不燃化作業完了にあたって」『FC』八九号、東京国立近代美術館、一九九一年、一二一―一二二頁。
（187）木村栄二「甦るコニカラー「緑はるかに」の復元」『NFCニューズレター』四号、東京国立近代美術館フィルムセンター、一九九五年、七―九頁。常石史子「「不壊の白珠」の復元」『NFCニューズレター』六八号、東京国立近代美術館フィルムセンター、二〇〇六年、九頁。「デジタル化、一気フィルム二本だけ、よみがえった木下恵介作品ベネチア 映画祭回顧」朝日新聞夕刊、二〇一二年九月一四日、三頁。松尾好洋「映画用カラーネガフィルムの退色について――一九五〇年代のイーストマン・カラーネガフィルム五二四八に関する報告」『映画テレビ技術』七二八号、日本映画テレビ技術協会、二〇一三年、三四―三九頁。「現存最古の一九三七年カラー邦画「千人針」モスクワで発見」朝日新聞朝刊、二〇〇三年八月八日、三四頁。
（188）前掲註（161）「フィルムセンターの新たな出発」。
（189）佐伯知紀「発掘された映画たち宇賀山コレクションと「瀧の白糸」」『NFCニューズレター』二八号、東京国立近大美術館フィルムセンター」一九九九年、三―五頁。常石史子「『和製喧嘩友達』のデジタル復元」『NFCニューズレター』五二号、国立近代美術館フィルムセンター、二〇〇三―二〇〇四年、八頁。
（190）佐伯知紀「「忠次旅日記」について（Ⅰ）」『現代の眼』四五八号、東京国立近代美術館、一九九三年、六七頁。同「「忠次旅日記」について（Ⅱ）」同四五九号、一九九三年、五―七頁。同「映画フィルムの収集と復元二つの事例――「忠次旅日記」（伊藤大輔監督一九二七年）と「瀧の白糸」（溝口健二監督一九三三年）――を中心に」『映像情報メディア』五五巻一号、映像情報メディア学会』、二〇〇一年、一四―一七頁。同「「瀧の白糸」の再生――蘇るテクスト」『文学』三巻六号、岩波書店、二〇〇二年、三七―四四頁。
（191）佐伯知紀「『忠次旅日記』解説」第二章註（12）『映畫読本・伊藤大輔』八五―八七頁。
（192）岡島尚志「映画保存の国際的な広がりとアーカイブ間の協力――FIAFの活動を中心に」『立命館大学映像学部現代GP「映

像文化の創造を担う実践的教育プログラム」報告書二〇〇九年度 映像文化の創造と倫理』立命館大学映像学部、二〇一〇年、二二一—二二三頁（国際協力の必要性）。

(193) 太田米男・牧由尚・松尾好洋「幻の『一殺多生剣』発見！とその復元」『映画テレビ技術』七二五号、日本映画テレビ技術協会、二〇一三年、五〇—五六頁（第八回京都映画祭復元部門報告）。

(194) 「[回想] 伊藤朝子 伊藤大輔夫人」第二章註（12）『映畫読本・伊藤大輔』四六—五七頁。

(195) 「瀧の白糸」『FC』四八号、東京国立近代美術館、一九七八年、一二頁。

(196) http://www.giornatedelcinemamuto.it

(197) 序章註（16）『*Keepers of the Frame*』六九—七〇頁。

(198) 第二章註（17）「CURATOR'S CHOICE／上映作品解説三六「姿三四郎」」。

(199) ゴスフィルモフォンドについては次の文献を参考にした。V・プリヴァト「ゴスフィルモフォンドについて」（岩淵正嘉訳）『現代の眼』八八号、東京国立近代美術館、一九六二年、六—七頁。「ゴスフィルムフォンド〔ゴスフィルモフォンド〕全ソ連邦国立映画保存所の全貌」『キネマ旬報』一二六九号、キネマ旬報社、一九六七年、九七頁。登川直樹「ソビエトのフィルム保存庫をゴスフィルモフォンドに訪ねる」『世界のフィルムライブラリー 一九七六年』フィルム・ライブラリー協議会、一九七七年、一九—二二頁。

(200) 前掲註（6）「フィルム・ライブラリーの回顧」。

(201) 佐々木勘一郎『実録日本映画史 帝キネ伝』近代文芸社、一九九六年。

(202) 「何が彼女をそうさせたか」については次の文献を参考にした。佐伯知紀「映画史の表舞台から消えた帝キネ作品が戻ってきた」『キネマ旬報』一一三三号、キネマ旬報社、一九九四年、一〇六—一一五頁（昭和初期の若々しい息吹が伝わる幻のフィルム遂に発見された幻の傑作「何が彼女をそうさせたか」〈特別企画〉）。太田米男「名作再見 何が彼女をそうさせたか」『映画撮影』一三二号、日本映画撮影監督協会、一九九六年、三二—三五頁。小松弘「何が彼女をそうさせたか」『何が彼女をそうさせたかクリティカル・エディション』四—一二頁（解説リーフレット）。

(203) 佐伯知紀「ゴスフィルモフォンドの日本映画——その走り書き的報告」『NFCニューズレター』一一号、東京国立近代美術館フィルムセンター、一九九七年、三—六頁。同「ゴスフィルモフォンド（ロシア国立フィルム保存所）の日本映画」『映画テレビ技術』五四八号、日本映画テレビ技術協会、一九九八年、二六—三〇頁。

(204) 常石史子「ロシア・ゴスフィルモフォンドの日本映画 調査・収蔵完了報告」『NFCニューズレター』六一号、東京国立近代美術館フィルムセンター、二〇〇五年、一二—一六頁（連載 フィルム・アーカイブの諸問題 第五六回）。

(205) 佐伯知紀「歴史を生きぬいた映画たち——日本・中国・ロシア［ゴスフィルモフォンド所蔵日本劇映画リスト含む］」『NFCニューズレター』三五号、東京国立近代美術館フィルムセンター、二〇〇一年、一五—一八頁。

(206) 佐藤忠男「アジアのフィルム・ライブラリー」『世界のフィルム・ライブラリー 一九八八年』川喜多記念映画文化財団、一九八八年、一四—一五頁。

(207) 福岡市総合図書館については次の文献を参考にした。八尋義幸「日本のフィルム・アーカイヴ 三」前掲註（60）『NFCニューズレター』二三号、一四—一六頁（連載 フィルム・アーカイヴの諸問題 第二三回）。「福岡市総合図書館」『アジア映画人会議——福岡市総合図書館会館記念 一九九六年九月』アジア映画人会議実行委員会、一九九六年。岩下治巳「図書館のフィルムライブラリーが映像＝資料の可能性を切り開く」『TRCほんわかだより』一四三号、図書館流通センター、一九九九年、二—一一頁。佐藤忠男「《アジアフォーカス・福岡映画祭》と福岡市総合図書館のアジア映画」『NFCニューズレター』五四号、東京国立近代美術館フィルムセンター、二〇〇四年、七—八頁。『平成二五年度図書館要覧』（福岡市総合図書館）、『平成二五年度（第二回）福岡市総合図書館運営審議会』。桑原敬一「アジアへの熱い思い」『LA international』三三巻一一号、国際評論社、一九九六年、八—一一頁（福岡特集）。

(208) 国内の公共フィルムアーカイブ http://filmpres.org/link/fukuoka/

(209) 前掲註（69）『視聴覚アーカイブ活動』（2．6．3）。

(210) 碓井みちこ「演劇博物館コレクションにみる、日本映像史の源流」読売新聞 http://www.yomiuri.co.jp/adv/wol/culture/080711.html

(211) 川喜多かしこ「日本映画の将来のために」第二章註（49）『映画ひとすじに』一九七—二〇〇頁。

(212) 川喜多かしこ「ヨーロッパ映画さがし」第二章註（49）『映画ひとすじに』二七三—二七五頁。

（213）前掲註（88）『中国電影資料館 館刊 China Film Archive Newsletter No.1』。
（214）筆者による韓国映像資料院のキム・ボンヨン氏およびオ・ソンチ氏への聞き取り（二〇一二年二月、二〇一七年一一月）。
（215）板倉史明「ＦＩＡＦサマースクール二〇〇七 報告（上）」『ＮＦＣニューズレター』七五号、東京国立近代美術館フィルムセンター、二〇〇七年、一二―一三頁（フィルム・アーカイブの諸問題第六二回）。同（中）『ＮＦＣニューズレター』七六号、一四―一六頁（同第六三回）。同（下）『ＮＦＣニューズレター』七七号、九―一〇頁（同第六四回）。
（216）第二章註（49）『映画ひとすじに』二八四頁。
（217）前掲註（23）『東和の半世紀』三四四―三四六頁（世界に羽ばたくフィルム・ライブラリー協議会）。
（218）とちぎあきら「ＮＦＣ相模原分館の新施設「映画保存棟Ⅲ」について」『ＮＦＣニューズレター』一一七号、東京国立近代美術館フィルムセンター、二〇一四年、一二頁。

第五章
わたしたちの文化遺産としての映画フィルム

History of
Film Archiving
in Japan

第五章
わたしたちの文化遺産としての映画フィルム

映画はその誕生から常に技術革新とともにあった。しかし二〇一二年の年明けに届いた米国コダック倒産のニュースは、過去にない次元の変動を社会に印象づけた。映画フィルムおよびその周辺に押し寄せたデジタル化の波――その兆候の一つに、米国資本Deluxeによる英国の老舗現像所ソーホー・フィルムの買収があった。二〇一一年、市場規模の小さい一六ミリフィルムの現像を停止するという同社の業務転換に抗って、アーティストのタシタ・ディーン〔Tacita Charlotte Dean, OBE 1965–〕が始めた署名運動「Save 16mm in the UK」は、五〇〇〇人の賛同を得たにもかかわらず徒労に終わったが、それでもディーンは、三五ミリフィルムの複数のフレームをパーフォレーションごと一三メートルの高さに拡大するインスタレーション《Film〔フィルム〕》(1)を通して、この歴史ある記録メディアの圧倒的な存在感を見せつけた。会場となったテート・モダン〔ロンドン〕のタービンホールは、政治的・社会的メッセージを込めた現代美術の展示に定評がある。ディーンの作品も話題を呼び、映画フィルム文化を残したいという彼女の訴えはその後、国際的な「Save Film」運動へと展開していった。

視聴覚資料のためのキャリアー――とりわけ映画フィルム――に記録されたコンテンツは、そのコンテクストも含む一体物として「文化遺産」であり、この点はデジタル時代にこそ重要性を増している。本章ではまず、ユネスコ「動的映像の保護及び保存に関する勧告」の制定を中心に、映画は文化遺産であるとの認識が国際的に積み上げられてきた経緯を辿る。次に、映画の文化遺産登録の実例へと移る。さらに、様々な道筋を経て〈発見〉された映画をオリジナルに近い形態で閲覧可能にするために〈復元〉し、復元された映画を〈上映〉することによって次なる〈発見〉を促すというフィルムアーカイブ活動の一つのサイクルに、デジタル技術の浸透がいかなる影響を及ぼしたのかを考察したい。

1　映画が文化遺産として認められるまで

ユネスコが訴える文化遺産の保護――「ハーグ条約」と「文化財不法輸出入等禁止条約」

一九三三年に国際連盟を脱退した後も、日本はその諮問機関「国際知的協力委員会」（ICIC）に代表を送り続けた。新渡戸稲造が創設に関与したICICの理念を引き継ぎ、戦後、国際連合の専門機関として誕生したのが「国際連合教育科学文化機関（ユネスコ）」(2)である。主要先進国が一貫してユネスコに同調してきたわけではないが（米国は一九八三年から二〇〇三年まで、英国は一九八五年から一九九七年まで脱退していた）、少なくとも日本は、まだ国際連合自体に加盟できなかった占領期の一九五一年に六〇番目のユネスコ加盟国となって以来、一貫してその活動に参加してきた。ここではまず、ユネスコの文化遺産保護に向けた施策を確認する。

ユネスコが全世界的な原則を定める方法には、「条約」（Convention）、「勧告」（Recommendation）、「宣言」（Declaration）等がある【表5-1】。第二次世界大戦による文化財（Cultural Property）の被害と戦争技術の発達による危険増を危惧したユネスコは、「武力紛争の際の文化財の保護に関する条約」（一九五四年ハーグ条約）の採

表5-1　文化遺産の保護に関連するユネスコの条約、勧告、宣言等

採択年	名称
1954	武力紛争の際の文化財の保護に関する条約（ハーグ条約）
1964	文化財の不法な輸出、輸入及び所有権譲渡の禁止及び防止の手段に関する勧告
1970	文化財の不法な輸出、輸入及び所有権譲渡を禁止し防止する手段に関する条約（文化財不法輸出入等禁止条約）
1972	文化遺産及び自然遺産の国内的保護に関する勧告
	世界の文化遺産及び自然遺産の保護に関する条約
1976	文化財の国際交換に関する勧告
1978	可動文化財の保護のための勧告
1980	動的映像の保護及び保存に関する勧告〔ユネスコ勧告〕
1995	盗取され、又は不法輸出された文化財に関するユニドロワ条約
2001	文化的多様性に関する世界宣言
2003	文化遺産の意図的破壊に関するユネスコ宣言
	デジタル遺産の保護の憲章
2005	文化的表現の多様性の保護及び促進に関する条約

択を主導した。「文化財の不法な輸出、輸入及び所有権譲渡の禁止及び防止の手段に関する勧告」に続いて一九七〇年に採択された「文化財の不法な輸出、輸入及び所有権譲渡を禁止し防止する手段に関する条約」（文化財不法輸出入等禁止条約）の第一条は、「文化財」を、「宗教的理由によるか否かを問わず、各国が考古学上、先史学上、史学上、文学上、美術上又は科学上重要なものとして特に指定した物件」と定義した。その文化財の一一分類の一つに、「音声、写真又は映画による記録その他の記録」（archives, including sound, photographic and cinematographic archives）がある。ほかにも、ユネスコの「文化財の国際交換に関する勧告」や「可動文化財の保護のための勧告」が文化財の定義に「映画」を含む。また、ユネスコの委託により現代の状況に合わせて文化財の定義を精緻化したのが、私法統一国際協会の「盗取され、又は不法輸出された文化財に関するユニドロワ条約」である。

日本はこの条約を締結していないが、二〇一七年の時点で締結国は四一に増えた。

ハーグ条約と同時に作成された「第一議定書」の実効性に対する疑問から、一九九九年に作成された「第二議定書」は、とりわけ文化遺産の「保護」の側面を強化した。ハーグ条約の一一七番目の締約国となった日本は、国内法として二〇〇七年に「武力紛争の際の文化財の保護に関する法律」を制定したが、この法律に「視聴覚」「動的映像」「映画」を含む条文はない。

二〇〇三年のイラク戦争を市民の視点で記録したアッバース・ファーディル監督『祖国――イラク零年』(二〇一五)は、バグダッドの爆撃直後、フセイン政権のプロパガンダ映画を製作していた映画撮影所に散乱する映画フィルムの残骸を生々しく映し出す。イスラミック・ステートによる古代ローマ時代の遺跡破壊など、文化遺産の被害は後を絶たず、こうした現実を前に、理想主義に基づく条約や勧告の存在はただ虚しく感じられることもある。しかし、人の命ばかりか人の記憶までも奪い去ろうとする戦争やテロリストの攻撃から文化遺産を守るため、ユネスコは今日も法規の整備を粘り強く積み重ね、保護体制の確立を目指している。

ブルーシールドを掲げて

ユネスコが極めて厳しい状況に立ち向かう中、人道支援のレッドクロス(赤十字)のように、文化遺産保護の「標章」としてハーグ条約第一六条が指定するブルーシールド(青盾)(3)の定着が期待されている。フランスのレジスタンスが人命を犠牲にしてまで美術品を守り抜くという重いテーマを扱ったジョン・フランケンハイマー監督『大列車作戦』(一九六五)には、美術品を積んだ貨車の屋根に命懸けで白いペンキを塗る場面があるが、収集・保存施設の歴史資料は戦争や紛争地域で攻撃目標とされ、意図的に破壊されることもある(4)。

表5-2　視聴覚アーカイブ機関連絡協議会（CCAAA）加盟機関

	団体名	設立年	会員数、本部	公用語
1	国際フィルムアーカイブ連盟 FIAF	1938	75カ国、164団体 ベルギー − ブリュッセル	英・仏・西
2	国際公文書館会議 ICA	1948	199カ国、約1,900団体 フランス − パリ	英・仏
3	音声記録コレクション協会 ARSC	1966	約1,000個人 米国	英
4	国際音声・視聴覚アーカイブ協会 IASA	1969	70カ国、約400団体/個人 ヨーロッパ各国	英
5	国際テレビアーカイブ連盟 FIAT / IFTA	1977	約250団体 ヨーロッパ各国	英・仏・西
6	FOCAL International（国際商業視聴覚ライブラリー連盟）	1985	約300団体/個人 英国 − ミドルセックス	英
7	動的映像アーキビスト協会 AMIA	1990	30カ国、約1,000個人 米国 − ロサンゼルス	英
8	東南アジア太平洋地域視聴覚アーカイブ連合 SEAPAVAA	1996	25カ国、54団体/29個人 フィリピン − マニラ	英

その意味でブルーシールドは、心に掲げる象徴的な標識と捉えるべきであろう。

ブルーシールド国内委員会協会（ANCBS）は、「第二議定書」の適用を監視する政府間委員会の諮問機関、ブルーシールド国際委員会（ICBS）のほか、国際公文書館会議（ICA）、国際博物館会議（ICOM）、国際記念物遺跡会議（ICOMOS）、国際図書館連盟（IFLA）、そして視聴覚アーカイブ機関連絡協議会（CCAAA）【表5−2】から成る。視聴覚資料の収集・保存に関連する国際機関を束ねる目的で二〇〇〇年にユネスコが設立したCCAAAがANCBSに加盟していることから、フィルムアーカイブも類縁領域と並んで文化遺産保護の運動の中で存在感を示すことができる。ちなみに、現在のCCAAA加盟機関の中では国際フィルムアーカイブ連盟（FIAF）の設立年が最も古い。

ICBSは、二〇一一年に韓国国立中央博物館で催された第一回会議において、基金の設立や関連諸団体との連携促進を明文化した「危機的状況にある文化遺産保護に関するソウル宣言」を採択した。ブルーシールドが人災だけでなく自然災害からの保護も範疇としている点は注目に値しよう。二〇一一年の東日本大震災以降、日本でも文化遺産保護に対する関心は一層高まっている。二〇一二年に東京国立博物館平成館で開かれた第一一回文化遺産国際協力コンソーシアム研究会「ブルーシールドと文化財緊急活動——国内委員会の役割と必要性」には、東京国立近代美術館（東近美）フィルムセンター主幹（当時）の岡島尚志が登壇し、「映画」も文化遺産であることを印象づけた。二〇一五年には文化財防災ネットワーク推進本部の主催により、京都国立博物館で文化遺産防災国際シンポジウム「文化遺産を大災害からどう守るか——ブルーシールドの可能性」が開かれ、欧米を中心に全一二三カ国に既に存在していたブルーシールド国内委員会（二〇一七年までに一二七カ国に増加）の日本への設置も検討され始めた。

図20 ブルーシールドの標章

フィルムアーキビストは博物館学芸員や図書館司書等、他の収集・保存施設の専門家と同様に災害対策を常に頭の片隅に置いている。しかし同時に、各国の文化遺産の定義に視聴覚資料が含まれるよう働きかける必要もあるのではないか。

一九七四年に始まった議論——ユネスコによる動的映像の保存・保護

ハーグ条約からブルーシールドへと連なる文化遺産保護の潮流の中で、一九八〇年に採択された「動的映像の保護及び保存に関する勧告」（以下「ユネスコ勧告」）は、多様な「文化財」の中でもとくに「動的映像」に光を当てるものである。「批准、受諾、承認」等の手続がない「勧告」には、「条約」のような法的拘束力こそないが、時間をかけて審議された後に、投票によって採択される点は変わらない(5)。フィルムアーカイブ活動にいわば「お墨付き」を与えることになったこの勧告にまつわる議論の始まりとその後の推移を、ここで確認しよう。

国立国会図書館(以下「国会図書館」)の宮坂逸郎は、「館法(国立国会図書館法)二四条で「映画技術によって製作した著作物」の納入を定め、付則第二項で、当分の間その納入を免ずることができる」(6)——つまり免除されているとはいえ国会図書館が映画の納入先となっている——ことから、ユネスコ勧告の成り行きに注目していた。宮坂は、ユネスコ勧告に関連する議論は一九七六年の第一九回ユネスコ総会(General Conference)に始まったと考えていた。ユネスコ総会とは、隔年開催されるユネスコの最高意思決定機関である。

しかしその前年の九月、一四カ国の参加者を集めて東ベルリンで開かれたユネスコの「動的映像保存会議」に、NHK編成局資料部(当時)の荻昌朗が出席していた。荻は、事前に東近美フィルムセンターや京都府立フィルム・ライブラリーに出向いてヒアリング調査を行うなど、入念に準備して会議に臨んだ。フィルム・ライブラリー協議会(以下「協議会」)発行の『世界のフィルム・ライブラリー』に掲載された荻の参加報告には、一九七四年の第一八回ユネスコ総会で「動的映像の組織的な保存が決議された」(7)とある。遡って調べてみると、確かにこのとき、東ドイツ国立フィルムアルヒーフ代表であったヴォルフガング・クラウエが、映画保存の国際協定の必要性を発議していたことがわかる。第四章でポーランドのイェジー・テプリッツが一九四八年から一九七一年までFIAFの会長を務めたことに触れたが、FIAFはテプリッツ時代にユネスコと連携を強め、後任者もユーゴスラビアの映画監督ヴラジーミル・ポガチッチ(一九七二年—)、そしてクラウエ(一九七九年—)

と共産圏から続けて選出されていた【表1-2】。

一九七五年の動的映像保存会議では、動的映像を法定納入の対象とすることを是として議論が進められた。この問題について協議会の見解は見当たらないが、先の参加報告によると、少なくとも荻は承服しかねていた。日本の文部省学術国際局ユネスコ国際部は、ユネスコ国内委員会（JNC）による検討を経て、一九七八年の第二〇回ユネスコ総会で勧告の採択に反対を表明し、延期・再研究を促した。反対理由としては三点――ユネスコの国際文書【表5-1】が既に多過ぎること、著作権や表現の自由に抵触する恐れがあること、動的映像の納入を義務化した場合の経費が考究されていないこと――が挙げられた。そして、草案を作成するなら製作者の権利保護に配慮し、かつ「対象物件の範囲は国内レベルで明記するとの〔ユネスコの〕事務局側の説明および我が方の留保を記録すること」(8)を念押しし、無投票・全会一致の決議の際は席を外した(9)。

一九八〇年に採択された「動的映像の保護及び保存に関する勧告」

四〇カ国の代表を集めた一九八〇年の「動的映像の保護保存に関する勧告 政府専門家会議」（草案策定会議）の時点では、外国の製作物であっても重要度が高ければ、または自国題名や字幕が付されていれば保護および保存の対象に加えるべきであるとの意見も出た。しかし結果的にこの案は否決され、対象は「内国製作物」（national production）に絞られた。日本の修正案が認められたことによって、前文に「表現及び情報の自由、平和及び国際理解の強化の必要性並びに動的映像の著作権者その他すべての権利者の正当な地位に十分配慮しつつ、動的映像の保護及び保存を確保する適切な手段がとられるべきである」と挿入され、「自国の憲法上の制度又は慣行に従い、必要とされる立法措置その他の措置をとる」といった文言が加えられ、制裁条項（罰則）

は勧告にそぐわないとして削除された。さらに、「〜すべきである」を「〜することが推奨される」に変更する等、表現も和らげられた。こうしてユネスコ勧告の草案が出来上がった。

日本からは、JNC文化活動小委員会分科会で主査を務めた東京文化財研究所の伊藤延男、ユネスコ常駐代表部の荒木郁代、書記官（外務省職員）の行田博の計三名が草案策定会議に参加した。国内では伊藤とともに、平凡社の二代目社長で日本書籍出版協会理事長でもあった下中邦彦、そして東京都立中央図書館長・貞閑晴《さだかはる》がこの問題を検討した。日本の意向が草案に生かされたことを評価しつつも、伊藤は「日本のように、映像が民間を主として膨大な量作成され、表現・発表の自由が保障されている国の実情を十分に反映していないうらみがあった」(10)とした。

ユネスコ勧告は一九八〇年一〇月二七日、ベオグラードで開かれた第二一回ユネスコ総会で採択された。その中身を見ると、前文で動的映像の価値と保存の必要性を説き、第一章で動的映像を「支持物に記録された映像の連続であって、音声を伴い又は伴わず、映写されたときに動的印象を与え、かつ、公衆への伝達若しくは頒布の意図をもち、又は記録を目的として製作されるもの」と定義し、第二章は一般原則について、第三章は勧告される措置（法律的・行政的措置、技術的措置、補足的措置）について述べ、そして第四章では国際協力の大切さを強調する。第一章は動的映像を映画、テレビ、ビデオに三分類するが、一九八〇年ということもありデジタル化は想定していない。具体的な措置として、動的映像アーカイブのための予算付与や法整備、動的映像アーカイブのまだない国には設置を、そして動的映像が法定納入（または網羅的収集）の対象となっていない国には改善を求め、動的映像アーカイブの未整備等により法定納入に現実味がない場合は、有識者の意見を取り入れた評価選別基準の設定を提案する。

少なくとも「ユネスコ憲章」（The Constitution of UNESCO）に明記されている「国際条約を勧告する」という任務遂行の上で、ユネスコが視聴覚資料への配意を怠ることはなかった。しかしこの修正によって、動的映像の「収集・保存」を国家事業とするような、ユネスコ勧告が本来持つべき実効性は薄れてしまった。製作者の権利保護重視の傾向は、第三章で触れた国立国会図書館によるテレビ番組の収集・保存への反対意見にも重なる。著作権が厳しく、フェアユースの考え方も十分広まっていない日本の音楽や映画の業界団体は、現在も著作権侵害の違法化・罰則化を積極的に推進している。公共フィルムアーカイブに強い発言権や決定権がなければ、このような目先の利益の追求は長期保存の可能性を妨げかねない。

動的映像保存会議の翌年に荻が著した「フィルム・アーカイブ論」(11)は、当時の放送文化研究所の研究成果を根拠に、プラスチックのベースに磁性体を塗布または蒸着させた「磁気テープ」を映画フィルムに代わる新たな記録メディアとして紹介し、その寿命を五〇〇〇年以上とした。一九七〇年代に使用されていた二インチや一インチの磁気テープの形状が長続きせず、再生機の旧式化が深刻な問題を引き起こしたこと、そして、荻が現実味はないと結論づけた映画フィルムの「冷蔵保存」や「三色分解による保存」が（限定的とはいえ）実行されていることを現代の視点から指摘するの容易いが、いつの時代も、たとえ数十年後の予想図であっても正確に描くのは難しい。少なくともここからわたしたちは、新技術を導入すれば映画を長期保存できると考えるのは楽観的に過ぎると学ぶことができる。

もっとも、荻の考え方は後のＮＨＫアーカイブスの方針にある程度は受け継がれている。一九八一年にＮＨＫの放送総局に設置された「放送素材保存委員会」が組織的な番組保存を開始すると、荻が所属していた編成局の「資料部」、「放送博物館」、そして「放送文化財ライブラリー」等もここに合流し、現ＮＨＫアーカ

表5-3　視聴覚アーカイブの類型

視聴覚アーカイブ	視聴覚アーキビスト	主に扱う視聴覚資料		ユネスコ CCAAA※加盟団体		
フィルムアーカイブ	フィルムアーキビスト	動的映像	映画作品	FIAF	AMIA	SEAPAVAA
テレビアーカイブ	テレビアーキビスト		テレビ番組	FIAT		
サウンドアーカイブ	サウンドアーキビスト	音声記録		ARSC IASA		

※ CCAAA については【表5―2】を参照のこと。

イブスの前身となった(12)。NHKアーカイブスの映画フィルムの収蔵場所は、放送に即時利用する際も結露の心配のない摂氏一五度・相対湿度五〇％に設定された。そして二〇一三年には、いち早く所蔵資料のファイルベース化も開始された(13)。採用されたLTOテープ（Linear Tape–Open）は、開発企業側（LTOコンソーシアム）が示す容量拡大の行程表にしたがってマイグレーション（移し換え）を繰り返すことを長期保存の前提とする。

　ユネスコは「映画」に限定せず、動的映像や視聴覚といったより大きな枠組みで資料の保護を訴える。本論が基盤とするレイ・エドモンドソン著『視聴覚アーカイブ活動――その哲学と原則』は、あらゆる視聴覚資料を、そして「ユネスコ勧告」は、動的映像をその範疇とする。しかし動的映像を扱う類縁機関の中でもテレビアーカイブの考え方は、デジタル時代に入ってもなお現物保存を重視するフィルムアーカイブから乖離しつつある。例えば長期保存の方法や復元の倫理を考えるとき、二者の原則は必ずしも一致しない。フィルムアーカイブにはフィルムアーカイブ独自の成り立ちと存在意義があり、所属する国際団体もテレビアーカイブとは異なっている【表5-3】(14)。ところが、テレビ番組と映画作品がともに動的映像の「コンテンツ」として論じられるときには、テレビアーカイブ的な考え方が正しいかのような論調になることも考えられ、認知度の低いフィルムアーカイブは不利な立場に置かれてしまう。

「動的映像の保護及び保存に関する勧告」採択の効果

ユネスコ勧告の草案策定会議で議長を務めたサム・クーラによると、ICAが初めて視聴覚資料に目を向けたのは、一九七二年のモスクワ大会——奇しくも日本の国立公文書館のICA加盟年——であった⒂。ユネスコに背中を押されるように円卓会議で顔を合わせた視聴覚資料の専門家たちは、各地で保護・保存に主眼を置くセミナーやシンポジウムを開くようになった。そして一九八三年、後にCCAAA【表5-2】創設メンバーとなる四団体（FIAF、ICA、IASA、FIAT／IFTA）がストックホルムで第一回ジョイント・テクニカル・シンポジウム（Joint Technical Symposium 以下「JTS」）を開いた。CCAAAに加盟するすべての団体が共同で、その後も三、四年に一度の頻度で続けるJTSは、視聴覚アーキビストが一堂に会する研究発表の場となっている。

ユネスコ勧告採択年のICAロンドン大会でクーラが立ち上げた視聴覚に関するワーキンググループは、時を同じくして米国アーキビスト協会内に結成された視聴覚記録委員会の参画者たちと手を結んだ。この参画者たちの多くは、一九九〇年に設立されたAMIAの主力メンバーになった。事実上SAAから分離独立して映画の都ハリウッドに事務局を置いたAMIAの約一〇〇〇名という会員数は、六〇〇〇名規模のSAAに比して決して多くはないが、クーラが会長を務めた二〇〇一年から二〇〇四年にかけて、真に国際的な専門職団体へと脱皮し、現在も発展し続けている。

なお、「ユネスコ勧告」採択二五年を記念して、採択日の一〇月二七日は二〇〇五年の第三三回ユネスコ総会で〈世界視聴覚遺産の日 World Day for Audiovisual Heritage〉となった。映画フィルムと再生ボタンを模っ

図21　ユネスコ〈世界視聴覚遺産の日〉のロゴマーク

たロゴマークや毎年のスローガンとともに、世界中でこの記念日に催事が行われている。日本ではフィルムセンターが二〇〇八年、失われた無声映画再現公演「甦る『新版大岡政談』」を成功させて以来、講義や特別上映会等を企画してきた。

〈世界視聴覚遺産の日〉のほか、ユネスコには視聴覚の保護・保存につながるもう一つの事業、〈世界の記憶 Memory of the World〉（二〇一六年夏までは〈世界記憶遺産〉とも呼ばれていた）がある。一九九七年から二〇一七年までに、一二〇を超える国、地域、そして国際団体等から約四三〇件の「直筆の文書、書籍、ポスター、絵、地図、音楽、写真、映画等」が隔年登録されてきた。当然ながら視聴覚資料の登録数も多い（計七〇件以上）。具体的には、音声記録コレクション協会（ＡＲＳＣ）が申請したレオン・スコットによる世界初の音声記録「フォノトグラフ」、韓国放送公社ＫＢＳが一九八三年に放映した離散家族を探す生放送番組のビデオテープ四六三本、アラム・ハチャトゥリアン作曲の映画音楽の音源等である。登録された資料群一件に多様な記録メディアが混在することも珍しくなく、映画フィルムの登録、または映画フィルムを含むと考えられるアーカイブズの登録を抜き出すと、計一七件になる【付録5 ユネスコ〈世界の記憶〉に登録された映画フィルム一覧】。ＣＣＡＡＡは〈世界視聴覚遺産の日〉のポータルサイトを通して、歴史的に重要な視聴覚資料の〈世界の記憶〉登録を呼びかけている。

また、レイ・エドモンドソンは二〇一六年のＡＭＩＡ会議以来、登録方法に関するワークショップ〈Nominating

to the UNESCO 'Memory of the World' Register）を実施している。

災害等で崩壊した建物が復元（復原）されるか否かの判断が、文化財登録の有無に左右されることがあるように、また、ユネスコのラムサール条約（湿地の保存に関する国際条約）に則って一帯を国立公園に指定した釧路湿原が後に観光資源となり、周辺地域に富をもたらしたように、映画フィルムのユネスコ〈世界の記憶〉への登録も、フィルムアーカイブ活動の長期的な戦略の一つになるに違いない。

現在も続く文化遺産の本国返還

ユネスコとＩＣＡは一九九八年、序章で触れた〈ＲＡＭＰスタディーズ〉の一環として、アーカイブズの賠償請求や返還要求等、いわゆるアーカイバル・クレームに関する調査を実施した。対象となった八三カ国の内、半数を超す四五カ国は無回答、六カ国（チェコ、デンマーク、リヒテンシュタイン、ペルー、スロバキア、スイス）の国立公文書館は理由なく参加を拒否、フランスと英国は現時点での参加は相応しくないとの見解を示し、フィンランドはロシアとの事前調整を望んだ。そして日本および四カ国（ボツワナ、カーボベルデ、ルクセンブルク、ポルトガル）は、争点となるようなアーカイバル・クレームは「ない」と回答した(16)。しかし海外には日本の文化遺産が、そして日本には旧植民地等の文化遺産（文化庁の定義によると「有形・無形を問わず、歴史的な価値を有する文化的所産」を指す）が存在し、実際に東京国立博物館所蔵の朝鮮王朝の器物等に対する返還運動も起こっている。

東近美には、米国から一九七〇年に返還された日本の戦争記録画（戦争画）が所蔵されている。戦意発揚の目的で従軍画家等が一九三〇年代後半から制作し、朝日新聞社が「聖戦美術展」と銘打って巡回展示した一連の作品は、敗戦時、東京都美術館に保管されていたところをGHQに接収された。その後の返還運動を受け、朝日新聞社と東近美が共同で外務省に請願書を提出し、藤田嗣治や小磯良平の作品を含む一五三点が返還された(17)。返還後すぐに公開されたわけではなかったが、二〇一五年以降は一部が常設展の中で展示され、近代美術史の闇に光が当てられるようになった。この戦争画の返還が米国側の意向で名目上「無期限貸与」とされたように、接収された文化遺産の返還でも、本国返還（Repatriation）は外交政策に抵触することもあり複雑を極め、公式には大抵の場合「無期限貸与」「永久貸与」「贈与」「交換」等の中立的な表現が用いられる(18)。

内務省警保局および陸海軍関係の文書は、現代史の研究者が起こした返還運動や日米政府間の交渉を経て、一九七四年に米国議会図書館から日本の国立公文書館に返還された。一〇六二冊の戦前の発禁図書もまた、議会図書館と国会図書館の取り決めにより一九七六年から一九七八年にかけて返還され、さらに議会図書館との合意に基づき、国会図書館が一九七九年から一九八四年にかけて南満洲鉄道株式会社調査部刊行の調査資料をマイクロフィルムで収集した(19)。現在もなお、日本から接収された文書が米国に残存することが知られるが、一九六〇年代に米国から「映画」が返還された事例を考えると、映画の本国返還は美術品、文書、図書に比較してかなり早期に、かつ迅速に実現したことがわかる。

米国議会図書館に保管されていた日本映画は、米国の日系人社会に流通していたフィルムを米軍が戦時中に接収したものか、またはGHQが占領期に日本映画を没収して持ち帰ったものと考えられている(20)。議会図書館は、日本映画のほかにドイツ映画（フリッツ・ラング監督作等を含む劇映画、ニュース映画および文化・記録映画それぞれ一〇〇〇作品以上）やイタリア映画（劇映画四〇作品、LUCEのニュース映画や短編等一〇〇作品）を、「Captured Foreign Collections（捕獲外国コレクション）」として所蔵する。そして日本映画と同時期に、ドイツ映画もイタリア映画も本国に返還された。イタリア映画は米国内で複製されたが、ドイツ映画は日本映画と同様に、返還後にドイツ国内で一六ミリフィルムを作成して議会図書館に届ける方法が採られた(21)。すべてを複製したドイツと違い、日本は経年劣化の進行した、あるいは日本側にオリジナルネガのある作品を除外したこともあり、その後も筑波大学の宮本陽一郎等によって、議会図書館や国立公文書記録管理局(NARA)に残存する日本映画の調査が続けられた。また、一九九八年に山形国際ドキュメンタリー映画祭の「山形ドキュメンタリーフィルムライブラリー」が、NARAで発見された亀井文夫監督『北京』(東宝文化映画部、一九三八)[不完全版]の複製を取得したこともあった(22)。

米国西海岸の日系人向けに輸出されたと推定される日本映画は、例えば二〇一四年にUCLAフィルム&TVアーカイブで発見された市川崑のアニメーション『弱虫珍選組』(J・Oスタジオ、一九三五)(23)のように、議会図書館やNARA以外の機関から発見されることもある。

映画の本国返還とその時代的な変化

戦前、日本映画の輸出が容易ではなかったことについては第二章で取り上げたが、対照的に、戦前から世界中に配給されていた初期の米国映画は、いたるところで発見されている。例えば二〇一〇年、ニュージーランド国立フィルムアーカイブから米国に七五作品のナイトレートフィルムが返還された(24)。また同年、ロシアと米国双方の保管するオリジナル資料の相互受け渡しが検討される中、手始めとして議会図書館に返還された無声映画一〇本のデジタル複製は、米国で三五ミリのアーカイバル・フィルムにレコーディングされた(25)。この事例のように「複製」でも「返還」と呼ぶことには議論の余地があろう。一九六〇年代、米国議会図書館からは日本映画のオリジナルのナイトレートフィルムが戻ったが、一九九〇年代以降のロシアから戻ったのは、ＯＲＷＯ製三五ミリフィルムを用いた複製であった。映画フィルムではないが、二〇一二年、シネマテーク・フランセーズからフィルムセンターに（映画監督・溝口健二との仕事で知られる）美術監督・水谷浩のデッサン等、一五二点の資料が「デジタル画像」として里帰りした(26)。映画監督・衣笠貞之助とともに一九六一年にパリを訪れた水谷が、ラングロワの時代のシネマテーク・フランセーズに寄贈したこれら資料については、一九八〇年代に当時のフィルムセンター主幹・丸尾定【表4-2】が問い合わせても「梨の礫であった」(27)というから、デジタル化によって資料取得のハードルが下がるのは喜ばしいことである。しかしフィルムアーカイブの第一義が現物資料の収集・保存およびアクセス提供であることに変わりはない。

ドキュメンタリー映画の始祖ロバート・フラハティの『*Oidhche Sheanchais*』（一九三五）は一九四二年に焼失したと考えられていたが、米国ハーバード大学の再目録化の作業の過程で発見され、アイルランド映画協会の協力の下、ボローニャの復元専門現像所イマジネ・リトロヴァータ（L'Immagine Ritrovata）で二〇一四年に復元された(28)。同大学図書館のケルト語資料の目録は、大半が正確性に欠けると二〇〇六年に報告されていた(29)。配給本数が少なかったとはいえ、日本映画も、海外のフィルムアーカイブで現地の題名や間違った表記で目録化されているかもしれず、新たな発見、そして返還の可能性は、いくらでも残されている。

偶然の発見や、それに伴う返還の申し出を待つばかりでなく、積極的な働きかけも効果を発揮している。二〇〇八年の韓国映像資料院のシンポジウム「**Repatriation or Share of Film Heritage: Lost Film Collection and Description of the History in East Asia**（映画遺産の本国返還または共有――東アジアの失われた映画フィルムのコレクションと歴史記述）」や、その後の「朝鮮映画発掘キャンペーン」(30)は、国立フィルムアーカイブによる失われた映画の本格的な目録化や探索の一例である。二〇一一年設立のフィリピン国立フィルムアーカイブの初代ディレクターに就任したベネディクト・オルガドも、海外に残存するフィリピン映画を探索し、返還事業を矢継ぎ早に成功させた(31)。例えば『*Genghis Khan*（チンギス・ハン）』（一九五〇）は、一九五二年にヴェネツィア国際映画祭に出品されたプリントがイタリアで発見され、やはりイマジネ・リトロヴァータで復元された。同作の返還セレモニーは、フィリピン国立フィルムアーカイブ設立記念行事の一環としてマニラで華々しく催され(32)、話題作りにも大いに貢献した。二〇一二年に邦訳出版されたフランク・トンプソン著『ロスト・フィルム――甦るハリウッド無声（サイレント）映画』（文芸社）のように、失われた作品を羅列して紹介する書籍もあれば、インターネット上で知られざる無声映画の同定／識別を進める研究プロジェクトもある。

　実際のところ、フィルムアーキビストには常に話題作りが求められ、幻の映画の発見はまさに理想的なトピックである。骨董市で発見された日本最古のアニメーションの一本『塙凹内名刀之巻《はなわへこないめいとうのまき》（なまくら刀）』（小林商会、一九一七）が二〇〇八年にデジタル復元された際、国際ニュースにまでなったように(33)、たとえ断片であっても、映画フィルムの発見はフィルムアーカイブ活動の有効な広報手段となる。また、幻の映画発見によって映画史が書き換えられることもあれば、忘れられていた映画人が俄かに評価されることもある(34)。

2　映画の文化遺産登録に向けて

米国の映画保存制度（1）――「米国映画保存法」

ここで、映画の文化財登録に相当する米国の実例を紹介する。第四章で述べたように、映画監督マーティン・スコセッシは映画保存の重要性を一九七〇年代から訴えていたが、アメリカン・フィルム・インスティチュート（ＡＦＩ）も同時期、「ナイトレートは待ってくれない」（Nitrate Won't Wait）をスローガンに映画保存キャンペーンを展開していた。また、ＡＦＩは一九八四年に全米芸術基金（National Endowment for the Arts 以下「ＮＥＡ」）の支援を得て、関連団体「国立フィルム&ビデオ保存センター」を設立し、サム・クーラも、後に米国議会図書館の映画放送録音物部（ＭＢＲＳ）チーフとなるグレゴリー・ルコウも、一時的にここに在籍した。

一九八八年、カラーフィルムの褪色防止やナイトレートフィルムの不燃化を訴える長年の運動の成果が実り、四年の限時法（時限法）として「米国映画保存法」（National Film Preservation Act）が制定された。かつて映画俳優協会の委員長でもあった共和党のロナルド・レーガン政権下、映画一〇〇年を七年後に控えて成立した同法は、推進派ロビイストの要求を十全に満たすものではなかったとはいえ(35)、その後一九九二年、一九九六年、二〇〇五年、二〇〇九年に再承認・延長され、二〇一六年には「**Library of Congress Sound Recording and Film Preservation Programs Reauthorization Act**〔議会図書館音声記録および映画保存計画再承認法〕」として二〇二七年まで延長された(36)。

この法律が本当の意味でフィルムアーカイブ活動と連動し始めたのは、一九九二年の延長時、ＭＢＲＳが米国の映画保存の実態を把握すべき機関に指定されてからである。ＭＢＲＳは早速、全米六〇団体（大小の映画会社、現像所、教育機関、フィルムアーカイブ等）の代表者を対象にヒアリング調査を行った。例えば、予算を惜しまず自社映画のすべてを保存し、早々とデジタル復元にも着手していたディズニー社は、支援を求めず、むしろ国家の介入は歓迎しない旨を僅か数行の返信によって明らかにした。一方、国家の支援を強く求めたのは、アンソロジー・フィルム・アーカイブズのジョナス・メカス、全米日系人博物館のカレン・イシヅカ、ノースイースト・ヒストリック・フィルムのカラン・シェルダン、独立系のドキュメンタリー映画作家フレデリック・ワイズマンといった錚々たる顔ぶれであった。

日本でも人気の高い詩人／映像作家のメカスが実験映画やアヴァンギャルド作品の救済のため一九六九年にマンハッタンに設立したアンソロジー・フィルム・アーカイブズは、一九八九年にＦＩＡＦに加盟した。一九八五年設立の全米日系人博物館は、日系人収容所を隠し撮りした八ミリフィルムを所蔵していた。一九八六年にメーン州に設立されたノースイースト・ヒストリック・フィルムは、米国の地域映画を扱うフィルムアーカイブの先駆けであった。こうした多様な活動が、一九八〇年代には既に立ち上がっていたのである。

ヒアリング調査の結果を反映して、議会図書館の一九九三年の報告書 *Film Preservation 1993: A Study of the Current State of American Film Preservation*〔映画保存一九九三――米国の映画保存の現状に関する研究〕(37)は、消滅のリスクが高い動的映像とは何かを浮かび上がらせ、救済の優先順位に決着を付けた。そして翌年の *Redefining Film Preservation: A National Plan*〔映画保存再定義――国家計画〕(38)が、映画保存政策の新たな方向性を示した。

米国の映画保存制度（2）――ナショナル・フィルム・レジストリーと映画財団

映画保存法によって、議会図書館内に二〇名（後に四四名に増員）から成る米国映画保存委員会が発足した。同委員会は未来に残すべき文化的・歴史的・美学的に優れた米国映画を毎年二五本ずつ選出し、映画誕生の一二月二八日に合わせて文化財として登録する（作成から一〇年が過ぎていれば対象となる）。これがナショナル・フィルム・レジストリー（以下「レジストリー」）と呼ばれる仕組みである。

表5-4　ナショナル・フィルム・レジストリーに登録されたアマチュアフッテージ

登録年	登録内容	形状（mm）	撮影年
1994	ザプルーダー・フィルム〔JFK 暗殺〕	8	1963
1997	トパーズ〔日系人収容所の隠し撮り〕	8	1943-45
1998	タコマナローズ橋の崩落	16	1938
2000	マルチプル・シドシス	8	1970
2002	フロム・スタンプ・トゥー・シップス	16	1930
2006	シンク・オブ・ミー・ファースト・アズ・ア・パーソン	16	1975
2007	アワー・デイ〔私たちの一日〕	16	1938
2008	ディズニーランド・ドリーム	8	1956
2011	ニコラス兄弟のホームムービー	16	1930-40s
2016	ソロモン・サー・ジョーンズのフィルム 29本	16	1924-28
2017	フエンテス家のホームムービー	9.5	1920-30s

映画保存への貢献により、NEAが一九八四年の第五七回アカデミー名誉賞を受賞した際のスピーチで、NEA総裁フランク・ホッドソルが「ジーン・ケリーには九〇年後も雨の中で踊っていてほしい」[39]と述べたように、レジストリー開始当時、映画保存という言葉からは、MGMミュージカルに代表されるような大作映画が連想された（『雨に唄えば』は初年度、一九八九年のレジストリーの一本となる）。

しかし一九九四年の「再定義」によって、それ以外の映画――無声映画、実験映画、独立系作品、アマチュアフッテージ、小型映画、オーファンフィルム、地域映画――の救済こそが国家的な「映画保存」の目的となった。すなわち歴史的価値は高いが、それだけでは残存できない映画フィルムの救済に対して、重点的に予算が配分され始めたのである。一九九七年には全米映画保存基金（NFPF）が設立され、二〇一七年までに復元予算を二九三機関（一三五八作品）に配分してきた。「再定義」以降、レジストリーの並びは、劇映画、記録映画、ニュース映画だけでなく、映画誕生前の一八八四年のディクソンの実験段階のフィルム、一九八二年のマイケル・ジャクソンの『スリラー』の（映画フィルムを使用して撮影された）ミュージックビデオ、さらには地域や家庭に埋もれるホームムービーにまで幅を広げた。所蔵先も、大手映画会社や大規模な公共フィルムアーカイブだけでなく、小規模な、地域の、そしてマイノリティーに属する人々の運営する機関へと多様化し、登録総数は二〇一七年末に七二五本に達した。先述の日系人博物館所蔵の八ミリフィルムも、一九九七年以来レジストリーの一本である【表5-4】。

国家予算に占める文化予算の割合は小さいが、米国では国民が自主的に運営を支援する団体が主体的に文化芸術活動を担うという考え方が根づいている(40)。ハリウッド映画産業の圧倒的な市場規模は、対外的には文化の一元化の元凶とされることもあるが、米国内の映画保存政策は常に多様性を重視してきた。

二〇〇〇年代からイタリアのファッションブランド等が広報戦略の一環として映画復元資金を提供するようになったが、スコセッシは、はやくも一九九〇年に私費を投じて映画財団（Film Foundation）を設立し、以来、七五〇作品を超える米国映画を復元してきた。二〇〇七年には世界映画財団（World Cinema Foundation）を立ち上げ、韓国、インド、ブラジル、フィリピン等、国外にも支援の手を差し伸べ、シンガポール国立博物館やインド映画遺産財団【表4-1】によるフィルムアーキビスト養成のための短期コースも支援している。

日本映画と戦後の文化芸術振興

法整備に始まった米国の成功事例を見たところで、次に、日本の映画行政を確認する。戦前の文部省が映画振興を担ったことは第二章で述べたが、戦後もやはり文部省が、そして一九六八年以降は外局の文化庁がその任務を引き継いだ。文部省と科学技術庁の統合により二〇〇一年に文部科学省が誕生して以降も、その点は変わらない。

文部省社会教育局芸術課の初代課長・今日出海の提唱で一九四六年に始まった「芸術祭」は、第三回から映画部門と放送部門を設け、伝統文化や古典芸能だけでなく同時代的な大衆文化も対象としてきた(41)。文化庁は一九八九年より優秀映画鑑賞推進事業を開始したが、優秀映画を選定／推薦するという発想は、第二章で取り上げたように、戦前の文部省に既に見受けられた。戦後の新しい動きとしては、一九七二年に導入された総額一億円の「優秀映画製作奨励金」がある(42)。映画産業の著しい斜陽化の中、映画一本あたりの製作費が平均三〇〇〇万円であった当時、優秀な作品の製作者に一〇〇〇万円程度の製作費を交付するこの制度を映画業界は歓迎した。

二〇〇一年、メディア芸術の振興を提唱するため、文化庁は「文化芸術振興基本法」を公布した。その第九条は、「メディア芸術」を「映画、漫画、アニメーション及びコンピュータその他の電子機器等を利用した芸術」と定義し、「国は、メディア芸術の振興を図るため、メディア芸術の製作、上映等への支援その他の必要な施策を講ずる」(43)とした。フィルムアーカイブ活動は「その他の必要な施策」に含まれると解釈できたかもしれない。しかし同年、国立の博物館や美術館は一斉に独立行政法人化された。独法化に際して「民営化」の可能性を危惧した元フィルム・ライブラリー協議会の山田和夫は、「フィルムセンターの独立行政法人化に反対し、国の責任におけるいっそうの充実・強化を求める声明」を文化庁に提出した(44)。

髙野悦子はフィルムセンター名誉館長就任六年目(二〇〇二年)のインタビューで、「どのような形で映画がその国に定着したか」が映画の運命を決定づけると述べた。例えば映画誕生の地、フランスでは、映画が文化の中に確固たる地位を築いている。一方、映画を「輸入」した日本では、外国映画に比べて日本映画の地位が低い。髙野が総支配人を務めた映画館・岩波ホールが初めて外国映画と同じ料金を日本映画に設定すると、それだけで「革新的」と驚かれたという。二〇〇二年当時のフィルムセンターの年間予算およそ五億円に対して、フランス文化省の管轄で一九四六年設立のフランス国立映画・映像センター（ＣＮＣ）のそれは四〇〇億円以上、コレクションは一三万本、職員は一〇〇名前後。同時期のシネマテーク・フランセーズはコレクション数二万八〇〇〇本、職員約九〇名であった。日本の乏しい文化予算を底上げしない限り問題の解決はないことを髙野は実感した(45)。文化庁による二〇一六年度の比較調査の結果を見ると、文化予算は七カ国（フランス、韓国、英国、ドイツ、米国、中国、日本）の中で日本が最も少なく、文化予算が国家予算に占める割合では、下から二番目に位置する(46)。

二〇〇二年に文化庁が結成した「映画振興に関する懇談会」では、日本映画撮影監督協会（ＪＳＣ）会長・髙村倉太郎を含む一二名の委員が、「人材育成」「製作」「配給・興行」「保存・普及」の四分科会に参加した。翌年提出された報告書「これからの日本映画の振興について――日本映画の再生のために（提言）」の内、「日本映画振興のための一二の提言」の第一項目が、「日本映画のフィルムの保存を行う制度の創設〜日本映画のフィルムをきちんと保存できるように〜」、そして末尾の第一二項目の「フィルムセンターの独立〜フィルムセンターをもっとみんなのものにするために〜」には、映画を法定納入の対象とすることや、フィルムセンターを独立させることが記された(47)。一九三一年に浅岡信夫が訴えたように、映画行政の省庁が一元化されていないことも問題点の一つとして指摘された。二〇〇四年からは、予算が増えてフィルムセンターの活動内容は充実していき、独立も引き続き検討された(48)。そして二〇〇七年に閣議決定された「文化芸術の振興に関する基本的な方針」（第二次基本方針）には、「フィルムセンターにおける映画・映像作品の収集・保管を推進する」(49)との文言が加わった。

コンテンツ重視の傾向

二〇〇四年、議員立法で制定された「コンテンツの創造、保護及び活用の促進に関する法律」によると、コンテンツとは、「映画、音楽、演劇、文芸、写真、漫画、アニメーション、コンピュータゲームその他の文字、図形、色彩、音声、動作若しくは映像若しくはこれらを組み合わせたもの又はこれらに係る情報を電子計算機を介して提供するためのプログラムであって、人間の創造的活動により生み出されるもの」(50)を指す。また、内閣知的財産戦略本部による二〇〇九年の「日本ブランド戦略」は、政府が力点を置く文化産業の内、漫画、アニメーション、デザイン、ファッション、そして映画を「クリエイティブ産業」と見なした(51)。英国の愛国歌「ルール・ブリタニア」(Rule, Britannia ブリタニアよ世界を治めよ)に由来する「クール・ブリタニア」(Cool Britannia)を流用した「クールジャパン」をキャッチフレーズに、二〇一〇年に経済産業省に設置されたクールジャパン室は、経済効果に期待をかけてゲーム、漫画、ファッション、日本食等の支援に乗り出した(52)。

二〇一一年の「国立国会図書館と文化庁との協定について——我が国の貴重な資料の次世代への確実な継承」が着目したのは、(1)テレビ・ラジオ番組の脚本・台本、(2)音楽関係資料(過去に我が国で出版された楽譜等)、(3)マンガ、アニメーション、ゲーム等(53)であった。同じく二〇一一年、文化庁の文化審議会文化政策部会の「メディア芸術・映画ワーキンググループ」は、「質の高い作品の発表・鑑賞機会の確保」(54)を目標の一つに掲げた。文化庁の目指す「鑑賞機会の確保」には、フィルムアーカイブ併設の上映施設でオリジナルの形態で映画を鑑賞する機会も含まれると考えられるが、経済産業省の観点からすれば、それは例えば、市井の映画館に最新の上映設備を普及させる事業を意味する。二〇〇九年、知的財産戦略本部の「知的財産推進計画二〇〇九」

の「ソフトパワー産業の成長戦略の推進」の一環として、経済産業省と中小企業庁は一般社団法人コミュニティシネマセンターに委託してデジタルシネマの状況を調査した。そして、映画館のデジタルシネマ化に当時必要とされた費用（一〇〇〇万円から一五〇〇万円）の半額を支援するという「コンテンツ国際共同製作基盤整備事業／地域商店街活性化事業」(55)によって、三二一館が解像度2K以上のデジタルシネマ用プロジェクタとサーバを導入したが(56)、その後、デジタルシネマ導入の費用は半額以下に下がり、主流は4Kへと移った。長期的な視野に立てば、本来は政府によるデジタル化推進やコンテンツの売り込みと平行として、現物保存やそれを可能にするフィルムアーカイブの基盤を強化すべきであったろう。

図22　国立映画アーカイブのロゴマーク。作者はグラフィックデザイナーで映画批評家の鈴木一誌（画像提供：東京国立近代美術館フィルムセンター）

二〇一二年、フィルムセンターの独立が引き続き検討されていたにもかかわらず(57)、東近美も含む五館の美術館から成る「独立行政法人国立美術館」、東京国立博物館はじめ七機関から成る「独立行政法人国立文化財機構」、そして六つの劇場から成る「独立行政法人日本芸術文化振興会」の統合が閣議決定されたこともあった。しかし合理化の余地がなく、機動的な意思決定が期待できないことがデメリットとされ、この決定は凍結された(58)。国立美術館はフィルムセンター独立について二〇一四年の時点で、「館の内外で独立のための検討を行い、また、関連する資料作成や予算要求等を積極的に行ったが、必要な人員の確保が認められず、独立には至らなかった」(59)とした。

一九五二年の東近美開館時に既に望まれ、一九六〇年代からフィルム・ライブラリー協議会が明確な目標とし、かつ一九七〇年のフィルムセンター設立時にも計画されていた「独立」は、幾度も「必須」との結論に至りながら実現しなかった。それだけに、二〇一八年四月一日の独立、つまり国立映画アーカイブ（NFAJ）設置の決定は、ようやく達成された快挙であったといえる。

日本の重要文化財指定

第四章でも触れたように、世界最古の木造建築・法隆寺の金堂壁画が焼失したことをきっかけに、日本では一九五〇年に「文化財保護法」が制定され、火災の起こった一月二六日は文化庁「文化財防火デー」となった。文化財保護法に基づいて文部科学大臣が指定する有形文化財（「建造物」と「美術工芸品」）を「重要文化財」（Important Cultural Properties）と呼び、その内「国宝」（National Treasure）とは、「世界文化の見地から価値の高いものでたぐいない国民の宝たるもの」を指す。同法によると、重要文化財の指定に向けては、まず文化庁が事前調査を行い、次に文部科学大臣が指定物件を「文化審議会」に諮問する。文化審議会の四つの分科会の一つ、文化財分科会（大学教授等五名から成り、委員の任期は一年）の下には、五つの「専門調査会」および企画調査会と世界文化遺産特別委員会がある。条文は「視聴覚、動的映像、映画」の何れにも触れていないが、「美術工芸品（絵画、彫刻、工芸品、書跡・典籍、古文書、考古資料、歴史資料）」の「歴史資料」に該当する「映画」は、第一専門調査会の「歴史資料委員会」が審議・議決する。ここから答申を受け、文部科学大臣が指定物件の名称や所有者を官報に告示し、重要文化財の所有者に指定書を交付する。内容は公開されていないが、文化庁の事前調査こそ最も重要な段階のように思われる。なお、二〇一七年現在、歴史資料一七八件の内「国宝」に指定されているのは、ユネスコ〈世界の記憶〉に登録された「慶長遣欧使節関係」等、僅か三件である。

重要文化財の「指定基準」としては、「国宝及び重要文化財指定基準並びに特別史跡名勝天然記念物及び史跡名勝天然記念物指定基準」が設けられている。「歴史資料の部」の指定基準を抜き出してみよう。

「歴史資料の部 重要文化財」の指定基準

1 政治、経済、社会、文化、科学技術等我が国の歴史上の各分野における重要な事象に関する遺品のうち学術的価値の特に高いもの
2 我が国の歴史上重要な人物に関する遺品のうち学術的価値の特に高いもの
3 我が国の歴史上重要な事象又は人物に関する遺品で歴史的又は系統的にまとまって伝存し、学術的価値の高いもの
4 渡来品で我が国の歴史上意義が深く、かつ、学術的価値の特に高いもの(60)

こうして指定された重要文化財の「管理」の大部分は所有者に委ねられるが、文化庁の二〇一七年三月末時点の調査結果によると、国宝二件を含む一六四件が所在不明となっている(61)。「保護」については、「所有者が管理や修理に要する費用を負担できない等、特別の事情がある場合は、政府から補助金を交付できる」ことになっている。第四章でも述べたように、二〇一四年三月に竣工、七月にマスコミ向け内覧会が実施された東近美フィルムセンター相模原分館の「保存棟Ⅲ（重要文化財映画フィルム保存倉庫）」は、重要文化財に登録された三本の映画フィルム（すべてナイトレートフィルム）の適切な保存を可能にした(62)。

続いて、重要文化財に指定された映画フィルムについて具体的に見ていきたい。残存する映画の所在を可視化する試みとして、オーストラリアの国立視聴覚アーカイブは二〇〇七年に *National Registry of Audiovisual Collections*〔視聴覚コレクションの国家登録〕を編纂し、国内の収集・保存施設（およそ八〇団体）が所蔵する視聴覚資料の概要を把握した(63)。日本でも、同年七月から一〇月にかけて、収集・保存施設や大学等、三五八二カ所に所蔵されている昭和三〇年代頃までに製作された映画および関連資料を対象に、文化庁が「近代歴史緊急調査（映画フィルム・映画関係分野）」を実施した。これによってオーストラリアの調査より遥かに多い一九八四機関から約六〇〇〇件の情報を得たが(64)、二〇〇八年末までにデータベース化して公開されるはずの調査結果はその後も公表されていない。よって、序章で触れた記録映画保存センターによる映画フィルムの全国所在調査が貴重な概要調査結果となっている。

近代歴史緊急調査を経て、二〇〇九年、映画フィルムとしては初めて重要文化財となった『紅葉狩』に、『楠公訣別』、『小林富次郎葬儀』が続き、二〇一一年までに計三本の「日本映画」が重要文化財の指定を受けた(65)【表5―5】（ちなみに「写真」は江戸時代から大正時代にかけて撮影された一二点が指定されている）。

考古学者の森本和男によると、多種多様で豊富な伝統文化を持ちながら、日本の文化財登録は数が極端に少なく、また、登録されず消滅した遺産も少なくない。例えば、神社仏閣や城等は歴史的・文化的価値が認められても、民家や街並等は滅多に認められない。森本の分類によれば、米国のように国民の自発性によって身近にある文化財の登録を呼びかけ、巨大な文化財目録を形成する〈自主的参加型〉に対して、日本は「一

表5-5　重要文化財に指定された映画フィルム（すべてナイトレートフィルム）

指定日	指定内容	素材	製作
2009年7月	『紅葉狩』(1899) 1巻 3分50秒 (fps=16)	可燃性デュープネガ 1本	柴田常吉撮影、吉澤商店
2010年6月	『楠公訣別』(1920-1928) 1巻 17分 (fps=16)	可燃性オリジナルネガ 1本	日活
2011年6月	『小林富次郎葬儀』(1910) 2巻 7分20秒 (fps=16)	可燃性オリジナルネガ 1本、 可燃性上映用ポジ 1本	小西亮撮影（推定）、吉澤商店

握りの政府関係者によって指定される文化財に歴史的文化的な価値があるとされ、小規模な文化財目録」を形成する〈国家主権型〉である(66)。この二つの型は「映画」にも当てはまり、登録作品の一般公募も試みている米国のナショナル・フィルム・レジストリーを〈自主的参加型〉とすれば、日本映画の重要文化財指定はまさに〈国家主権型〉の典型例である。

指定された三本の日本映画はすべてフィルムセンター（二〇一八年度以降はＮＦＡＪ）の所蔵で、ジャンルは無声・記録映画に該当し、撮影場所は現在の東京都に限られる。上映時間は三作品を足しても三〇分に満たない。確かに指定基準には合致するが、どれだけ公開当時の観客に愛され、社会に衝撃を与えたかといった要素は問われず、多様な側面を持つ日本映画をこれら三本が体現しているわけでもない。また、重要文化財に登録された映画の「公開」にも、改善の余地が残されている。〈世界の記憶〉のガイドラインは、登録対象をアクセス可能にすることを所蔵機関に求める(67)。同様に米国のＮＦＰＦも、助成対象となる資料のデジタル化と公開を促す。しかし日本の重要文化財に指定された映画に対して、とくにウェブサイトでの公開等が推奨されるわけではない。

身近な映画文化遺産の登録——自主参加型の試み

現在のところ日本映画の登録を目指す動きは見受けられないが、ユネスコ〈世界の記憶〉に登録すべき日本映画について個々が考えを巡らせることは、決して無益ではない。一九九〇年より全国の「近代化遺産」総合調査を開始した文化庁は、一九九三年に「近代化遺産」を重要文化財の新種別とした。二〇一一年には「山本作兵衛 炭坑記録画・記録文書」が日本初のユネスコ〈世界の記憶〉に、二〇一四年には富岡製糸場がユネスコ〈世界遺産〉に登録された。それだけに、近代遺産としての視聴覚遺産の主要な一角を占める映画フィルムが選ばれても何ら不思議はない。

ドイツは、ナチス台頭により国を去ったフリッツ・ラング監督の無声映画『メトロポリス』(一九二七)の復元版を二〇〇一年に、イタリアは、第一章で取り上げた映画公社LUCEが量産したプロパガンダ映画を二〇一三年に〈世界の記憶〉に登録した【付録5①⑮】。『メトロポリス』の登録前には、世界中に散在する同作の残存プリントすべての欠落や損傷を綿密に調査した上で最長版が作成されもした(68)。登録の知らせに呼ばれたかのように、二〇〇八年、新たなフッテージを含む二五分の一六ミリプリントがアルゼンチンのブエノスアイレス映画博物館で発見され、大きな話題となった。

『紅葉狩』の重要文化財登録に先立つ二〇〇〇年、大阪市電気局・大阪市産業部製作の『大大阪観光』(一九三七)の一六ミリ版が大阪市の文化財に指定された(69)。各地で映画フィルムや関連資料が収集・保存施設に埋もれていることを思えば、地方公共団体のレベルでも文化財指定が増えることに期待したい。

近代遺産が注目を集める中、映画フィルムだけでなく、関連機材や映画館等の希少性も認識されつつある。

二〇一三年には、一九二一年創業のエルモ社（愛知県名古屋市）による国産初の一六ミリ映写機（エルモA型）が一般社団法人日本機械学会「機械遺産」（第六〇号）に選ばれた。小型映画用の世界最高機種といわれる八ミリフィルム映写機のGSシリーズ等を製造していたエルモ社は、一般には非公開ながら、過去に製造したキャメラや映写機の全機種を社内の「歴史館」に動態保存している。二台映写が基本の三五ミリフィルム映写機は、一九六〇年代の製品でも現役で使用できるほど寿命が長いが、機種によっては重量が一台あたり三〇〇キロ以上になり、置き場の確保だけでも困難を極める。また、映写ランプ等の消耗部品は徐々に入手しづらくなっている。映画館ギンレイホール（東京都新宿区）を経営する加藤忠は私費を投じて、廃棄処分される映写機材を千葉県成田市の「映画センター」に引き取っている(70)。この「三五ミリフィルム映写機の保存・再利用活動」が評価され、加藤は二〇一四年に映画ペンクラブ賞「奨励賞」を受賞した。映写機の撤去数が増えるということは、映画フィルムが上映できる施設の減少、そして実際に小規模経営の映画館の閉館が相次いでいることを意味する。現在も営業する最古の映画館として、一九一一年の創業時と同じ建物を使用する「高田世界館」（新潟県上越市）、一九二三年に芝居小屋として建設され、後に映画館に改築された「朝日座」（福島県南相馬市）、一八九二年に芝居小屋として開館し、現役の映画館として使用される日本最古の建物「長野松竹相生座」（長野県長野市）、一九二六年に建てられた元映画館の木造建築「旭館」（愛媛県内子町）は、何れも登録有形文化財指定や経済産業省の近代産業遺産の指定を受けている。

機材の動態保存や利活用、そして映画館の建物の永続的な維持や管理は、デジタル技術でどうにかできるものではない。こうした地道な取り組みの多くを、地元のNPO法人やボランティア活動家が支えている。

3　デジタル時代の映画復元

映画復元の倫理的課題

世の中の仕組みの多くがデジタル化される中で、当然ながら映画もその例外ではいられなかった。デジタル化の影響についてはここまでのところでも若干触れてきたが、フィルムアーカイブ活動の領域においてデジタル技術は、「上映」より先に「復元」に取り入れられた。映画復元に関して、英語圏には、レオ・エンティクナップやジョヴァンナ・フォッサテイによる技術史的な側面からの研究があるが(71)、日本には未だほとんど紹介されていない。国内では二〇〇〇年代以降、常石史子（元フィルムセンター研究員、現フィルムアルヒーフ・オーストリア技術部長）や板倉史明（元フィルムセンター研究員、現神戸大学大学院准教授）等により、倫理的な課題も含めて、作品ごとの発見経緯や復元のワークフローが詳しく報告されてきた。ただし、日本映画の本格的な発掘史や復元史は未だ編まれていない。本書もそれには遠く及ばないが、ここでは、せめて復元にデジタル技術が取り入れられていく経緯を辿ってみたい。

米国で映画復元の倫理が定まったのは、「映画保存法」が一九八八年に制定されて以降のことで、それ以前は、現在の感覚からすれば受け入れ難い作業内容まで「復元」と呼ばれることがあった。オリジナルとは不釣り合いなサウンドトラックを加えた一九八四年のジョルジオ・モロダー版『メトロポリス』は、物議を醸した事例として頻繁に引き合いに出される。また、一九八七年、ジョージ・イーストマン博物館（ＧＥＭ）が所蔵する『港の女』（一九二八）の欠落した最終巻が、『雨』（一九三二）のフッテージおよびスチル写真によって補完されたこともあった(72)。『港の女』も『雨』もサマセット・モーム著『ミス・トンプソン（雨）』を原作とするが、前者はラオール・ウォルシュ監督、グロリア・スワンソン主演の無声映画、後者はルイス・マイルストン製作・監督、ジョーン・クロフォード主演のトーキー作品である。

アイリーン・バウザーとジョン・カイパーが一九九一年に編纂したフィルムアーカイブの機能の基本マニュアル *A Handbook for Film Archives*〔フィルムアーカイブの手引き〕における「復元」の定義は、FIAF倫理規程「一　所蔵コレクションに関する諸権利」の第五項目に生かされた。該当部分を引用する。

フィルム素材等を復元する際に〔フィルム〕アーカイヴが目指すのは、不完全なものを補い、また、経年あるいは使用による付着物や誤情報を取り除くことである。オリジナルの性質や特徴また製作者の意図に、変更を加えたり、歪曲するような行為は、これを行わない。(73)

映画復元の原則は、アーカイブズの保存修復の原則（原形保存、安全性、可逆性、記録）と基本的には変わらないが、デジタル技術の導入によって、真正性の軽視や必要以上の加工が横行する可能性もあった。モノクロ作品のカラー化、新たな効果音やBGM等の追加は、テレビ番組用には許容されても、フィルムアーカイブの主導する映画復元としては受け入れられない(74)。復元倫理がある程度定まった一九九〇年代までに、アナログ技術だけを使用する映画復元の成果は徐々に洗練されていった。しかしアナログ復元の時代は、実際のところそれほど長く続かなかった。

デジタル技術の限界

一度は解決に向かったかに思われた復元の倫理的な問題は、デジタル技術によって再びフィルムアーキビストを悩ませることになった。

アナログ復元は、職人の熟練の技による補修を経て、入手し得る機材を駆使し、ウェットゲート（フィルムを一時的に溶剤に浸し、ベース面の傷を目立たなくする焼付技術）等も採用しながら、最良の仕上がりを目指す。デジタル復元は、元素材となる現物のフィルムのクリーニングや、物理的に傷んでいる箇所の補修まではアナログ復元と変わらないが、この元素材をスキャニングによってデータ化して以降の作業が新たに加わる。映画フィルムのコンテンツが記録されている乳剤側の傷は画像情報の損失を意味し、同じ場面の前後のフレームが持つ情報をコピー&ペーストの要領で補う。黒い線や点となって画面に現れるキズや埃がクリーニングで落としきれない場合は、修正ソフトで自動的に除去するか、あるいはカーソルをクリックしながら個々に取り除いていく（この作業を「パラ消し」と呼ぶ）。キズ・パラ消し、ガタつき補正、チラつき補正、そしてカラー作品の場合は色補正、サウンドがある場合はノイズ除去等の処理を施した後、そのデータを三五ミリフィルムにレコーディングする。デジタル技術を取り入れる場合、人件費や納期との兼ね合いの中で「どこまで損傷を目立たなくするか」の判断を迫られ、最善を尽くすよりもむしろ、妥協点を探ることになる。また、復元に必要な修復と行き過ぎた加工の違いの見極めはむしろ難しくなる。そもそも、ごく小さな擦り傷の有無が映画の真価を左右するわけではない。例えばギリシャ彫刻は、時に欠落箇所を補って極彩色に塗り直されることもあるが、多くはルーヴル美術館の《ミロのヴィーナス》や《サモトラケのニケ》像のように破損した姿のまま展示され、その姿にこそ美が見出される。

コダックのデジタル映像センター（シネサイト）で一九九三年に行われた『白雪姫』の復元は、作品全体にデジタル技術を取り入れ、作業には四カ月以上を要し、総費用は七〇〇万ドル（約八〇〇〇万円）にもなった(75)。これだけの予算をかけるとなると、大手映画会社の著作物の中でも対象となるのは、リバイバル上映の興行収入、テレビ放映権、パッケージ系出版物の売り上げによって大きな収益が期待できる作品に限定されてしまう。非営利の領域では、ＦＩＡＦが一九九五年のロサンゼルス会議以降、デジタル技術の導入を議論していた。一九九八年のプラハ会議では、デジタル化に伴う「倫理」の問題がシンポジウムのテーマになった。そして、当初慎重であったＦＩＡＦ加盟機関もある程度コストが下がると、復元にデジタル技術を採用し始めた。アニメーション以外で初めてデジタル復元の対象となったのは、映画芸術科学アカデミーのアカデミー・フィルムアーカイブが所蔵するフランク・キャプラ監督『陽気な踊り子』（一九二八）である。シネマテーク・フランセーズで一九九〇年に発見されたフランス語の挿入字幕《インタータイトル》版を元素材として、アナログ修復は前述のイマジネ・リトロヴァータが、そしてデジタル復元はソニー・ピクチャーズ・エンタテインメントのハイデフィニション・センターが担った。その成果はキャプラの生誕一〇〇年に当たる一九九七年に披露された(76)。

同年一一月、フィルムセンターが当時のアカデミー・フィルムアーカイブ代表のマイケル・フレンドを招いて講演会「映画保存とデジタル技術 来るべきシネマの千年王国」を催し、『陽気な踊り子』デジタル復元版はフィルムセンターにも寄贈された。デジタル復元の推進役と目されてもおかしくなかったフレンドは、この講演会でデジタル技術の安易な導入に否定的な意見を述べ、映画フィルムで製作された映画のビデオテープをオリジナルとは異なる「偽物」と呼んだ。そして、オリジナルの映画フィルムを「究極の情報源」として死守するよう訴えた(77)。

ところが翌年、東京大学総合研究博物館の「デジタル小津安二郎展」の一環として『東京物語』(松竹大船、一九五三)の部分的なデジタル修復(五分)が試みられた際(78)、フレンドの忠告は生かされず、一九九九年のシンポジウム「デジタル技術による映画の修復・保存」は、「映画資産を後世に対して正確に残すための現存する最良の方法は、デジタル情報として記録すること」と結論づけた。これに異議を唱え、デジタル技術の過信に警鐘を鳴らしたのが岡島尚志である。岡島は、(1)どんなものであれ過去のフィルムを放棄しない。(2)写真化学的/デジタル的を問わず、複製・修復の際は原型に施した全技術的作業を記録する。(3)デジタル・データを完全に保管した後も、オリジナル・フィルムを絶対に放棄してはならないと訴えた。つまり、フィルムアーカイブの領域においては、従来通り「フィルムによる保存」を続けることが「後世に対して正確に残すための現存する最良の方法」(79)であると確認されたのである。

日本映画の「復元」とデジタル技術

オリジナル尊重の考え方を前提として、フィルムセンターはじめ日本の公共フィルムアーカイブや研究機関も、その後「デジタル復元」を試みるようになった。フィルムセンター所蔵作品の初のデジタル復元となったのは、毎秒一八フレームの映写速度で上映時間二六分の伊藤大輔監督『斬人斬馬剣』[不完全版](松竹京都、一九二九)である。オランダのハーゲフィルム現像所において、およそ五〇〇万円の予算で復元された同作は、ゴスフィルモフォンドから返還された一本であった。このデジタル復元版の上映は、二〇〇三年の上映企画「発掘された映画たち」の目玉となった(80)。

地方の公共フィルムアーカイブも即座にデジタル復元に着手した。京都府文化博物館は、二〇〇四年から始まった映像フィルムルネッサンス事業で、金森萬象監督『祇園小唄絵日傘 第二話 狸大尽』（マキノ御室、一九三〇）と辻吉郎監督『槍供養』（日活京都、一九二七）のデジタル復元をハーゲフィルム現像所に発注した。上映だけでなく、この二作品の復元版はインターネットでも配信され、地方の公共フィルムアーカイブとして先進的な事例となった(81)。また、映画監督・山中貞雄が学生時代の辞書のページに落書きした計二分三〇秒の『山中貞雄パラパラ漫画アニメ』もデジタル化され、アニメーションをテーマにしたＦＩＡＦ北京会議の基調講演の中でも紹介された。類稀な才能を高く評価されながら、若くして中国戦線で戦病死した山中の長編劇映画二三本は、代表作『磯の源太 抱寝の長脇差《ながどす》』（嵐寛寿郎プロ、一九三二）や『盤嶽の一生』（日活太秦、一九三三）はじめほとんどが失われ、完全版に近いかたちで現存するのは僅か三作品しかない。同じく京都の立命館大学アート・リサーチセンターでは、日本映画の父と称される牧野省三にちなんで「マキノ・プロジェクト」と名づけられた研究プロジェクトが二〇〇〇年に始動していたが、このマキノ・プロジェクトが二〇〇四年、『三朝《みささ》小唄』（マキノ御室、一九二九）を復元する際に、コンサルタントとして元ハーゲフィルム現像所のベテラン技術者ヨハン・プライスが招聘された(82)。この復元は論文としてだけでなく、活動写真弁士の説明と音楽付の本編に、現像所の技術者や撮影地に取材した二本のドキュメンタリー作品が添えられたＤＶＤとしても記録が残る。

旧作を資産と見なした上で、大手映画会社が映画フィルムの長期的な「保存」戦略を打ち出す初の取り組みとして、大映の権利を引き継いだ角川映画（現ＫＡＤＯＫＡＷＡ）による「原版保存プロジェクト」が動き出したのも、やはり二〇〇四年のことであった(83)。

二〇〇八年、米国のアカデミー・フィルムアーカイブは、約六〇〇〇万円の復元予算を費やし、フィルムセンターと角川映画（現KADOKAWA）と共同で黒澤明監督『羅生門』（大映京都、一九五〇）をデジタル復元した。この復元プロジェクトは、全米映画批評家協会賞の映画遺産賞（Film Heritage Award）を受賞した。KADOKAWAが保持する大映時代の「原版台帳」によると、同作の原版の最後の移動は一九六七年一〇月三〇日であり、その原版を不燃化した素材の製造年から、一九八〇年前後に廃棄処分されたと推測される(84)。原版が残っていないことから、現存する『羅生門』の最もオリジナルに近い（復元に使用されるべき）素材が国際的な調査を経て初めて把握され、また、復元の参考資料として、撮影監督・宮川一夫の遺族が所有するカット尻（編集に使用しない部分）も新たに見つかった。そして『羅生門』デジタル復元版は、二〇〇八年一〇月二五日、二〇〇〇席以上あるBunkamuraオーチャードホールで第二一回東京国際映画祭の会期中に上映された。当日ゲストの一人として招かれた黒澤組スクリプターの野上照代は、音の修復によって公開時より役者の台詞が聴き取りやすくなったとコメントした(85)。劣化によって聴き取りにくくなった音が改善されたのか、それとも聴き取りやすさを優先するあまり行き過ぎた処置が施されたのか判然としないが、それだけにデジタル時代もなお、あるいは、デジタル時代にこそ復元のドキュメンテーションは極めて重要な意味を持つ。

デジタル復元が始まって一〇年以上の歳月が流れると、データのマイグレーションも必要になった。二〇〇三年の『斬人斬馬剣』のデジタル復元の成果物の一つ、解像度2Kのデータ（九〇ギガバイト）のバックアップには、ソニーのDTF（Digital Tape Format）が使用されたが、DTFは二〇〇四年に製造中止、二〇一一年にサポート終了となり(86)、ほどなく旧式化してしまった。もっとも、DTFに格納されたデータが損なわれても、万一マイグレーションに失敗するようなことがあっても、オリジナルの九・五ミリフィルムが適切な環境に保管されていれば、その時点で入手可能な最新技術を使って復元をやり直すことができる。一九九二年に育映社がアナログ技術で復元した『忠次旅日記』(日活大将軍、一九二七)も、一九九九年に複数のソースから最長版が作成された『瀧の白糸』(入江ぷろだくしょん、一九三三)も、一度の復元で完了というわけではなく、二〇〇〇年代以降に再び復元の機会が巡ってきた。そして『羅生門』デジタル復元版のデータの書き換えは、記録メディアとしてLTOテープを採用する初期事例となった(87)。

復元を専門とする現像所として、第四章ではアナログ復元の時代に多大な貢献を果たした育映社を紹介した。その社屋は、江古田駅周辺地区の再開発の際に撤去され、現像場は二〇〇六年をもって閉鎖された。日本映画のデジタル復元は当初、オランダのハーゲフィルムに頼っていたが、この頃から国内の大手現像所が参入し、映画フィルムの保存・修復・活用を謳うフィルムアーカイブサービスを提供するようになった。しかし現在、国内の「現像所」は東京現像所(調布市)とＩＭＡＧＩＣＡウェスト(大阪市)の二社にまで減っている。

ここまで述べてきたデジタル復元とは、原則として、ワークフロー全体の中でデジタル技術を使用するものであり、最終的な上映素材として映画フィルムが作成されることに変わりはなかった。しかし、デジタル化によるコンテンツの提供を求める声の高まりもあって、映画フィルムにレコーディングしなくても、あるいはパッケージ資料を販売するためだけのデジタル化であっても、「復元」と呼ばれる事例が増えていった。この点は、映画の「上映」にも影響する問題である。

復元された映画の上映

復元された映画へのアクセス方法は多様である。それを劇場での「上映」に限定する必要はないが、第一章で述べたように、映画の定義に深くかかわる重要事項として、初公開時の状態に近づけて復元・上映することがフィルムアーカイブ活動の第一義であるなら、最良のアクセス提供は、映写機にセットした映画フィルムがスクリーンに投射（映写）されるのを劇場の暗闇の中で鑑賞することにある。映画保存の大切さを訴える上で、万の言葉を尽くすより、幻の日本映画が復元され、現代の観客を前にオリジナルの形態でよみがえることの意義は大きい。それはまた、大部分が水面下で進められる地道なフィルムアーカイブ活動を目に見えるものにする有効な手段でもある。復元されるのは、厳しい評価選別を経たごく一部の作品なだけに、復元版が話題を振りまいて牽引役となることによって、復元されない大部分の映画を間接的に助けることになる。そして国内の公共フィルムアーカイブは、伝統的に映画の「上映」に注力してきた。娯楽性も芸術性も兼ね備えた映画上映には来場者も多く、例えば、二〇一五年度の国立公文書館の展示室の閲覧者数は一万二六一九名のところ、同年のフィルムセンターの年間来場者数はノンフィルム展示が一万五三五一名、映画上映が八万八九〇〇名(88)と大きく上まわっている。

復元された映画は国内外の上映施設への貸出や国際映画祭への出品によって評価を受ける。第一章で紹介した一九二〇年代の国際教育映画協会（ＩＥＣＩ）ローマ会議の記録写真七七点からも、会期中に映画が上映されていたことがわかるが、ＡＭＩＡ、ＦＩＡＦ、東南アジア太平洋地域視聴覚アーカイブ連合（ＳＥＡＰＡＶＡＡ）等の年次会議において、必ず設けられる映画上映の時間に、各国フィルムアーカイブや現像所は最新の復元版の仕上がりを競い合い、フィルムアーキビスト、技術者、研究者は情報共有や意見交換を進め、そこで生まれる人的交流が新たな映画の発見や復元プロジェクトの端緒となる。昨今、歴史ある国際映画祭でも、新作部門と並んで大がかりなデジタル復元作品を上映するクラシック部門が注目を集め、各国が過去の映画遺産によって文化度の高さを競い合っている。そのような映画祭の場でも、必ずしも予算的な妥協や設備的な問題からではなく、デジタル素材による上映が容認されている。一方、「フィルム上映」は消滅しないまでも縮小の一途を辿り、それだけで宣伝文句になるほどオーセンティックな体験と見なされるようになった。ただし重要なのは、単にフィルム上映か否かではなく、オリジナルの上映形態に近づける努力の有無である。

サウンドトラックが映画フィルム上に記録されていない無声映画は、初公開時の上映形態の再現がとりわけ難しい。まず、画面比率（サイレント・フルフレーム）や映写速度がトーキー以降とは異なることがある。斎藤宗武の時代（一九五〇年代）から東近美フィルム・ライブラリーは、改造映写機を使って適正速度による上映を志し(89)、川喜多かしこもまた、当時から上映環境の向上を望んでいた(90)。公共フィルムアーカイブ併設の劇場には、当然のようにオリジナルの上映形態を維持する努力が求められるが、商業映画館で無声映画を適切に上映できる環境は稀である。次に、日本の無声映画の復元の場合はとりわけ、元素材として画質の劣る小型映画や不完全版が使用されることが多い。ナイトレートフィルムのオリジナル原版を元素材として復元されることも珍しくない欧米の作品と比較すると、たとえ復元技術が優れていても、上映時の見栄えの差は歴然としている。また、無声映画の上映には音楽の生演奏が添えられる。日本の場合、音楽に活動写真弁士の語りが加わることもある。米国のナショナル・フィルム・レジストリーの一年目に登録されたD・W・グリフィス監督『イントレランス』（一九一六）は、日本初公開から七〇年後の一九八九年、東芝がスポンサーとなって、新日本フィルハーモニー交響楽団の生演奏とともに日本武道館や大阪城ホール等で上映された(91)。実は同作が一九一九年に日本で公開された際は、観客に平行モンタージュ（クロス・カッティング）が理解でき

図23　第29回ポルデノーネ無声映画祭（日本映画特集）のポスター

図24　無声映画伴奏者の柳下美恵。2014年の第1回タイ無声映画祭にて（Photo by Chalida Uabumrungjit）

ないという弁士の判断によって、時系列に編集し直した改変版が用意された。無声映画の擁護者ともいえる活動写真弁士は、それだけの権限を持っていた。

イタリアのポルデノーネ無声映画祭、ドイツのボン無声映画祭等、復元作品を専門に扱う国際映画祭は、すべての無声映画上映に主にピアニストが生演奏を添え、オープニングやクロージングにはオーケストラの生演奏付上映等も行われる。そして、日本の無声映画の上映には活動写真弁士が招かれることもある。ポルデノーネ無声映画祭では、二〇〇一年、一八九八年から一九三五年までに製作された四〇本以上の劇映画や文化・記録映画による本格的な日本映画特集が組まれた。また、二〇一〇年には上映時間が四時間近い島津保次郎監督『愛よ人類とともにあれ』（松竹蒲田、一九三二）が上映され、生演奏を添えた無声映画伴奏者の柳下美恵がスタンディングオベーションを受けた。

オリジナルの上映形態を尊重し、無声映画の適切な上映を実現するのもまたフィルムアーキビストの重要な仕事の一つであり、無声映画の存在はフィルムアーカイブ活動と分かち難く結ばれている。一九九二年のインタビューに答えてシネマテーク・フランセーズ館長(当時)のドミニク・パイーニは、「映画をカタログ化し、キーボード一つで参照できる対象にしておくことも必要だし、いつか創世記の映画に興味を持つ人々も登場するかもしれないし、そうした時、今世紀初頭のような上映条件を復元することも必要になる」(92)と述べた。あらゆる時代の映画を検索して再生可能で、かつ、オリジナルの状態に限りなく近い状態で鑑賞する機会が利用者に与えられる——日本映画にそのような未来は約束されているだろうか。

利用者側から見たアクセス方法

日常の上映プログラムや映画祭への出品は、フィルムアーカイブの側から見れば積極的なアクセス提供である。しかしここで、利用者の求めに応じる対処的アクセス、つまり利用者側から見た積極的アクセスについても触れておきたい。

第四章で述べたように、一九七〇年の開設時、フィルムセンターは研究者や映画人のリクエストに応じた特別映写の充実に意欲を持った。しかし海外の日本映画研究者が「フィルムアーカイブの設立も日本では遅れたが、それも大半が映画保存に焦点を絞るもので、調査研究を促進するものではなかった」(93)と指摘するように、対処的なアクセス提供は不十分との印象を与えている。アクセスの前提に「保存」がある以上、限られた予算と人員の中で「保存」が優先されるのは当然としても、フィルムアーカイブにとって、映画研究者、マスコミ、あるいは映画ファンに限定されない幅広い利用者のためのレファレンス対応や資料提供は重要な使命の一つである。映画研究者が特定の映画監督、作品、ジャンル等を研究したいと思い立ったとき、まずフィルムアーカイブを訪れ、そこに保存されている一次資料を調査することは、本来は歓迎されるべきであるが、現実には様々な制約や条件を設けるしかない。予算や人員の不足が解消されない限り、利用者は所蔵確認や閲覧の申し込みに躊躇してしまう。所蔵目録の公開の点でも遅れが目立ち、また、多くの情報は日本語のみで提供され、複数の公共フィルムアーカイブの所蔵資料の横断検索も不可能であることから、利用者側の能動的なアクセスには、時間と手間と根気が求められる。こうした状況を改善し、所蔵資料の利活用を促進するには、やはりデジタル化が欠かせない。

米国には、一九八四年設立のクライテリオン・コレクション（The Criterion Collection）や一九九〇年設立のマイルストン・フィルムズ（Milestone Films）といった、復元された映画をパッケージ系出版物として販売するレーベルが存在する。また、フィルムアーカイブが独自にパッケージ系出版物としてコレクションの中の復元版を販売することもある。こうしたパッケージ系出版物は、次第にオンライン配信等に置き換わっている。例えば米国議会図書館は、YouTubeのアカウントを活用してパブリックドメイン作品を二〇〇九年から公開し、二〇一六年の時点で七〇〇作品以上を無料でアクセス可能にした。韓国映像資料院は二〇〇四年以来、復元された韓国映画の英語字幕付DVD（二〇一四年以降はブルーレイ）を五〇点近く販売してきたが、二〇一二年には、一九四九年から一九九六年に韓国で製作された――やはり英語字幕付の――七〇作品をインターネット上で公開した。その後もYouTubeのアカウントを活用し、一九三〇年代以降の一一〇作品を無料で公開している。フィルムセンターも、ノンフィルム資料のコレクションの一部を対象に、「デジタル展示室」を二〇一三年春に始動させた。そして、二〇一七年春には戦前の日本アニメーション映画をインターネット上で試験的に公開した。

二〇一一年に欧州連合の欧州委員会が運営するヨーロピアナのヨーロピアン・フィルム・ゲートウェイのポータルサイト（ベータ版）が公開された際は、一六のフィルムアーカイブから四〇万点の資料（動的映像、静止画像、文書）が提供され(94)、これが二〇一七年までに、三八のフィルムアーカイブのおよそ七〇万点にまで増えた。この事例が示すように、デジタル化によるアクセス提供は、必ずしもフィルムアーカイブが単体で取り組むべき課題とは限らない。日本の国立公文書館の「アジア歴史センター」は二〇〇一年に開設され、国立公文書館、外務省外交史料館、防衛省防衛研究所戦史研究センターの所蔵資料を横断的に検索・閲覧が可能になっているが、動的映像資料は含まれていない。既存のデジタルアーカイブにフィルムアーカイブがデジタル化した資料を提供すれば、文字資料中心のアーカイブズと動的映像を紐づけて利用できる。

先述のように、復元技術の変遷に伴い、同一作品の復元が繰り返されることがある一方で、歴史資料として高い価値を有しても、映画祭等の上映に向かない映画は復元されづらい。しかしながら、利用者の目的に応じる対処的アクセスでは、知られざる映画の中に極めて重要な情報が見出されることもある。実際のところ、復元されず、上映されず、誰からも注目されないような資料を利用しやすくすることにこそ、非営利のフィルムアーカイブ活動の意義がある。公共フィルムアーカイブのコレクション、つまり公共財は本来、誰にも開かれている。「活用してこその保存」という考え方はフィルムアーカイブ活動の領域でも長年訴えられてきた(95)。アクセスの改善のため（ひいてはフィルムアーカイブ活動の発展のため）、利用者側こそが積極的に声をあげるべきであろう。

収集家の柳宗悦は、コレクションをただ放置する「死んだ美術館」と対比させて「よく活かされた美術館に於ては、物は遥かに大きな生活に入る」(96)とし、共有、公有の概念の大切さを説いた。従来の上映を維持しつつ、それ以外のアクセス方法も充実させている「よく活かされたフィルムアーカイブ」には、これからも次々と貴重な資料が引き寄せられていくに違いない。

4　デジタル時代を生き抜く映画フィルム

コダック再建と富士フイルムによる映画フィルムの製造中止

世界で初めて全編デジタル撮影された長編映画は、ジョージ・ルーカス監督『スターウォーズ エピソード2／クローンの攻撃』(二〇〇二)とされる。それから一〇年も待たずして、ほとんどの新作映画は製作段階に映画フィルムを使用しなくなった。しかし国内の映画館の対応は遅れ、ようやく二〇一一年から二〇一二年にかけて、デジタル上映のスクリーン数がフィルム上映のスクリーン数を上回った(97)。つまり、映画館にハードディスクドライブに格納されたデータが届けられ、これを各館のサーバにダウンロードしてスクリーンに投射する方法が主流となったのである。

フィルム製造業は深刻な影響を受けた。二〇一二年一月、映画フィルム製造の最大手コダックが破産。同社は二〇一三年九月に法的管理を脱却して再建され、映画フィルムの製造は継続されたが(98)、富士フイルムは二〇一三年三月末をもって、神奈川工場足柄サイトを唯一の生産拠点としていた撮影・上映用のあらゆる映画フィルムの製造中止を公式に発表した(99)。この決定は、文化庁、主要映画会社、JSC等には二〇一二年春に伝わっていた。同社は「映画用フィルム生産中止については、利用者が限られているため、公式のリリースは出さない」方針であったが、二〇一二年九月一二日のNHKの六時のニュースで製造中止が報道されると、ほぼ同時に公式ウェブサイトに「当社の映画事業の取り組みについて」[100]が掲載された。映画用の生フィルムの購入者は限られても、映画フィルムの利用者はある意味、全国の映画上映者であり、そして観客でもある。

同年一一月二日、ＪＳＣの呼びかけで催された「富士フイルムのお話を聞く会」の配布資料等から、生産停止の理由は次のようにまとめることができる[101]。商業映画が撮影から上映までデジタル化され、当然ながら映画フィルムの需要は激減した。二〇〇七年のピーク時に一四〇億フィートあった生産量は四〇億フィートまで落ち込み、最低製造可能量を維持できないまでに減り続けていた。三五ミリフィルムは性能が高く、小型映画のような小ロット生産にも現実味がない。寡占市場の映画フィルムの二〇一一年のシェアは、コダック五五％、富士フイルム三五％、ドイツのアグファ一〇％であった[102]。トップのコダックが商品を値上げしない中、銀等の原材料価格の高止まりや円高も響き、二〇〇八年以降は毎年七〇億円を超える赤字となっていた。

二〇〇七年に富士フイルムが八ミリフィルム「シングル８」の製造中止を発表した際は、「フィルム文化を存続させる会」が反対署名運動を起こし、それを受けて富士フイルムが販売終了を撤回、商品を二割程度値上げし、現像サービスの終了期限も二〇一三年九月まで延期した[103]。しかし三五ミリフィルム製造中止に関しては目立った反対運動もなく、むしろ富士フイルムの経営判断に対する賛同が目立った。

この急激な変化は「映画フィルム文化の終焉」として話題になり[104]、主に上映者たちに活発な議論をもたらした[105]。しかし上映者だけでなく、主に旧作映画を扱うフィルムアーカイブも、こうした新作映画の製作・配給・上映のデジタル化と無縁ではいられなかった。主に映画フィルムを使って映画が製作され、現像所が稼働していたからこそ、それを基盤として映画フィルムの復元や上映は成立していた。フィルムアーカイブの需要のために映画フィルムが製造され、現像所が稼働するわけではないが、映画フィルム、映写機(映画フィルムの上映環境)、現像所のどれ一つが欠けても、従来のフィルムアーカイブ活動は維持できない。映画フィルムの上映は、正倉院の宝物の開帳のように希少な機会になりかねず、映画フィルムの金銭的な価値にも変化が起きるかもしれない。

フィルムアーカイブ向けの映写マニュアルを二〇〇五年に出版していたFIAFが、二〇一二年にそれを補足するデジタル上映用マニュアルを出版したことからもわかるように(106)、デジタル上映は(すべてではないにせよ)フィルムアーカイブの上映設備に加わっていた。富士フイルムによる映画フィルムの製造中止を待つまでもなく、二〇一二年三月、東京都豊島区の日本電子光学工業が東京地方裁判所より破産手続の開始決定を受けて倒産し(107)、映写機の国産メーカーは東京都板橋区のトキワカンパニー(旧常盤精機製作所)のみとなっていた。一九一八年創業の高密工業の時代から映写機やレンズ等の部品供給を手がけてきた日本電子工学工業の主力映写機「シネフォワード」は、国内の公共フィルムアーカイブも導入していたが、同社は既に二〇〇一年、民事再生法の適用を申請していた。フィルムセンター、京都文化博物館、そして川崎市市民ミュージアムはドイツのキノトン社製の映写機に切り替えたが【表4-3-2】、そのキノトン社も二〇一四年三月末をもって映写機の製造を中止した(108)。

海外には機関内に現像場を備える公共フィルムアーカイブもあるが、日本の公共フィルムアーカイブは技術的な作業の大部分を民間業者に頼ってきただけに、内部に十分な技術力を蓄えてこなかった。あらゆる業種で手仕事が廃れていくのは時代の流れとはいえ、手遅れになる前に映画フィルム技術を保護・継承するのもフィルムアーカイブの役割であろう。というのも、例えば韓国映像資料院は、海外の現像所に復元を発注する理由として、「韓国では国を挙げてデジタル化を推し進めたため、最新のデジタル映像技術は進歩したが、フィルム等のアナログ技術の伝承がうまくいっていない」(109)ことを挙げる。最新のデジタル技術に秀でているだけでなく、長年培われてきたアナログ技術を維持していることこそ、日本の特長である。日本の技術で復元される映画が(日本映画も、外国映画も)増えることを期待せずにはいられない。

長期的な記録メディアとしての映画フィルム

パソコンやタブレットの画面で所蔵映画フィルムのコンテンツが検索・閲覧可能になっても、フィルムアーカイブはやはり現物の映画フィルムを確実に保存し、オリジナルの形態に近づけて復元、上映し続ける。映画フィルムの長期的な保存方法としては、(1)映画フィルムをデジタル化するデジタル保存と、(2)映画フィルムのままで保存する現物保存の二つの選択肢、あるいは(3)両者の併用が考えられる。低温度・低湿度の収蔵庫を維持するだけでも、電気代等の年間コストがかかる上、重量と嵩のある(劇映画一作品のプリントでも二〇—三〇キログラムになる)映画フィルムは、収蔵スペースの点でも不利に感じられる。デジタル化すれば現物保存の必要がなくなるかのような誤認が生じてもおかしくはない。それだけに、データのマイグレーションが不可欠な(1)は(2)の一一倍のコストがかかるという二〇〇八年の試算は話題になった(110)。適切な環境で現物の映画フィルムを保存すれば、デジタル化するより管理上安全で、かつマイグレーションのコストも不要である。そうであるなら、長期保存の方法として(1)や(3)は潤沢な予算が確保されない限り選択できないことになる。(2)の方法が「安い」という説は、物事の経済的な側面や効率性を優先する層に現物保存の意義を納得させるには有効であったかもしれない。何かとコストが議論の中心になることが多く、実際それは考慮すべき重大な問題ではあるが、現物保存を選択する根拠は経済効率だけではない。デジタル化の前にも後にも、現物の映画フィルムとその周辺文化は、世界の文化遺産の重要な一部として尊重されて然るべきである。序章で紹介したFIAF七〇周年記念マニフェストが記録メディアとしての映画フィルムの価値を説くように、デジタル化を理由に映画フィルムが廃棄処分されるようなことは、少なくともFIAF加盟機関では行われてこなかった。

デジタル・シフトの影響で、映画フィルムの新しい使途として注目されたのが、長期保存用のアーカイバル・フィルムである。コダックは二〇一二年、アセット・プロテクション・フィルム「VISION3デジタルセパレーションフィルム2237」を販売開始した。富士フイルムは先述の通り、二〇一三年三月末で撮影・上映用のすべての映画フィルムの製造を停止したが、二〇一〇年にアカデミー科学技術賞を受賞した「エテルナRDS」（映画用デジタルセパレーション用黒白レコーディングフィルム）だけは製造を継続することになった。旧作にエテルナRDSが使用された実例に、小津安二郎監督のカラー四作品がある。これらのデジタル復元は、小津の生誕一一〇年／没後五〇年にフィルムセンターと松竹が共同で実施し、ヴェネツィア国際映画祭でワールドプレミア上映され、新聞の第一面で「五〇〇年色あせぬ」という見出しで報道された(111)。こうした報道は、あらゆる映画遺産が高度な技術によって守り残されているかのような印象を与えかねない。エテルナRDSを使った長期保存とは、スコセッシが一九七〇年代から訴えていた三色分解の仕組みに同じく、長期的には安価であっても、即時の作業としては（三倍のフィルムを使用することから）高額となる。したがって、二〇一三年までにエテルナRDSを使用して保存された日本映画は、スタジオジブリ製作のアニメーション作品(112)

や衣笠貞之助監督『地獄門』（大映京都、一九五三）等に限定された。そこで、こうした長期保存技術を幅広く生かすための法整備が求められる。

映画フィルムはそのまま保存するとして、より寿命の短いビデオ作品の保存方法となると、やはりデジタル化が主流となる。しかし二〇一二年の恵比寿映像祭シンポジウム「映像アーカイヴの現在01――フィルム、ヴィデオ、アートの交差点」において、福岡市総合図書館の松本圭二は、長期保存を目的としたビデオ作品のキネコ（フィルムへの変換）の事例を紹介した(113)。そもそもアーカイバル・フィルムは、ボーンデジタル映画の長期保存のために開発された商品である。しかし予算さえ許せばビデオ作品に限らず、映画以外の記録の長期保存に映画フィルムを用いることが究極の選択となるかもしれない(114)。

映画フィルム専用収蔵庫をつくろう

アクセス向上のため、所蔵資料のデジタル化に予算が割かれることがあっても、長期保存には映画フィルムが最適な記録メディアであり続ける。そこで、映画フィルム専用収蔵庫に改めて着目してみたい。フィルムセンターの相模原分館は、川喜多記念映画文化財団から大量寄贈された一九六〇年代の外国映画のアセテートフィルムが激しく劣化していたことから、独立した空気の循環経路を持つ専用室を二〇〇〇年度補正予算で整備して以降(115)、ビネガーシンドロームにも対応できるようになった。また、二〇〇一年より映文連に加盟する映画会社に呼びかけ、二〇〇八年までに二万三六六一本もの「原版」寄贈を受けた（ジャンルの内訳は、文化・記録映画九四九四作品、ニュース映画三六二九作品）(116)。慣例として著作権者が現像所の倉庫に預けていた原版は、ニュープリント作成の見込みがなくなると行き場を失ったが、「文化・記録映画等の原版フィルム寄贈のガイドライン」(117)を設け、映文連が映画会社とフィルムアーカイブの架け橋となった。増築によって、現在の相模原分館は保存棟二棟を合わせて最大四八万六〇〇〇缶相当の映画フィルムを収蔵できる。室温は摂氏二―五度(±二度)、相対湿度は三五―四〇%(±五%)に保たれている(118)。

フィルムアルヒーフ・オーストリアが二〇一〇年にウィーン郊外に新設した木造のナイトレート専用保存庫(Nitratefilmdepot)は、『小林富次郎葬儀』の発見事例にヒントを得たという(119)。ライオン創業者の葬儀を記録した『小林富次郎葬儀』は、桐の箱に納められて良好な状態で発見され、二〇一一年に映画では三例目となる重要文化財に指定された【表5-5】。同年、カナダ国立図書館・公文書館もナイトレートフィルム専用の「ナイトレート保存センター」をオタワに新設し、映画フィルムに限定せず、あらゆるナイトレート素材を一所に集約した(120)。英国映画協会(BFI)国立アーカイブは、第二次世界大戦中にロンドン北西部バッキンガムシャーのアストン・クリントンにナイトレートフィルムを疎開させ、戦後も同所を保管施設として維持していたが、一九六〇年に一五キロも離れていないハートフォードシャーのバークハムステッドに難燃性フィルム保存庫を整備し、二〇一一年にはウォリックシャーのゲイドンの収蔵施設を「マスターフィルム収蔵庫」として改築した。室温は零下五度、相対湿度三五%の設定で、収蔵量は四五万缶以上である(121)。二〇一〇年代以降も、国家電影資料館(台湾)、韓国映像資料院、タイ・フィルムアーカイブ(公共機構)が収蔵庫を増築・新築する等、アナログメディアの収蔵機能の拡充や改善が進んだ(122)。パッカード人文科学研究所がカリフォルニア州サンタクラリタの丘の上に建設した収蔵庫は、UCLAフィルム&TVアーカイブ等のコレクションの長期保存に使用される(123)。国内では、共進倉庫が二〇〇九年に国内初の民間の映画フィルム専用収蔵庫を稼働させ、その後、住友倉庫、寺田倉庫といった倉庫会社も視聴覚資料に適した収蔵サービスの提供を開始した。

このように、映画の製作・配給・上映の流れがデジタル化されて以降、現物保存の重要性はむしろ強まっている。かつての「京都府立映像会館（仮称）」構想が目指したように、関西圏に相模原分館に相当する新たな公共の映画フィルム専用収蔵庫の建設が実現すれば、映画フィルムの地理的な分散保存も実現する。デジタル化による保存は万全ではなく、近年、Eウェイスト（電子機器の廃棄物）も深刻な社会問題となっている(124)。わたしたちはいつかマイグレーションを必要としない長期保存技術に行き着くのかもしれないが、現時点では、収蔵庫の環境を改善して映画遺産の現物を次世代に手渡すことが堅実な選択のように思われる。

海外から届いたいくつかの明るい話題

映画保存に対する問題意識は、映画がパッケージ系出版物として入手できるようになった一九八〇年代や、映画一〇〇年の祝賀ムードに包まれた一九九五年前後にも高まったが、デジタル化の問題が大きく取り沙汰されて映画保存の危機が叫ばれた二〇一〇年代以降、旧式メディアへの郷愁も手伝ってか、世界的に新たな〈映画保存運動〉が起こった。デジタル化によってフィルムアーカイブ活動が脅かされる一方、国外からは残念なニュースだけでなく、明るいニュースも届いた。

映画用フィルム撮影機材の貸出業者がアナログ機材を売却し、創業から八八年の歴史ある米国ニューヨークのデュアート（DuArt）、シカゴのアストロ（Astro）、デンマークのノルディスク・フィルム、そして世界各地にあったテクニカラー社の現像所や現像部門等の閉鎖が相次いだ。オランダのハーゲフィルムもついに二〇一二年一〇月に破産宣告を受けたが、救済を求める署名運動が功を奏し、同年、新社名「ハーゲフィルム・デジタル」を掲げて業務を再開した(125)。また、ニュージーランドの民間現像所、パーク・ロード・ポスト（Park

Road Post）は、二〇一三年の閉鎖と同時に国営化され、国立フィルムアーカイブ併設の現像所として従業員の多くを再雇用した(126)。イタリアではかつてのフィルム製造業者フェッラーニア（Ferrania）が二〇一四年春にフィルム製造の再開を発表した。また、再建されたコダックに対してハリウッドの映画産業は、一定量の映画フィルムの購入を確約することで製造継続を支援した(127)。こうした発想の根底にも、映画を文化遺産と考える文化的な土壌があるのかもしれない。

米国ロチェスターのGEM映画部門は、二〇一四年九月よりコダック社のデジタルラボの運営を引き継ぎ、デジタル映画の収集や復元に着手した。当時のプレスリリースによると、映画フィルムのデジタル化によるアクセス向上を目指し、外部からもデジタル復元を受注する。しかしGEMのデジタル時代への適応は、むしろアナログ技術の継承に見出された。FIAFはその倫理規程でナイトレートフィルムの上映を認め、二〇〇〇年のロンドン会議では、ピーター・ボグダノヴィッチ監督『ラスト・ショー』（一九七一）にちなんで「ラスト・ナイトレート・ピクチャー・ショー」と題した上映会も行われたが(128)、ロンドン会議以降もナイトレートフィルムを断続的に上映してきたGEMは、二〇一五年五月から本格的な「ナイトレートフィルム映画祭」（The Nitrate Picture Show）を始めた。全作品の上映に危険物のナイトレートフィルムを使用するこの映画祭の第三回には、日本から小津安二郎の『麦秋』（松竹大船、一九五一）の上映用プリントが提供された(129)。また、GEMはナイトレートフィルム映画祭の時期に合わせて、三五ミリフィルムを製造するワークショップも実施している。一八八九年、コダックがロール式ナイトレートフィルムの商品化に成功した街、そして映画フィルムの製造が続く街ロチェスターには、いまも映画フィルム文化が息づいている。

これからも続く日本の〈映画保存運動〉

二〇〇七年のＦＩＡＦ東京会議の成功、「映画フィルムをすてないで！」をスローガンとした「ＦＩＡＦ七〇周年記念マニフェスト」の起草等の貢献が評価され、二〇〇九年のＦＩＡＦブエノスアイレス会議では、フィルムセンター主幹（当時）の岡島尚志がアジアから初のＦＩＡＦ会長（一二代目）【表1-2】に就任し、フィルムセンターの存在感は国内外で一段と高まった。二〇一一年には、日本から俳優の香川京子がＦＩＡＦ賞を受賞し(130)、東京国際映画祭で受賞式が行われた。

第三章で一九四〇年代の東宝争議に触れたが、日本映画演劇労働組合が解散した一九五二年に結成されたのが映画演劇労働組合連合会（Federation of Cinema and Theatrical Workers Union of Japan 以下「映演労連」）である。二〇一二年一一月にこの映演労連が、「フィルム映画文化の維持と映画原版保存に向けた要請書」、そして二〇一三年五月に「日本映画文化の振興に関する要望書」を文化庁に提出し、その第三項目で次の通り映画保存の問題に触れた。

フィルム映画文化の維持と映画原版保存に向けて

膨大な旧作映画フィルムの悪化とデジタル製作の急増は、フィルム映画文化の維持と映画原版保存について待ったなしの状況を生んでいます。私たちが作年一一月二〇日に提出した「フィルム映画文化の維持と映画原版保存に向けた要請書」に基づいて各映画団体、経済産業省などと協議・研究を進め、フィルム映画文化の維持と映画原版保存に向けて行政として第一歩を踏み出してください。

オーファンフィルムの権利関係等の調査を迅速に進め、修復・保存と、国民が利用できるシステムを構築してください。

また、映画保存についての法制化を進めてください。(131)

二〇〇三年頃から「国内で製作された映画作品すべてを「文化遺産」として位置づけ、フィルムセンターへの納入を義務づけるなど、同センターの独立を視野に入れた抜本的拡充を提唱」(132)してきた衆議院議員の宮本岳志は、二〇一三年六月、国会に「デジタル映画作品の保存に関する質問主意書」(133)を提案した。こうした提案を経て、二〇一四年度から文化庁の「美術館・歴史博物館重点分野推進支援事業」（映画におけるデジタル保存・活用に関する調査研究）が始動した。この事業によって、フィルムセンターだけでなく神戸映画資料館、早稲田大学演劇博物館、記録映画保存センター、京都文化博物館等の取り組みが助成の対象となった。とりわけ神戸映画資料館に公的資金が投入されたことは、特筆すべき出来事であった。神戸映画資料館は、映画フィルムだけでも約一万五〇〇〇本という国内第二の規模の膨大なコレクションを有し、二〇一一年までにフィルムセンターに八〇作品、そして韓国や台湾の国立フィルムアーカイブにも一〇作品近くの復元素材を提供してきた(134)。収蔵庫の環境は最適とはいえないが、まさに公共フィルムアーカイブとして整備され始めたところである。二〇一三年に松竹は、専門図書館「公益財団法人松竹大谷図書館」の運営や「日本映画界が世界に誇る小津作品を未来に残す」ためのデジタル修復資金をクラウドファンディングに頼って成功させた。多くの小規模個人経営の映画館もまた、市民から寄付を募ってデジタルシネマ化を実現している。

民間の取り組みはこれからも各所で続いていくに違いないが、それに加えてフィルムアーカイブ活動の発

図25　神戸映画資料館の田中範子支配人〈左〉と安井喜雄館長〈右〉。収蔵庫にて（ともに筆者撮影）

展には、映画保存政策の充実、そして法整備が欠かせない。二〇一二年の「劇場、音楽堂等の活性化に関する法律」（通称「劇場法」）制定に尽くした平田オリザは、同法制定まで、文化芸術活動の法的根拠は日本国憲法第二五条（「すべて国民は、健康で文化的な最低限度の生活を営む権利を有する」）しかなかったと指摘する[135]。文化芸術行政の充実のため、二〇二〇年を目標に「文化省」設立を求める動きもある。ようやく二〇一七年、「文化芸術振興基本法の一部を改正する法律（通称「文化芸術基本法」）」が成立し、その第九条「メディア芸術の振興」に「保存」の二文字が加えられた。過去、この領域に尽くした先人たちは現状をどう評価し、何を提言し、どのような行動を起こすだろうか。

□　□　□　□

本章では、この領域に新たな展望を拓くという目標に向けて、映画＝文化遺産という認識の広がり、映画保存政策の動向、主に映画の復元や上映に対してデジタル・シフトが与えた影響を考察した。

本章の冒頭で紹介したタシタ・ディーンの運動にはフィルムアーキビストたちも賛同を示し、ディーンは二〇一三年のＦＩＡＦバルセロナ会議にも招かれた[136]。テート・モダンを会場に、二〇一二年二月二二日、映画フィルムを存続の危機から守るため、ヨーロッパ撮影監督連合ＩＭＡＧＯ（European Federation of Cinematographers）に所属する撮影監督等八〇〇名が映画フィルムの祝祭（「A Celebration of Film」）に参集したとき、メキシコ出身の撮影監督ギジェルモ・ナバロは、記録メディアとしての映画フィルムをユネスコ〈世界遺産〉に登録しようと訴えた。その言葉を最後に引用したい。

世界遺産としての映画フィルム

映画フィルムはわたしたちの時代のロゼッタストーンである。一〇〇年と少し前に発明されて以来、普遍的な記録メディアとして世界中の人々を楽しませ、そして教え導く役割を果たしている。わたしは、次のことが重要かつ正しいと信じて疑わない。つまり各国の撮影監督や映画作家と手を結び、ユネスコに働きかけて、わたしたちの文明における映画フィルムの大切さを認めてもらおう。そして、映画フィルムは世界遺産であると高らかに宣言するのである。[137]

註

（1）Dean, Tacita. *Film: Tacita Dean*. Tate Publishing & Enterprises, 2011, (The Unilever Series).
（2）ユネスコについては次の文献およびウェブサイトを参考にした。野口昇「ユネスコ五〇年の歩みと展望——心のなかに平和のいしずえを」シングルカット、一九九六年。日本ユネスコ国内委員会『ユネスコのあゆみ』文部科学省 http://www.mext.go.jp/

unesco/ 003/002.htm

（3）ブルーシールドについては次の文献を参考にした。「国際図書館連盟資料保存コア活動 ブルーシールド——危険に瀕する文化遺産の保護のために」『国際図書館連盟 第六八回年次大会（二〇〇二年 グラスゴー）資料保存コア活動・国立図書館分科会共催公開発表会報告集 A Blue Shield for the Protection of Our Endangered Cultural Heritage（International Preservation Issues 4）』（コリン・コッホ編、国立国会図書館訳）、日本図書館協会、二〇〇七年。坂本博「文化の赤十字——ブルーシールドの現状と課題」『レファレンス』国立国会図書館、二〇〇八年、一—二四頁。*The Seoul Declaration on the Protection of Cultural Heritage in Emergency Situations*. ICOM, 2011.

（4）安藤正人「アジアにおけるアーカイブズとアーカイブズ学研究」『論壇 人間文化』二号、人間文化研究機構、二〇〇八年、九一—一二六頁。

（5）ただし勧告は過半数、条約は三分の二の多数をもって採択される。

（6）宮坂逸郎「映画フィルム、ビデオ・テープ類の保護と保存について勧告を準備中——ユネスコ」『カレントアウェアネス』四号、国立国会図書館、一九七九年。フィルムセンターの図書分類基準を定めた辻恭平は「宮坂逸郎氏というこの方面での権威者に面識を得て、たびたび指導を受けた」とする（第四章註（126）『事典映画の図書』）。

（7）荻昌朗「ユネスコの動的映像保存会議に出席して」第四章註（199）『世界のフィルム・ライブラリー 一九七六年』二六—三五頁。

（8）伊藤延男「動的映像の保護保存に関する勧告——政府専門家会議に出席して」『文化庁月報』一四一号、文化庁、一九八〇年六月、七—八頁。

（9）「動的映像の保護及び保存に関する国際文書に関する検討資料」文部省学術国際局文部省学術国際局ユネスコ国際部国際教育文化課、一九七九年。

（10）「日本書籍出版協会の沿革と機構」『日本書籍出版協会五〇年史』日本雑誌協会、二〇〇七年、三三八—三七一頁。

（11）荻昌朗「フィルム・アーカイブ論」『Library and Information Science』一四号、三田図書館・情報学会、一九七六年、三五五—三六八頁（慶応義塾大学文学部図書館・情報学科 創立二五周年記念特集号）。

（12）一九五七年設立の「放送資料部」が一九五九年「資料部」へと改称され、資料部内に「フィルム資料課」が設けられた。「特集アーカイブスの役割と歴史 一 保存――貴重な映像資産を次世代に伝える」『NHKアーカイブスカタログ NHKは何を伝えてきたか――テレビ番組放送記録＋番組小史 一九五三～二〇〇八』NHK、二〇〇八年。浜田敏郎「専門図書館を見る その五――NHK資料センター」『専門図書館』四二号、専門図書館協議会、一九七〇年、二〇―二二頁。坂口薫「専門図書館を見る 六三 NHK資料部を訪ねて」同九四号、一九八三年、五五―五六頁。

（13）「理事会議事録（平成二五年二月一二日開催分）」日本放送協会 http://www.nhk.or.jp/pr/keiei/rijikai/20130212.html

（14）テレビアーカイブ分野の国際団体に一九七七年設立の国際テレビアーカイブ連盟（FIAT / IFTA）がある。NHKは一九九〇年に加盟。

（15）Rieger, Morris. "The 7th International Archives Congress, Moscow, 1972: A report". *The American Archivist* 36. SAA, 1973. pp. 507–508, (Third Sectional Session: "Audio–Visual Archives"). Kula, Sam. "History of Moving Image Archives". *Appraising Moving Images*, Scarecrow Press, 2003. pp.9–22.

（16）Auer, Leopold. *Disputed Archival Claims: Analysis of an International Survey* (A RAMP Study). UNESCO, 1998. *Memory of the World: Lost Memory – Libraries and Archives Destroyed in the Twentieth Century*. UNESCO, 1996.

（17）「東京国立近代美術館所蔵（無期限貸与）戦争画美術展一覧」ウィキメディア・コモンズ http://upload.wikimedia.org/wikipedia/commons /a/ad/WarArtExhibition.pdf

（18）本間正義「かえってきた戦争絵画について」『現代の眼』一八八号、東京国立近代美術館、一九七〇年、二頁。

（19）井村哲郎「満鉄調査研究機関とその刊行物――米国議会図書館所蔵資料を中心にみる」『参考書誌研究』一九号、国立国会図書館、一九八〇年、一―八頁。同「GHQによる日本の接収資料とその後」『図書館雑誌』七四号、日本図書館協会、一九八〇年、三七五―三七九頁。

（20）在米日系人社会と映画の関係については次の文献に詳しい。板倉史明『映画と移民――在米日系移民の映画受容とアイデンティティ』新曜社、二〇一六年。

（21）Motion Pictures in the Library of Congress. http://www.loc.gov/rr/mopic/mpcoll.html. 序章註（16）『*Nitrate Won't Wait*』三六―四四頁（Library of Congress）。

(22)『山形国際ドキュメンタリー映画祭公式カタログ』山形国際ドキュメンタリー映画祭実行委員会、二〇〇一年、一一九頁。

(23)「市川崑監督の幻アニメ発見「弱虫珍選組」米にフィルム」朝日新聞朝刊、二〇一四年四月二三日、三八頁。

(24) Lost and Found: American Treasures From the New Zealand Film Archive [DVD] Image Entertainment, 2013. 198mins.

(25) 75 Long–Lost Silent Movies Returned to U.S. CBS NEWS, 2010–06–08. http://www.cbsnews.com/news/75–long–lost–silent–movies–returned–to–us/「ロシアと米国 双方の保管する資料の受け渡しを検討」The VOICE of RUSSIA, 2010–10–22.

(26)「シネマテーク・フランセーズから水谷浩資料がデジタル画像で里帰り」『NFCニューズレター』一〇二号、東京国立近代美術館フィルムセンター、二〇一二年、一五頁。

(27) 丸尾定「フィルムセンターの現状と将来について」『文化庁月報』二二八号、文化庁、一九八七年九月、一〇―一一頁。

(28) Robert Flaherty Film Re-Discovered at Harvard Film Archive/Houghton Library. Harvard Library, 2014-07-22. https://library.harvard.edu/06112015-1629/robert-flaherty-film-re-discovered-harvard-film-archive-houghton-library

(29)「ハーバード大学図書館のケルト語資料の目録は大半が不正確」カレントアウェアネス・ポータル、二〇〇六年一〇月四日 http://current.ndl.go.jp/node/4697

(30) *The Korea–Japan Film Connection in the Japanese Occupation Era*. Korean Film Archive, 2011.

(31) *Annual Report 2011–2012*. National Film Archive of the Philippines, 2013.

(32) Restored Classic Film Comes Home. Inquirer Entertainment, 2012–09–26. http://entertainment.inquirer.net/60228/restored–classic–film–comes–home

(33) Japan Finds Films by Early "Anime" Pioneers. Reuters, 2008–03–27. http://www.reuters.com/article/us–japan–anime–pioneers/japan–finds–films–by–early–anime–pioneers–idUST23069120080327

(34) 発掘された日本映画の研究に関して、例えば次のような文献がある。佐藤忠男『日本映画史 増補版一 一八九六―一九四〇』『日本映画史 増補版二 一九四一―一九五九』岩波書店、二〇〇六年。同「フィルムセンター四〇周年上映から（上）」『公評』四七巻九号、公評社、二〇一〇年、六四―七一頁（映像文化とはなにか 六九）、同（下）同四七巻一〇号、二〇一〇年、六四―七一頁（映像文化とはなにか 七〇）。田中眞澄「戦中・戦後の失われたフィルムを追う 昨今、日本映画発掘事情」『東京人』二〇巻

二二号（二二二一号）、都市出版、二〇〇五年、八〇—八七頁。

(35) Schwartz, Eric. “The National Film Preservation Act of 1988: A Copyright Case Study in the Legislative Process”. *Copyright Society of USA Journal* 36. Copyright Society of USA, 1988, pp. 138–159.

(36) National Film Preservation Board: Legislation Impacting Film Preservation. Library of Congress. https://www.loc.gov/programs/national–film–preservation–board/resources/legislation–impacting–film–preservation/

(37) *Report of the Librarian of Congress: Film Preservation 1993: A Study of the Current State of American Film Preservation.* 4vols., Library of Congress, 1993, (Melville, Annette., Scott Simmon., eds.). 議会図書館のウェブサイトに本報告書のソースとなったヒアリング調査の回答が公開されている。

(38) *Redefining Film Preservation: A National Plan, Recommendations of the Librarian of Congress in Consultation.* National Film Preservation Board., Library of Congress, 1994. https://www.loc.gov/programs/national–film–preservation–board/preservation–research/ film–preservation–plan/redefining–film–preservation/

(39) Year: 1984 (57th) Academy Awards Category: Honorary Award Winner. 第四章註（92）「Academy Awards Acceptance Speech Database」。和訳は筆者による。

(40)「諸外国の文化行政 三 米国の文化行政（一）」『平成一八年版 文部科学白書 第一部 特集二 文化芸術立国の実現』文部科学省 http://www.mext.go.jp/b_menu/hakusho/html/hpab200601/001/002/011.htm

(41) 登川直樹「芸術祭・映画・大臣賞」『ＦＣ』三〇号、東京国立近代美術館フィルムセンター、一九七五年、四—七頁。

(42)「学制百年史 一 芸術創作活動の振興」帝国地方行政学会、一九七二年、文部科学省 http://www.mext.go.jp/b_menu/hakusho/html/others/detail/1318522.htm

(43) 文化芸術基本法、文化庁 http://www.bunka.go.jp/seisaku/bunka_gyosei/shokan_horei/kihon/geijutsu_shinko/index.html

(44) 山田和夫「映画の保存事業に重大事態が」『日本共産党中央委員会理論政治誌』（七一三号）、日本共産党中央書籍、一九九九年、一八九頁。

(45) 第四章註（112）「〈インタビュー〉文化省をつくろう［日本映画の未来］髙野悦子」。

（46）『平成二四年度文化庁委託事業 諸外国の文化政策に関する調査研究（平成二八年度一部改訂）諸外国の文化予算に関する調査報告書』、一般社団法人芸術と創造、二〇一六年。

（47）髙村倉太郎「日本映画振興のための一二の提言」『映画撮影』一五八号、日本映画撮影監督協会、二〇〇三年、六六―七〇頁。

（48）「フィルムセンターの独立について（審議のまとめ）――フィルムセンターの在り方に関する検討会」文化庁、二〇〇四年。

（49）「文化芸術の振興に関する基本的な方針（第二次）（平成一九年二月九日閣議決定）」文化庁、二〇〇七年 http://www.bunka.go.jp/seisaku/bunka_gyosei/hoshin/kihon_hoshin_2ji/

（50）以下、法令文の引用はすべて電子政府の総合窓口 e-Gov［イーガブ］による［http://www.e-gov.go.jp/］。

（51）『知的財産推進計画二〇〇九』知的財産戦略本部、二〇〇九年。

（52）『クールジャパン政策について』経済産業省商務情報政策局生活文化創造産業課、二〇一四年。

（53）「国立国会図書館と文化庁が「我が国の貴重な資料の次世代への確実な継承に関する協定」を締結」カレントアウェアネス・ポータル、二〇一一年五月一九日 http://current.ndl.go.jp/node/18210

（54）「文化芸術の振興に関する基本的な方針（第三次）（平成二三年二月八日閣議決定）」文化庁、二〇一一年。

（55）『コンテンツ産業の成長戦略に関する研究会 報告書』経済産業省、二〇一〇年。

（56）「平成二一年度地域商店街活性化事業の公募結果について」中小企業庁 http://www.chusho.meti.go.jp/shogyo/shogyo/2010/100129ShoutengaiRevitalizeKekka.htm

（57）「フィルムセンターの東京国立近代美術館からの独立の検討」『平成二三年度業務実績報告書』二〇一二年。

（58）「独立行政法人国立美術館と国立文化財機構統合されず」新美術新聞、二〇一四年三月一日、七頁。

（59）『平成二五年度業務実績報告書』国立美術館、二〇一四年、八七―八八頁（（八）我が国の映画文化振興の中核的機関としてのフィルムセンターの活動）。

（60）「昭和二六年文化財保護委員会告示第二号（国宝及び重要文化財指定基準並びに特別史跡名勝天然記念物及び史跡名勝天然記念物指定基準）」文部科学省 http://www.mext.go.jp/b_menu/hakusho/nc/k19510510001/k19510510001.html

（61）「国指定文化財（美術工芸品）の所在確認の現況について」文化庁、二〇一七年五月一七日。

（62）室温摂氏二度、相対湿度三五％の設定（第四章註（218）「NFC相模原分館の新施設「映画保存棟Ⅲ」について」一二頁）。

（63）*National Film and Sound Archive: National Registry of Audiovisual Collections.* Australian Film Commission, 2007.

（64）「近代歴史資料緊急調査の中間報告」『NFCニューズレター』七八号、東京国立近代美術館フィルムセンター、二〇〇八年、一三頁。

（65）重要文化財に指定された日本映画については国指定文化財等データベース［http://kunishitei.bunka.go.jp/］および次の文献を参考にした。とちぎあきら「映画『紅葉狩』の重要文化財指定について」『映画テレビ技術』六八四号、日本映画テレビ技術協会、二〇〇九年、二六―二九頁。板倉史明「CURATOR'S CHOICE／上映作品解説五五『紅葉狩』［日活版］」『NFCニューズレター』八四号、東京国立近代美術館フィルムセンター、二〇〇九年、七頁。岡島尚志「映画保存の立場から『紅葉狩』の重要文化財指定を考える」同八五号、二〇〇九年、一―二頁。板倉史明「『史劇 楠公訣別』重要文化財指定へ」同九〇号、二〇一〇年、一六頁。第二章註（97）「『史劇 楠公訣別』（一九二一年）の可燃性ネガフィルムを同定する」。とちぎあきら「『小林富次郎葬儀』重要文化財へ」『NFCニューズレター』九六号、東京国立近代美術館フィルムセンター、二〇一一年、一五頁。同「その場所に明治ありて――『小林富次郎葬儀』が誘う時代と町」同九七号、二〇一一年、一〇―一一頁。同（講演）「特別講演会 ライオン一二〇年 いま甦る明治の東京・神田と人々の暮らしぶり～ライオン株式会社 創業者・小林富次郎葬儀映像から～」ライオン株式会社総務部社史資料室、二〇一二年七月二七日。

（66）森本和男『文化財の社会史――近現代史と伝統文化の変遷』七七七―七八四頁（第五部 転生する「伝統文化」第一八章 情報社会と文化財行政の現状と課題）。

（67）序章註（10）「*Memory of the World: General Guidelines to Safeguard Documentary Heritage*」（2.1.2）。

（68）マルティン・ケルバー「増幅する『メトロポリス』に関するノート」（矢田聡訳）、映画保存協会、二〇〇六年 http://filmpres.org/preservation/metropolis/

（69）「大大阪観光」フィルム一巻、大阪市 http://www.city.osaka.lg.jp/kyoiku/page/0000008967.html

（70）「フィルム映写機「幕降ろさない」神楽坂の名画座経営者が収集」朝日新聞（都区内・二地方）、二〇一三年八月七日、二六頁。

（71）Enticknap, Leo. *Film Restoration: The Culture and Science of Audiovisual Heritage*. Palgrave Macmillan, 2013. Fossati,

Giovanna. *From Grain to Pixel: The Archival Life of Film in Transition*. Amsterdam University Press, 2010.

（72）Thomas, Kevin. *Movie Review: Final Reel Restored to Gloria Swanson's Silent 'Sadie'*. Los Angeles Times, 1980-04-12.

（73）『*A Handbook For Film Archives*』の一二頁（Chapter II, 2. Definitions）に「Restoration is the process of compensating for degradation in order to return an artifact or its visual or sonic content to its original character and condition」とある。第四章註（60）「ＦＩＡＦ倫理規定」。

（74）白黒フッテージのカラー化について、「このような番組が二〇〇九年にフランスで制作された当初は、賛否両論が相半ばした」とある（岩田真治「カラーでよみがえる東京――不死鳥都市の一〇〇年」ＮＨＫ制作班、二〇一五年、二〇二頁）。

（75）前掲註（71）『*Film Restoration*』七九頁。齊藤隆弘「ディジタル画像処理によるフィルム映像の復元（一）」『映像情報メディア学会誌』五五巻一二号、映像情報メディア学会、二〇〇一年、一五九九―一六〇四頁。同「ディジタル画像処理によるフィルム映像の復元（二）」同五六巻一号、二〇〇二年、八五―九二頁。

（76）Binder, Michael. *A Light Affliction: A History of Film Preservation and Restoration*. Lulu, 2015.

（77）戸田桂「古典作品のデジタル復元――マイケル・フレンド氏講演とフィルム・アーカイヴのデジタル化の波」『映画テレビ技術』五五一号、日本映画テレビ技術協会、一九九八年、三二―三五頁。マイケル・フレンド「映画保存の近未来――フィルムとデジタルの関係 Film / Digital / Film」『ＮＦＣニューズレター』七号、国立近代美術館フィルムセンター、一九九六年（連載 フィルム・アーカイヴの諸問題 第七回）一一―一六頁。同「映画保存とデジタル技術――来るべきシネマの千年王国」同二一号、一九九八年、一〇―一六頁（同第二一回）。

（78）越塚登、澤田研一「『東京物語』のデジタル修復」坂村健、蓮實重彦編『デジタル小津安二郎――キャメラマン厚田雄春の視』東京大学総合研究博物館、一九九八年、九二―一〇五頁。

（79）入江良郎「東京大学で「デジタル小津安二郎展」開催」第四章註（88）『ＮＦＣニューズレター』二四号、一二頁。

（80）常石史子「デジタル復元、はじめの一歩〜フィルムとデジタルをつなぐインターフェイス〜」『映画テレビ技術』六一九号、日本映画テレビ技術協会、二〇〇四年、二〇―二五頁。同「フィルム・アーカイブの動向」『デジタルアーカイブ白書二〇〇三』デジタルアーカイブ推進協議会、二〇〇三年、一一八頁。同「『斬人斬馬剣』――そのデジタル復元」第二章註（17）『ＮＦＣニューズレター』四九号、五頁。影山幸一「「フィルムセンター」初のデジタル復元映画を公開中――日本映画のデジタルアーカイブが本格的に始動」『アートスケープ』大日本印刷 http://www.artscape.ne.jp/artscape/view/focus/0306/kageyama.html

(81)「映画『祇園小唄絵日傘 狸大尽』の画像配信」京都府 http://www.pref.kyoto.jp/bungei/eizou-gionkouta.html「映画『槍供養』の画像配信」京都府 http://www.pref.kyoto.jp/bungei/eizou-yarikuyou.html

(82)鶴田浩司「ナイトレート・フィルム復元の原理と実際――ヨハン・プライス講演会」第三章註(22)『キネマ旬報』一四〇四号、一二一―一二三頁。常石史子「ヨハン・プライス講演会&ワークショップ報告」第四章註(207)『NFCニューズレター』五四号、一一頁。

(83)天野ゆに子「映画会社における保存・復元――『羅生門』について」第四章註(192)『立命館大学映像学部現代GP「映像文化の創造を担う実践的教育プログラム」報告書二〇〇九年度 映像文化の創造と倫理』三九―四六頁。

(84)筆者による角川書店映像事業局 映像コンテンツ部 映像版権・音楽・原版管理課(当時)に対する聞き取り(二〇一二年一一月)。

(85)宮野起「映画『羅生門』のデジタル復元」『映画テレビ技術』六七八号、日本映画テレビ技術協会、二〇〇九年、一四―一二頁。

(86)Digital Tape Format (DTF) L size (1994–2004). Museum of Obsolete Media. http://www.obsoletemedia.org/digital-tape-format/

(87)「ニュースリリース 増大する大容量デジタルデータを簡単、安心、低価格で磁気テープに長期保管 データアーカイブサービス「d：ternity(ディターニティ)」黒澤明監督作品 映画『羅生門』デジタル復元データのアーカイブに採用が決定！提供開始！」富士フイルム、二〇一四年四月一〇日 http://www.fujifilm.co.jp/corporate/news/articleffnr_0868.html

(88)『平成二八年度独立行政法人国立公文書館 業務実績報告書』国立公文書館、二二頁。『平成二八年度業務実績報告書』国立新美術館、二〇一六年、一〇頁。

(89)第三章註(80)「日本におけるフィルム・ライブラリー 一」。

(90)川喜多かしこ「欧米の試写室」第二章註(49)『映画ひとすじに』二七六―二七九頁。

(91)『創造の威力 Intolerance イントレランス』東芝、一九八九年。

(92)シネマテーク・フランセーズ館長 ドミニク・パイーニ／インタヴュー」(聞き手 梅本洋一)『カイエ・デュ・シネマ・ジャポン』六号、フィルムアート社、一九九四年、三二―三九頁。

（93）アーロン・ジェロー「日本映画研究のために」『日本映画研究へのガイドブック』（洞ケ瀬真人訳）、ゆまに書房、二〇一六年、八―一五頁。
（94）「欧州のフィルム・ポスター等のオンラインポータル"European Film Gateway"（ベータ版）公開」カレントアウェアネス・ポータル、二〇一一年七月二七日 http://current.ndl.go.jp/node/18765
（95）*Preservation Without Access is Pointless*. Library of Congress, 1993.
（96）柳宗悦『蒐集物語 上篇・蒐集』作品社、一九九三年、七―一六頁（奥本大三郎編、日本の名随筆別巻三四）。
（97）全国スクリーン数（二〇一四年一二月末現在）、日本映画製作者連盟 http://www.eiren.org/toukei/screen.html
（98）「米コダック――破産法申請、経営破綻 初のデジカメ開発、時代に乗り遅れ」毎日新聞朝刊、二〇一二年一月二〇日、二頁。「映画用フィルム――製造継続、米コダックの勝算 味わい、作家は手放さぬ 情報豊富、長期保存も安全」毎日新聞大阪夕刊、二〇一三年九月二一日、二頁。
（99）Tartaglione, Nancy. Fuji to Cease Motion Picture Film Manufacturing by End of the Year?. *Deadline Hollywood*, 2012-09-07. http://deadline.com/2012/09/fuji-to-cease-motion-picture-film-manufacturing-by-end-of-the-year-331531/ Id. Fuji Says It Will Discontinue Some Motion Picture Products. 2012-09-10. http://deadline.com/2012/09/fuji-discontinue-motion-picture-products-333043/
（100）「お知らせ 当社の映画事業の取り組みについて」富士フイルム、二〇一二年九月一三日。
（101）「富士フイルムのお話を聞く会」配布資料（五反田ＩＭＡＧＩＣＡ研修室、二〇一二年一一月二日）。
（102）「富士フイルム、映画用フィルムの生産停止 来春メドに」毎日新聞朝刊、二〇一二年九月一三日、七頁。
（103）「八ミリフィルム 販売を継続へ」朝日新聞朝刊、二〇〇七年一月一〇日、三三頁。
（104）次のテレビ番組でも取り上げられた。「フィルム映画の灯を守りたい」『クローズアップ現代』ＮＨＫ、二〇一二年五月三〇日。
（105）「デジタル化による日本における映画文化のミライについて」シネレボ！独立系映画事業者ネットワーク、二〇一二年一一月二四日、有楽町朝日ホール。なお、デジタル化については岡島尚志の次の論文も参考にした。「デジタル時代のフィルム・アーカイヴを考える――アーキヴィストたちの視点」『日本写真学会誌』六五巻二号、日本写真学会、二〇〇二年、一一八―一二

○頁。「映画保存の二つの課題——ビネガー・シンドロームとデジタル復元について（その暫定的アップデート）」『NFCニューズレター』三七号、二〇〇一年、一一・一四—一五頁（連載 フィルム・アーカイブの諸問題 第三六回）。「デジタル・シフトとフィルム・アーカイブに関する国内外の論調」第四章註（187）同六八号。「デジタル・コンテンツの長期保存——問題の整理と更新に向けて」同九二号、二〇一〇年、二頁。「文化財としての映画フィルム——デジタル時代におけるアーカイブ・コレクションの保存と利活用」『学術の動向』七号（特集二 世界のグーグル化とメディア文化財の公共的保全・活用）日本学術会議、二〇一〇年、八六—八八頁。「映画 デジタルアーカイブは「保存」に役立つか」『アーカイブ立国宣言——日本の文化資源を活かすために必要なこと』ポット出版、二〇一四年、一一三—一二三頁。

（106）*The Advanced Projection Manual*. FIAF, Norsk Filminstitutt, 2005. *FIAF Digital Projection Guide*. FIAF, 2012.

（107）「フィルム映写機に時代の波 国内最大手が破産」朝日新聞朝刊、二〇一二年三月二六日、八頁。

（108）Press Release. Kinoton, 2014–03–31. http://www.kinoton.de/fileadmin/user_upload/Dateien/News/Pressemitteilungen/kinoton–pr_Liquidation_EN.pdf

（109）益森利博、松尾好洋「韓国映像資料院『異国情鴛』復元報告（上）」『映画テレビ技術』七三六号、日本映画テレビ技術協会、二〇一三年、二八—三一頁。

（110）『ザ・デジタル・ジレンマ——デジタル映画素材のアーカイブ化とアクセスに関する戦略的課題』（慶應義塾大学デジタルメディア・コンテンツ統合研究機構訳）、映画芸術科学アカデミー科学技術評議会、二〇〇八年。

（111）「五〇〇年色あせぬ小津作品 監督のこだわりデジタルで復元」東京新聞朝刊、二〇一三年七月一四日、一頁。

（112）「お知らせ 映画用デジタルセパレーション用黒白レコーディングフィルム「ETERNA–RDS」スタジオジブリ新作映画の長期アーカイブ用保存フィルムに採用」富士フイルム、二〇一四年四月二日 http://fujifilm.jp/information/articlead_0252.html

（113）「シンポジウム 映像アーカイヴの現在 01——フィルム、ヴィデオ、アートの交差点」（東京都写真美術館 上映ホール、二〇一二年二月一二日、恵比寿映像祭）。松本圭二には次の論考もある。「デジタルは重病人だ——フィルムアーカイヴの現場から」『現代詩手帖』四五巻七号（思潮社、二〇〇二年）、九二—九五頁。

（114）記録メディアとしての三五ミリフィルムは、二〇一七年に北極圏に開設されたノルウェー企業の保管庫で長期保存（五〇〇年）

用に採用されている。https://www.piql.com/arctic-world-archive

(115) 佐伯知紀「ＮＦＣの新たなビネガー・シンドローム対策 相模原分館のビネガー・フィルム専用室竣工について」、『ＮＦＣニューズレター』三三号、東京国立近代美術館フィルムセンター、二〇〇〇年、一五―一六頁（連載 フィルム・アーカイヴの諸問題 第三三回）。

(116)『平成二二年度事業報告書』映像文化製作者連盟、二〇一一年。

(117)「原版寄贈ガイドライン」協同組合日本映画製作者協会 http://www2.odn.ne.jp/jfma/filmcenter1.htm

(118)「施設紹介 フィルムセンター相模原分館 映画保存棟Ⅰ／映画保存棟Ⅱ」『ＮＦＣニューズレター』九七号、東京国立近代美術館フィルムセンター、二〇一一年、一二―一三頁。

(119) Tsuneishi, Fumiko. "From a Wooden Box to Digital Film Restoration". *Journal of Film Preservation* 85. FIAF, 2011. pp. 63–71.

(120)「カナダ国立図書館・文書館（ＬＡＣ）、ナイトレートフィルム保存センターを開設」カレント・アウェアネス・ポータル、二〇一一年六月二三日 http://current.ndl.go.jp/node/18478

(121) Flammable Film Stock Given £12m Home. BBC. http://www.bbc.com/news/entertainment–arts–14527809

(122) 岡島尚志「Editorial「フィルムセンター相模原分館・映画保存棟Ⅱ」竣工の意味するもの」前掲註（65）『ＮＦＣニューズレター』九七号、三頁。

(123) Reels of Classic Films Tend to Melt into Goo; Philanthropist David W. Packard Won't Let That Happen. LA Times, 2016–03–05.

(124) 第一章註（37）『視聴覚アーカイブ活動』（6．10）。

(125) Doorstart voor filmlab Cineco. NRC, 2012–12–14. https://www.nrc.nl/nieuws/2012/12/14/doorstart–voor–filmlab–cineco–a1439057

(126) Lab Deal Gives Rare Kiwi Films New Life. The Dominion Post, 2013–06–28. ニュージーランドだけでなくオーストラリア、ベトナム、ポルトガル、米国等のフィルムアーカイブが内部に現像機能を有している。

(127) ベン・フリッツ「斜陽映画フィルムにハリウッドが救済の手――コダック」『The Wall Street Journal（日本）』二〇一四年七月三一日。

(128) 岡島尚志「ＦＩＡＦロンドン会議報告 フィルム・アーカイヴの最前線」第一章註（40）『ＮＦＣニューズレター』三四号、一四頁。

(129) 岡島尚志「「第三回ナイトレート・ピクチャー・ショー」報告 ナイトレート・フィルムを上映するというフィルム・アーカイブ

の禁じ手、あるいは、世界でもっとも特殊で高度に文化的な映画上映の試み」『NFCニューズレター』一三二号、東京国立近代美術館フィルムセンター、二〇一七年、一頁（連載 フィルムアーカイブの諸問題 第九八回）。

（130）歴代のFIAF賞受賞者 http://filmpress.org/fiaf-award

（131）「二〇一三年日本映画文化の振興に関する要望書」映画演劇労働組合連合会、二〇一三年 http://www.ei-en.net/seisaku/130524_nihoneiga_youbou.html

（132）「映画再生へ今何が／文化庁懇談会「中間まとめ」をみる／国の総合支援・フィルム保存を提起／製作、養成、普及など議論が必要」しんぶん赤旗、二〇〇三年二月一八日 http://www.jcp.or.jp/akahata/aik2/2003-02-18/09_01.html「映画再生へ 議論進む どう見る どう生かす 懇談会「提言」／フィルム保存や社会保障に言及／今こそ踏み込んだ施策を」しんぶん赤旗、二〇〇三年六月二二日 http://www.jcp.or.jp/akahata/aik2/2003-06-22/10_01.html

（133）デジタル映画作品の保存に関する質問主意書、質問答弁情報 第一八三回国会 衆議院 http://www.shugiin.go.jp/internet/itdb_shitsumon.nsf/html/shitsumon/a183093.htm

（134）『これまでの主な素材提供復元作品』神戸映画資料館、二〇一一年。

（135）平田オリザ『新しい広場をつくる——市民芸術概論綱要』岩波書店、二〇一三年、一一一—一一二頁。

（136）Dean, Tacita. "Film". *Journal of Film Preservation* 86. FIAF, 2012. pp. 9–20.

（137）UNESCO Proposal from Guillermo Navarro. http://www.savefilm.org/frontpage/guillermo-navarro-statement/ 和訳は筆者による。

終 章

映画フィルムは救えるか

History of
Film Archiving
in Japan

終　章
映画フィルムは救えるか

映画フィルムを文化遺産として守り残すため、わたしたちが未来に向けて進むべき道を探るには、現在の足場を確認する作業が欠かせない。過去に目を向けることによって、この領域に新たな展望を拓く糸口をつかみたい――そのような志を抱いて、本書は日本のフィルムアーカイブ活動史を辿ってきた。本章ではその道筋を振り返りつつ、結論を述べたい。

1　日本のフィルムアーカイブ活動の現状を問い直す

この領域の歴史を学ぶ前提として、本書では、一二〇年以上ものあいだ旧式化することなく現役の記録メディアであり続ける映画フィルムと、映画フィルムを収集・保存してアクセスを提供する専門機関としてのフィルムアーカイブの始まりを探究した。映画のトーキー化、燃えやすく危険なナイトレートフィルムから難燃性の安全なアセテートベースへの移行等、新技術の台頭は映画フィルムの残存を常に脅かし、映画の真正性をも揺るがしてきた。芸術としても娯楽としても愛された無声映画は、一旦は時代遅れの産物と軽視され、不燃化が優先される中、唯一無二の貴重なナイトレートフィルムが廃棄処分されたこともあった。一九五〇年代の日本に約束通り中国から大量のナイトレートフィルムが返還されていたとしても、それらの適切な保管は難しかったに違いない。一九八四年のフィルムセンター火災の報道からも、当時の収蔵環境が適切なものでなかったことがわかる。この火災の教訓は、その後の積極的な対応に結びつかず、むしろナイトレートフィルムの存在がタブー視されてしまった。ナイトレートフィルムの時代に製作された映画には、戦前のあらゆる無声映画、そして戦中のプロパガンダ映画が含まれる。日本には、活動写真弁士による説明と楽士による演奏を上映に添えるという独特の伝統が育まれた。軍国主義の時代に製作された日本映画も、その重要性は変わらない。政治的、社会的、経済的制約の中で表現し続けた者のささやかな抵抗が作品に見出せるとしたら、それもまた現物の映画フィルムとともに残すべきオリジナルのコンテクストである。この時代の映画をカラー化したり、加工したりするのでなく、ありのままの姿で提供していくことにこそ、フィルムアーカイブの存在意義がある。

無声映画は多くの国や地域で失われたが、幸いにも、米国のエジソン社やフランスのリュミエール社の初期映画は鑑賞に堪え得る画質で残存する。米国やフランスで発明された映画を輸入して素早く吸収した日本は、戦前に映画フィルムのベースの原料である「樟脳」の生産で世界シェア一位を記録しただけでなく、はやくも世界有数の映画生産国となった。そして戦後も一貫して映画を撮ること、そして上映することに熱心であり続けたが、政府も映画会社も、映画を「残すこと」には目を向けようとしなかった。戦前の「映画法」の解説の中で、日本映画は威圧的に「国民文化財」と称されたことがあったが、戦後、日本映画が海外で高く評価され始めても、国内で能や歌舞伎等の伝統芸能ほどに映画の文化的地位が引き上げられることはなかった。生誕一二〇年を祝っても、日本映画が文化遺産であるとの認識が人々の心に根を下ろしたわけではない。そのような社会でオリジナルの形態を尊重して映画フィルムを収集・保存し、利用に供するというフィルムアーカイブの基本方針の堅持は、デジタル化の勢いに押され、日に日に難しくなっている。

経年劣化が進行すると自然発火の危険性が増すナイトレートフィルム、強烈な酢酸臭を発するアセテートフィルムは本来的に脆弱な存在である。日本の場合、追い討ちをかけるように映画保存に不利な条件——関東大震災をはじめとする自然災害、映画検閲、太平洋戦争末期の空襲、敗戦時の意図的な証拠湮滅、GHQによる占領政策、映画の法定納入制度の不成立、映画産業の斜陽化、貧しい文化芸術予算と映画振興策の出遅れ等——が押し寄せた。結果として、劇映画だけでも残存率は目を背けたくなるような数字を示し、残存する素材はオリジナルネガとは限らず、ましてや無傷の完全版ばかりではない。映画フィルムの物理的状態に、映画保存体制やフィルムアーカイブ活動の過去が反映され、スクリーン上に露呈してしまうのである。

戦後日本の〈映画保存運動〉が果敢に歩み出したとき、まだほとんどの日本映画は保存されている状態にはなかったが、その担い手たちは海外事情を知るにつけ、日本の惨状を度々「恥ずかしい」という言葉で表現した。「何とかしなければ」という焦りは、この運動を形づくり前進させた原動力の一つであったろう。現在、日本の公共フィルムアーカイブの映画フィルム専用収蔵庫等の設備や、保管されているコレクションの規模、そして映画の復元を支える民間の現像所の技術力は、海外と比較して何ら見劣りするものではない。しかし一方で、公共フィルムアーカイブの正規職員の少なさには愕然とさせられる。本書では、ロシアのゴスフィルモフォンドの六〇〇名、中国電影資料館の三四〇名、米国議会図書館の一一〇名、韓国映像資料院の六〇名といった職員の概数を例示したが、地域の公共フィルムアーカイブも含め、恒常的な人員不足が日本のフィルムアーカイブ活動の最大の弱点となっている。

2　先人たちの積み上げてきたもの

現代に至るまで、こと映画保存に関して、日本は他国の事例を垣間見て羨むか、あるいは諦めるという状況からなかなか抜け出せない。しかしながら、この現状は必ずしも先人たちの怠慢によるものではない。映画が人気を博して娯楽の頂点に上り詰めても、その座から滑り落ちても、いかなるときも国による映画保存政策が進まない中で、どうにか映画フィルムを救済し、保護して、次世代に手渡そうとした人々は確かに存在していた。

本書で取り上げただけでも、戦前には、日本を代表するフィルム・ライブラリーとして世界に紹介された大阪毎日新聞社のフィルム・ライブラリー事業の従事者が成果を残し、敗戦後の占領期には、無声映画時代からの映画監督で初代映連事務局長の池田義信の尽力により、映写室を備えた旧日活本社ビルが国立近代美術館へと改築された。そこに併設されたフィルム・ライブラリーでは職員の斎藤宗武が活躍し、また、フィルム・ライブラリー運営委員の牛原虚彦や川喜多かしこは、自らの判断で一九五〇年代からＦＩＡＦ会議に参加して海外のフィルムアーキビストたちと親交を深めた。川喜多が立ち上げた「フィルム・ライブラリー（助成）協議会」は、映画産業の斜陽化と交差するようにフィルム・ライブラリーの活動を支援し、時に国立フィルムアーカイブの機能を代替するほどの存在感を示しながら、一九八〇年代以降も、映画フィルム専用収蔵庫の建設やフィルムセンター火災後の募金活動等を成功に導いた。フィルム・ライブラリー（助成）協議会の関係者の情熱と行動力に牽引されて、日本のフィルムアーカイブ活動はその歩みを踏みしめるように段階的に発展してきたのである。マトゥシェフスキの提案を思い起こせば、フィルムセンターは美術館の一部門として成立する（第二段階）までに一八年、そして母体から独立する（第三段階）までに四八年を要した。決して平坦な道のりでなかったことは、ある程度は伝えられたと思うが、それでも本書は〈映画保存運動〉の一部を表面的にすくい取ったに過ぎず、当然ながら、さらに多くの知られざる影の努力があったに違いない。とりわけ国威発揚の目的に映画が利用された戦前の映画界を知る世代は、国家による映画事業への注力が映画保存につながらないことを経験的に理解していた。そこには、映画国策に加担したことに対する自責の念も通底していたかもしれない。

磁気テープ等によるパッケージ系出版物が普及した一九八〇年代中頃から一九九〇年代初頭にかけて、欧米ではフィルムアーカイブの領域が急速に発展した。カラー映画の褪色問題を訴えていた映画監督マーティン・スコセッシは、一九八一年に来日した際も警鐘を鳴らし、日本のアーカイブズ機関を視察したフランク・B・エヴァンズやマイケル・ローパーも、やはり一九八〇年代に視聴覚資料への対応の遅れを指摘した。一九八六年の相模原分館の完成は、日本のフィルムアーカイブ活動史の里程標の一つである。しかし、フィルムアーカイブ活動に関連する法整備、フィルムアーキビストの養成の具体化といった映画保存体制が確立されることはなく、日本が経済的に恵まれていたこの時期の積み残しが、重い課題としていまに残されている。

急激なデジタル化で映画フィルムの製造継続すら危うくなっている昨今、映画館のデジタルシネマ化の費用や映画のデジタル復元の費用にクラウドファンディングの仕組みが活用され、消滅の危機にある映写機材等の救済活動が情熱ある個人の努力で続けられている。民間主導で進められ、そして紡ぎ出されてきた戦後日本の粘り強い〈映画保存運動〉の成果として、日本映画はあらゆる危機を乗り越え、奇跡的に二〇％近く残った（およそ八〇％の損失に食い止められた）——わたしたちはむしろ、そう考えるべきかもしれない。マトゥシェフスキの時代から変わらず、〈映画保存運動〉とは、危機感を抱いた少数派が無関心な映画人や一般の映画ファンに対して、自ら行動する姿を見せることによって成立してきた。

結局のところ、キャリアとしての映画フィルムの力を信じることなしに、映画のコンテンツをコンテクストとともに次世代へと引き渡すことはできない。国際的な連携の中で、公共フィルムアーカイブは、映画フィルムを収集し、長期的に保存し、オリジナルの状態にできる限り近づけて復元・上映または利用に共するという基本方針を見失わなかった。かつて未来予測の失敗を繰り返したことに対する反省が、次なる大きな技術変化、つまりデジタル化に際して、フィルムアーキビストの態度を慎重にさせたのであろう。これからも、「映画は文化遺産である」との認識を積み重ね、広めていく必要がある。

川喜多かしこというアドボケートを失って以来、米国のスコセッシや英国のタシタ・ディーンのような突出した個の存在は日本には見当たらない。それだけに、この領域の研究者や専門家の層を厚くし、裾野を広げていく必要がある。ＦＩＡＦサマースクールが始まって四五年、欧米では大学院レベルのフィルムアーキビストの養成も本格化して既に二五年近くが過ぎ、アジアのフィルムアーカイブでも専門教育を受けたフィルムアーキビストが活躍を見せている。ＡＭＩＡやＳＥＡＰＡＶＡＡ等、誰もが参加可能な国際団体が存在し、研究者や実務者向けのシンポジウムやワークショップが各国で行われてもいる。

3　映画保存の未来を拓く

過去を知れば知るほど、民間の貢献が日本のフィルムアーカイブ活動史に占める大きさを痛感させられるが、無論、民間の力だけでは達成できないこと、個人の力ではどうにもならないこともある。先人達の多年に亘る努力の積み重ねを受け継いで「みんなのもの」である映画を救済する上で、過去に協議会が請願書の提出等を繰り返したように、政府に対して、あるいは映画界に向けて具体的な要望を訴え続けることは、決して無駄な努力ではない。日本のフィルムアーカイブ活動が、散逸していく映画フィルムを民間または個人の力でどうにか救済しようとする努力の集積であったとすれば、その集積が、これからの民間の〈映画保存運動〉を励まし、行動を起こしたいと思い立つ者の背中を押すことにもなる。そこで、この領域が早急に取り組むべき課題を四点に絞って提示し、結論としたい。

第一に、法定納入制度に代表されるような、制度的かつ網羅的な映画収集の仕組みを実現すべきであろう。映画フィルムの救済という意味では既に手遅れとなったが、その多くがボーンデジタルとなった新作映画の保存については、まだ間に合う可能性がある。

第二に、ナイトレートフィルムへの対応がある。ナイトレートフィルムの適切な保存環境を整えることは、正規の職員数の比較等とは異なる意味でのフィルムアーカイブ活動の成熟度を測る基準に成り得る。

第三に、手つかずの「人材育成」、つまりフィルムアーキビストの養成がある。日本でも映画保存およびフィルムアーカイブに興味を持つ研究者や実務者が集い、オープンに意見を交わし、知識や技術を磨く機会が増えている。〈映画保存運動〉の次の担い手となる若い世代を対象とした助成金や奨学金、そして地域の、あるいは小規模な機関を下支えするための具体的な施策も求められよう。

第四に、フィルムアーキビストとアーキビストの関係にも触れたい。歴史の忘却に抵抗し、国際平和の実現に貢献するというフィルムアーカイブの究極の目標は、アーカイブズ機関のそれと何ら矛盾するものではない。主に紙に記録された文書を中心に扱ってきたアーキビストにも、紙というメディア（媒体）の成り立ちや保存方法を知り、資料を慈しむように捲って文字を追うのと同様に、視聴覚資料について学び、親しんでほしい。アーカイブズ機関とフィルムアーカイブが交流を深めるとき、あるいは両者が良きライバル機関として成果を競い合うとき、日本のこの領域は大きく前進するはずである。恒常的に周囲の不理解や無関心に立ち向かい、アドボカシーやアウトリーチ（対外的な広報活動）の重要性を意識している両者は、善き隣人として力を合わせることができる――そうに違いないと筆者は考える。本論の試みが両者の相互理解と今後の関係向上に僅かでも寄与することを願わずにはいられない。

古来、東寺百合文書のように、日本では和紙に墨で書かれた記録が木造建築の中で大切に守られてきた。建築自体にも、例えば式年遷宮のような「残す仕組み」があり、自然災害の多い環境と高温多湿の気候の中で実に注意深く、過去を未来に伝えるための知恵と工夫が積み上げられてきた。外交や文化の、そして芸術の力で平和を守る成熟した日本の社会に、フィルムアーカイブはなくてはならない存在である。アーカイブズの歴史が人類の歴史と寄り添っていることを思えば、映画フィルムの一二〇年はあまりに短いが、現代の〈映画保存運動〉は、この一二〇年の映画遺産を次世代へと引き継いでいこうとしている。その運動が〈自主的参加型〉の「みんなのフィルムアーカイブ」を目指すものであるなら、映画フィルムは、あらゆる研究領域の中で縦横に生かされていくに違いない。映画フィルムが本領を発揮するのは、まだこれからである。

付録

付録1　用語解説

保存 PRESERVATION：かつては狭義の「複製」を指すこともあったが、一九九〇年代末頃から解釈が拡大され、現在では単一の作業ではなく、進行形の永続的なフィルムアーカイブ活動の総体を指す。《保存》の目的は、物質としての映画フィルムの延命やアクセシビリティの確保にある。キャリアの保全、複製、復元、修復の実践はもちろんのこと、関連機材の維持管理、適切な条件下での映画上映、そして学術的研究等もここに含まれることがある。

保全（保管、管理）CONSERVATION：《保全》とは、オリジナルの資料やその複製物（コピー）の物質的な劣化を回避する、または最小限に抑えるための作業全般を指す。例えば、温度・湿度が制御されている収蔵庫（経年劣化を抑制するのに適した環境）に資料を置くことも、ここに含まれる。複製や復元と比較すると介入の度合いは低いが、極めて重要な行為である。＊英国等では「保存」の概念に近い。また、研究領域によっては手作業の修復（リペア）を指すこともある。

複製 DUPLICATION：オリジナルを保護するためのバックアップ、もしくは閲覧用コピー（レプリカ）を作成するための一連の作業を《複製》と呼ぶ。この作業は専門業者（現像所等）に委託されることが多い。資料には物質的なキャリアとしての価値もあれば情報コンテンツとしての価値もあるが、コンテンツへのアクセス要求は大抵の場合、《複製》によって満たされる。オリジナルの状態に限りなく近づけるため、例えば埃・油染み・ゴミといった外的な要因をクリーニング作業で除去したり、傷を目立たなくしたりすることもある。しかし、それ以上手を加えることはしない。

復元 RESTORATION：《復元》とは、オリジナルを物理的に複製するだけでなく、ある特定の「版（バージョン）」を作成することを指す。場合によっては同一資料の（国内外の）あらゆる残存素材を比較検討し、バラバラになった素材を作成当時の記録に即して順序正しく並べ直し、経年劣化（化学的な変質や、物理的な損傷）の修復のために「画」や「音」に手を加えることもある。常にオリジナルの「複製」を伴う点において、映画の《復元》は美術作品や紙資料のそれとは異なる。「修復」という訳語を使用する研究者も多い。

再構築（再構成） RECONSTRUCTION：《再構築》とは、不完全な状態にある資料を、そのオリジナルの姿にこだわるのでなく、現代の観客／閲覧者に理解しやすくするための作業、要するに〈「わかりやすさ」が優先される復元〉を指す。断片の挿入・差し替え・再編集が施されたり、失われた部分が新たに再作成されることもある。「画」も「音」もオリジナルから大幅に改変される可能性がある。

再作成 RE-CREATION：《再作成》とは、残存する資料のごく一部（断片）や、シナリオやスチル写真等、直接的または間接的に関連する資料からの類推によってオリジナルの姿を再現する試みを指す。

アクセス（利用） ACCESS：《アクセス》とは、コンテンツの公開・活用を幅広く意味する。上映、貸出、テレシネ（現在のところはデジタル変換が一般的）、インターネット配信といった公開・活用のための手段には、（その資料を所蔵する機関側が率先して行う）積極的アクセスと、（利用者の求めに応じる）対処的アクセスがある。他の記録メディアに比べて、映画のアクセスには著作権処理（権利者に許諾を得たり、使用料を支払ったりすること）がより大きく影響する。

付録2　略称一覧

AFI：アメリカン・フィルム・インスティチュート American Film Institute

AMIA：動的映像アーキビスト協会 Association of Moving Image Archivists

ARSC：音声記録コレクション協会（米国）Association for Recorded Sound Collections

BFI：英国映画協会 British Film Institute

CCAAA：視聴覚アーカイブ機関連絡協議会 Coordinating Council of Audiovisual Archives Associations

CNC：フランス国立映画・映像センター Centre National du Cinéma et de l'image animée

FIAF：国際フィルムアーカイブ連盟 Fédération Internationale des Archives du Film

FIAT／IFTA：国際テレビアーカイブ連盟 Fédération Internationale des Archives de Television / International Federation of Télévision Archives

GEM：ジョージ・イーストマン博物館 George Eastman Museum

IASA：国際音声・視聴覚アーカイブ協会 International Association of Sound and Audiovisual Archives

ICA：国際公文書館会議 International Council on Archives

ICOM：国際博物館会議 International Council of Museums

IFLA：国際図書館連盟 International Federation of Library Associations and Institutions

IECI：国際教育映画協会 International Educational Cinematograph Institute

INA：フランス国立視聴覚研究所 Institut National de l'Audiovisuel

ＭＢＲＳ：映画放送録音物部（米国議会図書館）Motion Picture, Broadcasting, and Recorded Sound Division
ＭｏＭＡ：ニューヨーク近代美術館 Museum of Modern Art, New York
ＮＡＲＡ：米国国立公文書記録管理局 National Archives and Records Administration（映画・音声・ビデオ調査室 Motion Picture, Sound, and Video Research Room）
ＮＦＡＪ：国立映画アーカイブ National Film Archive of Japan
ＮＦＰＦ：全米映画保存基金 National Film Preservation Foundation
ＳＥＡＰＡＶＡＡ：東南アジア太平洋地域視聴覚アーカイブ連合 SouthEast Asia-Pacific Audio Visual Archive Association
ＳＭＰＥ：映画技術者協会（米国）Society of Motion Picture Engineers ＊現在はＳＭＰＴＥ（映画テレビ技術者協会 Society of Motion Picture and Television Engineers）

付録３　大阪毎日新聞社 活動写真班編「フイルムから御願い」

フイルムから御願い

どうぞ私に同情して下さい。

一、私は極く柔い「セルロイド」であります。鉄でもなければ石の様な堅いものでもありません。私を愛して下さる皆様や、機械の神様よ！

どうぞ私に同情して下さい。

二、私が一度映写される時は非常に危険な四つの場所を通らなければならないのです。恐ろしい勢で廻転しつつある尖った歯車や、焼け付く様な光にあてられながら。

どうぞ私に同情して下さい。

三、第一、歯車の上を通る時には恐ろしい刺に身を狭め、その上を別の車（アイドラー）でしっかりと押えられ、モーターの強い力で引っ張られながら、恐ろしい速度で廻転するのであります。

どうぞ私に同情して下さい。

四、若し私が機械に掛けられる時に、不注意な手で取り扱われたら、それこそ再び働く事の出来ない程に傷つけられたり引き裂かれたり致します。

どうぞ私に同情して下さい。

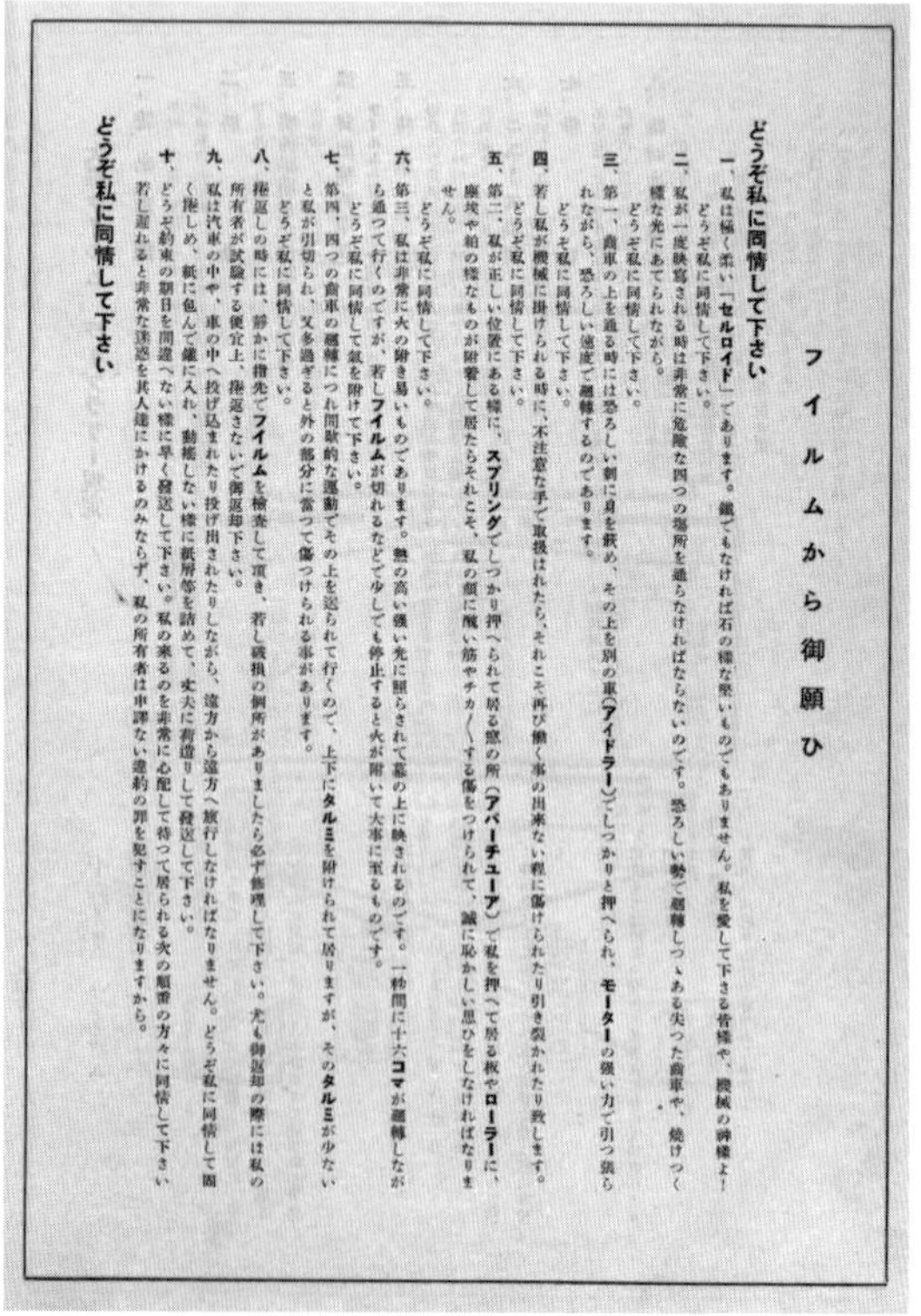

フィルムから御願ひ

どうぞ私に同情して下さい

一、私は極く柔い「セルロイド」であります。鐵でもなければ石の様な堅いものでもありません。私を愛して下さる皆様や、機械の神様よ！
どうぞ私に同情して下さい。

二、私が一度映寫される時は非常に危險な四つの場所を通らなければならないのです。恐ろしい勢で廻轉しつゝある尖つた齒車や、焼けつく様な光にあてられながら。
どうぞ私に同情して下さい。

三、第一、齒車の上を通る時には恐ろしい刺に身を狭め、その上を別の車（アイドラー）でしつかりと押へられ、モーターの強い力で引つ張られながら、恐ろしい速度で廻轉するのであります。
どうぞ私に同情して下さい。

四、若し私が機械に掛けられる時に、不注意な手で取扱はれたら、それこそ再び働く事の出來ない程に傷けられたり引き裂かれたり致します。
どうぞ私に同情して下さい。

五、第二、私が正しい位置にある様に、スプリングでしつかり押へられて居る窓の所（アパーチューア）で私を押へて居る板やローラーに、塵埃や粕の様なものが附着して居たらそれこそ、私の頬に醜い筋やチカチカする傷をつけられて、誠に恥かしい思ひをしなければなりません。
どうぞ私に同情して下さい。

六、第三、私は非常に火の附き易いものであります。熱の高い強い光に照らされて幕の上に映されるのです。一秒間に十六コマが廻轉しながら通つて行くのですが、若しフイルムが切れるなどで少しでも停止すると火が附いて大事に至るものです。
どうぞ私に同情して氣を附けて下さい。

七、第四、四つの齒車の廻轉につれ間歇的な運動でその上を送られて行くので、上下にタルミを附けられて居りますが、そのタルミが少ないと私が引切られ、又多過ぎると外の部分に當つて傷つけられる事があります。
どうぞ私に同情して下さい。

八、捲返しの時には、靜かに指先でフイルムを檢査して頂き、若し破損の個所がありましたら必ず修理して下さい。尤も御返却の際には私の所有者が試驗する便宜上、捲返さないで御返却下さい。

九、私は汽車の中や、車の中へ投げ込まれたり投げ出されたりしながら、遠方から遠方へ旅行しなければなりません。どうぞ私に同情して固く捲しめ、紙に包んで罐に入れ、動搖しない様に紙屑等を詰めて、丈夫に荷造りして發送して下さい。

十、どうぞ約束の期日を間違へない様に早く發送して下さい。私の來るのを非常に心配して待つて居られる次の順番の方々に同情して下さい。若し遅れると非常な迷惑を其人達にかけるのみならず、私の所有者は申譯ない違約の罪を犯すことになりますから。

どうぞ私に同情して下さい

五、私が正しい位置にある様に、スプリングでしっかり押さえられて居る窓の所（アパーチュアー）で私を押えて居るローラーに、塵埃や粕の様なものが附着して居たらそれこそ、私の頬に醜い筋やチカチカする傷をつけられて、誠に恥かしい思いをしなければなりません。

どうぞ私に同情して下さい。

六、私は非常に火の附き易いものであります。熱の高い強い光に照らされて幕の上に映されるのです。一秒間に十六コマが廻転しながら通つて行くのですが、若しフイルムが切れるなどで少しでも停止すると火が附いて大事に至るものです。

どうぞ私に同情して下さい。

七、四つの歯車の廻転につれ間歇的な運動でその上を送られて行くので、上下にタルミを附けられて居りますが、そのタルミが少ないと私が引切られ、又多過ぎると外の部分に当って傷つけられる事があります。

どうぞ私に同情して下さい。

八、捲返しの時には、静かに指先でフイルムを検査して頂き、若し破損の箇所がありましたら必ず修理して下さい。尤も御返却の際には私の所有者が試験する便宜上、捲返さないで御返却下さい。

九、私は汽車の中や、車の中へ投げ込まれたり投げ出されたりしながら、遠方から遠方へ旅行しなければなりません。どうぞ私に同情して固く捲しめ、紙に包んで罐（缶）に入れ、動揺しない様に紙屑等を詰めて、丈夫に荷造りして発送して下さい。

十、どうぞ約束の期日を間違えない様に早く発送して下さい。私の来るのを非常に心配して待って居られる次の順番の方々に同情してください。若し遅れると非常な迷惑を其人達にかけるのみならず、私の所有者は申訳ない違約の罪を犯すことになりますから。

どうぞ私に同情して下さい。

大毎フィルム・ライブラリー目録　昭和七・八年版（一九三二）

＊アンドリュー・フィリップ・ホリスによる「フィルムの祈り」

The Film Prayer

I am celluloid, not steel; O God of the machine, have mercy. I front four great dangers whenever I travel the whirling wheels of the mechanism.

Over the sprocket wheels, held tight by idlers, I am forced by the motor's might. If a careless hand misthreads me, I have no alternative but to go to my death. If the springs at the aperture gate are too strong, all my splices pull apart. If the pull on the take–up reel is too violent, I am torn to shreds. If dirt collects in the aperture, my film of beauty is streaked and marred, and I must face my beholders – a thing ashamed and bespoiled. Please, if I break, fasten me with clips; never with pins. Don't rewind me – my owner wants that privilege, so that he may examine me, heal my wounds, and send me rejuvenated upon a fresh mission.

I travel many miles. I am tossed on heavy trucks, sideways and upside down. Please see that my own band is wrapped snugly around me on the reel, so that my first few coils do not slip loose in my shipping case, to be bruised and wounded beyond the power to heal. Put me in my own shipping case. Scrape off all old labels so I will not go astray.

Speed me on my way. Others are waiting to see me. The 'next day' is the last day I should be held. Have a heart for the other fellow who is waiting, and for my owner who will get the blame. Don't humiliate me by sending me back without paying my passage.

I am a delicate ribbon of celluloid – misuse me and I disappoint thousands; cherish me, and I delight and instruct the world.

Andrew Philip Hollis（1922）

付録4　フィルムアーカイブ活動 略年表

年	国内	海外
一八八〇（明治一三）		ジョージ・イーストマン起業
一八八九（明治二二）		イーストマン社（現コダック）ロール式フィルム発売
一八九五（明治二八）		シネマトグラフ パリで初興行［映画誕生］
一八九七（明治三〇）	シネマトグラフ伝来	
一八九八（明治三一）	本郷中央教会にて日本映画の初上映	ボレスワフ・マトゥシェフスキ「歴史の新しい情報源」
一八九八（明治三一）	『紅葉狩』、『清水定吉』撮影	
一九〇三（明治三六）	初の映画館「浅草電気館」開業	
一九〇八（明治四一）	川喜多かしこ誕生 大阪毎日新聞社 活動写真班設置	
一九〇九（明治四二）	『活動写真界』創刊	国際映画製作者会議にて映画用三五ミリフィルムの国際規格化
一九一一（明治四四）	『ジゴマ』公開 文部省 通俗教育調査委員会設置	
一九一二（明治四五／大正元）	現存最古の映画会社 日活創立	
一九一三（大正二）		デンマーク国立映画と声のアーカイブ設立

年	国内	海外
一九一六（大正五）		映画技術者協会（現米国映画テレビ技術者協会ＳＭＰＴＥ）設立
一九一七（大正六）	帝国教育会「活動写真取締建議」提出 警視庁令「活動写真興行取締規則」公布	
一九一九（大正八）	『キネマ旬報』創刊	オランダ国立中央フィルムアーカイブ設立
一九二〇（大正九）	文部省 映画推薦制度開始 イーストマン来日	
一九二二（大正一一）		アンドリュー・フィリップ・ホリス「The Film Prayer」
一九二三（大正一二）	〈関東大震災〉	
一九二五（大正一四）	内務省令「活動写真フイルム検閲規則」公布	
一九二七（昭和二）	大毎フィルム・ライブラリー設置 大日本セルロイド 国産映画フィルム開発に着手	
一九二八（昭和三）	文部省映画 製作開始 稲田達雄 大阪毎日新聞社に入社	ＩＥＣＩ設立
一九二九（昭和四）	小西六工業 さくらフィルムを発売	ＩＥＣＩ『International Review of Educational Cinematography』創刊
一九三〇（昭和五）	中田俊造（文部省）米国ＮＡＲＡ視察	
一九三一（昭和六）	浅岡信夫著『映画国策之提唱』 プラーゲ旋風	

一九三二（昭和七）	オムニバス映画『Nippon』輸出 極東フィルム研究所設立	
一九三三（昭和八）	岩瀬亮「映画国策樹立に関する建議案」提出 内務省『各国に於ける映画国策の概況』刊行	スウェーデン映画ソサエティ設立
一九三四（昭和九）	富士写真フイルム設立	
一九三五（昭和一〇）	稲田達雄著「フイルム・ライブラリーとその経営」 極東現像所創業 財団法人大日本映画協会設立	ＭｏＭＡフィルム・ライブラリー設置 ＢＦＩフィルム・ライブラリー設置 ＮＡＲＡ 映画・録音部設置
一九三六（昭和一一）	純国産映画フィルム製造の実現	
一九三七（昭和一二）	日独合作映画『新しき土』公開 〈日中戦争 開戦〉 満洲映画協会設立	ＩＥＣＩ解散
一九三八（昭和一三）	日中親善映画『東洋平和の道』 『五人の斥候兵』ヴェネツィア国際映画祭イタリア民衆文化大臣賞受賞	ＦＩＡＦ設立
一九三九（昭和一四）	川喜多長政 中華電影のトップに就任 前田多門等 第一回ＦＩＡＦニューヨーク会議参加 映画法施行、『土と兵隊』第一回保存映画指定	
一九四〇（昭和一五）	内閣情報局設置	
一九四五（昭和二〇）	映画公社設立 〈敗戦〉 映連設立	

年	国内	海外
一九四六（昭和二一）	GHQ「映画検閲に関する覚書」、「非民主主義映画除去の指令に関する覚書」、「映画製作禁止条項」を順次発令、映画フィルム焼却 東宝争議（—一九四八）	第二回FIAFパリ会議 ユネスコ設立 CNC設立（当初はフランス国立映画センター、後に国立映画・映像センターと改名）
一九四七（昭和二二）	初代CIE映画班長デヴィッド・コンデ辞任 日本映画技術協会設立 川喜多長政 公職追放（—一九五〇）	
一九四八（昭和二三）	国立国会図書館開館 育映社創業	
一九四九（昭和二四）	国立国会図書館法改正［映画フィルム 納入免除］	
一九五一（昭和二六）	ユネスコ加盟 『羅生門』ヴェネツィア映画祭グランプリ	KODAK ナイトレートフィルム製造停止
一九五二（昭和二七）	中井正一逝去 国立近代美術館開館、フィルム・ライブラリー設置 『映画の現代知識』翻訳出版	
一九五三（昭和二八）	映団連、映文連 設立 フィルム・ライブラリーFIAF加盟（—一九六二）	
一九五五（昭和三〇）		BFIフィルム・ライブラリー「国立フィルムアーカイブ」と改名
一九五六（昭和三一）	川喜多かしこ FIAFドゥブロヴニク会議参加	
一九五七（昭和三二）		BFI 国立映画劇場こけら落としにて一五本の日本映画を上映

一九五八（昭和三三）	富士写真フイルムがセイフティーフィルムに完全移行	ＭｏＭＡフィルム・ライブラリー日本映画週間
一九五九（昭和三四）		シネマテーク・フランセーズＦＩＡＦ脱会
一九六〇（昭和三五）	フランスから『明治の日本』シリーズ寄贈 座談会「みんなのフィルム・ライブラリーをつくろう」 川喜多かしこ フィルムライブラリー運営委員になる フィルム・ライブラリー助成協議会設立	
一九六二（昭和三七）	日仏交換映画祭（日本）	
一九六三（昭和三八）		日仏交換映画祭（フランス）
一九六四（昭和三九）	川喜多かしこ 芸術選奨受賞 サドゥール来日	
一九六五（昭和四〇）		
一九六六（昭和四一）	『世界のフィルム・ライブラリー』創刊（―一九九二）	ＭｏＭＡフィルム・ライブラリー「映画部門」と改称
一九六七（昭和四二）	米国議会図書館より日本映画返還開始	
一九六八（昭和四三）	返還映画の上映 京都府『祇園祭』製作	
一九七〇（昭和四五）	フィルムセンター設立 フィルム・ライブラリー助成協議会「フィルム・ライブラリー協議会」と改称（以下、協議会） 京都府フィルム・ライブラリー設立 『狂った一頁』発見	
一九七一（昭和四六）	国立公文書館開館 フィルムセンター『ＦＣ』創刊	

年	国内	海外
一九七二（昭和四七）	協議会「フィルム保存庫設置に関する請願」提出 文化庁 優秀映画製作奨励金制度導入	
一九七三（昭和四八）	川喜多かしこ著『映画ひとすじに』 池田義信逝去 協議会『世界の映画フィルム保存庫』刊行	ＦＩＡＦサマースクール開始
一九七四（昭和四九）	川喜多かしこ 紫綬褒章を受章 プラネット映画資料図書館設立（資料は現在、神戸映画資料館に移管）	
一九七五（昭和五〇）	フィルム保存庫調査委員会設置 ユネスコ動的映像保存会議開催 協議会「フィルムの保存一九六三」を和訳 『御誂次郎吉格子』発見	
一九七七（昭和五二）		アンリ・ラングロワ逝去 ユネスコ「総合情報プログラム」開始
一九七九（昭和五四）		ユネスコ総合情報プログラムに「ＲＡＭＰ」設置
一九八〇（昭和五五）	川喜多かしこ 勲三等瑞宝章を受章	ユネスコ「動的映像の保護及び保存に関する勧告」採択
一九八一（昭和五六）	川喜多長政逝去 川喜多記念映画文化財団設立 マーティン・スコセッシ来日	
一九八二（昭和五七）	広島市映像文化ライブラリー設立 相模原分館建設準備委員会設置	イタリア ポルデノーネ無声映画祭開始
一九八三（昭和五八）	川喜多賞設置	第一回ジョイント・テクニカル・シンポジウム

一九八四（昭和五九）	フィルムセンター火災（九月三日） 松田春翠 海外初公演 岡島尚志 ＢＦＩ、ＭｏＭＡ研修	オーストラリア国立視聴覚アーカイブ（現ＮＦＳＡ）設立
一九八五（昭和六〇）	安澤秀一著『史料館・文書館学への道』	
一九八六（昭和六一）	フィルムセンター相模原分館完成	
一九八八（昭和六三）	京都府京都文化博物館開館 川崎市市民ミュージアム開館	米国映画保存法成立
一九八九（昭和六四／平成元）	『イントレランス』復元版上映	米国 ナショナル・フィルム・レジストリー開始
一九九〇（平成二）	フィルムセンター国際シンポジウム「フィルム・アーカイヴの四つの仕事」開催	スコセッシ「映画財団」設立 動的映像アーキビスト協会（ＡＭＩＡ）設立 ＦＩＡＦ『Physical Characteristics of Early Films as Aids to Identification』刊行
一九九一（平成三）	『忠次旅日記』発見	
一九九二（平成四）	フィルムセンター『忠次旅日記』復元 小宮コレクション ポルデノーネ無声映画祭出品	ユネスコ「Audiovisual Archive Literature」刊行 アンソニー・スライド著『Nitrate Won't Wait』
一九九三（平成五）	フィルムセンターＦＩＡＦ正式加盟 川喜多かしこ逝去	英国イースト・アングリア大学大学院フィルムアーキビスト養成コース開設 『白雪姫』デジタル復元 米国議会図書館「映画保存一九九三」公表
一九九四（平成六）		ペネロペ・ヒューストン著『Keepers of the Frame』 パオロ・ケルキ・ウザイ著『Burning Passions』

年	国内	海外
一九九五（平成七）	フィルムセンターの建物が完成 『NFCニューズレター』発刊 フィルムセンター上映企画「シネマの冒険 闇と音楽」開始 ゴスフィルモフォンド所蔵日本映画の調査開始	
一九九六（平成八）	福岡市総合図書館開館	東南アジア太平洋地域視聴覚アーカイブ連合（SEAPAVAA）設立 FIAFレタン・ペーパー公表 韓国 映画の法定納入開始
一九九七（平成九）	髙野悦子 フィルムセンター名誉館長就任	『陽気な踊り子』デジタル復元 ユネスコ「Audiovisual Archives」（実用読本）刊行 L・ジェフリー・セルズニック映画保存学校開校
一九九八（平成一〇）	東京大学「デジタル小津安二郎展」開催	ユネスコ「A Philosophy of Audiovisual Archiving」刊行 FIAF倫理規程
一九九九（平成一一）	ゴスフィルモフォンドより日本映画返還（—二〇〇五） フィルムセンター上映企画「発掘された映画たち」シリーズ化	
二〇〇〇（平成一二）		パオロ・ケルキ・ウザイ著『Silent Cinema: An Introduction』
二〇〇一（平成一三）	文化芸術振興基本法施行	ポルデノーネ無声映画祭 日本映画特集
二〇〇二（平成一四）	映画振興に関する懇談会結成 「これからの日本映画の振興について」	FIAFソウル会議開催 『スターウォーズ エピソード2/クローンの攻撃』公開 カリフォルニア大学ロサンゼルス校MIAS開設 FIAF『This Film is Dangerous』刊行

二〇〇三（平成一五）	ＮＨＫアーカイブス運用開始 『斬人斬馬剣』デジタル復元	ニューヨーク大学大学院ＭＩＡＰ開設
二〇〇四（平成一六）	京都文化博物館『槍供養』他デジタル復元 角川映画（現ＫＡＤＯＫＡＷＡ）原版保存プロジェクト始動	ＦＩＡＦベトナム会議開催 ユネスコ『Audiovisual Archiving』刊行 ＮＦＰＦ『フィルム保存入門——公文書館・図書館・博物館のための基本原則』刊行
二〇〇五（平成一七）		ユネスコ〈世界視聴覚遺産の日〉制定
二〇〇六（平成一八）	育映社 現像場を閉鎖 第一回映画の復元と保存に関するワークショップ開催	
二〇〇七（平成一九）	放送番組センター「視聴覚アーカイビング——その哲学と原則」を和訳 神戸映画資料館開館 ＦＩＡＦ東京会議開催 文化庁 近代歴史緊急調査（映画フィルム・映画関係分野）	映画芸術科学アカデミー『ザ・デジタル・ジレンマ』刊行
二〇〇八（平成二〇）	川喜多かしこ生誕一〇〇年 学習院大学大学院 日本初のアーカイブズ学専攻開設 『羅生門』デジタル復元 シンポジウム「映像アーカイブの未来」開催	ＦＩＡＦ「七〇周年記念マニフェスト」 オーストラリア・アーキビスト協会『キーピング・アーカイブズ』（第三版）刊行
二〇〇九（平成二一）	記録映画アーカイブ・プロジェクト始動 岡島尚志 日本人初のＦＩＡＦ会長就任 『紅葉狩』重要文化財指定	
二〇一〇（平成二二）	フィルムセンター『全国映画資料館録』刊行	
二〇一一（平成二三）	〈東日本大震災〉 香川京子 ＦＩＡＦ賞受賞	ＥＵヨーロピアンフィルムゲートウェイ開設 キャロライン・フリック著『Saving Cinema』

年	国内	海外
二〇一二（平成二四）	映演労連「フィルム映画文化の維持と映画原版保存に向けた要請書」提出	ＫＯＤＡＫ倒産
二〇一三（平成二五）	映演労連「日本映画文化の振興に関する要望書」提出 富士フイルム 映画フィルム製造中止	ＫＯＤＡＫ再建
二〇一四（平成二六）	文化庁「映画におけるデジタル保存・活用に関する調査研究」開始 神戸映画資料館のアーカイブズ部門 社団法人化 記録映画保存センター「記録映画のデジタル保存・活用調査研究」開始	
二〇一五（平成二七）	おもちゃ映画ミュージアム開館	ＧＥＭナイトレートフィルム映画祭開始
二〇一六（平成二八）	フィルムセンター『全国映画資料館録 二〇一五』刊行	ユネスコ『視聴覚アーカイブ活動――その哲学と原則』（第三版）刊行
二〇一七（平成二九）	文化芸術振興基本法の一部を改正する法律（文化芸術基本法）施行 福岡で第四回レストレーション・アジア開催	
二〇一八（平成三〇）	国立映画アーカイブ（ＮＦＡＪ）設置	

付録5　ユネスコ〈世界の記憶〉に登録された映画フィルム一覧

登録年	登録名称／登録申請者
2001	①　F・ラング監督『メトロポリス』(1927年)〔2001年復元版〕／ムルナウ財団（ドイツ）
2003	②　L・ブニュエル監督『忘れられた人々』(1950年)／メキシコ国立自治大学フィルムアーカイブ
2005	③　『ソンムの戦い』(1916年)／帝国戦争博物館（英国）
	④　反核運動組織ネバダ・セミパラチンスクの視聴覚ドキュメント／カザフスタン共和国中央公共アーカイブ、カザフスタン国立映画・写真・音声記録アーカイブ
	⑤　リュミエール兄弟の映画／リュミエール協会（フランス）
2007	⑥　V・フレミング監督『オズの魔法使』(1939年)／ジョージ・イーストマン博物館（米国）
	⑦　C・テイト監督『*The Story of the Kelly Gang*〔ケリー・ギャング物語〕』(1906年)／オーストラリア国立フィルム & サウンドアーカイブ
	⑧　アムンセン隊の南極探検（1910–12年）／ノルウェー映画協会・国立フィルムアーカイブ、ノルウェー国立図書館・視聴覚アーカイブ
2009	⑨　ジョン・マーシャルの *Ju/'hoan*〔ジューホアン〕フィルム＆ビデオのコレクション（1950–2000年）／スミソニアン協会 人間学フィルムアーカイブ（米国）
	⑩　N・マクラレン監督『隣人』(1952年)／カナダ国立映画制作庁、ケベック文明博物館
	⑪　国際連合パレスチナ難民救済事業機関の写真と映画のアーカイブズ／国際連合 広報局
	⑫　「ICAIC ラテンアメリカ・ニュース」のオリジナル原版（1960–90年）／シネマテカ・デ・クーバ（キューバ）
2011	⑬　デスメット・コレクション（1910年代）／アイ映画博物館（オランダ）
2013	⑭　A・ヒッチコック監督の無声映画9本『快楽の園』『下宿人』『ダウンヒル』『リング』『ふしだらな女』『農夫の妻』『シャンパーニュ』『マスクマン』『恐喝（ゆすり）』(1925–29年)〔復元版〕／英国映画協会
	⑮　映画公社「LUCE」のニュース映画（1920–30年代）／LUCE アーカイブ（イタリア）
	⑯　第1回モントルー・ジャズ・フェスティバル（1967年）――クロード・ノブスの遺産／モントルー・ジャズ・フェスティバル財団、同視聴覚図書館（スイス）
2017	⑰　ヴェステルボルク通過収容所のフィルム（1944年）／オランダ国立視聴覚研究所（サウンド & ヴィジョン）

出典：https://en.unesco.org/programme/mow

あとがきにかえて

本書『日本におけるフィルムアーカイブ活動史』は、二〇一六年に学習院大学大学院人文科学研究科に提出した博士論文を改稿したものです。出版にあたり同大学人文科学研究科の博士論文刊行助成金および日本アーカイブズ学会の出版助成を受けました。同大学院アーカイブズ学専攻では、保坂裕興教授、安藤正人教授（現国文学研究資料館名誉教授）、入澤寿美教授、児玉優子先生はじめ諸先生、そして、東京国立近代美術館フィルムセンター参事の岡島尚志様にご指導を頂きました。心より感謝申し上げますとともに、川喜多かしこ生誕一一〇年に重ね、岡島様を初代館長として国立映画アーカイブが設置される本年、こうして拙著を出版できることを光栄に思います。

第一章は「初期の映画保存およびフィルムアーカイブ活動に関するノート」『名古屋学芸大学メディア造形学部研究紀要7』（名古屋学芸大学メディア造形学部、二〇一四年）を、第三章は「〈映画保存運動〉前夜――日本において映画フィルムの納入義務が免除されたとき」（GCAS Report Vol.3 学習院大学人文科学研究科アーカイブズ学専攻、二〇一四年）を大幅に加筆修正したものです。第二章および第三章の調査段階では、村木恵里様、宮澤愛様にご協力を頂きました。第四章は、二〇一一年に古書ほうろう（文京区千駄木）の宮地健太郎・美華子夫妻にご提供を受けたフィルム・ライブラリー（助成）協議会関連資料に多くを負っています。同章の地域公共フィルムアーカイブの組織記述は、筆者が二〇一四年に一般財団法人地域生活研究所の研究助成を受けて実施したヒアリング調査に基づいています。また、第五章で触れた「富士フイルムのお話をきく会」は、撮影監督で名古屋学芸大学メディア造形学部長の渡部眞教授のご尽力によって実現したものです。さらに、学習院大学人文科学研究所の若手研究者助成を受けた「国際フィルムアーカイブ連盟（ＦＩＡＦ）と日本の交流史――ＦＩＡＦ創設から一九六〇年代までを中心に」（二〇一六年度）の成果を第二章および第四章に反映させました。

本研究を進めるにあたっては、ほかにも多くの先輩研究者、技術者、フィルムアーカイブ関係者の皆様にお世話になりました。すべての皆様のお名前を挙げることはできませんが、とりわけ天野園子様、飯田定信様、今田長一様、チャリダー・ウアバムルンジット様、牛原陽彦様、オ・ソンチ様、岡田秀則様、片岡一郎様、佐伯知紀様、坂口貴弘様、佐藤武様、大傍正規様、田中重幸様、田中範子様、クリストフ・デュパン様、永吉洋介様、ブリギッタ・パウロヴィッツ様、畑暉男様、日比野郷枝様、森宗厚子様、安井喜雄様、柳下美恵様、渡邉美喜様には、ひとかたならぬご協力・ご支援を頂きました。出版にあたっては門木徹様、そして美学出版の黒田結花様のお手を煩わせたばかりか、幾度となく貴重なアドバイスや励ましを頂きました。この場において皆様に御礼申し上げます。

最後に、筆者を映画保存の世界に導いてくださったパオロ・ケルキ・ウザイ先生、レイ・エドモンドソン先生、そして研究の日々をいつも明るく支えてくれる家族に本書を捧げます。

二〇一八年二月一五日

石原　香絵

主な事項等

主要機関・団体名

索　引

主要人名

石原香絵（いしはら かえ）

NPO法人映画保存協会（FPS）代表。2001年、L.ジェフリー・セルズニック映画保存学校卒業。学習院大学大学院人文科学研究科アーカイブズ学専攻（博士課程）単位取得退学。博士（アーカイブズ学）。日本アーカイブズ学会登録アーキビスト。名古屋学芸大学メディア造形学部非常勤講師。

主な論文に「〈映画保存運動〉前夜——日本において映画フィルムの納入義務が免除されたとき」『GCAS Report』Vol.3（学習院大学人文科学研究科アーカイブズ学専攻、2014）、「世界／日本の映像アーカイブ事情」『映像にやどる宗教 宗教をうつす映像』（せりか書房、2011）、"Lost Films from Japan", *Lost Films of Asia*（Anvil, 2006）など。

Museum Library Archives 02

日本におけるフィルムアーカイブ活動史

2018年 3月31日　初版第1刷発行

著　者——石原香絵

発行所——美学出版

〒164-0011 東京都中野区中央2-4-2　第2豊明ビル201

電話 03（5937）5466　http://www.bigaku-shuppan.jp/

装　丁———右澤康之

印刷・製本——創栄図書印刷株式会社

ISBN978-4-902078-49-7　C 0374